인지행동치료에서의 행동개입

Richard F. Farmer · Alexander L. Chapman 공저
하은혜 · 박중규 · 송현주 공역

Behavioral Interventions in Cognitive Behavior Therapy

학지사

Behavioral Interventions in Cognitive Behavior Therapy:
Practical Guidance for Putting Theory into Action
by Richard F. Farmer and Alexander L. Chapman

역 · 자 · 서 · 문

역자들이 대학원에 재학 중이던 1990년 전후로 한국에도 인지행동치료가 도입되었고 여러 실제적 치료 프로그램의 적용과 훈련, 연구가 활성화되기 시작했다. 역자들은 대학원 과정과 임상수련 과정에서 여러 특강과 워크숍에 참가하였고 개인치료와 집단치료를 하면서 인지행동치료의 장점과 효과성에 매료되어 자연스럽게 인지행동치료자가 되었다. 또한 이 책의 저자들이 기초로 삼은 Marvin Goldfried와 Gerald Davison의 『임상행동치료(*Clinical Behavior Therapy*)』를 읽으면서 행동치료의 실제적 지침들을 공부하였다. 이런 학문적, 임상적 경험의 공통점을 가지고 있는 세 사람이 이 책의 번역에 착수하게 된 것은 우연이 아닐 것이다.

치료자로서 인지행동치료를 훈련하고 실제로 시행하면서 인지재구조화에 기초한 자동적 사고, 중간믿음 및 핵심믿음의 변화를 시도한 후 궁극적으로 부딪히는 문제는 이와 같은 사고의 변화가 실제 행동의 변화로 이어지도록 행동치료를 통합하여 적용하는 것의 어려움이다. 이 과정에는 많은 임상 경험이 필요한 것은 물론 각 사례가 가지고 있는 독특한 문제와 관련된 개별화된 행동개입의 절차를 수립해야만 하기 때문에 창의성도 많이 필요하다. 이 책에 소개된 행동적 개입의 원리와 과정은 바로 이와 관련하여 치료자들이 꼭 필요로 하는 도구들을 제공해 준다.

이 책에서는 임상 실제에서 행동적 개입 방안들이 적용되는 원리를 소개하고, 행동주의 임상가가 다양한 범위의 임상적 문제에 대해 어떻게 접근하며, 행동적 사례 개념화에 기초한 개입 방안들을 어떻게 개념화하고 실시하는지를 설명함으로써 행동적 개입의 이론과 실제를 연결해 주고 있다. 이 책은 행동개입을 다룬 책이지만 전반적인 심리치료 과정을 체계적으로

훈련할 수 있는 책이라 감히 말할 수 있다.

『임상행동치료』와 30여 년의 간격이 있는 이 책은 인지행동치료가 오랫동안 발전해 오면서 그 기법이 다양해지고 적응증이 확장되었으며 여러 가지 진보적인 변형이 이루어진 시점에 출판되었다. 이 시점에 인지행동치료에서 행동개입의 실제적인 문제들에 대해 다시 고민하고 그 구체적 절차에 대해 논의하는 것은 인지행동치료의 본래 방향과 지향에 충실하면서도 현재 이루어지고 있는 다양한 변형들을 이해하고 적용 가능성을 검토하는 계기를 만들어 줄 것이라 기대할 수 있다.

번역의 고통과 지지부진한 작업에도 불구하고 인지행동치료와 행동개입의 실제적 문제들을 다시 정리할 계기를 마련한다는 점이 역자들에게 힘을 내도록 해 주었다. 이 책의 1장부터 4장까지는 하은혜가, 5장부터 8장까지는 송현주 선생님이, 9장부터 11장까지는 박중규 선생님이 책임지고 번역하였다. 번역과정에서 현재 국내에 출판된 행동주의 책들의 용어가 불일치하는 것도 많고 비교적 오래전에 번역된 어려운 한자어도 많다는 데 의견을 같이하여, 용어를 통일하고 불분명한 의미와 부정확한 표현들을 다듬고자 토의하며 수정하였다. 이 가운데 불일치하는 것들은 가능한 한 한국심리학회에서 제시한 표준용어들을 따랐음을 밝힌다.

끝으로 이 책이 나올 수 있도록 후원해 주신 학지사 김진환 사장님, 편집에 정성 들여 주신 편집부 여러 선생님들과 백소현 선생님께 감사드린다.

2013년 봄

역자들을 대표하여 하은혜

추 • 천 • 사 • 1

인지행동치료에서 행동주의적 기초의 재발견

이 책의 저자들인 Richard F. Farmer와 Alexander L. Chapman은 서문에서 30여 년 전에 Marvin Goldfried와 Gerald Davison(1976)에 의해 출판된 『임상행동치료(*Clinical Behavior Therapy*)』의 영향을 받았다고 밝혔다. 이 책이 출판될 당시 임상심리학 박사과정 학생이었던 본인도 그 깊이나 광범위한 내용, 그리고 급성장하고 있는 행동치료 영역에서 행동주의 이론을 임상적 실제로 연결하는 것을 강조한 내용에 깊은 인상을 받았다. 이 책은 곧 고전이 되었다. 이제 인지행동치료(CBT)는 광범위한 영역의 임상적 문제를 다루는 경험에 기초한 치료를 행하는 데 있어 표준이 되었으므로, 이러한 접근의 행동적 기초를 다시 정리하여 설명할 시기가 되었다. Farmer와 Chapman이 행동치료 영역에서 또 다른 고전이 될 책을 함께 작업함으로써 Goldfried와 Davison의 전통을 이어가게 된 것이다. 즉, 그들은 CBT에서의 행동주의를 다시 강조하고 있다.

각 장들의 내용이 말해 주는 것처럼, 이 책은 '이론을 치료로 이어 주는 실제적 안내'이며 전반적인 로드맵을 제공하는 유용한 임상적 지침서다. 처음 네 개 장에서는 초기 평가 회기, 행동주의적 사례 개념화의 전개, 치료 계획의 수립 등을 포함하여 개별 내담자에 대한 치료 계획의 수립에 대한 일반적 내용을 다룬다. 제1장에서는 임상 절차에서 행동 평가 및 개입의 중요성을 강조하고, 행동 및 인지적 요인들이 임상적 사례를 개념화하고 효과적인 치료 계획을 수립하는 데 어떻게 연결되는지에 대해 논의한다.

나머지 일곱 개 장에서는 행동적 관점으로부터 발달된 구체적인 실행 계획들을 다룬다. 이 장들은 환경 변화(예: 수반성 관리와 행동의 선행 요인 수정), 행동적 기술 훈련, 노출기반 개입(예: 단서 노출과 반응 방지) 등의 전통적인 행동적 개입을 포함한다. 저자들은 또한 우울증 치료에서의 행동활성화와 같은 좀 더 최근에 개발된 임상적 방법들도 다룬다. 인지과정 영역에 대해 행동주의 이론가들은 사고과정과 사고를 '마음의 행동'이라고 기술한 바 있다. 두 개 장에서는 인지 활동에 대해 다루었다. 먼저 선행 요인과 결과라는 양자의 변화를 통해 수정 가능한 내현적 행동으로서 사고에 대해 기능 분석적 관점을 적용하였다. 이후 새롭게 대두되는 영역으로서 수용과 마음챙김에 근거한 개입을 다루었는데, 이는 근래 이 접근의 지지자들에 의해 CBT의 '새로운 조류'라고 설명되는 것이다. 마지막 장에서는 종결과정과 치료 사후 대책의 수립에 대해 다루었는데, 여기에는 재발 방지에 대한 고려 사항이 포함되었다. 본인이 최근 작업에서 마음챙김과 재발 방지를 결합한 새로운 치료 프로그램을 개발하였는데, 이 책에 이러한 두 주제가 포함된 것은 독자들에게 매우 시의적절할 것으로 생각된다!

본인은 학생, 치료자, 임상 연구자, 지도교수 및 수련감독자 등 다양한 독자에게 이 책을 적극 추천한다. 저자들은 분명하고 종합적인 방식으로 자료들을 전달하며, 관련 자료를 쉽게 찾아볼 수 있도록 최신 논문과 개관 자료를 인용하였다. Farmer와 Chapman은 실제적이고도 유용하게끔 임상적 개입 절차를 제공하였고, 다양한 임상적 개입 기법을 설명하기 위해 사례 연구도 기술하였다. 결론적으로 본인은 저자들이 Goldfried와 Davison (1976)이 예전에 출판한 고전인 『임상행동치료』의 매우 훌륭한 최신판을 독자들에게 성공적으로 제공하였다고 판단하며 그렇기에 기꺼이 추천하는 것이다.

G. Alan Marlatt

추 • 천 • 사 • 2

행동 원리와 인지행동치료를 보는 새로운 시각

인지행동치료는 현존하는 심리치료 영역에서 우세한 위치를 점하고 있다. 우세성의 한 가지 중요한 부분은 이 접근에 대한 효능성 연구문헌과 관련된 것이다. 이 책은 CBT의 중요한 강점이 탄탄한 개념적 근거이며 그에 기초한 개입방안이라는 것을 명쾌하게 상기시켜 주고 있다. 특히 이 책에서는 변화에 대한 행동주의적 개념과 행동치료 기법의 중요성을 현대 CBT에 완전히 통합하여 기술하고 있다.

Famer와 Chapman이 언급한 바와 같이 CBT에는 행동주의 원리와 실제가 여러 방식으로 스며들어 있다. 어떤 경우 변화에 대한 임상적 초점이 행위 그 자체와 관련되어 행동적 모델과 개입이 보다 적합하기도 하다. 또 다른 경우에는 인지적 개입이 행동 변화와 보다 적응적인 기능에 효과를 발휘하기도 한다. 이 경우 임상가는 원하는 변화를 만들어 내는 선택이나 동기, 노력, 갈등 회피 등 인간의 능력과 관련된 내적 정신과정을 강조할 수 있다. 또 한편 흔히 환경이 역기능적 행동을 유지 및 발달시키는 데 중요한 역할을 한다. 이러한 경우에 임상가들은 문제 영역으로 내담자의 외적인 요인을 개념화할 필요가 있으며 이를 치료 계획에 분명히 포함시켜야 한다. 이 책은 CBT 현장에서 바람직한 결과가 생성되고 변화가 일어나는 데 환경이 중요하다는 것을 일관된 방식을 통해 수월하게 재인식하게끔 해준다.

이 책의 한 가지 강점은 임상적 고려사항과 실제적 관심사를 잘 정교화하고 정의했을 뿐만 아니라 원리와 실제에 관련된 증거들을 제시했다는 점이다. 이 책은 과학과 실제 업무를 CBT로 통합한 생생한 사례라고 할 수 있다. 과학적 결과들을 통해 임상가가 내담자의 이익을 극대화하는 방법을 제시한 것은 가장 현대적이고 때로는 도전적이기도 하다. 예를 들어, 저자는 노출이 불안장애를 극복하는 가장 효과적인 단일치료법이라 하였으며 우울에 대해서는 행동활성화가 인지치료와 행동치료를 통합한 것만큼 효과가 있다고 하였다. 이러한 결과들은 현재 치료 현장과 어긋날 수도 있지만 다른 한편으로는 한 분야에 고착되어 있는 사람들에게 중요한 진실을 제시하는 것이 될 것이다.

이 책은 학술적일 뿐 아니라 양질의 임상적 조언도 제시하고 있다. 이 책의 전체적 틀은 논리적이고 저자들은 행동평가, 사례 개념화, 치료 계획으로 이어지는 다양한 단계를 거치면서 특정 행동 개입의 정의를 이끌어 내고 있다. 또한 주요 행동개입을 어떻게 시행하며 이를 사용할 때 어떤 점을 유의하고 임상적 결과를 어떻게 평가해야 할지에 대한 내용들을 더불어 제시하고 있다. 개입에 대해서 기술한 내용 속에는 적용 지표, 실제 시행과 관련된 특정 단계들과 치료적 변화 지표 등이 포함되어 있다. 이들 장에는 중요한 임상적 지식들이 포함되어 있는데 초보자나 숙련된 임상가 모두에게 매우 가치 있을 것이다.

이 책의 혁신적인 부분은 수용에 근거한 개입과 관련된 장이다. 행동치료와 CBT에서의 행동기법의 사용은 거의 언제나 임상적으로 의미 있는 변화를 제공해 왔다. 수용기반 방안의 일부 측면에는 마음챙김과 현재 상태에 대한 자각의 발달과 같은 기술이 포함되는데, 전통적인 조건에서 보면 이는 행동적인 것은 아니다. 분명히 수용의 일부 측면에는 행위의 변화 이상의 태도 변화가 포함되며 그것은 행동개입이기도 하며 인지개입이기도 하다. 일부는 아주 낯설 수 있는 이러한 방법들이 행동치료 진영에서 인정을 받을지 살펴보는 것은 흥미로울 것이다.

전반적으로 『인지행동치료에서의 행동개입』은 매우 훌륭한 저서이며 CBT 관련 저서로 환영받을 만하다. 세심하고 선별적으로 잘 기술된 임상 사례들은 제시된 모델과 원리를 명확히 하는 데 도움이 될 것이다. 과학적 기초, 임상적 지식과 실제 전략이라는 측면에서 나는 임상가들에게 이 책을 강력히 추천한다.

Keith S. Dobson

저 • 자 • 서 • 문

Marvin Goldfried와 Gerald Davison은 1976년 그들의 고전적 역작인 『임상행동치료』의 출간 서문에서 "행동치료에 관하여 집필된 내용과 실제에서 시행되는 것 간의 간극"(p. vii)에 대해 지적하였다. 따라서 그들은 그 커다란 공백을 임상 실제에서 흔히 사용되는 행동치료의 기법과 적용 사례를 상세하게 제시함으로써 메웠다고 할 수 있다. 여러 세대의 학생 및 임상가, 연구자들이 그들의 기념비적 업적에 영향을 받아 왔으며, 책은 수차례 개정되어 오늘날까지 여전히 인기를 누리고 있다. 빈번한 오해 및 왜곡된 인식이 있었지만, 행동주의 치료 방안은 유지되었을 뿐만 아니라 발전 및 성숙되었으며 그 효과성에 대해 매우 인상적인 실제 증거를 축적해 왔다. 행동치료와 행동적 개입 방안들은 특정 임상 문제에 대해 충분히 확립된 치료 방안의 거의 모든 분야에서 독보적인 지위를 차지하고 있다.

이 책에서 우리는 지난 30여 년간 Marvin Goldfried와 Gerald Davison이 인지행동치료 분야에서 최신의 실용적인 행동적 개입 방안들을 제시하면서 이룩해 온 동일한 경로를 따르려고 했다. 우리의 가장 중요한 목적은 임상 실제에서 행동적 개입 방안들이 어떻게 적용되고 있는지를 충실하게 반영하는 것이다. 이론적 원리나 기술적 전문용어를 최소한으로 유지하면서 행동주의 임상가들이 다양한 범위의 임상적 문제들에 대해 어떻게 생각하며, 행동적 사례 개념화에 기초한 개입 방안들을 어떻게 구성해 내고 실시하는지를 밝힘으로써 이론과 실제의 가교를 놓으려고 하였다.

이 책의 1장에서 4장까지는 행동치료의 실제에 대한 이론적 · 개념적 기초를 제공한다. 이 장들에서 우리는 평가 및 사례 개념화, 치료 계획의 초기 단계들을 논의한다. 이어지는 장들은 오래 지속된 다양한 문제와 정도가 심한 사례에도 적용될 수 있는 긍정적인 행동 변화의 기법과 방안을 설명한다. 이러한 내용과 더불어 우리는 상대적으로 최근까지 행동치료 내에서 도외시되었던 영역들에 초점을 둔 몇 개의 장을 포함시켰다. 이러한 영역은 인간의 고통을 감소시키기 위한 인지 및 마음챙김, 수용–지향적 접근법과 관련된 행동적 접근의 개념화 및 시행과 연관된 관심사를 포함하고 있다.

우리의 바람은 이 책이 임상 실제에서 행동적 개입 방안을 배우고 적용하는 여러 독자에게 쓸모가 있었으면 하는 것이다. 광범위한 관심 주제를 다루었으며, 어떻게 사례 개념화를 유도하고 여러 유형의 행동적 개입 방안을 시행하는가에 관한 실용적 지식을 제공하고자 노력하였다. 또한 행동치료를 배우는 초보 학생부터 경험이 많은 치료자까지 모두에게 이 책이 흥미롭고 유용하기를 기원한다.

이 책에 대해 숙고해 주시고 개선될 수 있도록 해 주신 여러분께 진심으로 감사의 말씀을 드린다. 미국심리학회 출판분과의 Tiffany Klaff, Anne Gasque, Ron Teeter, Susan Reynolds의 훌륭한 지원과 지지에 감사드린다. 또한 초고에 대한 사려 깊은 제언으로써 이 책의 수준을 향상시키고 다듬도록 해 준 Michael Addis, Janice Howard, Carl Lejuez에게 깊은 감사의 마음을 전한다.

차 • 례

CHAPTER 01

개관

Behavioral Interventions in Cognitive Behavior Therapy

인지행동치료(cognitive behavior therapy: 이하 CBT)는 우울증, 불안장애, 성격장애, 약물남용장애, 섭식장애, 그리고 부부갈등 등을 포함한 다양한 심리적 문제에 대해 널리 사용되는 효과적인 치료적 접근으로 대두되었다(Dobson & Khatri, 2000). **인지-행동**(cognitive-behavioral)이라는 용어가 뿌리를 내리고 확대된 1970년대 이후 CBT는 상당한 과학적 평가와 진보를 이루어 왔다. 이러한 이유로 CBT 개입이 미국심리학회(American Psychological Association)의 경험적으로 입증된 치료 목록에서 우위를 차지하고 있는 것은 놀라운 일이 아니다(Chambless et al., 1996).

CBT는 포괄적인 개념이며 심리장애와 관련된 다양한 인지, 행동 그리고 환경 요인을 강조하는 여러 가지 치료적 접근을 의미한다. CBT의 하위 영역으로 간주될 수 있는 학파는 적어도 10개가 존재한다(David & Szentagotai, 2006). 그중 하나는 Aaron T. Beck(1963, 1976; A. T. Beck, Freeman, & Associates, 1990)과 Judith S. Beck(1995, 2005)이 심리장애를 이해하고 치료하기 위해 소개한 효과적인 인지적 접근이다. 이 모델의 주요한 가설은 왜곡되고 역기능적인 사고가 기분과 행동에 영향을 주고 부정확하고 편향된 사고의 형태가 모든 심리장애에서 공통적으로 나타난다는 것이다. 개별적 장애는 각 조건에 특수한 사고의 왜곡과 내재된 핵심 믿음에 의해 특징지어진다. 인지 모델은 치료적 활동이 현실적이고 정확하며 균형 잡힌 사고를 촉진시킬 수 있고, 사고의 수정이 결국 기분과 행동의 변화를 가져온다는 것을 함축하고 있다. 또한 인지 모델의 부가적인 가설은 내재된 핵심 믿음, 또는 도식의 수정이 치료적 변화를 지속시키는 데 필요하다는 것이다(J. S. Beck, 1995).

CBT의 발전을 가져온 인지적 관점은 사고, 감정 및 행동에 대해 환경을 어느 정도로 결정적 요인으로 간주하는가에 따라 다양하다. 예를 들어, 어떤 인지 이론은 정서와 행동의 주된 결정 요인으로 물리적 환경보다 인지적으로 구성된 환경을 강조한다(예: Mahoney, 1991). 어떤 모델들은 정서 및 행동 장애의 소인을 만들게 하며 개인의 경험에 대한 평가와 해석에 있어 핵심적 인지 구조라 할 수 있는 도식과 같은 개념의 역할을 강조한다(예: Young, Weinberger, & Beck, 2001). 또 다른 인지 지향적 이론은 행동과 정서의 결정인으로서 자신 또는 환경의 지각을 환경과 동등한 것으로 간주한다(예: Bandura, 1986).

인지적 구인의 선행적이고 원인적인 속성을 강조하는 모델과는 달리, 행동주의 이론 및 행동치료는 정신의 개념을 행동의 원인으로 보는 대신 물리적인 환경에 일차적 강조점을 둔다(Baum, 1994; Farmer & Nelson-Gray, 2005). 행동주의적 관점에서 사고와 정서의 반응도 행동의 예이며, 사고와 정서의 반응은 행동의 영향을 받기 쉽다. 이 장 뒷부분에서 행동주의적 관점(2장에서 자세히 설명)에 근거하여 인지치료와 행동치료의 서로 다른 기원뿐 아니라 행동의 여러 주요 결정 요소에 대해 강조할 것이다. 아마도 행동의 결정인을 다루면서 서로 다른 원인을 강조하고 때로 상충되는 이론들 때문에 이 두 심리치료적 전통 간에는 불편한 관계가 유지된 것 같다. 실제로 **인지행동치료**라는 용어는 간혹 모순되거나 양립할 수 없는 여러 관점을 포괄한다.

평가, 태도, 내재된 핵심 믿음(신념) 그리고 도식에 대해 변경을 시도한 인지 지향적 치료 개입들이 많이 있다(예: A. T. Beck, Rush, Shaw, & Emery, 1979; J. S. Beck, 1995; Burns, 1980; Dobson, 2001; Leahy, 2003; Young, 1994; Young et al., 2001). 이 책 전체에서 인지치료와 인지 변화 기법을 언급하기는 하지만, 주로 CBT 내에서 행동수정의 이론과 근거 및 적용을 더 중요하게 다루고 강조할 것이다. 인지적 개입과 행동주의적 개입이 치료적 가정 및 목표와 관련하여 때로 차이가 있을 수 있지만, 우리는 이 두 개입의 통합이 가능한 예와 양립 가능성을 강조하고자 한다.

CBT에서의 행동주의적 개입: 기본 가정, 공통의 특징 및 효과성 지표

이 절에서는 행동주의적 관점에서 이상(abnormality)과 심리장애에 대해 개관하고, 행동치료와 행동주의적 개입과 관련한 기본 가정을 간략히 설명한다. 다음으로 행동치료와 다른 접근을 구별 짓는 주요한 특징에 대해 논의하고 CBT 내에서 행동주의적 개입의 효과성에 대해 설명하고자 한다.

이상에 관한 행동주의적 관점

심리학과 정신의학 내에서는 이상에 대해 '일탈' 또는 '결함' 모형들이 강조되었다(Farmer & Nelson-Gray, 2005; Martell, Addis, & Jacobson, 2001). 즉, 심리장애나 문제 행동을 보이는 사람은 일탈되거나 비정상적으로 간주된다. 예를 들어, 인지치료에서는 심리장애가 있는 사람은 대개 행동 및 정서장애에 심리적 핵심으로 작용하는 부적응적 도식을 가진 것으로 간주된다(A. T. Beck et al., 1990; Young, 1994). 의학적 모델에서는 내재된 질병이나 신경하학적 불균형 같은 생리적 과정이 심리장애의 기저에 있다고 가정한다(Markovitz, 2001). 정신역동 모델은 내재된 자기(self) 및 다른 정신적 표상의 질, 통합, 분화와 내적 방어 기제의 상대적인 성숙정도가 심리장애의 병인이라고 간주한다(Kernberg, Selzer, Koenigsberg, Carr, & Appelbaum, 1989). 각각의 입장에서 개인이 가지고 있다고 가정되는 내면의 결함(예: 부적응적 도식, 비정상적 신경화학, 내재된 자기와 대상관계)이 치료 대상이 된다. 개인이 더 이상 장애를 일으키지 않으려면 이러한 내면의 장애가 반드시 변화 및 제거되거나 고쳐져야 한다고 본다.

행동주의 이론 및 치료는 위 이론과는 다른 관점을 가지고 있다. 즉, 행동의 내면적인 원인을 찾는 것은 금하고 있다. 어떤 적합한 상황에서는 유전적 소인이 개인을 특정한 방식으로 반응하도록 만들 수 있다는 것은 인정하지만(Skinner, 1971, 1989), 행동주의는 개인의 행동 자체와 그 행동이 발생하는 맥락을 강조한다(Nelson & Hayes, 1986b; Nelson-Gray & Farmer, 1999). 더욱이 행동주의적 관점에서 무엇이 정상과 비정상을 구성하는가의 개념은 문화적 규범, 가치, 실제 치료에서 찾을 수 있다. 문화는 어떤 행동이 받아들여지는지, 가치가 있는지, 어떤 것이 비정상인지를 참조할 수 있는 맥락을 제공한다(Farmer & Nelson-Gray, 2005). 무엇이 정상적 또는 비정상적 행동인가의 개념은 문화적 가치와 관습이 시간에 따라 변화하면서 함께 변화한다. 예를 들어, 1800년대 중반에 미국 루이지애나 의학협회(Louisiana Medical Association)는 흑인 노예들에게만 특이하게 나타나는 drapetomania, 즉 자유를 추구하는 조증이란 정신장애를 제안하는 보고서를 만들었는데, 이는 노예가 주인으로부터 도망가려는 데 따른 것이다(Zimbardo & Gerrig, 1996). 이와 유사하게, 미국정신의학회(American Psychiatric Association)와 미국심리학회(American Psychological Association)는 1970년대 중반 이전에는 동성애를 정신장애의 한 형태로 간주하였다(Morin & Rothblum, 1991). 비정상을 정의하고 결정하는 데 미치는 문화의 영향을 볼 때, 문화에 따라 특정 행동이 정상 혹은 일탈로 간주되는 정도는 매우 다양하며 실제 그 증거들도 매우 많아지고 있다(Alarcon, Foulks, & Vakkur, 1998).

행동주의적 관점에서 무엇이 비정상적 행동으로 간주될 수 있는지 결정하는 요인은 정상적 행동이 형성되고 지속되는 것을 결정하는 요인과 다르지 않다. 이런 이유로 행동주의적 관점은 정서 및 행동 문제를 보이는 사람도 생득적으로 결함이 있거나 일탈된 것은 아니라고 가정한다.

CBT에서의 행동개입: 설명과 적용

어떤 이들은 **행동치료**(behavior therapy), **행동수정**(behavior modification) 또는 **행동주의**(behaviorism)와 같은 용어에 불쾌한 반응을 보인다. Martell과 동료들(2001)이 언급했듯이, 이러한 용어는 "쥐, 미로, M&Ms 초콜릿과 사람의 행동을 예측하고 통제하려는 강박관념을 연상시키는"(p. xxv) 경향이 있다. 이런 반응이 어떻게 생겨날 수 있는지 쉽게 이해가 가지만, 대개는 그것이 행동주의 이론과 치료를 위한 행동주의적 접근에 대한 심각한 오해의 결과인 것도 사실이다(Todd & Morris, 1983). Martell 등(2001)이 말했던 것처럼, 우리는 당신이 행동주의 이론과 치료에 대해 선입견이 있더라도 현대의 행동주의 이론과 치료가 당신이 생각하고 있는 것과 다를 수 있기 때문에 그 생각을 잠시 보류하길 바란다.

행동과 그 맥락에 관한 강조

행동주의적 관점은 개인과 개인이 살고 있는 맥락, 그리고 개인의 행동에 영향을 주는 요소에 관한 수많은 가설과 관련된다. 앞서 제안했듯이, 행동주의적 관점에서 심리장애는 개인 내에서 일어나는 것(때로 **내현적 행동**[covert behavior]이라 불리는)과 타인에 의해 관찰될 수 있는 것(**외현적 행동**, overt behavior) 모두에서 발생하는 행동으로 정의된다. 심리장애에 대한 행동주의적 관점은 더 나아가 개인의 행동과 행동의 맥락이 되는 환경 사이에 나타나는 기능적 관계와 관련된다. 행동주의 이론의 한 형태로 **3요인 수반성**(유관성, three-term contingency)은 개인이 상호작용하는 환경과 관련된 개념으로, '행동이 일어날 때, 행동 그 자체, 행동에 따르는 결과'의 세 가지 요소를 포함한다(Skinner, 1969). 행동치료자가 행동에 관한 가설을 전개하려 할 때는 이러한 체제가 종종 사용된다.

이 세 가지 요소 중 첫 번째는 **행동의 선행 요인**(선행사건)으로, 행동이 발생하는 선행의 조건이나 자극을 포함한다. 선행 조건 또는 자극은 특정 인물, 장소, 물건, 사건을 포함한다. 이들 가운데 주어진 환경 안에서 개인이 보이는 특정 형태의 행동에 영향을 주는 요소는 유사한 조건에서 개인의 학습 경험이다. 즉, 특정한 형태의 행동이 유사한 상황에서 이전에 일어났고, 그러한 행동이 강화되는 결과가 따랐다면, 그 행동은 현재와 미래의 유사한 환경에서 발생할 가능성이 높다는 것이다.

세 가지 요소 중 두 번째는 **행동**(behavior)으로, 개인이 행하는 어느 것에라도 적용된다. 이는 말을 하거나 어떤 다른 신체의 움직임과 같이 다른 사람이 잠재적으로 관찰할 수 있는 것뿐 아니라 내재적 행동까지도 포함한다. 내재적 행동은 '내재된' 또는 개인의 내부에서 일어나는 행동들인데, 그것들이 일어나는 범위 안에서 개인에 의해 관찰되거나 눈에 띈다. 그러한 내재적 행동은 사고, 감정 그리고 신체적 감각을 포함한다.

세 가지 요소 중 마지막 요소는 **결과**(consequence)로, 행동이 가져오는 효과와 관련이 있다. 원칙적으로 행동은 행동 뒤에 따르는 결과가 미래의 상황에서 그 행동이 다시 일어날 가능성을 높이면 강화된다. 반면에 만약 후속 결과가 그 행동이 유사한 미래 상황에서 발생할 가능성을 낮추면 행동은 소거된다.

왜 사람은 자신이 행동하는 방식으로 행동하는가에 대한 강조

행동주의 임상가들은 행동의 기능에 대해 이야기할 때 기본적으로 왜 사람은 자신이 행동하는 방식으로 행동하는가에 대해 논한다. **기능주의**(functionalism)는 Darwin의 진화론적 원칙에 기초한다(Farmer & Nelson-Gray, 2005; Rachlin, 1976). Darwin의 진화론에서는 특정한 종의 신체적 구조는 그와 관련된 기능에 의해 결정된다. 자연선택설은 구조와 연관된 기능적 특질을 기초로 하는 가장 적응적인 신체 구조의 선택을 포함한다. 즉, 유전자 적응도의 증진과 관련된다. 기능주의의 개념이 행동 이론과 치료에 적용될 때 특정한 환경의 맥락에서 개인의 기능적인 행동(즉, 결과를 강화하는)은 선택되고 형성될 가능성이 높은 반면, 기능적이지 않은 행동(즉, 결과를 강화하지 않는)은 선택되지 않거나 소거된다.

인간 행동에 대한 기능주의적 혹은 자연선택론적 설명에서 보면, 행동은 전적으로는 아니지만, 대부분 결정된다(Hull, Langman, & Glenn, 2001). 변이 없이는 차별적 선택의 가능성이 적기 때문에, 선택이 되려면 어떤 특성에 따른 변이가 있어야 한다. 행동주의 이론에서 개인이 만들어 내는 행동의 형태는 변화되며, 다른 것들보다 더 성공적이라고 입증된 어떤 행동들이 선택된다(Baum, 1994). 마찬가지로 문화적 복제(예: 관습, 규칙, 가치)의 선택은 변이에 작용하는 선택의 과정과 어느 한 집단에서 다른 구성원에게 선택된 행동을 전달시키는 모방, 모델링, 규칙의 강화와 사회적 수반성의 배열 등에 의해 전달되는 것을 포함한다(Baum, 1994). 가장 유용하거나 적응도가 큰 것으로 입증된 이러한 문화적 관습은 시간이 경과함에 따라 문화로서 존속되는 경향이 있다. **환경결정론**(environmental determinism)은 전 생애 동안 개인의 행동과 이후 지속되는 다음 세대의 문화적 관습에서 변화의 선택과 연관된 무엇보다 중요한 과정이다(Skinner, 1981).

행동의 기술은 전형적으로 **맥락주의**(contextualism)의 개념과도 관련된다. 많은 행동주의 이론에서 발견되는 행동 연구의 맥락적 접근은 사건과 행동이 어떻게 의미 있는 방식으로 서로 조직되고 연결되는지(즉, '맥락에서의 행동')에 관심을 둔다. 맥락주의는 행동이 일어나는 맥락이나 행동이 발생하는 **맥락적 흐름**(contextual flow)에 관심을 둔다(Hayes, Hayes, Reese, & Sarbin, 1993).

행동 평가와 개입의 공통적 특징

심리치료의 초점은 기저의 이론과 행동 변화 기제에 대한 가설에 따라 차이가 있다. 예를 들어, 대인관계치료는 타인과의 사회적 행동과 관계에 초점을 두는 경향이 있다. 인지치료는 자동적 사고와 내재된 가정 및 도식에 초점을 둔다. 인본주의 치료에서는 즉각적인 경험, 정서, 그리고 이러한 경험과 정서에 대해 치료자가 검증한 단서 등을 강조하는 경향이 있다. 정신역동치료는 과거에 속하는 요소들, 자기와 타인의 정신적 표상, 특정 방어 기제의 사용 등을 강조한다. 생물학적 치료는 신경화학적 기능을 강조한다. 각각의 치료는 문제 행동의 원인이나 주요 결정인에 관한 이론에서 강조하는 것을 대상으로 한다. 그러므로 적용되는 개입의 종류와 전달하는 방법은 치료의 종류에 걸쳐 차이가 있다.

내담자를 평가하는 데 있어서 현대 행동치료는 문제 행동이 발생하는 맥락에 관심을 둔다. 이는 행동치료가 문제 행동의 유지와 관련되며 잠정적으로 수정 가능하다고 보는 내적, 외적 선행 요인과 결과를 강조하기 때문이다(Follette, Naugle, & Linnerooth, 2000). 행동치료자는 어떤 내담자가 대안 행동이나 더 적응적인 행동을 아직 배우지 못했기 때문에 문제 행동을 보인다는 가정에 따라 내담자의 행동적 레퍼토리를 고려한다. 예를 들면, 행동적 결핍의 경우에 행동치료자는 문제 행동을 대치하거나 보충할 수 있는 새로운 행동을 가르치려고 한다.

또한 행동치료자는 변화에 대한 내담자의 동기를 평가한다. 일반적으로 행동치료자는 동기의 개념을 다른 이론의 치료자와 약간 다르게 파악한다. 행동치료자는 동기를 인간 행동의 원인이 되는 내적 추동이나 다른 어떤 내적 힘이 아니라 환경적 사건에 따른 상태나 조건(이것은 조작과 규칙에 관한 다음 장에서 자세히 설명할 것이다)으로 보는 경향이 있다. 그래서 동기는 변경시킬 수 있으며 환경 조작의 결과로 증가 또는 감소시킬 수 있다.

내담자의 행동을 평가하면서 행동의 기능적 맥락과 관련된 여러 측면이 검토되고 평가된다(Farmer & Nelson-Gray, 2005; Hayes, Strosahl, Bunting, Twohig, & Wilson, 2004). 그 영역들은 다음과 같다.

- 문제 행동의 선행 사건: 문제 행동이 자주 일어나는 상황이 있는가? 문제 행동 직전에 일어나는 공통의 내적 선행 사건이 있는가? 어떤 환경적 단서가 이전에 행동을 강화했으며 현재 상황에서 결과적으로 발생한 행동과 관련되었는가? 문제 행동을 지배하는 언어적 규칙이 존재하는가(예: "나중에 토해 내면 이 아이스크림을 먹을 수 있고 몸무게가 늘지 않을 거야.")? 특정 행동의 강화적 가치를 증가시키는 조작이 존재하는가(예: 폭식 에피소드에 대한 조작적 결과로서 지나치게 엄격한 다이어트에 몰두하는 것)?
- 문제 행동의 결과: 그 문제 행동에 따른 결과는 무엇인가? 그 행동의 단기적 결과는 장기적 결과와 비슷한가 또는 다른가? 정적 강화(보상)의 제공 결과가 행동을 지속하는 수단인가, 아니면 부적 강화(제거)가 행동에 더 영향을 미치는가?
- 현재 문제 행동과 관련된 내담자의 학습력: 과거의 어떤 요인이 내담자가 변화시키고자 하는 행동을 형성하고 구체화하였는가? 현재 이 요인들의 영향은 어떠한가?
- 내담자의 현재의 행동 레퍼토리(목록): 외현적 또는 운동 행동, 사고(심상 포함), 정서 그리고 생리적 감각의 네 가지 반응 영역에 걸쳐 내담자 행동 레퍼토리를 종합적으로 평가해야 한다.
- 외현적(Overt) 행동: 내담자의 문제 행동을 형성하는 것은 무엇인가? 기술이 결핍되었는가? 내담자가 적절한 대처 기술, 사회적 기술, 문제해결 기술을 보여 주는가? 개인의 행동 레퍼토리가 일반적 상황에서 융통성 있게 반응할 수 있을 만큼 충분히 다양한가? 회피의 대처를 많이 하는가? 행동이 과다한 것이 문제인가(예: 물질남용, 도박, 위험한 성적 행동)?
- 사고: 개인이 자기, 세상 또는 미래의 부정적인 평가로 고통받는가? 개인이 실제 사건 및 대상과 사건 및 대상의 평가를 혼동하는가("나는 나쁜 사람이야." 대 "나는 나쁜 사람이라고 평가받고 있지만 그렇다고 이것이

내가 꼭 나쁜 사람이라는 것은 아니야.")? 정서와 사고의 경험과 그 평가의 경험이 서로 혼란되었는가(예: "불안은 나쁘고 반드시 피해야만 해.")? 내담자가 과거나 다가올 미래의 가능성에 압도되는가? 내담자가 현재 순간에 완전히 몰입하고 현재 일어나는 것에 효과적으로 반응할 수 있는가?

- **정서**: 내담자가 과도하게 부정적인 정서를 경험하는가? 내담자가 표현한 정서는 드러나는 상황에 적합한가(예: 억제적, 과장적, 강렬하거나 지나친 감정 반응인가)? 내담자는 지나치게 감정적으로 반응하거나 정서 반응이 지나치게 단조로운가?
- **생리적 감각 또는 반응**: 특정 신체적 반응이 포괄적 반응 양식의 일부를 설명하는가(예: 불안 관련 정서를 경험하면서 얼굴을 붉히거나 땀을 흘림)? 내담자가 정상적인 신체 활동을 파국적 결과와 관련지어 생각하는가(예: 심박수의 증가를 심장발작이 일어날 것으로 연상, 숨가쁨을 숨막힘으로 연상, 식사 후 포만감을 비만과 연관)?
- **변화에 대한 내담자의 동기**: 내담자는 자신의 행동을 변화시킬 의지나 동기를 나타내는가? 내담자는 그들의 가치 또는 목표를 표현하는가? 내담자의 현재 행동이 자신의 가치, 목표와 일치되는가? 현재 행동과 효과적인 결과 및 목표 사이의 불일치를 아는가? 내담자가 해로운 행동 방식과 관련하여 발생할 수 있는 결과에 대해 인지하는가, 그렇다면 이것이 내담자의 행동에 영향을 주는가?

행동주의적 개입이 적절한가에 대한 결정은 위와 같은 평가와 관련하여 개별 내담자의 결과에 따라 개별적으로 결정된다. 즉, 행동주의 이론과 치료는 행동에 영향을 주는 요소가 개인에 따라 다르다고 제안한다. 비록 두 사람이 비슷한 문제 행동을 가질 수는 있지만, 그 행동을 설명하는 요소는 다를 수 있다는 것이다. 예를 들어, 알코올중독의 다양한 유형 가운데 특히 강조되는 두 가지 유형을 보자. 한 유형은 불안 의존적 특성, 계속되는 음주보다는 폭음 그리고 회피의 대처 유형이 특징적이다. 다른 유형은 조기 발병, 폭음보다는 지속적인 음주, 그리고 중독된 상태에서 공격적이거나 범죄 행위를 보이는 특징이 있다(Wulfert, Greenway, & Dougher, 1996). 문제 행동이 이 두 집단에서 똑같이 나타날 수는 있지만(예: 과도한 음주), 첫 번째 유형에서는 부적 강화 과정으로, 두 번째 유형에서는 정적 강화 과정으로 작용하는 것처럼 개인의 동일한 행동과 연관된 지속 요소라 하더라도 각 유형에 따라 기능적 유용성은 다를 수 있다.

5장부터 10장에서는 특정한 행동주의적 개입을 더욱 자세하게 논의할 것이다. 행동주의적 개입의 일반적 특성은 여러 가지인데(Farmer & Nelson-Gray, 2005; O'Leary & Wilson, 1987; Spiegler, 1983; Spiegler & Guevremont, 2003), 다음과 같이 일부는 다른 치료적 접근법에서도 적용된다.

- **경험의 지향**: 기초 행동과학에 그 뿌리가 있음. 경험적으로 지지된 개입 전략의 사용. 치료적 변화를 표적으로 내담자 행동의 계속적 평가
- **치료자-내담자 상호 협력**: 내담자가 치료과정에서 적극적인 참여자가 되고, 내담자의 문제 영역에 대한 개념화와 이에 기초한 치료 계획을 내담자와 치료자가 함께 발전시킴
- **적극성 지향**: 내담자가 문제 영역에 대해 말만 하기보다는 어떤 일을 하도록 적극적으로 격려함
- **유연한 접근**: 문제 행동에 대한 가설이 지속적으로 평가·검증되고 내담자의 개념화와 이에 따른 치료적 활동이 새로운 정보나 관찰에 의해 수정될 수 있음
- **환경-행동 관계의 강조**: 내담자 자신의 행동, 즉 내담자가 경험하는 행동, 사고, 정서 그리고 생리적 감각이라는 측면에서 기술됨. 그러한 행동이 일어나는 상황적 맥락을 참조하여 더 자세히 개념화됨

- **시간 제한적이고 현재를 강조:** 치료에 할당하는 시간은 문제 영역의 본질과 심각성에 따라 다양하며 과거보다는 개인의 현재를 강조함
- **문제와 학습을 강조:** 문제 행동의 해결법을 강조. 이 해결법은 새로운 적응적 행동을 가르치도록 조정되거나 행동의 이득에 관련된 정보를 제공
- **변화와 수용 과정 모두를 강조:** 내담자의 인식을 변화시키고 내담자의 자기 평가를 개발시킬 수 있는 맥락에서 개입. 사고, 기분, 신체 감각 등의 경험에 대한 비판단적 접근을 수용

CBT에서 행동개입은 효과가 있는가

효과적 치료와 관련된 CBT의 구성 요소를 확인하는 연구가 이루어졌다. CBT의 구성 요소는 치료 대상으로 하는 장애에 따라 다르다(Dobson & Khatri, 2000). 그러나 우울장애와 불안장애의 경우 CBT에서 인지적 개입과 행동주의적 개입의 치료 효과는 비슷하며, 인지적 개입이 행동주의적 개입의 효과를 높이는 데 필수적이지 않다는 관점이 대두되었다(Longmore & Worrell, 2007).

예를 들어, 주요우울장애를 위한 CBT 사례에서 CBT의 인지적 요소를 포함해도 치료 후(Jacobson et al., 1996)와 치료 종결 2년 후까지 행동주의적 개입에 부가적인 치료 효과는 거의 없는 것으로 나타났다(Gortner, Gollan, Dobson, & Jacobson, 1997). 또한 성인 주요우울장애에 대한 무선처치 효과 연구에서 CBT 맥락에서 함께 시도된 행동주의적 개입(예: 행동 활성화)의 효과는 우울 증상이 심한 환자에서 항우울제가 우울감을 감소하는 효과와 비슷하였고, 두 가지 치료 모두 인지치료보다 더 효과적이었다.

우울장애처럼 불안장애에서도 CBT에서의 행동주의적 개입이 전체 치료 효과와 가장 높은 관련이 있다는 증거도 있다. 내담자가 불안이 유발되

는 대상에 직접적이거나 상상으로 직면하는 노출 기법은 불안 관련 증상을 줄여 주는 것과 가장 밀접한 관계가 있다는 일관된 결과가 있다. 이는 외상 후 스트레스 장애(PTSD; Foa et al., 2005), 사회공포증(Feske & Chambless, 1995)을 포함한 많은 유형의 공포증(Barlow, Esler, & Vitali, 1998; T. E. Davis & Ollendick, 2005) 치료에서 그 효과가 입증되었다. 강박장애 치료에서는 노출과 반응 방지의 조합이 자주 선택되는 치료방법이다(Franklin & Foa, 1998; Steketee, 1993). 광장공포증을 동반한 공황장애의 경우 CBT 치료 패키지 중 행동개입과 인지 요소의 상대적 효과성은 상반된 결과를 보였는데(Craske & Barlow, 2001), 몇몇 연구에서는 인지 및 행동주의적 개입의 효과는 결과 측정 변인이 광장공포증 또는 공황 증상인지 여부에 따라 차이가 있었다(van den Hout, Arntz, & Hoekstra, 1994).

이러한 결과는 CBT의 효과적 구성 요소를 구별해 내는 것뿐 아니라 장애의 지속에 관한 이론과 나아가 치료방법을 개선할 필요성을 시사한다. 또한 CBT에서 행동개입이 치료적 변화에 중요하며 매우 강력한 작용을 한다는 점이 강조된다.

행동치료와 인지치료의 맥락을 이해하기: CBT에서 행동치료와 행동적 개입에 관한 간략한 역사

행동치료 운동을 역사적으로 통찰하는 것은 CBT에서 행동개입의 역할을 이해하기 위한 좋은 출발점이 된다. 이 절에서는 행동치료 운동의 역사에 관해 간략히 개관한다(Dobson & Dozois, 2001; Farmer & Nelson-Gray, 2005; Hayes, 2004b; Kazdin, 1978; O'Donohue, 1998).

학습의 기본 이론

오늘날의 행동적 개입의 이론적 뿌리는 근대 학습 이론에 토대를 두고 있다. 1800년대 후기와 1900년대 초기에 Ivan Sechenov, Vladimir Bechterev, Ivan Pavlov 같은 러시아 심리학자들은 반사와 조건 과정을 연구했다. 이 연구들은 **고전적 또는 반응적 조건형성**(classical or respondent conditioning)이라 불리는 학습 패러다임을 제시하였다. 고전적 조건형성의 기본 개념은 어떤 환경적 자극은 특정한 방식으로 제시되었을 때 반사적이며 타고난(또는 학습되지 않은) 반응을 낳는다는 것이다. 예를 들어, 슬개골 바로 아래를 고무망치로 쳤을 때(무조건적 자극, unconditional stimulus, 또는 UCS), 반사성의 무릎반사 반응이 따른다(무조건 반응, unconditional response 또는 UCR). 무릎반사는 고무망치로 치는 것과 같은 자극에 반응하는 학습되지 않고 타고난 반응이다.

고전적 조건형성에 관해서 Pavlov와 동료들(Pavlov, 1927)은 중성 자극 대상이나 사건이 반복적으로 UCS와 연합될 때 시간이 지남에 따라 특정한 자극 속성이 유발되는 것을 증명했다(즉, 이전에 중성 자극이었던 것이 조건 자극[conditional stimulus 또는 CS]이 됨). 이 CS는 UCS에 의해서 UCR이 나타나는 것과 비슷한 어떤 상황에서 반응(즉, 조건 반응, conditional response 또는 CR)을 유발한다. Pavlov 등은 나아가 **일반화**(generalization)라고 불리는 과정으로 CR이 CS와 어느 정도 닮거나 비슷한 자극이 있는 상황에서 자주 발생한다는 것을 증명했다. 또한 그들은 CS가 UCS 없이 반복적으로 제시된다면 결국은 CR이 사라진다는 것을 알아냈다. 이 과정은 **소거**(extinction)라고 불린다.

임상 장면에서 고전적 조건형성 과정은 조건화된 정서 반응에서 가장 뚜렷이 나타나는데, 일부 내담자는 표면적으로 아주 중성적으로 보이는 자극 사건에 대해 조건화된 정서 반응을 나타낸다. 이것은 외상과 관련된 자극

단서에 대한 정서 반응일 경우 가장 잘 적용된다. 개인에게 외상적 사건이 되는 것은 최초 외상의 시점에서 UCS였던 것이 공포와 같은 몇몇 반사적 또는 학습되지 않은 반응(UCR)을 야기하는 것과 유사한 과정이다. 정의상 PTSD 환자는 최초의 외상 사건이 발생했을 때 나타났던 것과 비슷한 사건이나 대상(CS)에 대해 강력한 정서 반응, 즉 CR을 나타낸다. 비록 이러한 CS나 외상과 관련된 단서가 더이상 최초의 UCS와 직접적으로 연합되지 않는 경우에도 최초의 UCR과 매우 비슷하게 보이고 느껴지는 CR을 지속적으로 유발한다. 고전적 조건형성 과정은 특정 공포를 습득하는 데도 적용된다(Merckelbach, Arntz, & deJong, 1991).

1800년대 후반부터 1900년대 초반 미국에서는 Edward Thorndike (1898)의 박사학위 연구를 시작으로 학습과정에 대한 실험적 연구가 진행되었다. Thorndike는 배고픈 고양이에 관한 연구에서 음식에 도달하도록 하는 탈출 행동(예: 문을 열기 위해 철사 고리를 당기는 것)의 연속적 시도에서 그 시간 간격이 점차적으로 줄어드는 것을 증명했다. Thorndike는 그러한 행동이 강화될 수 있는지를 결정하는 것은 고양이의 행동과 지속적으로 연합된 결과였다고 제안했다. 전형적으로 반응이 음식과 같은 것으로 보상을 받는다면 강화가 되었다. 그러나 보상이 따르지 않았던 이러한 행동은 시간이 지남에 따라 줄어들었다. **효과의 법칙**(law of effect)이라 불리는 Thorndike의 이 이론에서 학습과정과 연합된 행동은 행동에 뒤따르는 결과에 영향을 받는다.

B. F. Skinner는 Thorndike의 도구적 행동 이론을 좀 더 발전시키고 개선해서 행동의 조작 이론을 제시했다. Skinner(1938)는 '**조작**(operant)'을 결과를 일으킴으로써 환경에 작용하는 행동의 단위라고 정의했다. 고전적 조건형성에서는 자극(stimulus: S) 사건이 반응(response: R)을 야기한다고 (S→R) 보는 반면, 조작적 조건형성에서는 결과(consequence: C)에 의해 선택된 개념(R→C)이 강조되었다. 즉, Skinner는 사람들이 나타내는 많은

행동이 그러한 행동이 가져오는 결과에 따라 전 생애 과정 동안 선택되고 형성되었다고 제안했다. Skinner는 선택을 개체발생적(ontogenetic) 선택의 형태로서 결과에 따른 것으로 보았다. 개체발생적 선택과정에 더해 Skinner(1981)는 인간의 행동이 계통발생적(phylogenetic) 선택과정(Darwin의 진화론이나 자연선택설)의 결과이고 문화적 선택과정(연관된 결과에 기초한 문화적 관습의 선택)이라고 제안했다. 각 선택 형태(계통발생적, 개체발생적 그리고 문화적)의 공통 핵심 요소는 진화론이다. Skinner(1981)에 의해 제안되었듯이, 인간 행동은

> (i) 종의 자연선택에 기여하는 생존의 수반성과 (ii) 구성원에 의해 습득된 행동에 기여하는 강화의 수반성의 공통 산물이며, 이는 (iii) 진화된 사회적 환경에 의해 유지되는 특별한 수반성을 포함한다(물론 궁극적으로 조작적 조건형성은 문화적 관습이 특별히 적용된 진화과정이므로 이는 모두 자연선택의 문제다)(p. 213).

인간 행동을 설명하는 데 있어서 결과에 따른 선택 이론은 행동에 따른 결과가 미래 행동에 영향을 미친다고 제안한다(Biglan, 2003 참조). 이 책에 설명된 몇몇 행동주의적 개입은 이러한 기본 원칙을 근거로 한다.

행동 변화에 대한 학습 이론의 초기 적용

초기의 경험적 관찰들이 근대 학습 이론으로 발전된 것은 1800년대 후반에서 1900년대 초반으로 거슬러 올라가지만, 행동 원칙에 기초한 치료적 개입이 광범위한 영향력을 갖기 시작한 것은 1960년대가 되어서였다. 그럼에도 학습 이론을 행동수정에 적용하려는 초기의 노력들이 있었다. 그 예로, Mary Cover Jones(1924a)는 아동의 동물에 대한 공포가 공포 자극

(이 사례에는 토끼)과 긍정적인 자극(이 사례에서는 아동이 가장 좋아하는 음식)을 한 쌍으로 제시한 역조건형성을 통해 감소되는 것을 증명했다. 또 다른 예로는 종과 패드의 방법으로 야뇨증 치료를 개발한 Mowrer와 Mowrer(1938)가 있었고, Andrew Salter(1949)가 제시한 치료에 대한 책 한 권 분량의 학술논문은 Pavlov의 조건형성에 기초한 방법이었다. 그러나 행동원칙과 근대 학습 이론을 행동수정 기법으로 변화시키려는 이런 초기의 노력은 즉각적인 임상 연구와 적용으로는 이어지지 못하였다.

행동치료의 출현

학습의 기본적 과정에 대한 최초의 실험적 연구와 행동치료 운동의 공식적인 시작 사이에는 50년 이상의 시간이 경과했다. 1950년대 말에 행동치료의 시작을 알리는 중요한 진전이 세 국가에서 동시에 일어났다(Kazdin, 1978). 1958년에 남아프리카에서 활동한 정신과 의사인 Joseph Wolpe는 지침서로 작성된 첫 번째 치료 프로토콜을 출판했다. 치료는 **상호억제**(reciprocal inhibition)라고 불리는 행동수정 원칙에 기초하는데, 이는 Pavlov와 Hull의 행동 이론에 근거하였다. Wolpe는 불안이나 신경증적 상태는 불안 경험을 이완과 같은 양립할 수 없는 기분과 짝지어서 감소시키거나 제거할 수 있다고 제안했다. 이 치료 절차의 출판에 따라 전 세계의 임상가와 연구자들이 이 접근 및 연관된 핵심 이론의 효과성을 평가할 수 있게 되었다.

영국의 심리학자인 Hans Eysenck(1959)는 폭넓은 독자층에 **행동치료**라는 용어를 소개하는 논문을 발표했다. Lazarus(1958)뿐만 아니라 Lindsley, Skinner와 Solomon(1953)도 Eysenck 전에 행동치료의 용어를 사용한 논문을 발표했지만, 이들의 보급은 좀 더 제한적이었다. 1960년에는 체계적 둔감법, 부적 연습(negative practice), 혐오치료와 같은 몇몇 치료방법이 설명된 편집본이 뒤이어 나왔다. 이러한 치료 기법은 유명한 Pavlov의 학습

이론, 특히 고전적 조건형성과 소거 개념의 영향을 받은 것이다. 이 책은 행동치료라는 동일한 이름 아래 적용되는 다양한 치료 기법을 함께 제시하였다. 1963년 Eysenck는 이 영역에서 최초의 학술지인 『행동연구와 치료(*Behavior Research and Therapy*)』를 발간했다.

1950년대 말과 1960년대 초에 미국에서 Skinner의 조작적 조건형성의 원리에 기초한 행동 기법이 개발되고 평가되었다. 조작적 학습 원리와 방법은 아동의 행동(Bijou & Baer, 1966), 발달장애(Lovaas, Freitag, Gold, & Kassorla, 1965), 정신병(Ayllon & Michael, 1959) 등에 적용되었다. 1960년대 중반까지 **행동수정**(behavior modification)이라는 용어는 행동 변화를 위한 학습 원리로서 실질적으로 적용되었다(예: Krasner & Ullmann, 1965; Ullmann & Krasner, 1965). 1970년대에는 행동수정 접근을 완성하는 행동평가 기법이 발전되었다(Ciminero, Calhoun, & Adams, 1977; Goldfried & Kent, 1972; Nelson, 1977).

인지행동치료의 출현

George Kelly(1955), Albert Ellis(1957, 1962), Aaron T. Beck(1963)의 연구에서 발견되는 것과 같이 인지치료에서 초기의 발전이 있었지만, 현대 인지행동치료가 확고하게 자리잡고 상당한 힘을 발휘한 것은 1970년대와 1980년대가 되어서였다. 나중에 **사회인지이론**(social cognitive theory)으로 불린 Bandura(1977)의 **사회학습이론**(social learning theory)에서는 상징적 인지과정을 행동의 결정 요소로 인정하였다. 예를 들면, 그의 상호결정론에서 행동, 인지 요소, 환경의 영향은 호혜적으로 계속해서 상호작용하고 서로에게 영향을 준다. Bandura는 자기효능감의 개념을 개인의 효능감에 대한 믿음이나 대처 행동을 성공적으로 실행하는 능력으로서 그러한 행동이 나타날지 여부를 결정하는 요소라 하였다. 사회학습이론 운동은 기본적 학습 원리뿐만 아니라 실험심리학과 사회심리학 기초 연구에서 발견한 원리들의 영향을 받았다(O'Donohue, 1998). 당시에는 '인지 혁명'이 학문적으로 심리학 내에서 활발히 진행되어, 임상가와 연구자들은 학습의 인지적 개입 요인들을 비정상적인 행동 모델에 통합시키고자 하였다. 이 과정에서 행동을 설명하는 데 관찰할 수 없는 가설적 개념들을 방대하게 사용하였다. 이것은 이미 몇몇 학습 이론(예: Wolpe와 Eysenck)의 특징이기는 했지만, 조작적 학습의 관점(예: Skinner)에서는 행동을 설명하기 위해 관찰할 수 없거나 조작할 수 없는 개념 및 과정을 활용하는 것이 배제되었다.

1970년대 초반에는 행동치료에 대한 관심이 시들기 시작했다. 이에 기여한 한 가지 요소는 현재 학문적 심리학 내에 분명하게 확립되고 영향력이 높아진 인지 혁명이었다. 또 다른 요인은 '우울증 인지치료(Cognitive Therapy of Depression)'라는 제목으로 A. T. Beck과 동료들(1979)이 쓴 치료 지침서를 포함하여 대부분 인지 재구조화 치료(이에 대한 개관은 Dobson & Dozois, 2001 참조)로 구성된 새롭고 획기적인 치료에 관해 설명된 혁신적인 저서들이 발간된 것이다. 이즈음에 다수의 인지행동치료 관련 서적도 출판되기 시작하였다(예: Mahoney, 1974; Meichenbaum, 1977).

과거나 지금이나 인지치료의 특징은 행동에 대한 인지적 개입을 강조하는 것으로, 특히 개인이 어떻게 그의 세계를 해석하고 자신을 지각하거나 미래를 바라보는지를 강조한다(A. T. Beck et al., 1979). 자동적 사고, 사고과정 편파, 핵심 신념, 도식과 같은 인지적 핵심 개념은 정서와 행동의 변화를 설명하는 데 적용되고, 많은 인지치료적 개입에서 중심적인 치료 목표다. 인지치료의 관점에서 보면 주요한 치료적 과업은 내담자가 자신의 특유한 사고방식을 확인하고 합리적 검증과 논리를 통해 사고과정을 수정하는 것을 포함한다(예: 사고에 부합하거나 반대되는 증거를 검토하고, 특정 사고와 연합된 의미와 어떤 사고의 타당성을 검증하는 가설을 평가하고, 비논리적이거나 편파된 사고를 더 정확한 사고방식으로 대치하기).

인지행동치료의 다음 세대를 위하여

과거 10년 동안 인지행동치료의 새로운 세대가 나타났다(Hayes, 2004a). 이 최신의 세대는 과거 세대를 뛰어넘어 이론적으로 발전하였고, 이전에 비교적 주목받지 못한 인지행동치료 실제에 적용되었다. 예를 들어, 수용전념치료(ACT; Hayes, Strosahl, & Wilson, 1999), 변증법적 행동치료(DBT; Linehan, 1993a)와 같은 새로운 세대의 접근에서는 정서와 언어를 강조하고 있다. 또한 ACT, DBT 및 그 이외의 최근 인지행동치료들은 마음챙김(mindfulness)과 수용의 원리, 기법 및 실제를 통합하였다(Hayes, Follette, & Linehan, 2004; Segal, Williams, & Teasdale, 2002). 가치를 규명하고 명료화하는 것을 강조하는 ACT(Hayes, Strosahl et al., 1999), 대인관계를 강조하는 DBT, 기능적인 분석심리치료(Kohlenberg & Tsai, 1991), 통합적인 행동주의적 부부치료(Jacobson & Christensen, 1996b) 등도 전통적 CBT의 틀에 새롭게 추가되었다.

이와 유사하게 행동주의 연구자들과 임상가들도 자신의 모델에 언어의 중요한 상징적 기능을 통합하였다. 여러 기능 중에서 언어는 실제적인 물리적 사건이나 말로 표현되는 대상에의 직접 노출 없이도 사람들에게 정서적 경험을 제공한다(Forsyth & Eifert, 1998). 예를 들어, '크고 털이 많은 거미'란 심한 거미공포증이 있는 사람에게 격한 정서 반응을 일으키기에 충분하다. 정서 경험(불안)과 경험의 평가("그것은 나쁘다."), 그리고 두 개가 기능적으로 동등해지는 것("불안은 나쁘다.")이 빈번하게 연합되는 예와 같이, 인간의 감정은 언어와 밀접한 관계가 있다. 치료자들이 인지와 언어에 대한 새로운 관점을 지지함에 따라(Hayes, Strosahl et al., 1999), 인지와 언어와 관련된 새로운 행동주의적 이론이 최근에 나타났다(예: Hayes, Barnes-Holmes, & Roche, 2001).

이전 세대의 접근과 최근의 세대를 구분하는 또 다른 중요한 핵심은 넓은 의미에서 정의할 때 행동이 일어난 맥락에 초점을 두는 것이다(예: Biglan & Hayes, 1996; Martell et al., 2001). 즉, 행동을 변화시키기 위해 물리적 환경을 수정하는 것이나 치료적 변화를 촉진하기 위해 특정 행동, 사고 및 감정의 내용을 수정하는 것을 상대적으로 덜 강조한다. 대신에 최근의 인지행동치료는 이러한 반응들이 경험되는 맥락의 수정에 초점을 두고 있다. 예를 들어, 마음챙김 접근에서는 사고를 단지 사고로 간주하는 것이지 그것이 문자 그대로의 믿음 또는 진실의 절대적인 표상이 아니라고 격려한다. 수용전념기반의 접근에서는 내담자가 원하지 않은 생각과 감정 경험을 수용하고, 가치를 두며 적절하게 사용하도록 하기 위해 이런 경험을 줄이거나 변화시킬 수 있도록 맥락의 수정을 촉진한다. 최근의 인지행동치료는 인간 경험의 영역을 좀 더 넓게 다루고 있고, 그럼으로써 이전의 좀 더 전통적인 행동치료나 인지치료에서 강조하거나 언급하지 않았던 영역과 변화의 원칙들을 더 깊이 탐색할 수 있게 되었다.

이 책의 구성

이 책에서는 일반적인 참고 자료를 제공하고자 하였고, 인지행동치료의 틀에서 기본적인 이론과 행동주의적 개입의 필수적인 적용에 관해 이해하기 쉬운 설명과 정보를 주는 것이 일차적 목표다. 이 책에서는 학생들과 행동주의적 훈련의 정도가 다양한 임상가들에게 다가가기 쉽고 실용적이도록 성인을 위한 행동치료의 이론과 실습 지침을 제공한다. 또한 행동주의적 관점의 치료자들이 내담자와 내담자의 문제 영역 및 치료과정에 대해 어떻게 생각하는지에 대한 통찰력을 제공하는 것을 목표로 한다. 마지막으로, 독자들이 이 책에서 기술한 행동주의적 개입이 치료적 기술로써 적용하기 유용하다는 것을 발견하기 바란다.

2장부터 4장에서는 행동평가와 사례 개념화 및 치료 계획에 대해 다룬다. 2장에서는 첫 번째 평가 회기의 원리, 목표 및 구조에 대해 개관한다. 이를 통해 사례 개념화에 사용될 행동평가 접근의 목표, 과정 및 적용에 대한 윤곽을 그리게 되며, 평가 결과 나온 정보가 치료 선택과 결과 평가에 어떻게 정보를 제공하는지 설명한다. 또한 인지행동치료에서 신뢰성 있고 협력적이며 서로 존중하는 치료자–내담자 관계의 중요성을 강조한다.

3장에서는 내담자의 문제 영역의 행동주의적인 사례 개념화의 주요 요소와 내담자와 함께 개념화를 발전시키고 탐색하는 데 관련된 절차 및 고려할 점을 개관한다. 4장에서는 사례 개념화를 치료 계획으로 변환시키는 지침을 제공하여 논의를 확장한다. 또한 치료의 적절한 틀 결정하기, 내담자와 함께 치료 계획의 협력적 탐색하기, 치료에 대한 내담자의 동기와 참여를 확보하고 증진시키기, 그리고 치료의 잠정적 장애물을 규명하고 함께 나누기 등의 관련 주제들을 다룬다.

5장에서 10장은 치료자들의 치료 이행과 관련된 단계로 적응증이나 치료 수행과 관련된 절차, 치료적 변화의 결과물 등이 포함되어 있다. 예를 들어, 5장에서는 환경을 변화시킴으로써 임상적으로 관련된 행동을 증가시키거나 감소시키는 여러 전략을 기술한다. 이 장에서 논의된 절차는 일차적으로 임상적으로 관련된 행동의 선행 요인과 결과를 변화시키는 것을 포함한다.

6장에서는 사고 패턴의 기능적 측면을 바꾸기 위한 행동주의적 개입 전략의 예를 기술한다. 왜곡된 사고나 부정확한 사고를 변경하는 것보다 사고의 해로운 기능적 특성을 강조하는 것으로 참신한 접근이라고 볼 수 있다. 7장에서는 내담자가 삶의 질을 증진하거나 목표를 달성하기 위해 효과적이고 유연한 특정 행동을 더 많이 활용하는 방법을 배울 수 있게 도와준다. 여기서 강조하는 점은 기술훈련을 통해 행동을 변화시키는 것이다. 치료의 핵심 요소로 기술훈련을 포함하는 오늘날의 몇몇 CBT 접근 치료가 다양한 임상적 문제에 효과가 있다는 것이 밝혀졌다. 8장에서는 우울증에 적용되어 그 치료 효과에 대해 광범위한 경험적 지지를 얻은 **행동 활성화**(behavioral activation)라는 행동주의적 접근을 설명한다. 이 장에서는 치료적 기법으로서 행동주의적 기법을 설명할 뿐만 아니라 심리장애에 대한 행동주의적 관점을 자세히 설명하는 기회로서 다루게 된다. 9장에서는 정당화될 수 없고 부적응적인 정서적 반응과 이에 따른 행동 경향을 감소하기 위한 개입의 틀을 기술한다. **노출기반 개입**(exposure-based interventions)은 내담자를 정서적 반응을 유발하는 자극에 노출시키고 원치 않거나 바람직하지 않은 정서 반응과 연관되는 행동 경향을 못하도록 하는 것을 포함한다. 노출 개입이 일반적으로 가장 많이 사용되고 불안과 공포에 관련된 문제 행동들에 가장 영향력이 있기는 하지만 다른 임상적 문제들과 정서 경험에도 점차 더 많이 적용되고 있다.

이 책에 기술된 행동수정 방법 이외에 **수용**(acceptance)과 **마음챙김 지향의 개입**(mindfulness-oriented interventions)은 내담자의 목표 성취, 고통 감소와 삶의 질을 향상하는 데 상당한 도움을 준다. 10장에서는 현재 다뤄지는 현대적 형태의 CBT에서 찾아볼 수 있는 이와 같은 개입들을 설명한다. 또한 치료의 전반적 효과를 증진시키는 수단으로 치료과정에서 변화 지향적 방법을 사용하는 것과 수용 지향적 방법을 사용하는 것 사이의 최적의 균형을 이루기 위한 고려 사항을 기술한다.

11장에서는 치료 종결에 대한 접근과 고려해야 할 사항들을 논의한다. 이 장에서는 치료 계획 단계뿐 아니라 치료과정에서도 정기적으로 종결 문제를 다루는 것이 중요하다는 점을 논의한다. 또한 문제의 재발과 악순환을 감소시키기 위한 방법으로 추가 회기와 종결 후의 추후 회기에 대한 잠재적인 장점도 기술한다. 이러한 논의를 통해 재발 방지를 위한 개입단계도 설명한다.

CHAPTER 02

초기 평가 회기의 원리, 목표 및 구조

행동평가(behavioral assessment)는 개인이 무엇을 하는지, 임상적으로 관심 있는 행동에 가장 관여하기 쉬운 환경은 무엇인지를 평가하기 위한 접근이다(Nelson & Hayes, 1986a). 이러한 관점에서 볼 때, 행동평가는 기법 단위로 정의되어 있지 않다. 오히려 행동평가 접근은 그것에 기초한 이론적인 원리를 주로 따른다. 하나의 핵심 원리는 행동은 행동에 앞선 선행요인과 행동이 발생하는 결과의 관계에 따라 변한다는 것이다. 동시에 이 요인은 행동주의적 맥락을 구성한다. 행동평가와 관련한 첫 번째 목표는 문제 행동의 지속과 관련된 잠재적으로 수정 가능한 맥락적 특징을 밝히는 것이다(Follette, Naugle, & Linnerooth, 2000). 행동의 일상적인 맥락을 아는 것은 개인이 왜 그런 행동을 하는지에 대한 추정을 가능하게 한다. 다시 말해, 이러한 정보는 특히 문제 행동이 일어난 전후관계 맥락을 바꾸는 개입 접근을 선택할 때 활용되어, 결과적으로 그러한 행동의 빈도와 강도에 영향을 미친다.

이 장에서는 초기 평가 회기의 원리, 구조 및 목표에 관해 개관한다. 먼저 행동평가의 가장 중요한 특징을 기술하는 것으로 시작한다. 그다음에는 인지행동치료를 포함한 모든 치료의 중요한 특징인 치료자-내담자 관계 요인들의 중요성을 논한다. 나머지 대부분은 행동평가 접근의 목표, 과정 및 적용을 사례 개념화로 발전시켜 활용하는 것에 초점을 맞추고, 치료 선택과 치료 성과 평가를 설명한다. 이 장에서는 내담자의 주요한 문제 영역을 확인하고 잠재적 표적 행동의 기능과 형태를 평가하는 방법, 그리고 기능과 대처 자원의 손상을 평가하기 위한 전략들을 포함하고 있다. 끝부분에서는 초기 평가 회기를 끝맺을 때 고려할 점을 기술한다.

행동평가의 핵심 특징

인지행동치료 이론을 기반으로 하고 행동주의적 관점에서 접근하여 내담자의 문제 영역을 평가하는 치료자는 내담자 개인의 독특성과 배경을 인식한다. 행동평가는 **개별기술적**(idiographic) 또는 개인 중심적인데, 이는 변인이나 구인의 평가에 강조점을 둔 다른 접근들과 상반된다. 더 일반적인 변인 중심의 접근 중 하나는 의학적 모델 접근으로, 이에 기초한 목표는 어떤 증상(병)을 나타내는 행동주의적 · 생리적 지표들의 존재를 평가하고, 주요 지표가 명백할 때 진단을 하게 된다. 이런 활동은 개인을 범주화하는 정신과적 진단에서 가장 빈번하다. 『DSM-IV-TR』(American Psychiatric Association, 2000)에서는 증후군 또는 장애의 지표를 크게 정서적 경험, 특정 행동적 활동 그리고 사고의 독특성에 의해 정의하고 있다. 만일 개인이 증상이나 지표에서 역치 수에 해당하면 분명한 진단을 받게 되고, 그 진단에 따른 치료를 처방받게 된다. 치료의 주안점은 진단에 있는데, 특히 환경과 상호작용하는 전체 인간이 아닌 진단적 개념을 정의하는 증상 자체를 강조한다.

평가의 행동주의적 접근은 독특한 목표와 특징들로 인해 의학적 모델 및 다른 접근들과 구분된다. 이러한 행동주의적 평가의 특징적인 면은 아래에 제시되어 있다.

행동평가의 목표

임상적 행동평가에서 주요한 강조점은 개인, 개인이 보이는 임상적으로 관련된 행동들, 그리고 그러한 행동들을 선택하고 그에 영향을 끼치고 유지하게 하는 환경적 변화들에 있다(Dougher & Hayes, 2000; Sturmey, 1996). 이런 강조점에 따라 행동평가와 관련된 최소한 다섯 가지의 일반적인 목표가 있다(Nelson & Hayes, 1986b; Spiegler & Guevremont, 2003).

- 내담자 문제의 본질을 명확히 하고 표적 행동과 연관시켜 정의하기
- 개인의 기능을 손상시키는 내담자의 문제 정도를 평가하기(예: 가족생활 영역, 사회적 · 직업적 기능, 개인적 고통)
- 문제 영역을 지지하고 유지하는 요소들 확인하기
- 내담자의 문제에 대한 공식화(formulation)를 협력적으로 발전시키고, 이를 토대로 치료적 개입 계획을 발전시키기
- 치료 전략의 효과성에 대한 지속적 평가

이 장에서는 첫 세 가지 목표에 관심을 두고 있다. 3, 4장에서는 나머지 두 가지 목표에 대해서 논의할 것이다.

행동평가 및 치료의 차별화된 특징

행동평가 접근법에는 다음과 같이 다른 전통적인 접근법과 구별되는 몇 가지 특징이 있다(Hawkins, 1986; Nelson & Hayes, 1986b).

- 행동평가에서 분석 수준은 맥락 내 행동 또는 환경과 상호작용하는 개인 전체에 있다.
- 행동평가와 치료 접근에서는 내담자의 독특성과 개인적 욕구를 강조함으로써, 각 개인은 독특한 환경에서 살고 있고 독특한 학습 역사와 유전적 특성을 갖고 있다고 인식한다.
- 상황 모두에 보편적인 것이 아닌 상황 특수한 행동이 있다는 점을 인식함으로써 행동에 대한 외적인 영향의 중요성을 강조한다.
- 행동평가에서는 추론을 제한적으로 사용한다. 구인을 명명하는 것은

행동의 원인을 설명하는 것이므로 피하며, 행동 그 자체가 치료의 초점이 된다.
- 내담자의 문제 영역은 행동주의적 용어에 근거해 명확하게 정의된다.
- 치료의 전반적인 강조점은 효과적인 행동과 유능감 발달에 있다.

이러한 특징들과 이들이 행동평가 및 치료 접근에서 어떻게 발현되는지를 다음 절 및 이어지는 장에서 상세히 설명한다.

내담자-치료자 관계 요인

내담자와의 초기 만남은 가장 중요한 것들 중의 하나로, 여러 연구에서 치료 시작 첫 몇 회기 내에 치료의 조기 종결 가능성이 높다는 보고가 있다(예: Fiester & Rudestam, 1975). 내담자는 양가감정과 두려움, 자신의 행동과 관련된 죄책감이나 수치심을 어느 정도 가지고 치료에 오게 된다. 또한 치료가 제공할 수 있는 것에 대해 다소 비현실적인 기대를 가질지 모르며, 첫 번째 혹은 두 번째 회기 안에 오랫동안 지속된 문제들을 해결할 수 있는 '마법의 특효약'이 없다는 것을 알고는 실망을 하기도 한다. 이런 몇 가지 이유로 인해 처음 몇 회기 내의 중요한 치료적 목표는 따뜻하고 협력적인 치료적 관계를 형성하고, 앞으로 전개될 치료적 과정에서 기대할 수 있는 것이 무엇인지 내담자에게 분명히 설명하는 것이다. 이는 각 단계에서 어떤 일이 일어날지를 내담자에게 이해시키고, 현실적인 치료 스케줄을 알려주는 것을 포함한다. 이때 치료자는 치료가 이룰 수 있는 것에 대한 오해를 바로잡는 것으로 인해 내담자가 실망하고 절망할 수도 있다는 것을 알아야 한다. 내담자에게 치료에 대한 합리적이고 현실적인 기대를 주면서, 치료자는 치료의 잠재적인 효과에 관한 희망과 확신을 불어넣는 것이 중요하다.

내담자와 라포 형성

치료자가 진실하고, 존중하며, 따뜻하고, 수용적이고, 타당하며, 정확한 공감 능력을 갖고 있을 때 치료과정이 강화될 수 있다는 것에 대다수 견해가 일치한다. 이러한 특성들은 치료자와 내담자가 라포(rapport)를 형성하는 데 도움이 되며 신뢰관계 발전을 위한 기초가 된다. 다른 중요한 치료자의 행동에는 적절한 태도(예: 편안한, 관심 있는, 공감적인), 얼굴 표정(예: 미소, 고개 끄덕임), 눈 맞춤(너무 많지도 너무 적지도 않은), 그리고 이에 더하여 관심과 경청을 전하는 몸짓과 쉽게 이해되고 기계적인 표현은 덜 쓰는 의사소통 방식이 포함된다(Livesley, 2001; Morrison, 1995).

이론상으로 치료자와 내담자는 치료적 상황을 발전·지속하기 위해 함께 노력하며, 이에 따라 관계상 문제가 발생하면 건설적으로 표현할 수 있어야 한다. 이는 치료자와 내담자 중 하나가 나타내는 치료를 방해하는 행동들(예: 지각, 언어적 또는 신체적으로 적대감 표현, 약속을 지키지 않는 것, 회기 사이 활동의 미완성 등)이 건설적으로 논의되어야 한다는 것을 치료자와 내담자 모두가 이해하는 것이 포함된다(Linehan, 1993a).

치료자 역시 치료적 관계는 그 자체만으로도 행동의 변화를 촉진할 수 있다는 것을 명심해야 한다. 예를 들어, 사회적 기술이 부족한 내담자는 자연스러운 사회적 강화를 통해 적절한 사회적 행동을 발달시킬 수 있는 치료적 관계에서 도움을 받을 수 있다(Kohlenberg & Tsai, 1991). 유사하게 내담자가 대인관계에서 문제 행동을 보일 때, 치료자는 그러한 행동을 분명히 드러내어 더 적응적인 대안들을 제시할 수 있다. 예를 들어, 내담자의 문제 영역에 타인에 대한 과도한 요구가 포함된다면, 치료자는 내담자가 이를 언급할 때 이 요구를 강화하지 않는 것을 선택할 수 있다. 대신에 치료자는 과도한 요구나 의존성과 반대되는 다른 행동들을 더 요구할 수도 있는데, 이 두 방법은 보통 비슷한 기능을 갖고 있다(예: 욕구의 주장적 표현,

적절히 요청하기). 치료자는 대안적으로 문제 행동과 반대되는 행동을 촉진하게 할 수도 있다. 예를 들어, 내담자가 과도한 의존을 보이는 경우에 치료자는 내담자가 자율적인 행동을 보일 때 자연스럽게 이를 강화하는 것을 선택할 수 있다.

협력적인 치료자-내담자 관계의 발달

인지행동치료는 실행에 초점을 맞추는 치료적 접근이다. 그래서 내담자가 치료적 과정에서 활동적인 참여자가 되고 치료를 수행하는 책임을 함께 나누는 것이 중요하다. 이를 위해서 자신의 문제 영역의 개념화를 발전시키고 치료적으로 최상의 접근방법을 결정하는 것을 포함하여, 내담자는 치료의 모든 상황에 적극적으로 참여할 수 있게 격려된다. 치료자는 "추가하고 싶은 것이 있나요?" 또는 "이제 당신의 음주 습관에 관해 다루어도 괜찮을까요?" 와 같은 질문으로 내담자와 자주 점검함으로써 협력적인 관계의 발전을 촉진할 수 있다. 치료적 관계 증진을 위한 또 다른 접근은 내담자의 의제를 진지하게 고려하고, 내담자의 목표와 가치의 중요성을 강조하며, '우리' 라는 말을 사용하고, 치료자와 내담자는 같은 목표를 향해 함께 작업하는 '팀' 임을 알리는 것을 포함한다.

초기 평가 실시: 내담자의 문제를 명확히 하고 표적 행동 확인하기

치료자가 초기 회기를 진행하는 방법은 치료자의 이론적 지향에 따라 다양하다(Sundberg, Taplin, & Tyler, 1983). 이것은 특히 치료자가 내담자와 초기 만남에서 주의해 듣는 정보의 유형과 이후 사례 개념화의 적절성 평가를 위해 필요한 영역이나 개념의 선택에 있어 분명하다. Eells(1997)는 **사례 개념화**(case formulation)를 "개인의 심리적, 대인관계 및 행동적 문제에 영향을 미치는 원인, 촉진 요인, 지속 요인에 관한 가설"(p. 1)이라고 정의하였다. 다양한 관점에서의 치료 작업은 종종 치료자의 이론적인 틀에 의해 제안된 행동의 원인에 대한 가설에 중점을 두고 사례 개념화가 이루어질 것이다. 치료자들의 치료적 활동은 또한 긍정적인 치료적 변화를 가져오는 행동의 결정 요인을 이론적으로 기술하는 데 직접 영향을 줄 것이다. 이 절에서는 치료에서 이후 초점을 맞추어 기술하게 될 문제 영역의 확인과 내담자의 현재 주 호소 문제의 행동적 사례 개념화의 발달에 특징적인 평가 접근이라는 두 가지 일반적 절차에 초점을 둔다. 평가된 정보로 행동주의적 사례 개념화를 하는 과정은 3장에서 더 자세히 다룬다.

현재 문제 또는 호소

내담자가 자신의 문제 영역을 처음으로 논의할 때 적절한 시간 동안(한 시간의 회기 동안 약 10분까지) 방해나 캐물음 없이 내담자의 이야기를 듣는 것이 치료자에게 종종 유용하다(Morrison, 1995). 이 과정에서 내담자가 치료에 오게 된 이유와 자신의 문제의 본질을 자유롭게 이야기할 기회를 준다. 이러한 접근은 내담자가 협력적으로 함께하려는 의지뿐만 아니라 그들이 말해야만 하는 것에 진정한 관심을 갖게 한다. 이는 또한 내담자가 어떻게 자신의 사고를 조직화하고 자신의 생활 사건을 설명하는지에 대해 간단히 평가하는 기회도 치료자에게 제공한다. 또한 이때 치료자는 주요한 정서적 특징과 대인관계 유형에 대한 가설을 세울 수 있다.

비지시적인 접근을 선호하는 치료자들은 "어디서부터 이야기를 시작할까요?" 또는 "무엇에 관해 말하고 싶나요?"와 같은 말로 초기 회기를 시작하는 경향이 있다. 다른 비지시적 치료자들은 단순히 전혀 말을 하지 않고 어떤 조언도 없이 내담자가 과정을 시작하게끔 한다. 인지행동치료는 적극적이고 지시적이기 때문에, 이러한 틀을 갖고 있는 치료자들은 "왜 치료받으러 오게 되었는지 말해 주시겠어요?"와 같은 좀 더 초점을 맞춘 질문으로 초기 회기를 시작한다.

자유롭게 이야기(free speech; Morrison, 1995)한 후, 치료자는 문제 영역을 명료화하고 평가하기 위해 몇 가지 질문을 한다. 내담자가 현재 문제를 말할 때는 설명이 다소 애매한 경우가 많다. 예를 들면, "아내와의 사이에 열정이 없어요." "나는 긴장하는 문제가 있어요." "난 지난 몇 달 동안 정말 낙담했어요." "나는 그냥 죽고 싶어요." 등이다. 이러한 예들에서 치료자는 문제(예: 행동, 사고 그리고 관련된 감정들)의 발현, 그 문제가 전형적으로 일어나는 현재의 맥락, 그 문제에 따른 결과 등을 확인하고 자세히 질문하는 것이 필요하다. 또한 치료자는 문제의 역사와 심각도를 평가하는 것이 유용하다(예: 그것이 언제 처음 일어났는지, 얼마나 지속됐는지, 지속적인 경험인지 혹은 일시적인 경험인지, 명백하게 발생한 맥락의 유형 등).

자신의 문제가 효과가 의심스러운 기법으로 다뤄지고 있다고 내담자가 질문할 때(예: 재탄생[rebirthing] 치료), 또는 치료의 영역을 넘어서는 문제들일 때(예: 과거 외상의 재해결이 어려운 것) 윤리적인 문제가 생길 수 있다. 유사하게, 내담자는 특정 문제 영역에 대해 도움을 구하였으나 초기 회기에서 다른 더 중요한 문제가 드러나기도 한다(예: 고의적인 자해, 거식증이나 폭식증, 해리성 장애). 이러한 사례에서 치료자는 가장 중요하고 심각한 행동을 먼저 말해야 하며, 동시에 가장 우선적인 치료적 표적이 되는 행동을 먼저 말해야 함을 강조해야 한다. 궁극적으로 치료자는 치료를 위한 내담자의 목표를 수용하지 않거나 내담자가 제안한 방법으로 개입하지 않을 수 있다. 이러한 일이 발생했을 때는 또 다른 정신건강 전문가에게 내담자를 보내는 것이 적절하다.

관련된 또는 기술된 특징에 기초한 반응 유목의 평가

행동평가자는 보통 내담자가 보이는 행동 유형에 관한 정보를 수집한다. 평가도구를 통해 자주 나타나는 행동 유형의 반응을 얻는 것이 표본 행동을 수집하는 하나의 방법이 되며, 이를 통해 치료를 위해 가능한 표적 행동을 제안할 수 있다. 행동 유형에 대한 진단 분류적 평가 방식은 개인이 어떻게 행동하는가에 관심을 두며, 이를 통해 개인은 그들이 나타내는 행동 양식에 따라 분류된다(Nelson & Hayes, 1986b). 이러한 정보는 개인의 문제 영역의 행동주의적 평가에 있어 유용하다(Farmer & Nelson-Gray, 2005; Nelson-Gray & Farmer, 1999). 그러나 진단 분류에 따른 행동 유형이나 반응-반응 관계에만 의존하는 것은 행동주의적 관점에서는 그 가치가 제한되는데, 특히 자주 바뀌는 행동 패턴일 때 그렇다(Naugle & Follette, 1998). 즉, 진단 분류적 또는 구인에 따른 명명에 의한 행동의 요약들은 어떻게 행동이 유발됐는지, 행동을 유지하는 데 영향을 주는 요인이 무엇인지, 왜 그런 방식으로 행동을 하는지에 대한 안내는 제공하지 않는다.

진단평가

『DSM-III』(American Psychiatric Association, 1980)가 출판되기 전에 SADS(Schedule for Affective Disorders and Schizophrenia; Endicott & Spitzer, 1978)와 같은 반구조화된 진단 면접이 개발되기 시작했다. 이는 증상 발현에 근거하여 어떤 차원에서 유사한 개인들의 집단을 확인하는 데 관심이 있는 연구자들에게 널리 사용되었다. 우울증 영역을 예로 들면, SADS와 같은 면접 이전에는 우울 구성 개념이 다르게 개념화되고 평가되었기 때문에 결과를 통합하고 조합하는 데 어려움이 있었다. 어떤 연구에서의 우울한 사람에 대한 정의는 또 다른 연구에서의 우울한 사람에 대한 정의와 차이가 있었을 것이다.

DSM-Ⅲ 출판 이래 단일 장애(예: 외상후 스트레스 장애; Foa, Riggs, Dancu, & Rothbaum, 1993), 관련된 장애 그룹(예: 성격장애; First, Gibbon, Spitzer, Williams, & Benjamin, 1997), 또는 분명한 정신과적 장애의 범주들(예: L. N. Robins, Helzer, Croughan, & Ratcliffe, 1981)을 평가하는 데 있어 많은 진단적 면접이 개발되었다. 여전히 연구에서 폭넓게 사용되지만, 진단적 면접은 일반적인 임상 현장에서 더 자주 사용되고 있으며, 특히 임상적으로 조건 제한이 있는 특화된 치료를 할 때 사용된다.

행동주의적 관점에서 정신의학적 진단의 원리를 사용하는 것은 분류와 의사소통의 기능이 있다. 진단적인 개념은 행동주의적 실제에서 폭넓게 정의되기 때문에, 진단은 개입에서 표적 행동을 제안할 수 있다. 경험적으로 입증된 많은 치료가 개인을 특정 진단에 근거하여 평가해 왔기 때문에(Chambless et al., 1996), 개인의 진단을 안다면 효과적인 치료적 접근을 제안할 수 있다.

질문지, 체크리스트와 평가척도에 의한 평가

진단 범주와 유사하게 심리학적 구인은 보통 개인에게 분명하고 확실하게 드러나는 행동 집합이라는 측면에서 정의된다. 예를 들어, 한 개인이 불안의 구인과 관련된 질문에 대해 중등도 또는 상당한 수준의 상관관계를 보이는 경우 과도한 불안 수준을 경험하고 있다고 결론지을 수 있다.

지난 25년 동안 완성하기 쉽고, 비교적 짧고, 특정 문제 영역에 강하게 초점이 맞춰진 자기보고식 평가도구가 폭발적으로 출판되어 왔다(Froyd, Lambert, & Froyd, 1996). 질문지 평가는 대개 다른 사람과 비교하여 내담자의 경험을 이해하는 것에 맞춰져 있다. 이를 위해 내담자의 질문지 점수를 보통 많은 수로 이루어진 규준 집단의 점수와 비교한다. 일반 모집단 내에서 내담자의 위치는 규준 집단의 평균으로부터 일탈된 표준편차 단위 수에 근거하여 추정된다. 때때로 절단점이 점수의 극단치 정도를 표시하는 데 사용되기도 한다. 이러한 점수들은 특정 상황 속의 내담자에 관한 결론을 내리는 데 이용된다.

체크리스트와 평가척도는 종종 내담자와 가까운 사람이 작성하기도 하며, 응답은 보통 행동이 얼마나 자주 일어나는지를 나타내는 행동적 세트로 구성된다. 이러한 측정의 예로 부모와 교사 평가척도인 아동 행동평가척도(Child Behavior Checklist; Achenbach, 1991)와 코너스 평가척도(Conners' Rating Scales; Conners, 1997)가 있다. 체크리스트 자료는 행동문제의 심각도와 빈도를 알려 줄 뿐만 아니라 특정한 행동적 표적을 제안하기 때문에 행동평가에 유용하다.

행동 레퍼토리와 기술 부족의 확인

첫 번째 평가과정 동안 문제 행동을 행동 과다와 행동 결핍이라는 두 가지 큰 범주의 하나로 먼저 분류하는 것은 때로 유용하다. **행동 과다**(behavioral excess)는 몇 가지 다른 형태를 보인다. 정의에 의하면, 이는 빈도, 강도 또는 기간이 과도한 특정 형태의 행동으로 나타날 때 확인된다. 그 행동들은 또한 고통이나 기능 손상과 어느 정도 관련되어 발생한다.

행동 과다가 개인의 욕구에 대해 가지는 관련 기능은 개인별로 결정된다. 몇몇 행동 과다는 기분 좋은 촉각 자극과 같은 정적 강화(예: 무차별적 성관계), 간헐적으로 일반화된 강화(예: 충동적 도박) 또는 사회적 환경으로부터의 관심(예: 방해적 주의추구 행동)에 의해 지속된다. 화, 공격성 또는 강압적 행동을 빈번하고 지나치게 표현하는 것은 종종 정적 강화(예: 타인이 요구에 응하게 만드는 신체적 위협)와 부적 강화(예: 타인의 위축, 후퇴, 항복을 불러오는 화의 표현)에 의해 유지된다. 과도한 행동의 또 다른 형태는 부적 강화에 의해 유지되며, 강한 회피와 도피 행동 패턴을 보이는 개인들 사이에서 가장 두드러진다. 회피 또는 도피는 일반적으로 불쾌하고 혐오적인 경험의 맥락을 중지하거나 종료하게 만든다. 행동 과다를 조사하면 보통 관련된 강화과정의 유형을 발견한다.

행동 결핍(behavioral deficit)은 개인이 다양한 맥락에서 행동의 적절한 범위를 나타내지 못하거나 변화하는 환경에 따른 적응에 있어 적절한 유연성을 보이지 못할 때 드러난다. 행동 결핍이 명백할 때는 일반적으로 두 가지 이유가 있다. 하나는 과거 환경이 그러한 행동을 적절하게 모델링, 조형 또는 강화하지 못한 것이다. 또 다른 가능성은 결핍 행동이 어느 순간 습득되어 그 사람의 레퍼토리의 일부가 된 것이다. 그런데 그 행동은 처벌 수반성이거나 소거된 것이다. 중요한 영역에 심각한 행동 결핍이 있는 개인은 그들이 나타내는 행동의 기술이 충분하지 못하며 행동을 위해 환경으로부터 강화를 얻는 데 성공적이지 못한 경향이 있다.

대처 행동 평가

대처 행동은 평가에 있어 매우 중요한데, 그러한 행동은 개인이 역경에 반응하는 방식을 반영하기 때문이다. 내담자가 치료에서 도움을 구하는 문제 행동의 많은 유형은 역설적이게도 단기적으로는 효과가 있었으나 장기적으로는 문제가 된 대처 노력들의 결과물이다(예: Hayes, Strosahl, & Wilson, 1999; Linehan, 1993a; Martell, Addis, & Jacobson, 2001). 효과적이고 해롭지 않은 대처 행동이 부족할 때, CBT 치료자는 종종 내담자들이 대안적이고 적응적인 대처 기술을 발전시키거나 강화하도록 도울 것이다. 문제해결 기술, 사회적 기술, 자기조절 기술, 마음챙김 기술과 수용 기술은 CBT 내에서 종종 강화하고자 하는 대처 기술의 예다.

- 문제해결 기술(problem solving skills)은 특히 아동에게 발생한 문제에 대해 효과적인 해결책을 찾는 것을 돕는 데 유용하다. 무기력감에 취

약한 내담자나 부적응적인 특성과 관련된 수많은 대처 반응을 반복하는 내담자는 종종 문제에 반응하는 새롭거나 대안적인 방법을 만들어 내는 능력에 결함이 있다.

- **사회적 기술**(social skills)은 사회적이고 친밀한 관계를 발전시키고 유지하는 데, 그리고 다른 이들로부터 강화를 얻는 데 필수적이다. 사회적 기술이 부족한 사람은 대처에 있어서도 결함을 보이는데, 이는 그들이 사회적 환경을 평가하거나 동원하는 데 성공적이지 못하고 타인으로부터의 지원, 도움, 충고나 조언을 적게 받기 때문이다.
- **자기조절 기술**(self-regulation skills)은 개인이 내면의 상태나 반응을 바꾸려고 사용하는 어떤 노력이라고 정의된다(Vohs & Baumeister, 2004, p. 2). 즉, 자기조절 기술은 사람이 정서, 사고, 충동, 주의 및 신체 감각과 같은 다양한 영역에서 자신을 제어하는 연습을 위해 발전되었거나 발전되지 못한 기술과 관련된다.
- **마음챙김 기술**(mindfulness skills)은 그 순간 완전한 지각을 불러일으키는 데 공통되는 몇몇 기술이나 능력과 관련된다. 이 기술의 구성 요소는 주의, 지각, 관찰, 변별, 비판단, 그리고 현재의 유지나 지금-여기에 초점을 두는 것을 포함한다. 마음챙김과 대조되는 행동 패턴에는 반추, 걱정, 해리 등이 있다.
- 치료에 찾아오는 많은 사람은 무가치한 환경에서 자란 경험이 있다(예: Linehan, 1993a). 그 결과, 많은 내담자는 자기 가치, 인간으로서의 가치, 그리고 그들 자신 및 경험의 수용에 관한 문제로 갈등한다. 과도하게 반응적이고, 몹시 민감하며 충동적인 내담자들에게는 **수용**(acceptance), **자기 타당화**(self-validation), **인내 기술**(tolerance skills)이 도움이 된다(Robins, Schmidt, & Linehan, 2004). 기술로써의 수용은 현재의 순간이나 마음챙김에 집중하고, 왜곡이나 판단 없이 정확히 지각하는 능력을 포함한다. 수용은 부분적으로 개인의 경험에 대한 개

방과 인식을 포함하지만, 평가나 왜곡은 수반하지 않는다(C. J. Robins et al., 2004).

CBT의 수많은 행동개입은 효과적인 대처 행동의 발전, 강화 및 유지를 추구한다. 이러한 기술들을 증진시키기 위해 고안된 행동개입의 예는 5장부터 10장까지 제시되어 있다.

기능 손상 평가

내담자의 문제와 관련된 기능장애의 정도를 평가하는 몇 가지 이유가 있다. 먼저 장애의 정도와 범위는 그 문제의 심각성을 나타낸다(Morrison, 1995). 몇 개의 기능 영역에 걸쳐 현저한 장애가 관찰될 때는 그 문제에 대해 더욱 집중적인 형태의 개입이 필요하다. 장애가 더 초점적이고 제한적이면, 치료는 가장 두드러지는 몇 가지 맥락에서의 기능을 강조할 수 있다. 내담자가 아무런 장애도 보고하지 않을 때에는 왜 그 내담자가 치료에 왔는지 명확히 하는 데 시간이 필요하다.

두 번째로, 장애의 정도나 성질은 치료 양식 및 개입의 선택과 과정 그리고 강조점과 관계가 있다. 개인 위생을 유지하지 못하는 것, 자살사고에의 몰두, 환각이나 망상의 영향이 행동에 지속되는 것 등과 같이 중등도부터 심각한 수준의 장애는 입원치료나 낮병원 프로그램처럼 더 강력한 치료 양식을 필요로 한다. 장애가 전반적이고, 오래 지속되며, 몇몇 기능 영역에 영향을 끼칠 때(심각한 인격장애 환자에서 때때로 관찰되는 것과 같이)는 장기치료를 고려해야 한다. 또한 내담자의 능력과 장애 영역에 따라서 치료는 다중 치료 양식으로 제공되기도 한다(예: 개인치료, 집단 기술훈련, 전화 상담, 약물치료). 장애의 특정 형태와 관련된 위험이나 안전 문제 때문에 치료의 강조점은 위험의 가능성에 따라 우선순위가 달라진다. 자살 사고나 행동이 있다면 삶의 질과 관련된 것처럼 치명적이지 않은 손상들에 앞서 최우선으로 다룬다(Linehan, 1993a). 4장에는 내담자 문제 영역의 우선순위를 정하는 지침이 자세히 나와 있다.

세 번째로, 심리장애들은 부분적으로 주관적인 고통 혹은 직업적, 사회적 기능의 장애와 관련된 행동 레퍼토리에 의해 정의된다. DSM에 포함된 대다수의 심리장애의 정의에 '손상(impairment)'이라는 용어를 포함한 것은 문화적 신념, 가치, 사회적 관습 및 규범이 개인에 대해 내리는 판단의 영향을 줄이려는 노력이 반영된 것이다. 비록 위해나 손해가 개인이 속한 문화적 규준에 근거하여 판단되기는 해도, 손상이라는 기준을 포함하는 것은 어떤 행동 양상이 외부 관찰자가 임의적으로 비정상이라고 명명될 가능성을 줄여 준다.

다음 절에서는 장애가 드러나기 쉬운 영역을 간단히 언급한다. 또한 각 영역 내에서 행동평가자가 중요하게 고려해야 하는 문제들을 소개한다. 이러한 문제를 고려해 보는 것은 현재의 문제가 기능의 손상이나 변화를 수반하는지 여부를 결정하는 데 도움이 될 뿐만 아니라 이미 존재하나 현재 분명하지 않은 내담자의 행동 양상을 확인하는 데 도움이 된다.

개인적 기능

어떤 사람의 개인적 기능을 평가하는 데는 그 사람이 현재 어떻게 기능하는지와 과거에 어떻게 기능하였는지를 비교하는 것이 유용하다. 이 정보는 단지 손상의 정도를 시사할 뿐 아니라 어떤 행동 기술이나 그 사람이 행동적으로 수행할 수 있는 모든 목록 안에 이미 존재하는 대처 자원들을 명확히 해 줄 것이다. 이 영역을 평가하기 위한 질문의 예는 다음과 같다.

- "이 문제는 당신에게 어떤 어려움을 가져옵니까?"
- "이 문제는 당신에게 어떤 불편을 일으킵니까?"

- "이 문제는 당신이 현재 즐기는 것들이나 과거에 즐겼던 것들에 어떤 영향을 끼칩니까?"
- "이 문제가 계속되는 동안 당신 자신을 돌보는 데 어떤 어려움을 경험했습니까?"
- "잠자는 데 어려움이 있습니까? 몸무게나 식욕의 변화는 없습니까? 에너지 수준은 어떻습니까?"
- "이 문제를 가진 이후부터 통제할 수 없다는 느낌을 가진 기간이 있습니까? 만일 그렇다면 그에 대해 좀 더 말해 줄 수 있습니까?"
- "이 문제로 당신이 이전에는 피하지 않았을 상황이나 행동을 회피하게 되었습니까?"
- "이전에 이 문제에 대하여 도움을 구한 적이 있습니까?"

가족 및 사회적 관계

견고한 가족 및 사회적 관계들은 여러 심리장애의 발달로부터 보호하는 역할을 하고, 육체적 · 심리적 건강을 증진시킬 수 있다(McLeod, Kessler, & Landis, 1992). 이러한 영역의 장애는 심리장애에 대한 개인의 취약성을 증가시킬 뿐 아니라(Cohen & Wills, 1985), 이미 존재하고 있을지 모를 문제들을 더 악화시킨다(Lewinsohn & Gotlib, 1995).

가족 및 사회적 관계들의 조사에서 이러한 영역의 현재 문제가 회피 경향 때문인지(예: 대인관계의 위축), 사회적 기술의 부족 때문인지(예: 적절한 사회적 행동을 배우지 못함), 환경에 의한 사회적 행동의 억압 때문인지(예: 사회적 행동이 학습되었으나 그것을 표출했을 때 타인에 의하여 처벌받았을 때—어떤 여자가 자기주장이 강하고 자주적인 행동을 보였을 때 배우자의 외도를 경험하게 되는 경우의 예와 같이), 혹은 사회적 행동에 대한 정적 강화가 낮기 때문인지(예: 그 개인이 사회적 행동을 긍정적으로 지지해 주지 않는 환경 속에 살고 있을 때)를 구분하는 것이 중요하다.

- "이 문제가 나타났을 때 당신은 가족과의 관계에서 어떠한 변화를 감지했습니까? 당신의 배우자 혹은 파트너와? 친구들과? 동료들과?"
- "최근에 사람들과 어려움이나 갈등을 겪었습니까?"
- "당신의 가족과 친구들과의 현재 관계를 어떻게 특징지을 수 있습니까?"
- "만일 당신이 문제가 생기거나 혹은 도움이 필요할 때 현재 편안하게 다가갈 수 있는 누군가가 당신의 삶 속에 존재합니까? 당신은 이 사람을 자주 봅니까?"

직장 및 학교 활동

많은 사람에게서 심리장애의 첫 번째 징후는 종종 일상생활의 요구에 대한 반응에서 나타난다. 직장이나 학교 생활은 수행해야 할 일상의 요구들로 채워져 있고, 그 수행을 지속적으로 평가받는 압박을 느낀다(예: 감독관 또는 교사에 의해).

- "이 문제는 당신의 일(혹은 공부)에 어떠한 영향을 끼쳤습니까?"
- "직장(혹은 학교)에 빠진 적이 있습니까?"
- "이 문제 때문에 직장(혹은 학교)에서 질책받은 적이 있었습니까?"
- "과거에 다양한 직업을 가졌습니까? 만일 그렇다면 그 직업을 그만두게 했던 상황은 무엇이었습니까?"

법적인 문제나 소송 절차

개인의 과거력에 약물남용, 양극성 장애 그리고 반사회적 행동이 포함될 경우에는 법적인 어려움이 더욱 심각해진다(Morrison, 1995). 개인의 법적인 과거력의 검토는 즉각적으로는 드러나지 않는 심리적 상태를 밝힐지도 모른다. 법적인 문제들을 의논할 때는 내담자가 현재 혹은 계류 중인 소송에 연관되었는지를 알아보는 것도 유용하다. 그러한 정보는 치료 작업과 노트가 법정 심사에 제출되거나 이혼 또는 아동보호 절차 동안 증명이 요구되는 등 미래의 뜻밖의 일에 보호 장치가 될 수 있다. 소송 중이거나 치료자가 증인으로 불려갈 경우에는 진행 중인 치료 동안 제공된 증거나 의견이 이익이 될지 혹은 불이익이 될지를 의논하는 것이 중요하다.

- "어떤 법적인 문제를 겪은 적이 있습니까?"
- "지금까지 체포된 적이 있습니까?"
- "현재 우리가 함께 하는 작업과 관련될 수 있는 어떤 법적 절차에 연루되어 있습니까?"
- "이혼소송 절차 혹은 양육권 분쟁과 같은 소송을 앞두고 있습니까?"

건강과 의학적 상태

여러 연구는 신체적 건강이 전반적인 행복과 연관이 있다는 것을 보여 주었다(예: Kozma & Stones, 1983). 다양한 의학적 이상은 심리적 장애와 매우 비슷한 징후와 증상을 가져올 수 있다(예: Jacob & Rapport, 1984). 그리고 그러한 행동적, 심리적 장애는 건강 관련 문제의 위험성을 증가시킨다(예: Garner, 1997). 예를 들어, 저혈당, 갑상선 항진증 혹은 급성 카페인 중독은 공황발작과 유사한 징후 및 증상들과 관련이 있다(Street & Barlow, 1994). 반대로 몇몇 심리장애는 건강 관련 문제의 위험성을 증가시킨다. 예를 들어, 신경성 폭식증의 경우에 하제를 쓰는 것은 전해질 이상, 신장 기능의 손상 그리고 식도의 약화나 파열을 일으킬 수 있다. 치료를 시작하기 전에 내담자가 현재 치료를 받고 있지 않은 의학적 문제가 있는 경우, 혹은 현재 보이는 증상이 내재하는 의학적 건강 상태 때문이거나 이 때문에 악화될지도 모른다는 표시가 있을 경우에는 의학적 자문을 구하기를 충고한다.

- "현재 어떠한 의학적 문제가 있습니까?"
- "과거에 어떠한 의학적 문제가 있었습니까?"
- "현재 어떤 약을 복용하고 있습니까?"
- "최근 당신의 건강에 대해 어떻게 설명하겠습니까?"

현재 생활 상태와 삶의 질

삶의 질은 초기 평가 동안 뿐 아니라 전 치료 과정을 통해서 고려되어야 할 또 다른 요인이다. 삶의 질 요인들은 개인의 전반적인 행복감(안녕감)에 영향을 줄 뿐만 아니라 진행 중인 치료에 위협이 될 수도 있다(예: 집을 구할 돈이 없는 것, 범죄 행위로 구속되는 것 등). 삶의 질을 방해하고 진행 중인 치료의 실행 가능성을 위협하거나 위험과 안전 문제와 연관된 행동은 치료에서 적극적으로 표적으로 삼아야 한다(Linehan, 1993a).

- "현재 어디에 살고 있습니까?"
- "누구와 함께 살고 있습니까?"
- "당신의 재정 상태는 어떻습니까?"
- "여가생활에 홍미가 있습니까? 얼마나 자주 이런 활동에 참여합니까?"
- "당신 삶에서 최근 어떤 변화가 있었습니까?"
- "당신의 일상을 어떻게 설명하겠습니까?"
- "당신은 현재 상황에 만족합니까? 달라지고 싶은 어떤 것이 있습니까?"

자살 위험 및 기타 위험 영역

위험의 측정과 평가는 내담자의 진행 중인 치료에서 중요한 측면이다. 평가의 첫 단계에서 자살 및 살인에 대한 생각은 비정상적 사고(예: 환각과 망상)나 물질남용, 자해 경향성 등과 함께 평가되어야 한다. 이러한 영역과 관련한 내담자의 과거력도 평가되어야 한다(예: 과거의 자살 시도들, 과거의 공격 행동). 아동이나 노인 학대 및 취약한 사람에 대한 학대의 경우 치료자는 철저하게 그 문제를 조사해야 하고, 만일 그러한 학대가 인정될 경우에는 관련 당국에 보고하는 등의 적절한 조치를 취해야 한다.

만약 내담자가 자살 및 살인에 대한 생각이나 자해 행동을 보고한다면 첫 회기에 세운 원래의 계획은 잠시 보류하고, 이러한 영역들을 자세히 다루어야 한다. 이 평가에서 그러한 생각을 행동으로 실행할 충동과 이러한 생각들의 빈도, 강도 및 지속기간을 평가해야 한다. 관련 방법의 실행 가능성 및 잠재적인 치명성뿐만 아니라 실행 계획도 평가해야 한다. 내담자가 자신이나 타인에게 해를 가할 위험성이 임박한 것 같은 경우에는 내담자나 타인의 안전을 위해 적절한 조치를 취해야 한다.

상황이 급박하거나 절박하지 않은 경우(예: 자살사고에 대한 행동화 충동이 낮은 경우, 정서적 고통에 대해 참을 수 있는 능력이 있는 경우, 내담자 자신이 자살 행동을 효과적이지 않은 대처라고 생각하는 경우, 이미 수립한 자살 예방 계획에 따르려는 의지가 있을 경우 등; Chiles & Strosahl, 1995 참조) 더 자세한 조사가 필요하다. 자살사고를 보고한 사람의 경우 내담자가 희망이 없다고 느끼게 만드는 것이 무엇인지(J. S. Beck, 1995), 또는 자살 행동이나 유사 자살 행동이 해결해 줄 수 있다고 믿는 문제가 무엇인지를 결정하기 위해 시간을 더 가질 수도 있다. 살아야 할 이유와 같은 보호 요인을 조사하는 것이 매우 중요하다(Linehan, 1993a).

- "자신을 해치거나 자살하려는 생각을 해 본 적이 있습니까?"
- "지금까지 당신이 죽기를 바란 적이 있습니까?"
- "다른 사람들을 상처 입히고 싶다는 생각을 한 적이 있습니까? 타인에게 공격적으로 행동한 적이 있습니까?"
- "때때로 자살하려는 욕망이 있건 없건 간에 사람들은 자신에게 고통

을 유발하기 위하여 어떤 행동을 하기도 합니다. 당신은 의도적으로 자신에게 고통을 가하는 어떤 행동을 한 적이 있습니까?"

- "통제력을 잃을 정도로 분노를 느껴 본 적이 있습니까?"

행동주의적 면담

행동주의적 면담(behavioral interview)은 일반적으로 행동주의 치료자에 의해 초기 몇 회기 동안에 시행된다. 이것은 행동주의적 사례 개념화를 발전시키기 위해 관련 정보를 수집하는 수단이다. 이 면담의 초점은 주로 내담자의 문제 영역(예: 정서 반응의 문제, 효과가 적은 대인관계 및 대처 행동 등) 확인, 이러한 문제 영역과 관련된 특정 행동 패턴에 관한 규명, 가능한 촉진 요인에 관한 조사와 이러한 패턴과 관련된 지속 요인, 이런 문제 영역들 사이의 가능한 공통성에 대한 조사 등이 있다. 행동주의적 면담에는 여러 형태가 있기는 하지만 공통점이 많다(Kanfer & Saslow, 1969; Morganstern & Tevlin, 1981; Peterson, 1968; Spiegler & Guevremont, 2003; Turkat, 1986). 내재하는 철학적 가정은 행동은 결정된다는 점이며, 이에 따라 현재 행동은 즉각적인 환경 요인과 일생 동안 가장 가치 있는 경험의 정점에 의해 영향을 받는다. 또한 현재의 행동과 기능에 대한 강조점도 있다. 내담자의 과거력과 관련된 측면은 과거력의 관점에서 문제 행동을 파악하기 위해 탐색하며, 또 가능한 현재의 맥락과 이러한 행동과 관련한 지속 요인의 확인을 위해 탐색되어야 한다.

행동주의적 면담 동안 치료자는 자주 **적극적 접근**(active approach)을 취한다. 내담자가 자신에 관한 새로운 정보를 제공할 때, 치료자는 기존의 지식(예: 내담자를 괴롭히는 문제에 대한 반응의 예측, 내담자에 의해 설명된 특정 환경에서의 반응의 예측 등)에 따라 계속해서 사례 개념화를 발전시키고 검증하며 명료화한다. 이 적극적인 접근과 일치되는 것으로 잠재적인 표적 행동의 지속적인 평가가 있다. 초기 평가 단계에서 치료자는 내담자의 행동을 과다나 결핍 그리고 강점이나 장점과 같은 넓은 범주의 측면에서 생각해 볼 수 있다(예: 능력이나 기술 영역, 대처 행동의 효과성, 사회적 지지망). 잠재적인 표적 행동을 그 빈도, 강도, 심각성 및 보편성과 관련지어 생각해 보는 것에 더하여, 관심 행동에 앞서 일어난 선행 사건과 뒤따라오는 결과를 고려하는 것이 좋다.

이러한 영역을 평가하기 위해 행동주의적 관점의 면접자들은 무엇을, 언제, 어디서, 어떻게, 얼마나 자주 등을 강조하는 질문을 한다(Spiegler & Guevremont, 2003). 행동평가의 초기 단계에서 전형적으로 시행되는 면담 질문의 예들은 〈표 2-1〉에 제시되어 있다.

〈표 2-1〉 행동평가 초기에 전형적으로 사용되는 면담 질문의 예

가능한 표적 행동과 빈도, 심각성 확인을 위해:
"오늘 이곳에 오게 된 이유는 무엇입니까?"
"당신이 생각하는 문제는 무엇입니까?"
"당신이 여기서 다루고 싶고 지금껏 겪어 왔던 문제들에 대해 말해 주십시오."
"당신의 삶에서 계속되고 당신을 불행하게 하는 것들이 있습니까?"
"그 문제는 얼마나 자주 일어납니까?"
"그 문제가 얼마나 심각하다고 봅니까?"
"다른 사람들이 이것이 문제라고 말한 적이 있습니까?"
"더 이상 하지는 않지만 과거에 즐겼던 것들이 있습니까?"
"어떻게 반응해야 할지 확신이 없는 상황이 있습니까?"
"이 문제가 당신의 가족생활에 영향을 미쳤습니까? 일에는? 당신 인생에서 중요한 사람과의 관계에는? 당신의 전체 안녕감에는?"
"이 문제가 일어난 뒤로 당신의 삶에 어떤 중요한 변화가 있었습니까?"

표적 행동의 선행 요인 결정을 위해:

"언제 또는 어떤 상황에서 그 문제가 일어납니까?"

"그 문제가 일어나기 바로 전에 무슨 일이 일어났습니까?"

"그 문제가 일어난 마지막 때로 돌아가 생각한다면, 그때 무슨 일이 있었습니까?"

"이 문제는 대체로 당신이 타인과 함께 있을 때 혹은 혼자일 때 일어납니까?"

"문제가 일어나기 전에 당신은 대체로 특정한 사고나 감정을 경험합니까?"

"당신이 문제로 여기는 이 행동을 하기 전에 결과로 무슨 일이 일어날지에 대해 생각을 해 봅니까?"

표적 행동의 가능한 결과 확인을 위해:

"그 문제가 일어난 바로 뒤에 무슨 일이 생깁니까?"

"당신이 이 행동으로부터 얻는 것은 무엇입니까?"

"그 문제가 일어났을 때 당신이 느끼는 기분에 변화가 있음을 알아차립니까?"

"그 문제가 타인과 함께 있을 때 일어난다면 그들은 어떻게 반응합니까?"

"그 문제가 호전되는 시간이 있습니까? 그렇다면 그때 무슨 일이 있습니까?"

"그 문제와 관련된 장기적 효과가 있습니까?"

표적 행동과 관련된 과거력이나 개인 변인에 관한 평가를 위해:

"언제 처음 그 문제가 시작되었습니까?"

"당신의 인생에서 이 같은 문제가 있었던 다른 때가 기억납니까? 그때 당신의 삶에는 무슨 일이 일어났습니까?"

"현재의 이 문제가 과거의 이 문제와는 어떤 면에서 다릅니까?"

"과거 이런 문제가 있었을 때 도움이 되었던 때로 돌아가려고 노력한 것이 있었습니까?"

"조부모와 사촌을 포함하여 가족 중에 이러한 문제가 있었던 사람이 있습니까?"

대처 행동의 효과성 평가를 위해:

"그 문제를 줄이거나 없애기 위해 어떤 노력을 했습니까? 그것이 어떻게 작용했습니까?"

"어려운 상황에 어떻게 대처하는지 말해 주십시오. 그렇게 했을 때 그것이 도움이 됩니까? 이런 방식의 대처는 다른 문제를 일으킵니까?"

"결국 피하거나 물러서는 식으로 그 문제에 대처하는 자신을 발견합니까?"

"그 문제가 현재 나타날 때 주로 하게 되는 행동이 있습니까? 만약 그렇다면 무엇을 합니까?"

"고통스러운 기분이 들 때 다루기 어렵습니까? 만약 그렇다면 그 기분을 느낄 때 무엇을 합니까?"

가치나 목표와 관련된 문제 행동의 일관성 평가를 위해:

"당신에게 이것이 문제가 아니라면 삶이 어떨 것 같습니까?"
"생각해 보면 당신의 행동은 그렇게 되길 원하는 삶과 일치합니까?"
"이것이 문제가 되지 않는다면 지금 당장 당신은 무엇을 할 것입니까?"
"지금 생활에서 당신이 잃어버린 어떤 중요한 것이 있습니까?"
"치료가 성공한다면 당신의 상황은 어떻게 달라질 것입니까?"

내담자의 문제 부분을 어떻게 다룰지에 관한 내담자의 생각 평가를 위해:

"상황을 향상하기 위해 해야 할 것이 무엇이라고 생각합니까?"
"상황을 호전시킬 만한 어떤 행동을 상상해 볼 수 있습니까?"
"이런 문제가 없었다면 당신은 어떻게 다르게 행동할 것입니까?"
"당신과 비슷한 문제가 있었던 누군가를 압니까? 그들은 무엇을 했습니까?"
"다른 사람에게는 인생의 만족스러운 감정을 느끼는 데 무엇이 도움이 될 것 같습니까?"

기능적 분석: 행동의 배경과 목적을 명확히 하기

임상적으로 관련된 문제 행동에 대한 기능적 이해는 문제 행동이 잘 발생하는 상황을 구별해 내고 문제 행동이 계속해서 지속되도록 하는 결과를 확인할 수 있게 한다. 그러한 분석의 결과는 내담자의 행동에 대한 가설적 모델로 통합되고, 이어서 이 내담자에게 가장 적절한 행동주의적 개입의 결정에 활용된다.

아래에서는 행동의 기능적 분석의 네 가지 필수 구성 요소를 설명한다. (1) 선행 자극(변별적 자극과 확립조작), (2) 개인 변인(생리적 특성, 유전되는 생물학적 특성과 학습력), (3) 행동(인지-언어적, 생리적, 정서적 그리고 운동 반응), (4) 결과(강화와 처벌, 즉각적 또는 지연된). 이들 네 가지 구성 요소는 내담자의 문제 영역에 대한 가설적 모델의 기초를 반영하고, 이에 따라 개인의 행동은 즉각적인 환경 변인(선행 자극과 반응 결과)과 개인이 상황에 가져오는 개인 변인의 복합적 작용으로 간주된다(Goldfried & Sprafkin, 1976).

행동의 선행 요인

행동치료의 관점에서는 행동의 원인이 되는 선행 요인에 두 가지 일반적인 유형이 있다. 그것은 **변별 자극**(discriminative stimuli: S^D)과 **확립조작**(establishing operations: EO)이다.

변별 자극

변별 자극(S^D)은 어떤 형태의 행동에 강화 혹은 처벌이 따라오는 가능성에 관한 정보를 제공하는 사건이다. S^D의 정보적 가치는 이 자극이나 관련 자극이 있을 때 특정 방식으로 행동한 과거 경험에 달려 있다. 어떤 행동이 전형적으로 S^D가 존재하여 강화되거나 혹은 처벌받아 왔을 때, S^D는 강화 혹은 처벌의 가능성을 나타냄으로써 행동에 대한 영향력을 얻게 된다. 예를 들어, 교실에서 방해 행동을 보이는 아동의 행동은 급우들로부터 받는 관심으로 인하여 강화되고 유지된다. 그러므로 이전에 비슷한 환경에서 급우들에 의해 그러한 행동을 강화받았던 아동에게는 또래가 교실에 있는 것이 방해 행동을 일으키는 S^D이다.

확립조작

동기 작용(motivational operation)이라고도 불리는 확립조작(EO)은 특정 행동의 원인이 되는 또 다른 종류의 선행 요인을 구성한다. EO는 환경적 사건이나 조건이 어떤 행동에 관한 강화적 또는 처벌적 속성이 바뀌게끔 영향을 미치는 것이다(Laraway, Snycerski, Michael, & Poling, 2003; Michael, 1982, 2000). 예를 들어, 어떤 한 사람에게 오랫동안 물을 마시지 못하게 한다면, 박탈의 결과로 인해 물 혹은 유사한 물질들(예: 주스, 소다, 맥주)의 강화 가치는 증가하게 된다. 반대로 이제 막 많은 양의 물을 마신 사람이라면 물을 더 마시는 것을 불쾌한 것으로 여길 것이다. 이 사람에게 물의 강화

가치는 이전의 포만으로 인해 감소되었다.

사고와 정서 상태와 같은 특정한 환경적 사건으로부터 생긴 내적인 사건은 몇몇 행동에 있어서 공통된 EO들이다(Michael, 1982; Miltenberger, 2005). 예를 들어, 빈번히 폭식하는 사람들에게 폭식 일화를 일으키는 공통의 EO에는 부정적인 기분 상태, 자신에 대한 부정적 생각, 수면 부족, 그리고 장기간의 음식 박탈과 관련한 음식 갈망이 포함된다(Farmer & Latner, 2007). 분노 경험의 경우, 아마도 고통스럽거나 혐오스러운 자극의 결과로 공격적인 행동에 대한 EO로 작용할 것이다. 이와 유사하게, 주의의 박탈은 박탈당한 사람이 주의 획득 기능이 있는 다양한 행동을 할 가능성을 증가시킴으로써 EO로 작용할 것이다(Michael, 1982, 2000).

EO들에 포함된 것에는 행동에 영향을 미치는 **규칙**(rule)이 있다(Schlinger, 1993; 이 책 6장 참조). 규칙들은 발화된 단어나 글자를 통해 전달되는 언어적 자극으로서, 특별한 방식으로 행동하는 것과 연관된 결과나 결론을 특징짓는다. 규칙은 지시, 명령, 요구, '만일-그러면(if-then)' 진술, 충고, 구전, 도덕적 가르침 그리고 모델 행동을 포함한다(Baum, 1994). 기술적으로 말하면, 규칙은 선행 조건이나 맥락, 특정한 행동이나 행동군, 행동의 결과, 혹은 이들의 조합인 언어적 기술이다(Anderson, Hawkins, Freeman, & Scotti, 2000). 이런 관점에서 규칙은 자극으로 간주되는데, 자극이 있을 때 규칙에 의해 특화된 반응은 강화 또는 처벌의 결과를 낳는다. 그러므로 **규칙 지배 행동**(rule governed behavior)은 행동과 연관된 조작적 수반성을 명확히 하는 언어 규칙에 영향을 받는 행동을 의미한다. 예를 들면, 공공연설을 두려워하는 내담자는 다음과 같은 규칙에 의해 안내된 행동을 할 수 있다. "만일 내가 많은 대중(선행 조건 혹은 맥락) 앞에서 말한다(행동)면, 난 부정적으로 평가받고 창피를 당할 것이다(결과)." 이 내담자는 비록 그것이 정확한 것이 아닐지라도 이러한 규칙의 결과로 대중 연설을 피할 것이다. 규칙 지배 행동이라는 개념은 지연된 결과의 영향을 받는 행동을 설명하기 위해 사용되고, 사고나 자기 지시적인 말이 어떻게 목표 지향적인 행동을 증진시키는지에 대한 틀을 제공한다(Malott, Malott, & Trojan, 2000).

행동의 결과

행동은 보통 특정한 결과를 만들기 위해 실행된다. 그런데 행동이 그런 결과를 만드는 데 성공적이건 아니건 간에, 이는 미래에 유사한 상황에서 행동하게 될 가능성에 영향을 미치게 된다. 여기에서는 행동의 결과와 이로 인해 미래 행동에 미치게 될 영향에 대해 설명한다.

행동을 증가시키거나 유지시키는 요인

CBT에서는 빈번히 발생하고 문제가 되는 행동들에 초점이 맞춰진다. 치료 상황에서 다뤄지는 많은 행동은 강화된 행동인데, 이것이 행동이 지속되고 더 자주 또는 시간이 갈수록 강렬하게 되는 이유다.

행동을 증가시키거나 유지시키는 강화에는 **정적 강화**(positive reinforcement)와 **부적 강화**(negative reinforcement)의 두 가지 형태가 있다. 강화와 처벌 둘 다와 관련되는 **정적**, **부적**이라는 용어는 평가의 형태(예: 좋은 혹은 나쁜)를 내포하지 않는다. 오히려 행동이 어떤 것의 적용(즉, 정적인) 혹은 어떤 것의 제거(즉, 부적인)의 결과인지를 언급하는 것이다. 이런 용어들의 기술적인 정의로서 우리는 다음과 같이 정적, 부적 강화를 정의할 수 있다.

- 정적 강화는 행동에 강화되는 사건이 제공되거나 적용되었을 때 발생하는데, 이것은 미래의 비슷한 상황에서 그 행동의 가능성을 증가시킨다.
- 부적 강화는 행동에 혐오적 사건이나 조건이 제거 및 종료될 때 나타나는데, 이것은 미래에 비슷한 상황에서 그 행동의 가능성을 증가시킨다.

정적 혹은 부적 강화 과정은 종종 **행동 과다** 및 문제가 되는 빈도와 강도로 발생하는 행동을 유지시킨다. 어떤 작용이 개인의 과도한 행동을 유발하는지 이해하기 위해서는 왜 그 사람이 그 행동에 몰두했는지 이해하는 것이 중요하다. 예를 들면, 중독 행동의 기능적인 속성에 관한 이론은 두 가지 과정을 강조하는데, 이 둘을 Fowles(2001)는 "강화인자의 남용(abuse of reinforcers)"으로 개념화하였다. 약물남용이 즐겁거나 바람직한 결과(예: 행복감)를 생성하는 도구일 때는 정적으로 강화된 행동이라고 간주된다. 반대로 약물남용이 혐오적인 상태 혹은 환경(예: 부정적인 감정, 사회불안)으로부터 위안(예: 도피)을 줄 때는 부적으로 강화된 행동이라고 간주된다. 비록 약물 사용의 정적, 부적 강화 영향이 중독 행동을 지속시키는 수단이 되기 쉽기는 해도, 어떤 형태의 강화 결과가 개인의 행동에 가장 영향을 미치는지는 매우 다양하다. 결과적으로 치료에서 표적이 된 문제 행동의 이해과정에서 우리는 왜 그 사람이 그 행동을 시작하였는지를 이해해야만 한다. 그러한 정보는 내담자에게 어떤 개입이 가장 적절한지에 관한 결정을 안내해 줄 것이다.

문제성 폭식 행동은 개인별로 각기 다른 결과에 의해 유지되는 행동의 또 다른 예다. 폭식 행동의 지속에 관한 몇몇 모델은 폭식증이 개인에게 가져오는 회피 기능을 강조한다. 일반적으로 회피에 의해 유지되는 행동에 관하여 말한다면, 우리는 행동이 혐오적인 어떤 것을 제거 및 배제하는 부적 강화 과정을 말하는 것이다. 폭식 행동에 관한 다양한 이론적 모델은 혐오적인 자기 인식(Heatherton & Baumeister, 1991; McManus & Waller, 1995) 또는 부정적 감정(Johnson, Schlundt, Barclay, Carr-Nangle, & Engler, 1995)으로부터 회피 또는 도피하는 역할을 강조해 왔다. 폭식 행동에 대한 다른 모델들은 폭식 행동을 만들고 유지시키는 정적 강화 기능을 강조한다. 폭식 행동에 대한 가능한 강화 요인에는 먹고 싶은 음식의 맛(Loro & Orleans, 1981)과 먹는 것에 대한 사회적 맥락 속에서 타인에 의해 제공되는 강화

(Johnson et al., 1995)가 포함된다. 음식을 맛보는 것과 섭취하는 정도는 한 개인이 보이는 섭식장애 유형의 기능에 따라 다양하다는 연구 결과가 있다. 예를 들어, 폭식장애를 가진 이들은 신경성 폭식증을 가진 이들에 비해 폭식하는 동안에 먹는 것과 관련해 더 큰 즐거움을 보고하였다(J. E. Mitchell et al., 1999).

행동의 감소 및 제거 요인

처벌에는 두 가지 종류가 있는데, 두 가지 모두 유사한 자극 조건하에서 처벌받은 행동이 미래에 발생할 가능성을 줄여 준다.

- **정적 처벌**(positive punishment)은 행동에 혐오적인 사건이나 조건이 제공되거나 적용될 때 일어나는데, 이는 미래의 비슷한 상황에서 그 행동의 가능성을 감소시킨다.
- **부적 처벌**(negative punishment)은 행동에 강화하는 사건 또는 상황이 제거되거나 종료될 때 발생하는데, 이는 미래의 비슷한 상황에서 그 행동의 가능성을 감소시킨다.

행동의 감소나 제거를 초래하는 과정의 또 다른 형태는 **소거**(extinction)다. 행동의 소거는 행동을 강화하는 결과가 뒤따르지 않은 채 행동이 수행될 때 일어난다. 만일 행동이 의도한 효과나 강화하는 결과를 가져오지 않는다면, 그것은 단순히 '없어지고' 시간이 흐르면서 더 이상 나타나지 않을 것이다.

소거의 역할의 예로, 우울증에 관한 몇 가지 모델(예: Ferster, 1973; Lewinsohn, 1974)은 사회적 행동에 대해 반응 수반성 정적 강화(response-contingent positive reinforcement: RCPR)의 비율이 낮다는 것과 결과적으로 시간이 지남에 따라 이 행동이 소거되는 과정을 강조한다. 낮은 RCPR로

〈표 2-2〉 행동 작용과 효과

작용	결과의 유형	행동에 미치는 영향	행동-결과 관계
정적 강화	보상	증가	행동 → 보상 사건 받음
부적 강화	제거	증가	행동 → 혐오 사건 제거
소거	좌절	감소	행동 → 강화받지 않음
정적 처벌	혐오	감소	행동 → 혐오 사건 받음
부적 처벌	벌함	감소	행동 → 보상 사건 제거

출처: R. F. Farmer & R. O. Nelson-Gray(2005). *Personality-Guided Behavior Therapy* (p. 60). Washington, DC: American Psychological Association에서 인용.

인해 행동 빈도가 감소함에 따라 사회적 행동에 정적 강화를 받는 기회도 이에 상응하여 더 줄어든다. 이 결과에 따라 행동이 급속히 감소하는 과정이 발생하며, 사회적 행동에 대한 낮은 비율의 RCPR은 외현적 행동의 비율이 낮은 것과 연관이 되는데 결과적으로 미래 행동의 강화 가능성을 더 감소시키게 된다.

행동에 영향을 미치는 결과가 〈표 2-2〉에 요약되어 있다. 이 표에서는 작용 요인을 행동의 결과 유형, 행동에 대한 결과의 영향(증가 또는 감소), 그리고 행동-결과 관계와 비교하고 대비하였다.

행동 결과와 관련된 추가 고려 사항

행동 결과를 관찰할 때는 두 가지 다른 중요한 고려 사항이 있다. 첫 번째는 무엇이 강화 요인 또는 처벌 요인을 구성하는지에 대한 정의는 오로지 결과가 미래 행동에 주는 영향에 의해 결정된다는 것이다. 정의를 보면, 강화 요인은 시간이 흐르면서 행동의 빈도나 강도를 증가시키는 작용이다. 반대로 처벌 요인은 시간이 흐르면서 행동을 감소시키는 작용이다. 비록 한 사건이 표면적 양상에 기초하여 보상이나 처벌로 나타나기는 하지만, 그것이 미래 행동에 미치는 영향을 관찰함으로써 결과적 사건의 본질을 추론할 수 있다. 예를 들면, 어떤 개인에게 타인의 주목은 행동을 위한 보상이거나 혐오적 결과일 수 있다. 타인의 관심을 보상으로 생각하는 사람들에게 관심을 가져오는 행동은 미래에 더 빈번하게 일어날 것이다. 반대로 관심을 혐오적인 것으로 경험하는 사람들에게서 관심을 가져오는 행동은 이후 감소될 수 있다.

두 번째 고려 사항은 결과가 단기적 또는 즉각적인지와 장기적 또는 지연되는가다. 문제 행동의 경우 단기적 결과는 그러한 행동을 유지시키는 데 반해, 장기적 결과는 종종 그러한 행동을 문제가 되게 만든다(Nelson-Gray & Farmer, 1999). 기능적 분석에서는 평가가 문제 행동의 단기적 및 장기적 결과 모두를 강조해야 한다.

기능적 분석에서 개인 변인과 학습력

종종 유기체(organismic) 변인이라고 불리는 개인 변인은 개인의 생물학적 특성과 과거 학습의 영향을 포함한다(Goldfried & Sprafkin, 1976). 생물학적 특성의 예로는 유전적 소인, 기질, 신체적 외형, 그리고 연령 증가의 영향 등이 있다. 학습력은 일생 동안 환경적 학습이 자신의 행동에 미치는 영향과 특정 환경 상황에서 개인이 어떻게 행동하는지 예측하도록 돕는 정보를 의미한다.

문제 행동의 기능적 이해를 증진시키는 데 생물학적인 특성의 잠재적 중요성에 관한 예로 폭식증과 폭식증을 가진 개인들의 경우를 들면, 그들의 식욕과 신진대사 기능의 이상은 과식을 하는 데 영향을 준다(Latner & Wilson, 2000). 이와 유사하게, 신경성 식욕부진증과 폭식증의 많은 증상과 특성은 굶는 것의 장기적인 효과에 의해 공통적으로 설명될 수 있다. 영양결핍상태인 개인의 행동적, 심리적 기능은 종종 손상될 것이다. 그러나 몸무게와 영양이 보다 정상적 수준이 되면 그러한 손상은 쉽게 회복된다

(Garner, 1997).

정신분열증, 양극성 장애, 주의력결핍 과잉행동장애, 불안장애와 같은 많은 심리적 상태는 어떤 유전적 영향을 받는 것 같다고 제안되었다(Rhee, Feigon, Bar, Hadeishi, & Waldman, 2001). 유전자가 직접적으로 조작될 수는 없지만, 특정 문제 행동과 관련된 자신의 가족력을 안다면 개인이 어떤 약물이나 환경적 사건의 영향에 특별히 민감한 것과 같은 행동에 관한 가능한 생물학적 영향력을 이해할 수 있을 것이다(Farmer, 2005; Tabakoff & Hoffman, 1988).

학습력과 관련하여 여러 종류의 문제 행동은 몇 년 또는 몇 십 년 동안 지속된다. 문제 행동의 예로는 섭식장애(Pike, 1998)와 알코올중독(Helzer et al., 1985)이 있다. 많은 정적, 부적 강화 요인은 빈번하고 오래 지속되는 행동 문제를 유지시킨다. 많은 강화 요인은 그러한 행동과 연합되어 있어서 종종 치료의 예후가 좋지 않다. 아마도 그러한 행동이 특별히 문제로 여겨지지 않았거나 그것이 상당한 심리적 위안을 제공했기 때문일 것이다(Vitousek, Watson, & Wilson, 1998).

학습력을 안다면 개인의 문제 영역의 기능적 발달을 알 수 있고 또 현재 상황에서 이러한 문제 행동에 영향을 미치는 변인들을 확인할 수 있으며, 현재 명백하지는 않지만 어떤 형태의 정신병리와 관련된 내력과 일치하는 추가적인 문제를 알 수 있다. 후자의 예로서, 경계선 인격장애(BPD)가 있는 많은 개인이 고의적인 자해나 자살 행동을 한 과거력이 있는데, 보통 이를 초기 면담에서는 알지 못할 때가 있다. BPD 특성을 보이는 어떤 개인이 첫 면담에서 과거의 자해나 자살 행동에 대한 정보를 자발적으로 얘기하지 않을 때라도, 치료자는 같은 유형의 행동력을 가진 개인에게서 공통적인 이러한 부분에 대해 탐색해야 한다.

문제 행동의 병인론적 과거력이 확인되어도, 이 과거력은 시간이 지나도 그런 행동이 계속 유지되는 것과는 관련이 적거나 없을 수도 있다. 즉, 우리는 문제 행동이 처음 시작되었을 때 영향을 미친 요인들이 현재 행동에도 영향을 미치고 있다는 가정을 할 수 없다. 결과적으로 현재 행동을 이해하기 위해서는 행동에 대한 현재의 영향 요인을 확인하는 것이 필요하다.

지금까지 행동의 기능적 분석의 네 가지 주요 구성 요소를 기술하였는데, 다음에서는 임상적으로 관련된 행동의 기능적 분석의 예를 들 것이다. 이 예를 통해 행동의 단일 연쇄(single chains)에 관한 다중 분석(즉, chain analyses; Linehan, 1993a)이 문제 행동에 영향을 미치는 주요 변인들에 관해 더 폭넓은 기능적 이해를 끌어내기 위해 어떻게 연결될 수 있는지 설명할 것이다.

임상적 기능 분석의 예

목장에서 일하는 24세의 '애덤'은 알코올 의존에 관해 도움을 얻기 위해 클리닉에 왔다. 그는 CBT 선행절차인 의학적으로 감독된 중화 처치를 하기에 앞서 심리학자를 만나 그의 음주 행동의 기술적, 맥락적 양상에 대한 평가를 받았다.

애덤의 음주력을 파악한 결과, 치료자는 그가 12세에 음주를 시작했다는 것을 알았다. 그는 그 당시 음주의 주된 이유로 또래의 영향을 언급했다(예: "내 친구들 모두 했어요."). 음주를 한 후에 자신과 친구들이 시내에 가서 기물을 파괴하고 사람들에게 폭언을 하고 보통 300달러 이하의 물건들을 훔쳤다고 하였다. 애덤은 술로 인한 정신 활성 효과를 즐겼으며 술이 친구와의 우정을 돈독하게 한다고 느꼈고, 취해 있는 동안 자신이 한 행동의 결과(예: 자신이 괴롭힌 사람의 얼굴에 나타난 반응, 훔친 물건을 갖는 것)에 즐거움을 느꼈다고 말했다. 스스로 항상 충동적인 사람이었고 쾌락을 즐겼다고 말했다.

치료자가 지난 몇 주 동안 과음한 몇 가지 일화를 수집했을 때, 매우 일관된 경향이 나타났다. 애덤은 하루에 4번 혹은 그 이상 마시는 것으로 나타났다. 음주의 공통된 선행 요인은 세포 조직에 알코올 농도가 감소하는 것, 금단과 연관된 불편감(메스꺼움, 소외된 느낌, 무기력), 강한 음주 열망, 자신과 관련된 부정적인 음주 관련 사고("나는 술에 취했고 결코 아무것도 할 수 없을 것이다.") 등이다. 또한 그는 목장 주인을 만나기 직전에 술을 마시곤 했다고 말했다. 그리고 "나는 약간 술에 취했을 때 목장 주인과 함께 지내는 것이 더 편합니다."라고 말했다. 그가 털어놓는 이야기를 더 들어보니, 애덤은 목장 주인과 사회적 상호작용을 시작하기 바로 전에 낮은 정도에서 중간 정도의 불안을 느끼는 것으로 나타났다. 그는 목장 사람이나 다른 사람과 농담을 주고받을 때 그들과 더 강한 유대감을 느낀다고 하였다. 이에 대해 다른 사람들이 그가 술에 취해 있을 때 자신에게 더 긍정적으로 반응한다고 얘기했다.

중독의 또 다른 결과를 탐색했을 때, 애덤은 상반된 장면을 묘사했다. 한편으로 그는 술을 마시기 시작하면 약간 도취감을 느꼈고 그의 불편감과 갈망이 빠르게 감소되고 사라졌다고 얘기했다. 이와 비슷하게, 그는 술에 취했을 때 다른 사람과 상호작용하는 것에 불안함을 덜 느꼈고, 사실 자신이 더 사교성이 있고 재미있는 '진짜 자신'이 되는 것 같다고 묘사하였다. 또한 애덤은 술맛을 즐겼다고 말했다. 그는 위스키를 가장 좋아하였다. 그는 매번 술을 먹을 때 기준량의 4배를 마시곤 했다.

반대로 한 시간 정도 음주를 했을 때 애덤은 "다시 기분이 나빠지기 시작한다."고 말했다. 도취감은 줄어들거나 완전히 사라지고, 갈망이 돌아오고, 부정적인 자기 사고가 다시 나타나곤 했다. 시간이 지나면서 신체적인 금단 증상의 강도가 심각해졌다. 이러한 불쾌한 영향이 더 나타남에 따라 일하는 능력이 손상되었다. 과거 경험을 바탕으로 애덤은 더 많은 술을 마시는 것을 통해 불쾌한 경험을 끝낼 수 있다는 것을 알게 되었다.

[그림 2-1]은 애덤의 음주에 대한 기능적 분석을 나타낸 것이다. 이 모

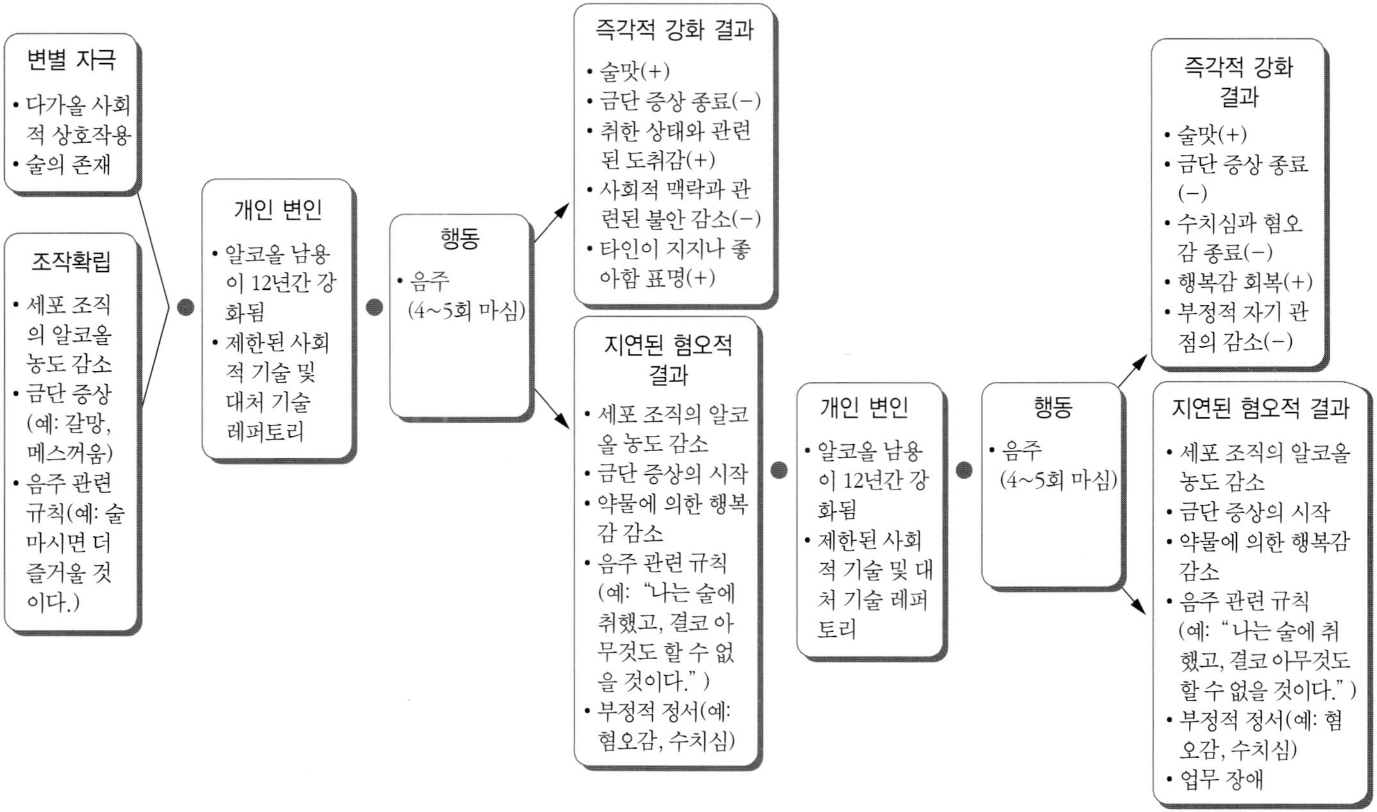

[그림 2-1] 애덤의 음주 행동에 대한 기능적 분석

델에서 반응 연쇄에 있는 구성 요인들 사이에 나타난 점은 상관관계를 표시한 것이고, 점은 선행 요인이 앞으로 있을 요소에 영향을 미치는 가능성을 나타낸다. 강화 결과, 구성 요인들 내에서 (+)라고 되어 있는 항목들은 정적 강화 결과를 표시한 것이고, 반대로 (−)라고 되어 있는 항목들은 부적 강화 결과를 표시한 것이다. 둘 다 선행 행동을 유지하거나 강화하는 것이다.

반응 유목의 기능적 평가

문제 행동에 대한 기능적 평가를 하는 목표 중 하나는 그러한 행동이 깊숙이 박혀 있는 맥락적 흐름에 환자가 주의를 기울이도록 촉진하는 것이다. 결과적으로 환자들은 자신의 행동을 이해하고, 그 행동이 미치는 영향 때문에 그러한 행동을 한다는 개념을 더 잘 이해할 것이다.

행동주의적 임상가들은 행동을 분류할 때 전형적으로 행동의 목적에 따라 분류한다. 그들이 몇 가지 다른 형태를 가정할지라도 기능적 반응 유목(functional response class)은 같거나 유사한 결과를 산출하는 행동 집단이다(Follette et al., 2000). 예를 들어, 공포 행동, 해리, 의도적 자해 그리고 약물남용은 매우 다른 형태의 행동이다. 그러나 종종 그런 행동을 보이는 개인은 유사한 잠재 기능을 갖고 있는데, 그것은 경험적 회피다(Hayes, Wilson, Gifford, Follette, & Strosahl, 1996). 이러한 형태나 다른 회피 행동을 보이는 개인들은 심각하거나 과도한 행동적 회피 레퍼토리를 갖는 것으로 간주된다. 추가 평가를 하면 때로 그러한 행동이 단기적으로 강력한 부적 강화의 특성을 갖지만, 장기적으로도 매우 해로운 결과를 갖는다는 것을 알 수 있다(Nelson-Gray & Farmer, 1999).

기능적 반응 유목의 평가를 통해 때로는 발달, 감소나 정교화를 보장하는 행동 패턴을 알 수 있다. 문제 행동이 깊숙이 박혀 있는 상황을 목표로 하는 개입 전략을 고안할 때 문제 행동이 환자의 욕구를 충족시키는 기능 및 목적에 대한 정보를 활용할 수 있다.

행동평가 방법의 다른 예

환자가 나타내는 문제에 대한 여러 가지 행동평가 방법이 존재하고, 어떤 방법은 다른 것보다 훨씬 더 적절할 수 있다. 이 절에서 우리는 보편적으로 사용하는 두 가지 행동평가 방법인 자기 점검(self-monitoring)과 직접 관찰(direct observation)에 대해 논의하고자 한다. 행동평가의 다른 접근은 Ciminero, Calhoun과 Adams(1986), Nelson과 Hayes(1986b)에 설명되어 있다.

자기 점검

자기 점검은 환자가 실제 생활에서 자신에게 발생할 수 있는 관련 행동에 대한 자료를 모으는 평가 절차다(Korotitsch & Nelson-Gray, 1999). 자기 점검 절차를 수행하기 위해서는 환자가 어떠한 행동을 점검해야 하는지 분명히 해야 한다. 즉, 점검 대상 행동이 명확하게 정의되어야 하며, 환자는 해당 행동의 표본 범위에 대해 익숙해야 한다. 또한 점검 대상 행동이 발생했을 경우, 이를 인지하고 기록할 수 있어야 한다. 만약 자기 점검 수단이 다소 복잡할 경우에는 평가도구 사용에 대한 설명이 필요할 수 있다. 비록 자기 점검이 흔히 사용되는 평가방법이긴 하지만, 자기 점검의 단순한 행위를 통해서 점검자의 행동 빈도가 바람직한 방향으로 변화되는 경우가 많다(Korotitsch & Nelson-Gray, 1999).

평가도구로서 자기 점검은 관련 행동의 선행 요인을 파악하는 데 사용될 수 있다. 이러한 정보는 어떤 문제 행동이 발생하는 맥락의 형태를 파악하는 데 도움이 된다. 또한 자기 점검 수단은 점검 대상 행동의 빈도를 모니터할 수 있도록 도와준다. 실제 치료 실시 전과 치료 중에 자기 점검을 통해 행동 빈도에 대한 자료를 수집할 경우 치료의 효과성을 평가할 수 있다. 유사한 경우로, 치료가 여러 가지로 구성되어 있을 때 자기 점검 자료를 통해서 각각의 치료 요소들 중 어떤 것이 환자가 바람직한 행동으로 변화하는 과정에서 가장 효과적인 방법인지 확인할 수 있다.

자기 점검의 구체적 방법은 평가의 속성과 목적에 따라 달라질 수 있다. 만약 평가의 목적이 특정 행동에 대한 빈도일 경우에는 골프 점수표 또는 빈도기록표와 같은 간단한 기록지면 충분하다. 보다 보편적인 것으로 '사고 기록지(thought records)'(예: Young, Weinberger, & Beck, 2001), '기분 기록지(mood charts)'(예: Miklowitz, 2001), '일지 카드(diary cards)'(예: Linehan, 1993a)와 같은 자기 점검 형식이 개발되어 임상적으로 관련된 행동의 발생과 그 맥락을 기록할 수 있다. 출판된 문헌에 보면 자해, 환각, 음주량, 수업 참석 여부, 폭식 행동과 음식물을 강제로 방출하는 일화, 불면증 등 다양한 행동을 기록하기 위해 자기 점검 방법이 사용되어 왔다(Korotitsch & Nelson-Gray, 1999).

직접 관찰

직접 관찰이 평가방법으로 사용될 경우에는 환자가 아닌 제3자가 관찰 대상 행동의 빈도, 해당 행동과 관계된 맥락 및 관찰 대상 행동과 맥락의 연관성 등을 관찰하게 된다. 관찰자는 환자의 가족, 친구, 또는 평가 목적으로 환자의 실생활에 참여 가능한 사람이 될 수 있다. 출간된 책들을 보면 자녀의 행동을 관찰하기 위해서 참여-관찰자가 된 부모, 상대방의 특정 행동에 대한 빈도를 관찰하기 위해 부부치료에 참석한 배우자, 아동의 방해적 행동을 관찰하기 위해 실제 수업환경에 참석한 보조치료자 등을 그 예로 들고 있다(Hayes, Barlow, & Nelson-Gray, 1999).

직접 관찰 방법은 환자의 문제 영역에 대한 중요한 정보를 발견할 수 있는 방법으로 고안되었다. 예를 들어, 광장공포증 환자를 위한 실제 상황에의 노출 시 치료자는 도심이나 쇼핑몰과 같이 공포를 상기시킬 수 있는 다양한 환경에 환자와 종종 동행할 수 있다. 이러한 노출과정을 통해서 치료자는 종종 환자의 불안 수준을 관찰함으로써 노출 회기 동안 환자가 불안에 견딜 수 있는 치료 범위를 결정할 수 있게 된다.

위의 예에서 설명한 것과 같이, 치료자는 종종 환자의 행동을 관찰할 수 있는 참여-관찰자의 역할을 하게 된다. 이러한 행동평가에 관한 연구에는 치료자가 환자의 실제 환경에 투입되어 환자의 문제 행동의 맥락에 대한 관점에서 관찰하는 예도 있다. 이러한 접근방법 중에 하나로 ABC 기록(ABC recording; Hawkins, 1986)은 행동의 선행 요인, 관찰 대상의 행동 자체 그리고 행동의 결과를 의미한다. 이런 접근방법을 사용하는 관찰자는 관찰 대상 행동을 확인하기 위해 개인의 활동을 관찰한다. 관찰 대상 행동이 발생하게 되면, 관찰자는 문제 행동 직전에 있었던 선행 사건을 기록하게 된다. 또한 관찰자는 관찰 대상 행동이 발생한 후에 그 행동에 대한 사회적 환경이 어떻게 반응하는지(예: 호의적인 또는 비난하는 반응)를 확인하고 기록한다.

기능분석적 심리치료(functional analytic psychotherapy, FAP; Kohlenberg & Tsai, 1991)는 대인관계 지향적 행동치료인데, 치료적인 환경을 치료 밖에서 내담자들이 참여하는 대인관계 상황과 상당히 유사한 사회적 맥락이라는 개념으로 가정한다. FAP에서는 임상적으로 관련된 행동이 재연되고 관찰된 후에 내담자의 치료 목표와 일치하는 방식으로 반응한다. 강화되는 행동을 위해서 임상적으로 관련된 행동을 보이면 자연적인 강화(예: 치료자들의 따뜻함이나 지지적인 표현)로 반응한다. 문제 행동의 경우는 강화하지 않고 대신에 소거 계획에 둔다(예: 불평하는 것이 중요한 대인관계에서 내담자를 어려움에 처하게 하는 문제 행동일 경우, 치료자는 환자의 불평에 대해 내담자를 무시하는 식으로 반응한다). 이러한 예에서 치료자는 내담자의 현재 환경의 일부분이기 때문에 임상적으로 관련된 행동을 파악하는 것이 치료자의 역할 중 하나이며 참여-관찰자로 행동하고 있는 것이다.

참여-관찰자로서 치료자 행동의 또 다른 예로는 역할극 상황이 있다. 역할극은 내담자가 문제를 일으키는 실제 환경과 유사한 환경에서 치료자가 환자의 사회적 행동을 관찰할 수 있게 한다. 예를 들면, 내담자는 유사한 대인관계 맥락에서 중요한 상대 역할처럼 행동하는 치료자에게서 자극받아 대인관계 상황에서의 몇 가지 표적 행동(예: 주장적 행동)을 행할 수 있다. 역할극 이후 치료자는 내담자의 행동에 대한 피드백을 제공하고 미래 상황에서 행동의 효과를 향상하는 방법에 대해 제안할 수 있다.

초기 상담의 마무리

초기 상담을 마치기 전에 내담자들이 중요하게 여기는 것을 추가할 기회를 제공하는 것은 도움이 된다(예: "내가 알아야 할 중요한 것 중에 우리가 지금까지 상의하지 않은 것들이 있나요?"). 또한 내담자가 질문이 있는지(예: "질문이 있습니까?"), 회기 동안 일어난 일에서 불편한 점이 있는지(예: "오늘 만남에서 일어난 일 중에서 당신을 괴롭힌 것이 있습니까?")를 내담자와 함께 점검하는 것은 평가를 위해 도움이 된다. 이러한 영역에 대한 질문은 내담자 스스로 표현하는 기회를 제공하기 때문에 협동하는 느낌과 내담자의 적응에 대한 관심을 전달할 수 있게 한다. 또한 이것은 내담자와 함께 회기를 진행하는 동안 일어났던 중요한 점을 요약하고 다음 단계를 기대하도록 만드는 데 유용하다(예: 지속적 평가, 내담자의 문제 영역에 대한 개념화의 전개,

그리고 이러한 개념화에 바탕을 둔 치료 계획의 수립 등; Sundberg, Winebarger, & Taplin, 2002).

요 약

내담자가 겪는 현재 어려움의 초기 행동평가에서는 다음과 같은 내용이 치료자에게 유용하다.

- 초기 몇 회기 동안 예상되는 것에 대해 설명하고 내담자와 함께 따뜻하고 협력적인 치료관계를 만들도록 하라.
- CBT가 행동 지향적인 치료라는 것을 전달하라. 내담자는 자신의 치료에 관해 결정을 내리고 치료와 관련된 행동을 할 때 적극적으로 참여한다.
- 강점과 관련 행동 기술을 포함한 내담자의 기능을 광범위하게 평가하라.
- 내담자가 행동한 것을 강조하고 임상적으로 의미 있는 행동을 행동주의적 용어로 기술하라.
- 내담자가 임상적으로 의미 있는 행동 패턴에 더 몰두하게 되는 상황이나 조건을 확인하라.
- 시간이 지나도 행동이 유지되는 과정에 초점을 두고 이러한 행동 양상이 가져오는 결과를 탐색하라.
- 내담자의 문제 영역과 관련된 과거력을 평가하고 그 행동 패턴과 관련 있는 생물학적 상태를 고려하라.
- 임상적으로 의미 있는 손상의 정도와 광범위성을 평가하라.
- 임상적으로 의미 있는 행동들을 평가하기 위한 방법을 고찰하고 이해

하라.

- 임상적으로 실제 중요한 행동 양상들이 어떻게 관련되어 있는지에 관한 가설을 발전시키고, 탐색하고 상세히 논의하라. 사례 개념화를 발전시키기 위해 작업하라.
- 초기 면접을 끝내기 전에 논의되지 않은 다른 중요한 영역의 존재에 대해 질문하라. 지금까지의 치료과정에서 내담자의 총체적인 이해력을 탐색하라. 그리고 다음 또는 그다음 만남에서 다루게 될 것을 예상할 수 있게 하라.

CHAPTER 03

행동주의적 사례 개념화

앞 장에서 간단히 언급한 것처럼, 사례 개념화는 문제 영역의 확인과 발생 및 지속과 관련되어 있는 요소에 대한 가설 설정으로 이루어져 있다(Eells, 1997). 가설을 설정함에 있어 치료자는 초기 평가 단계에서 수집된 정보를 선별하고 체계화해야 한다. 행동의 다양한 결정 요소가 추정될지라도, 행동주의적 사례 개념화 접근에서는 영향 요인의 개념화에 있어 조작적 조건형성 과정, 고전적 조건형성 과정 그리고 사회학습 이론을 강조하는 경향이 있다. 이러한 부분에 대해 명확히 이해하면 치료자가 내담자의 문제를 개념화하는 전개과정이 순조로울 수 있고, 이후의 치료 회기에 적용되는 개입을 선택할 때 정보를 얻을 수 있다.

이 장에서는 주로 행동주의적 사례 개념화의 전개과정을 다룬다. 치료에서 다룰 문제 영역들을 설정하기 위해 초기 평가 단계에서 얻어진 방대한 양의 정보를 줄이기 위한 접근법들을 검토한다. 또한 내담자와 함께 사례 개념화의 타당성을 공유하고 검토하기 위한 접근법들을 설명한다. 이어지는 4장에서는 사례 개념화가 긍정적이고 지속적인 행동 변화를 가져오는 지침서가 되도록 만들어 가는 과정에 대해 다룬다.

내담자의 욕구, 목표, 강점에 맞춘 평가와 개입

최근 미국심리학회(APA)의 제12분과(임상심리학회)에서는 특별위원회를 구성하여 경험적으로 효과가 입증된 심리치료 목록을 자세히 기술하였다(Chambless et al., 1996). 목록에 포함된 치료들은 최소 몇 가지 잘 통제된 임상 실험에서 효과가 입증되었다는 측면에서 '입증된' 또는 축적된 임상적 시행에 근거하여 '효과적인' 치료로 간주되고 있다('입증된' 또는 '효과적인' 것으로 지목된 치료에 사용된 조건에 대해서는 Chambless et al., 1998을 참조하라).

경험적으로 입증된 치료들(empirically supported therapies: ESTs)은 진단 범주에 근거하여 작성되었다. 현재 주요우울장애(A. T. Beck, Rush, Shaw, & Emery, 1979), 강박장애(Steketee, 1993), 공황장애(Barlow & Craske, 2000)와 같은 단일장애를 대상으로 하는 경험적으로 입증된 치료들이 있다. 사실 효과가 입증된 대부분은 인지치료, 행동치료 또는 인지행동치료다(Chambless et al., 1996).

아마도 EST의 입증된 성과와 특정 장애의 치료에 사용되는 표준화된 치료 프로토콜로 인해 치료의 시행이 점점 더 프로토콜 기반으로 이루어지고 있다. 심리적 개입은 내담자가 보이는 증상이나 진단에 근거하여 정해진다. 지침은 '내담자가 x 진단을 받았다면 y 치료법을 사용한다.'와 같은 식인데, 이에 따라 진단이나 증상군에 효과적인 치료가 제공된다. 이런 식으로 EST를 사용하면 보통 치료 프로토콜의 치료 목적과 일치되는 요구를 가진 개인에게서 성공적인 결과를 이끌어 낸다(Tarrier & Calam, 2002).

EST는 흔히 EST에서 다루는 단일장애를 가진 내담자를 위한 좋은 출발점을 반영한다. 그러나 보통 내담자들은 다양한 문제 영역을 보인다. 이러한 경우 어떤 개별 프로토콜이 적용되어야 하는지와 이러한 순차적 접근이 효과적이라는 것에 대한 근거가 부족하다. 우울증과 같은 몇몇 장애에 대해서는 많은 EST가 있다(A.T. Beck et al., 1979; Lewinsohn, Antonuccio, Steinmetz-Breckenridge, & Teri, 1984; Martell, Addis, & Jacobson, 2001). 또한 EST에 없는 문제 영역을 보이는 내담자도 흔하다. 이러한 경우 EST 목록은 어떤 개입을 선택해야 하는지에 관한 지침을 제공하지 못한다.

변인 중심적(예: 진단이나 증상 발현에 대한)이고 프로토콜을 기반으로 하는 EST 접근과는 대조적으로, 행동주의적 평가를 하는 것은 개별 내담자에게 맞춰 평가하는 접근으로 간주될 수 있다(Hayes, Nelson, & Jarrett, 1986). 개별적 평가는 사람마다 유전된 생물학적 요인과 학습력이 명백하게 다르며, 개개인은 각자 독특한 환경 내에서 존재한다는 것을 바탕으로 한다. 사람들의 다양성이 인정되고 존중되며, 내담자 평가와 개입 전략은 내담자의 문제 영역과 강점에 가장 적합한 치료 목표에 맞춰진다. 또한 치료자가 사용할 평가 양식의 종류 및 내담자와 치료자가 협력하여 치료를 이끌어 가도록 결정하는 특정 목표가 분명하다.

인지행동치료(CBT)에서 행동적 개입을 할 때는 치료 전반에 걸쳐 평가가 이루어지는 경향이 있다. 즉, 평가과정이 계속되고, 반복되며, 조정 가능하고, 결과적으로 내담자의 행동에 영향을 주는 요인과 관련된 가설을 수정할 수 있다. 반복적인 평가는 개입의 효과 및 치료에서 얻은 이득이 시간 경과에 따라 유지되는가를 평가하는 데도 유용하다.

개별 사례 및 개념화에 기반을 둔 치료적 접근은 흔히 여러 문제 영역을 동시에 가진 내담자에게 적합하다. 또한 이러한 접근은 경험적으로 입증된 많은 프로토콜로부터 치료 기법을 선택할 수 있기 때문에 치료자가 치료를 계획할 때 유연성을 가질 수 있다(Persons, Roberts, Zalecki, & Breechwald, 2006). 사례 개념화 접근은 초기 개입이 도움이 되지 않을 때 대안을 제시할 수도 있다.

개별 사례의 평가 자료, CBT 원칙, 그리고 경험적으로 입증된 CBT 개입에 근거하여 복잡한 문제를 가진 내담자를 위한 치료적 개입을 결정할 때, 치료 성과는 흔히 단일장애를 다룬 EST에서 보고된 것과 비슷하다(Persons et al., 2006). 이와 유사하게, 많은 연구에서는 치료적 개입이 내담자의 특정 문제 영역에 맞춰져 있을 때 효과가 가장 큰 것으로 나타났다(예: Iwata et al., 1994; McKnight, Nelson, Hayes, & Jarrett, 1984; Nelson, Hayes, Jarrett, Sigmon, & McKnight, 1987).

내담자의 문제 영역 좁히기

이 절에서는 평가의 단계를 다룬다. 앞서 언급하였듯이, 초기 평가는 그 범위가 매우 광범위하다. 그러나 임상적 그림이 그려짐에 따라 초점이 점차 좁혀진다. 이러한 과정은 〈표 3-1〉에 요약되어 있다.

〈표 3-1〉 임상적 평가의 단계

- **문제 영역의 광범위한 조사:** 내담자가 인정한 것 외에도 가능한 문제 영역을 가려내는 것이 포함된다. 진단적 면담, 질문지 또는 증상 목록과 같은 광범위한 범위의 평가를 할 수 있다. 이 단계에서 문제 영역은 일반적인 용어로 개념화되고, 치료에 관한 결정은 대개 초기 단계에 한다(예: "치료가 필요한가? 그렇다면 어떤 치료 양식들이 가장 적합한가?").

- **내담자의 문제 영역 기술:** 기술된 범주 안에서 내담자의 주요 문제 영역에 대한 개념화로 이루어져 있다(예: 진단 수준, 기능적인 반응 분류, 행동에 대해 도표화하여 자세히 기술). 치료 접근에 대한 생각이 여전히 광범위하고, 적절한 개입 전략의 분류에 초점이 맞춰진다(예: 노출치료, 기술훈련).

- **치료에서 표적이 되는 행동 양상 확인:** 치료에서 다룰 특정 행동 양상의 기술, 특정 행동 양상의 유지와 관련되어 있는 행동주의적 원칙에 관한 가설의 일반화(예: 정적 강화, 부적 강화) 그리고 개입의 설계로 이루어진다.

- **개입의 실행, 개입 효과의 지속적인 평가:** 진행되고 있는 치료의 효과에 대한 평가를 포함한다. 이 단계에서 모아진 평가 정보는 치료가 진행됨에 따라 행동이 변화된 것인지, 치료적 이득을 늘리기 위해 치료 접근을 수정하고 있는지를 나타낸다.

- **치료에서 표적이 되었던 행동 양상에 대한 치료 후 평가:** 치료에서 표적이 되었던 행동 양상에 대한 치료 후 평가로 이루어져 있다. 이러한 평가는 치료의 결과에 따라 즉시 실시되기도 하고, 일정 기간이 지난 후에 실시되기도 한다(예: 치료 후 1, 3, 6, 12개월). 중요한 목적은 시간이 지난 후에도 치료 효과가 유지되는지를 평가하고 표적 행동 양상이 다시 나타나거나 강점이 회복되는 경우를 탐색하는 것인데, 이를 통해 추가 치료나 추후 회기에 대한 필요성을 알 수 있다.

가능한 문제 영역을 광범위하게 조사하기

어떤 측면에서는 초기 평가 절차가 한 곳으로 모아 좁히는 과정에 비유될 수 있다(Hawkins, 1986). 예를 들어, 평가의 첫 번째 단계에서는 여러 가지 잠재적인 문제 영역이 가려져 있을 것이다. 내담자의 주 호소 외에 광범위한 질문지(예: 간단한 증상 척도; Derogatis, 1992)나 진단적인 면담(예: DSM을 위한 구조화된 임상면담; First, Spitzer, Gibbon, & Williams, 1997b)을 실시할 수 있다. 이러한 평가를 통해 다른 방법으로는 간과되었을 문제 영역들을 밝힐 수 있다. 평가과정 중 이 시점에서는 치료가 필요할지 또는 의뢰를 고려해야 할지 등 치료에 관한 결정이 상당히 포괄적이다.

초기 평가 단계 동안 치료자와 내담자의 활동은 대개 문제 영역 자체에만 집중된다. 내담자의 주 호소나 문제 영역은 보통 다음의 일반적인 영역들 중 하나에 속한다(Morrison, 1995). 사고과정이나 사고 내용의 문제(예: 인지 또는 사고 장애), 물질남용, 정서장애, 범불안이나 특정불안, 신체적 호소, 직업이나 사회적 기능의 곤란, 성격 문제. 여러 가지 문제를 가진 내담자의 경우는 이러한 영역들 중 몇 가지가 관련된다.

평가의 초기 단계에서 내담자에게 어떤 행동이 문제가 되는지 명확히 하는 것은 치료자에게 도움이 된다. 처음에 이 영역에 대한 질문은 보통 매우 광범위하다. 예를 들어, 치료자는 그 행동이 자주 일어나는지, 매우 심한지, 또는 아주 길게 지속되는지 질문하는데, 이것은 모두 행동이 과도한 것을 의미한다(Follette et al., 2000). 내담자가 어떤 특정한 방식으로 행동하기를 원하지만 하지 못한다면 행동의 결핍 또는 이후의 행위를 억압하는 행동의 결과와 관련된 규칙의 영향을 반영한다(예: "내가 한다면 좋은 결과가 오지 않을 것이다." 또는 "내가 한다면 창피를 당할 것이다."). 문제 행동(또는 즐겁거나 보상이 되는 행동을 하지 못함)과 관련된 손상이나 고통의 정도에 대한 질문은 문제 영역의 심각성을 평가하는 데 유용하다.

광범위한 조사에서 초점화된 평가로의 이행

평가의 두 번째 단계에서는 초점이 좁혀진다. 이 단계의 목표는 내담자 문제 영역의 정의, 진단, 분류의 다른 방법 등을 포함한다(Hawkins, 1986). 일단 일반적인 문제 영역이 확인되면, 개입의 접근은 광범위한 용어로 다룰 수 있다(예: 노출치료, 기술훈련, 약물치료 의뢰).

세 번째 단계에서 평가는 더욱 좁혀진다. 이 단계의 기본적인 목표는 특정 표적 행동의 확인과 평가 정보와 연관이 있는 개입 전략을 계획하는 것이다(Hawkins, 1986). 특히 다양한 문제를 가진 내담자의 표적 행동은 선택이 어려울 수 있다. 예를 들어, 다양한 문제를 가진 내담자는 다음과 같은 형태를 보인다.

- 행동 과다(예: 객관적으로 위협적이지 않는 상황에서의 잦은 불안, 물질남용, 보상추구 행동)
- 행동 결핍(예: 대처 기술이 부족하고 사회적 기술이 제한적임)
- 특정한 환경에서 부절적한 행동을 보임으로써 자극 조절이 어려움(예: 적절하지 않은 장소에서 성적인 도발, 낯선 사람에 대한 부적절한 자기 노출)
- 관련된 맥락에 적절한 행동의 실패(예: 일할 때 자꾸 책임감을 보이지 못하는 것, 가족에 대한 책임의 거부)
- 과도하게 높거나 낮은 수행 기준(예: 과제를 방해하는 완벽주의, 자기 자신에게 돌리는 비판적인 말을 자주 함)
- 자기 조절이나 통제의 문제(예: 강박적인 도박이나 폭식, 잦은 감정 폭발과 같은 조절 능력이 부족하거나 충동적인 행동)

이 과정의 초기 단계에서는 내담자가 나타내는 행동 양상에 대한 과학적이고 임상적인 지식뿐만 아니라 행동의 본질에 잠재된 가능성도 고려하는 것이 유용하다. 이러한 일반적이고 **법칙정립적**(nomothetic) 원리는 내담자 행동에 가능한 영향 요인을 제공하고 효과적인 치료 전략을 고려하는 역할을 하기 때문에 내담자의 문제를 개념화하는 데 안내 역할을 할 수 있다. 이런 보편적인 아이디어나 가설이 생긴다면 이를 내담자의 개별 평가의 맥락에서 평가할 수 있다. 치료 목표는 내담자 문제 영역의 본질, 가설적인 유지 요인, 문제 영역이 자신이나 타인에게 제공하고 야기하는 손상의 심각도 등을 통해 분명해진다. 지속적인 평가는 이러한 각각의 영역과 관련된 정보를 제공하는 것이 이상적이다(Goldfried & Sprafkin, 1976).

마지막 두 평가 단계는 무엇보다 평가과정 자체에 관한 것이다(Hawkins, 1986). 네 번째 단계에서는 표적 영역이나 행동에 대한 개입의 효과가 지속적으로 평가된다. 이러한 평가로부터 얻는 중요한 자료는 문제 영역의 심각성, 빈도 또는 광범위성이다. 다섯 번째 단계에서는 치료 효과가 치료 후에도 유지되고 있는지를 평가한다. 4장에서 이 마지막 두 단계와 관련된 절차와 고려 사항을 설명한다.

사례 개념화의 전개

이 절에서는 행동주의적 사례 개념화의 기초가 되는 기본 가정에 중점을 두면서 설명을 시작한다. 그다음 행동주의 이론과 원리들에 근거해 사례 개념화를 전개시키기 위한 일반적인 틀을 제시한다. 다음 절에서는 접수면접에서 수집된 정보를 논리적인 사례 개념화와 이후 치료적 개입의 선택을 위해서 어떻게 통합할 수 있는지 설명한다.

행동주의적 개념화와 관련된 가정

행동주의적 관점에서는 내담자의 문제 영역에 관한 몇 가지 중심 가정이 있다. 예를 들면, 행동 평가와 치료에서 분석의 기본 단계는 환경과 상호작용하는 개인 전체에 대한 것이다(Follette et al., 2000; Hayes, Strosahl, Bunting, Twohig, & Wilson, 2004; Martell et al., 2001). 이러한 관점에서 행동과 그 환경적 맥락은 분리해서 분석되는 '부분'으로 보지 않는다. 오히려 행동과 맥락은 하나의 단위로 분석된다(Martell et al., 2001).

이러한 중심 개념을 더 명확히 하기 위해 먼저 맥락(context)이라는 용어의 의미를 설명하고자 한다. 맥락은 이전의 학습력, 생리적 소인, 현재의 상황적 결정 요인(행동의 선행 요인과 결과들)에 의해 정의되는 구조로서 행동이 일어나는 체계다. 사고, 감정 및 신체 감각과 같이 개인의 가장 중요한 행동 대다수는 개인의 내부에서 일어난다. 드러나는 행동과 함께 이런 행동을 이해하기 위해서 우리의 내부와 외부의 맥락을 모두 이해하는 것이 필요하다. 이러한 이유로 타인의 행동을 이해하고 변화시킬 때 '환경'으로부터 '사람'을 분리시킬 수 없다. Martell 등(2001)의 요약에 의하면, "맥락적인 관점에서…… 행동과 맥락을 변화시키는 데 초점을 두게 된다. 우리는 개인이 무엇을 하고 있는지……. 언제 그렇게 하는지, 어떻게 하는지, 그리고 그 결과가 무엇인지에 관심을 갖는다"(p. 16).

행동주의적 개입의 주요 초점은 역사적으로 행동의 현재 상황적 결정 요인에 있어 왔다. 이에 대한 두 가지 근본적인 이유가 있다. 첫째, 많은 실험 연구에서 행동은 일어난 맥락에 따라서 달라지고, 행동과 관련된 결과는 행동의 미래 발생에 영향을 미치는 것으로 나타났다(예: Catania, 1984). 둘째, 과거를 바꿀 수 없다는 것이다. 내담자의 이전 학습과 그것이 현재의 행동에 미치는 영향을 제거할 수 없다. 그러나 치료적 개입은 새로운 학습을 촉진할 수 있다. 이와 유사하게, 생리적 기질의 양상(예: 유전적 전이)은 바꿀 수 없다. 그러나 뇌 구조와 기능, 유전자 발현은 환경적 사건에 의해 수정될 수 있고(Gottlieb, 1998; Heim & Nemeroff, 1999; Kandel, 1998), 심리사회적 치료가 효과적인 경우 신경화학 및 국소 조직 혈류량과 같은 뇌 기능을 바꿀 수 있다(Etkin, Pittinger, Polan, & Kandel, 2005)는 증거들이 축적되고 있다.

행동적 개입의 또 다른 중요 가정은 병인론, 즉 심리적 상태의 발달과 그 상태가 시간 경과에 따라 유지되는 것 사이에 차이가 있다는 것을 포함한다. 특정 행동 양상의 발달에 영향을 주는 개인력상의 요인이 반드시 그 행동 양상을 유지하는 데 기여하는 것은 아니다. 현재 행동의 영향을 이해하기 위해서는 현재의 맥락에서 발견되는 영향 요인을 찾아야만 한다. 그러한 시각은 행동적 개입의 지금-여기에 대한 강조와 일치한다.

마지막으로, 문제 행동은 때로 사람들의 행동 레퍼토리나 현재의 환경적 요인의 영향(예: 행동 과다에 대한 환경적 강화, 드물게 일어나는 행동에 대한 환경적 억제)에서 대안적이고 더 효과적인 행동의 부재를 의미한다. 상황에 따라서 치료는 새로운 행동(예: 대처 기술, 좀 더 효과적인 행동), 현재 환경의 변경(예: 자주 일어나는 문제 행동에 대한 강화의 제거, 적절하거나 효과적인 행동에 대한 강화 기회의 증가) 또는 잘못된 사고와 규칙의 변경(예: 자신의 행동과 연관된 수반성을 알아채도록 돕는 것, 특정 맥락에서 행동과 관련된 좀 더 정확한 규칙을 제공하는 것)을 가르치는 것을 강조한다. 행동주의적 개입 및 치료와 관련된 부가적인 가정은 Farmer와 Nelson-Gray(2005)에서 찾아볼 수 있다.

사례 개념화의 전개를 위한 일반적 틀

CBT에서 사례 개념화 접근은 내담자 자신과 문제 영역에 대한 깊고 개별화된 개념화의 전개를 포함한다. 개념화는 기능적(functional)이고 구조적인(structural) 영역에 따라 내담자의 특정한 문제 영역에 대한 개념화를 포함한다(Nelson & Hayes, 1986; Persons & Tompkins, 1997). 즉, 이 접근은 임상적으로 관련된 행동이 일어나는 맥락적 양상과 이러한 행동을 도표화한 자세한(또는 기술적) 양상을 모두 설명한다.

일단 치료 전 평가에 근거하여 사례 개념화가 수립되면, 치료자와 내담자는 최초의 사례 개념화를 계속해서 평가하고 정교화한다. 즉, 사례 개념화는 정적이기보다는 오히려 동적이며, 새로운 정보나 관찰에 따라 변경된다. 사례 개념화의 타당성은 다음과 같다.

- **문제 목록의 영역을 설명하는 개념화의 능력**: 개념화는 이러한 문제들에 기여했던 내담자의 취약성뿐만 아니라 다른 상황이 아닌 바로 특정 상황에서 그것의 발생, 지속, 악화의 측면에서 문제 영역에 대한 설득력 있고 일관된 설명을 하는가(Persons, 1989)? 만약 개념화가 현재의 내담자 정보에 의해 지지되는 논리적인 설명을 제공하지 못한다면 부가적 평가를 해야 하거나 개념화에 대한 부가적인 작업이 필수적이다.
- **임상적으로 관련된 행동을 예측하는 개념화의 능력**: 개념화는 임상가가 특정 상황에서 내담자의 행동을 정확하게 예측하는 것을 돕는 정도에 따라서도 타당성을 가진다. 개념화와 일치하지 않는 새로운 정보가 나타났을 때, 임상가와 내담자는 필요에 따라 개념화를 수정한다. 결과적으로 사례 개념화의 타당성은 그것의 설명력, 포괄성, 내담자의 문제 목록에서 항목을 설명하는 능력, 그리고 특정한 맥락에서 예측되는 미래 행동의 정확도의 관점에서 평가된다(Persons et al., 2006; Wolpe & Turkat, 1985).
- **제안된 개념화에 대한 내담자의 반응**: 내담자가 부가적인 예나 증거로 개념화를 지지하고 동의할 경우에는 개념화의 타당성이 지지된다. 그러나 내담자가 개념화에 대해 동의하지 않는다면 내담자가 동의하지

않는 개념화의 양상이 무엇인지, 그리고 내담자가 어떻게 개념화를 더 정확하게 수정할지 이해하는 시간을 갖는 것이 유용하다(Persons, 1989; Wolpe & Turkat, 1985).

- **개념화를 기초로 한 개입의 효과성:** 사례 개념화는 내담자의 문제 영역에 대해 경험적으로 지지된 개입을 선택하고 적용하는 지침을 제공한다(Persons et al., 2006). 개입의 효과성은 개념화의 정확성 지표로 간주된다. 개입이 효과적이지 않은 경우 치료에서 표적 행동을 정하고 유지하는 요인과 관련하여 개념화가 부정확하였거나 치료가 부적합하였을 가능성이 있다(Hayes & Follette, 1992). 치료자는 개념화가 정확하다고 믿을 때 개념화와 일치하는 대안적 개입을 시도하고 평가할 수 있다. 또 다른 방법으로 치료자는 개념화의 기초가 되는 가설과 가정을 재검토할 수 있다.

이 절에서는 Persons(1989; Persons et al., 2006; Persons & Tompkins, 1997)로부터 영향을 받은 사례 개념화의 모형을 제시한다. 이 책의 초점과 일치하도록 문제 행동과 관련된 맥락 요인을 더 강조하고, 가설적 인지 구조들(예: 도식, 핵심 믿음)의 영향은 덜 강조한다. 이에 따라 다음의 개념화 요인에 따라 설명을 정리하였다. (1) 문제 목록, (2) 촉진요인 및 활성화되는 상황, (3) 가설적 원인, (4) 작업 가설, (5) 내담자와 함께 개념화를 나누고 탐색하기. 사례 개념화의 나머지 네 가지 요소는 (6) 치료 계획, (7) 변화를 위한 동기부여와 행동에 대한 참여 확보하기, (8) 효과적 치료에 잠재적인 장애물, (9) 치료의 효과성 평가 절차로, 이 책의 4장에서 사례 개념화의 모든 요소를 통합한 사례를 통해 자세히 다룰 것이다. 사례 개념화에 대한 이 모형의 구성 요소들은 〈표 3-2〉에 제시되어 있다.

〈표 3-2〉 행동주의적 사례 공식화 전개의 단계

- **문제 목록**: 이 목록은 치료에서 다뤄질 10개 이하의 문제 행동 양상을 담고 있다.
- **표적이 된 문제 영역의 상황적 결정요인**: 행동이 결과적으로 미래의 빈도, 강도, 기간에 영향을 끼치는 이후의 행동에 따른 결과는 물론 문제 행동을 일으키는 선행 조건들의 기술을 포함한다.
- **가설적 원인**: 관련 생물학적 특성과 근본적인 문제 영역과 연관된 학습력에 관한 가설의 기술을 포함한다.
- **작동 가설**: 다양한 문제 영역 간의 상호작용을 사례 개념화에 통합시키고 결합한다.
- **개념화를 나누고 탐색하기**: 이러한 문제의 발생과 지속에 관련된 요인을 포함하여 내담자의 문제 영역에 대해 치료자가 이해한 것을 나누는 것을 포함한다. 개념화에 대해 내담자가 동의한 것과 내담자의 피드백에 따라서 수정된 개념화를 함께 탐색한다.
- **치료 계획**: 이론적 근거에 대한 내담자의 이해도에 따라 치료적 개입을 위한 이론적 근거를 준비하는 것을 포함한다. 행동주의 용어에서 치료 목표는 치료적 틀, 개입, 제안된 치료 접근으로 구성된 회기 사이의 활동들로 명시된다.
- **변화를 위한 동기부여와 행동참여 확보**: 내담자와 함께 문제 행동의 영향과 결과에 대해 우호적이고 공감적으로 논의하는 것을 포함한다. 또한 치료자와 내담자는 변화의 잠재적 이득을 탐색한다.
- **효과적인 치료에 잠재적 장애물**: 치료자는 잠재적인 치료 장애물과 관련된 하나 혹은 두 개의 가실을 제공한다. 이것은 잠새적인 장애물에 의해 발생하는 문제를 예상하고 피해 갈 가능성을 증가시킨다.
- **치료의 효과성 평가 절차**: 측정 가능한 치료 목표로 바꾸면 치료 전개에 따른 충분한 진전인지 여부를 결정하기 위해 반복적으로 평가할 수 있다.

문제 목록

평가과정은 흔히 치료에서 이후의 표적이 되는 행동을 도표화해서 자세히 정의한 문제 목록을 만드는 것부터 시작한다. 이 목록은 보통 내담자의 주 호소 내용으로 작성되지만 평가과정[예: 임상 면접, 자기보고식 평가도구, 또는 두려운 자극에 대한 개인의 반응을 평가하는 행동회피 검사(Behavioral Avoidance Test)와 같은 행동 과제들] 동안 드러나는 다른 문제 영역들도 포함할 수 있다.

Persons와 Tompkins(1997)는 문제 목록이 보통 5~8개 항목으로 구성되고, 10개보다 많거나 목록이 늘어나면 안 된다고 제안하였다. 만약 10개보다 많은 잠재적인 문제 영역이 있다면, 치료자는 보다 초점화된 치료를 위해 내담자와 함께 잠재적인 영역들에 우선순위를 매기는 작업을 해야 한다. 문제 목록에 있는 모든 항목이 치료에서 적극적인 또는 분명한 표적이 되지 않지만 처음부터 끝까지 표적이 되지 않는 영역에도 주의를 기울이는 것이 유용하다. 표적이 되지 않는 영역이 치료에서 적극적으로 표적이 된 다른 문제 영역의 변화와 함께 치료 영역에 오르내리면서 결국 치료가 필요한 영역으로 확인될 수도 있다.

또한 Persons와 Tompkins(1997)는 문제 목록의 항목은 가능하면 몇 개의 단어(예: 우울한 기분, 공황발작, 폭식, 부부 갈등)로 요약하고, 문제의 행동, 인지 및 기분의 구성 요소와 관련된 짧지만 상세한 양상의 설명(예: '나는 결코 아무것도 될 수 없을 거야.'와 같은 부정적인 자기에 관한 생각과 공허감을 보이며, 자주 하루에 10시간 이상 자고, 사회적 상호작용을 피함)을 추가하라고 제안하였다. 치료 경과에 따른 문제 영역에서의 변화를 확인하기 위해 치료자는 어떤 방법으로든 문제 영역을 수량화할 필요가 있다(예: 문제의 빈도 계산, 문제의 강도 평정, 문제와 관련된 자기보고식 척도의 점수, 활동 기록지 등).

비록 내담자의 문제 영역으로 분명히 확인된 것은 아닐지라도, 삶의 질에 해로운 영향을 미치는 다른 영역이 잠재적인 문제로 나타날 수 있다(예: 매일 술 마심, 실직, 건강 관련 문제들). 이러한 영역은 처음부터 목록에 포함되어야만 한다. 포괄적인 목록은 치료자에게 내담자의 근본적인 문제 영역과 관련될 수 있는 잠재적인 요인의 범위를 고려할 수 있게 하고, 그 결과로서 이 영역에 대한 실제적인 가설의 전개에 도움이 될 수 있다(Persons, 1989).

문제 목록이 작성되고 치료자와 내담자가 그 내용에 대해 동의하면, 치료자는 이러한 다양한 문제 영역이 가지는 공통 주제를 숙고하는 시간을 가져야 한다(Persons, 1989). 즉, 치료자는 "이러한 문제들 전부에서 공통점은 무엇일까?"라고 질문해 본다. 비록 목록이 다양하거나 각 영역이 매우 다른 문제를 포함하고 있더라도(예: 폭식, 설사, 광장공포증적 회피, 해리, 고의적인 자해), 그것들은 공통으로 유사한 기능적 특성 또는 관계를 모두 가질 수 있다(예: 경험의 회피). 도표화된 상세한 문제 행동 목록에 덧붙여, 유사한 기능이 있는 행동은 같은 치료적 개입을 통해 효과적으로 표현될 수 있기 때문에 관련된 기능적 측면에서 행동을 다룰 수 있다.

행동의 상황적 결정 요인: 촉진 요인, 활성화되는 상황, 행동 결과

촉진 요인과 활성화되는 상황은 행동의 가능성에 기여하는 선행 조건(예: 변별 자극, 확립조작)과 관련된다. 결과는 이러한 상황에서의 미래 행동의 빈도, 강도 또는 기간에 영향을 끼치는 행동(예: 강화 요인 또는 처벌 요인)에 따르는 사건들이다.

이 책의 2장에서 살펴본 기능적 분석은 행동에 영향을 미치는 선행 요인이나 결과적 사건을 확인하는 데 도움이 된다. 이러한 분석은 또한 문제 행동의 특정한 형태와 관련된 가설의 전개를 촉진한다(Sturmey, 1996). 기능적 분석 및 행동과 관련이 있는 관련된 가설의 타당성은 잠재적인 가정을 체계적으로 검증함으로써 분명해질 것이다.

특정한 문제 영역의 기능적 개념화 단계는 다음을 포함한다(Farmer & Latner, 2007).

- 문제 행동의 형태와 기능에 대한 정보를 얻기 위해 임상 면접과 질문지를 사용하라.
- 접수 면접과 치료 동안 표적 행동과 관련 맥락에 대해 자기 점검과 기록을 계속하라.
- 내담자와 함께 문제 행동의 기능에 대한 가설을 만들고 이러한 가설의 타당성을 탐색하라.

직접적인 환경의 수반성 외에도 행동에 영향을 끼치는 다른 행동 결정 요인도 있다. 이에는 선행 사건과 행동, 행동과 결과로서 생기는 사건, 또는 이들의 연합을 상세화하는 언어적 규칙이 있다(Skinner, 1969). 사실 많은 개인에게서 행동은 실제 환경의 수반성보다 수반성 특유의 규칙에 의해 좀 더 강하게 좌우된다.

언어적 규칙이 행동의 선행 요인으로서 기능할 때, 그러한 행동은 **규칙에 지배**(rule-governed)된다. 행동에 영향을 미칠 수 있는 규칙의 예에는 다음이 포함된다. "내가 스스로 토한다면 나는 뚱뚱해지지 않을 거야." "내가 술을 좀 마신다면 나는 덜 불안하고 주위 사람들을 더 재미있게 할 거야." "누군가가 나를 알고 싶어 할 때, 사실은 나를 이용하는 방법을 찾고 있는 거야."

어떤 환경에서의 언어적 규칙은 사회인지 이론에서 자기효능감 기대 및 성과 기대와 비슷하다(Bandura, 1986). **자기효능감 기대**(self-efficacy expectations)는 어떤 행동을 실행하기 위한 자신의 능력에 대한 신념이다. 이러한 기대는 현재 행동 결핍과 관련된 개인에 대한 인식의 결과다. 대신에 이러한 기대로 인해 자신의 현재 행동 능력을 잘못되게 보거나 과소평가할 수 있다. 후자의 경우, 개인은 부적절한 초기 학습(예: "너는 결코 아무것도 할 수 없을 거야."라는 생각을 전달하는 내담자 아버지의 반복된 표현) 또는 다른 사람들에 의한 수행과 관련된 부정확한 피드백(예: 직장 감독자에 의한 지나치게 가혹하고 비현실적인 평가들) 때문에 자기 행동에 결함이 있다고 부정확하게 결론지을 수 있다. 행동적 효율성에 대한 개인의 사고와 관계없이, 자기효능감이 낮을 때 사람들이 어떤 맥락에서 특정한 행동을 시작할 가능성은 마찬가지로 낮다(예: "왜 내가 시도해야만 하지? 나는 내가 그것을 할 수 없다는 것을 알아.").

성과 기대(outcome expectations)는 주어진 행동이 어떤 성과를 가져올지에 대한 추정을 일컫는다. 사회인지 이론에서 긍정적인 성과 기대는 행동의 동기로써 작용한다(예: "내가 시도한다면 나는 성공할 것이다." 또는 "내가 시도한다면 나는 내가 원하는 무언가를 얻을 수 있을 것이다."). 부정적인 성과 기대는 개인이 어떤 상황에서 행동을 수행할 가능성을 방해하고 줄이는 작용을 한다(예: "왜 내가 시도해야만 하지? 그렇게 해도 좋은 일이 생기지 않을 거야.").

효능감과 성과 기대는 모두 규칙의 진술에 언급된 행동과 관련된 결과에 기초하여 특정 상황에서 어떤 행동을 많이 하거나 적게 할지를 알려 준다. 또한 규칙 진술은 A. T. Beck의 인지치료 모델에서 제시한 **일차 가정**(primary assumption)의 개념(**개인 규칙**[personal rules]이나 **핵심 신념**[core beliefs]으로 불리는)과 유사하다.

> 발달기간 동안 각 개인은 세상을 '이해하기' 위한 시도를 함으로써 규칙이나 방법을 배운다. 이러한 방법은 개인이 어떻게 지각을 인지로 조직화하는지, 어떻게 목표를 정하고, 어떻게 행동을 평가하고 수정하는지, 어떻게 생활 속 사건들을 이해하고 타협을 하는지를 결정한다. 본질적으로 이러한 기본 가정들은 의미와 가치의 성격 조직을 구성한다(A. T. Beck et al., 1979, p. 244).

A. T. Beck 등(1979)은 표석이 되는 연구의 12장('우울 소인 가정[Depressogenic Assumption]')에서 핵심 가정이란 행동, 행동과 관련된 결과, 행동이 특정한 결과를 산출하는 선행 조건, 또는 이들의 어떤 조합을 상세히 설명하는 규칙 진술의 형태를 띤다고 밝혔다(예: "만약 내가 착하다면[다른 사람들로 인해 고통받는다면, 영리하고 아름답게 보인다면], 나쁜 일들[이혼, 나쁜 행동을 하는 아이들]은 나에게 일어나지 않을 거야."). 비록 이러한 과정에 대한 행동적, 인지적 설명 사이에 주요한 차이가 있지만(재검토를 위해 Farmer & Nelson-Gray, 2005를 참조하라), 행동에 대한 규칙이나 가정은 행동이 어떤

상황에서 행해질 것인지, 그리고 그것이 어떻게 평가될 것인지에 영향을 준다는 것이 일반적으로 동의하는 사항이다.

우리가 2장에서 논의한 대로, 확립조작은 어떤 형태의 행동에 몰두하는 것과 관련된 강화 요인을 바꿈으로써 행동의 가능성에 영향을 줄 수 있다. 예를 들어, 오랫동안 어떤 것도 마시지 않는다면 물이나 음료를 마시는 것과 관련된 특성을 강화하는 것이 매우 중요하다. 반대로 많은 양의 물을 마신다면 물을 더 마시는 행동은 혐오감으로 경험될 것이다. 많은 형태의 문제 행동은 특정 조작의 확립이 뒤따른다(예: 음식 결핍 기간 후 폭식, 많은 양의 음식 소비 후 강제로 배출하기, 좌절스러운 사건에 대해 분노를 느꼈을 때 공격적 행동, 심한 스트레스를 느낄 때 많은 양의 술 섭취).

치료자가 내담자와 함께 촉진 요인과 활성화하는 상황을 평가할 때는 시간 경과에 따라 문제가 나타났던 방법, 그것이 일어난 선행 조건 또는 문제 행동에 따르는 단기 혹은 장기 결과에 어떤 변화가 있는지 여부를 평가하는 것이 유용하다. 그러한 평가는 행동을 형성하고 유지하는 데 작용하는 영향의 범위는 물론, 시간 경과에 따른 행동의 변화를 명확히 해 줄 것이다.

가설적 원인

가설적 원인은 앞 장에서 개인적 변인으로 설명한 것인데, 그것은 주요 문제 영역과 관련된 개인의 생물학적 특성과 학습력이다. 이러한 개인 변인은 문제 영역의 발달, 재발생 혹은 지속과 관련된 소인이나 취약 요인으로 구성된다. 내담자의 취약한 요인들을 명료화하는 것은 유사한 상황에서 문제를 일으키지 않는 개인에 비해 왜 이 개인이 문제를 발달시키는지를 설명할 수 있다.

생물학적 특성에는 유전적 소인, 기질, 문제 영역과 관련성을 가질 수 있는 다른 생리적 특성들(예: 노화에 따른 인지 능력에 대한 일반적 영향, 질병의 영향)이 포함된다. 예를 들어, 몇몇 심리적 조건은 가족 내에서 전이되므로, 이것은 유전적 영향을 의미하는 것으로 해석된다(Rhee et al., 2001). 이와 유사하게, 기질의 다양성은 생물학적 영향의 결과로 간주되며(Fowles, 2001), 가족의 유전으로도 관찰된다(Eysenck, 1983). 기질의 다양성이 민감성이나 보상 및 처벌의 결과에 대한 반응성의 다양성을 가져온다고 강조되므로(Farmer & Nelson-Gray, 2005), 내담자의 행동에 대한 가설을 세우고 개입을 계획할 때는 이러한 요인을 고려한다.

내담자의 초기 학습력 양상은 현재의 문제 영역이 발전된 이유를 설명할 수 있다. 그러한 잠재적인 영향은 모델링 경험, 사회 및 문화적 가치 또는 훈련, 문제 행동에 연관된 강화의 역사 등이다. 좀 더 만성적 심리장애의 양상을 보이는 개인은 광범위한 학습력, 행동적 결핍과 문제 영역에 연관된 행동 과다를 보인다. 예를 들어, 어떤 형태의 성격장애가 있는 사람은 종종 중요한 대인관계에서의 실패, 방임, 거절, 학대의 발달력을 보고한다(Zanarini et al., 1997). 그러한 발달력과 관련하여 오래 지속된 취약성, 결과적인 행동 결핍이나 행동 과다가 치료 표적이 되는데, 특히 치료가 장기적으로 지속될 때 더욱 그렇다.

더 구체적으로 말하면, 개념화 발달의 협력적 전개과정을 시작하고 문제의 원인에 대한 가설을 세우는 한 가지 방법은 그 문제가 어떻게 시작됐는지에 대한 내담자 자신의 생각이 무엇인지를 묻는 것이다. 내담자가 치료에 오게 될 때까지, 내담자는 문제에 대해 생각하는 데 충분히 많은 시간을 썼을 것이다. 이 영역을 탐색하기 위한 질문은 다음을 포함한다.

- "당신이 이 문제를 처음으로 알았을 때는 언제입니까?"
- "이 문제가 처음으로 일어났을 때 당신의 삶에서 어떤 일이 일어났습니까?"
- "이 문제가 어떻게 생겼는지 생각해 본 적 있습니까?"
- "이 문제가 나타날 때 사람들의 반응은 어떻습니까?"

- "당신은 이 문제가 도움이 되거나 이득이 된 때를 기억할 수 있습니까?"
- "당신은 이 문제를 가진 또 다른 사람을 알고 있습니까?"
- "일단 문제가 발생하고 나서 그것이 당신에게 지속적인 어떤 영향을 미쳤습니까? 만약 그렇다면 그것은 무엇입니까?"

작동 가설

작동 가설(working hypothesis)은 개념화의 핵심으로서, 내담자의 문제 영역을 통합되고 논리적인 개념화로 함께 연결한다(Persons, 1989). 이상적으로 개념화는 병인, 소인, 촉진 요인 및 유지 요인의 유사점을 고려하여 다양한 문제 영역의 상호작용을 설명한다.

CBT에서의 행동개입에 관하여 특별히 설명하면, 작업 가설은 개인의 문제 행동의 기능을 설명하고 비슷한 기능을 하는 문제 행동의 형태나 상세한 양상을 명확히 해 준다. 문제 영역과 관련된 고통 및 장애의 정도에 따라 내담자에게 적절한 치료기간뿐만 아니라 어떤 치료 상황이나 특정 치료 양식이 가장 적절한지 고려할 수 있을 정도로 구체적으로 명시되어야 한다.

치료 상황은 내담자가 주 1회 외래 진료가 좋은지 또는 더 자주 만나는 것이 좋은지, 위기 계획이 세워져야 하는지, 외래 상황이나 입원 상황에서 더 성공적일지 혹은 다른 시설(예: 낮병원)이 요구되는지 등을 의미한다. 치료 양식은 개별치료(예: 외래에서 주 1회의 CBT, 지지치료), 집단 혹은 환경요법, 생물학적 개입(예: 약물치료, 전기충격 요법), 이들의 어떤 조합의 형태 등이 그 예다.

특히 여러 전문가가 실시한 진단에서 정의하는 행동의 결정 요인의 동질성이 높다면 정신과적 진단이 사례 개념화와 치료 계획에 대한 정보를 줄 수 있다(Haynes, 1986). 진단 범주는 행동, 인지 및 정서가 공변된 집합에 의해 정의된다는 점에서 인지 또는 행동적 접근의 평가와 함께 이루어질 필요가 있다. 그러나 진단적 개념은 보편적 법칙을 따른다. 즉, CBT 내에서 행동평가가 개별적으로 이루어지고 개인의 독특성을 강조하는 반면, 진단은 집단중심 또는 변인중심이다(Nelson-Gray & Paulson, 2003). 개별적으로 개념화되지 않은 진단은 치료자에게 증상을 제거하는 가장 좋은 방법을 안내하지 못한다(Persons, 1986). 따라서 CBT의 관점에서 보면 정신과적 진단은 보충적 역할을 할 뿐 문제 영역과 관련된 맥락을 고려하는 개별적 사례 개념화를 대체할 수 없다.

정신과적 진단과 마찬가지로, 심리검사 결과는 개별적 사례 개념화를 대치할 수는 없고 보충 자료로서 유용하다. 예를 들어, 검사 결과를 내담자의 진단이나 개념화의 양상을 확인하는 데 사용할 수 있다. 또한 자기보고식 척도와 같은 검사는 임상적으로 관련된 영역에서 치료 전 기능을 파악할 수 있도록 하며, 치료 후 치료적 이득의 유지는 물론 치료 동안의 어떤 경과나 향상된 점을 평가하는 데 활용할 수 있다.

내담자와 함께 문제의 개념화 탐색하기

행동 평가와 개입은 내담자에게 중요한 문제를 이해하고 개선하기 위해 내담자와 치료자가 함께 하는 협력적인 노력이다. 사례 개념화는 이후의 치료적 개입을 위한 지도로 쓰이기 때문에 치료자는 내담자가 지도를 추가하거나 수정할 기회를 주는 것은 물론 이 지도에 대한 설명을 해 주는 것이 중요하다. 다음은 내담자에게 개념화를 전달하는 것과 관련하여 치료자들이 해야 할 일이다. (1) 솔직하고 협력적인 방식으로 개념화를 설명하기, (2) 문제와 내담자를 구분하기, (3) 효과적인 의사소통 전략 사용하기, (4) 진단 문제를 효과적으로 다루기.

솔직하고 협력적인 방식으로 개념화를 설명하기

내담자와 함께 문제 영역의 개념화를 탐색할 때, 치료자는 문제 영역의 원인, 가설적 소인, 시간 경과에 따른 문제의 발전, 그리고 문제가 표현, 선행 촉발 요인 또는 결과의 측면에서 어떻게 발현되는지 등에 대해 내담자에게 설명하는 것이 도움이 된다는 것을 이해할 것이다. 그러나 문제의 지속에 대한 현재의 기능에 가장 강조점을 두어야 한다(Wolpe & Turkat, 1985).

치료자가 자신의 견해를 말할 때는 탐색에 대해 개방적이라는 것을 전달하는 방식이 가장 이상적이다. 내담자가 쉽게 이해할 수 있는 수준에서 설명해야 하고, 전문적인 용어(예: 부적 강화, 자동적 사고)의 사용은 최소화해야 한다. 그러나 핵심 CBT 원리나 개념에 근거를 둔 개념화에는 관련된 용어를 사용할 필요가 있다. 전문 용어를 사용할 때 치료자는 중요 개념들을 명확하게 정의해야 하고, 실제 적용되는 것을 보여 주기 위해 내담자의 실생활의 예를 사용한다. 내담자에게 치료에 대한 행동주의적 접근법의 근거를 교육시키는 것은 결국 치료적 과정의 일부다.

내담자가 개념화에 동의하지 않으면 치료자는 치료 진행 전에 그 이유를 조심스럽게 다루어야 한다(Wolpe & Turkat, 1985). 개념화가 치료 전 평가 동안 얻어진 폭넓은 다양한 정보에 근거하고 있으므로, 핵심 가정에 대한 의견 차이는 큰 부분보다는 오히려 분명하게 설명할 수 있는 작은 세부 항목 때문일 수 있다.

문제와 내담자를 구분하기

개념화를 재검토할 때 치료자는 내담자와 그의 문제를 구분해야 한다. 치료의 초점이 내담자 개인이 아닌 문제 영역이라는 것을 내담자에게 전달해야 한다. 이러한 접근은 내담자의 문제가 이해될 수 있고 내담자와 치료자가 문제 해결을 위해 협력한다는 것을 전달한다(Wolpe & Turkat, 1985). 또한 치료자는 내담자의 개념화에 대한 이해와 개념화의 정확성에 대한 생각을 계속 피드백 받는 것이 중요하다.

효과적인 의사소통 전략 사용하기

개념화에 대한 내담자의 이해를 돕기 위해 치료자는 전반적인 모델을 요약한 도표를 제공하거나 개념화를 논의하는 동안 도표를 개발하는 것이 유용하다는 것을 이해할 것이다(Persons & Tompkins, 1997). 이러한 도표는 결정적인 사건의 시작을 표시하는 연대표나 내담자의 문제 행동에 대한 기능적 설명과 같은 몇 가지 형태가 있다(이 책의 2장에 예시). 이상적으로 도표에서 강조할 것은 치료 결과 변화 및 수정될 수 있는 요인, 강화될 수 있는 내담자의 장점이나 이들의 조합이다. 개념화가 전개되고 논의되면 내담자에게 이를 설명하도록 하여 내담자의 이해 정도를 점검하는 것이 유용하다(Persons, 1989). 이를 위한 한 가지 방법은 내담자가 친구나 가족과 함께 자신의 문제와 개념화를 의논하는 것을 상상해 보도록 하는 것이다.

진단 문제를 효과적으로 다루기

진단과 같이 내담자의 문제 영역을 설명하는 명칭을 내담자와 함께 나누어야 하는가 여부에 대한 의문이 있다. 치료자가 내담자에게 문제의 명칭을 말해 주면 내담자는 상당한 위안과 낙관을 얻게 된다(Addis & Carpenter, 2000). 그러나 어떤 진단 분류는 나누는 것이 언제나 적절하지 않다. 특히 성격장애 진단 분류는 낙인의 문제와 더불어 그 진단과 관련된 개념적, 심리측정적 어려움이 있으므로 내담자와 나누는 것이 적절하지 않다(Farmer, 2000; Farmer & Chapman, 2002). 치료자가 내담자의 문제에 대해 내담자에게 제공하는 명칭이 진단적 분류여야만 할 필요는 없다. 오히려 내담자가 보이는 행동의 집합들로 치료에서 표적이 될 수 있는 명칭(예: 만성 통증, 과도한 스트레스, 고의적인 자해, 부부 갈등)을 제시할 수 있다.

요 약

행동적 사례 개념화를 전개할 때는 치료자가 다음과 같이 하는 것이 유용하다.

- 내담자의 기능을 전반적으로 평가하고, 그 후 문제 영역이 더 명백해지면 평가의 초점을 계속해서 좁히라.
- 치료에서 다뤄질 내담자의 행동 양상을 확인하는 문제 목록을 만들라.
- 내담자의 문제 영역, 특히 행동 지속에 관한 문제 영역에 적용할 수 있는 기본적인 행동주의 원리를 고려하라.
- 사례 개념화를 전개할 때 문제 목록에서의 행동 양상과 현재 맥락이 어떻게 하나로 상호작용하고 있는지 생각하고 이런 분석의 수준을 중시하라.
- 내담자 문제에 대한 작업 가설을 공유하고 이 가설의 정확성과 완결성에 대한 내담자의 지각을 탐색하라.
- 특히 개념화가 내담자의 문제 목록을 설명하는지, 임상적으로 관련된 행동을 예측하고 치료적 개입의 효과성을 설명하는지를 참고하여 사례 개념화를 계속 평가하고 정교화하라.
- 평가 자료가 치료의 효과성과 치료 회기에 얻은 이득이 유지되는지에 관한 유용한 정보를 주기 때문에 문제 영역이 치료 전, 치료 중, 치료 후에 어떻게 평가될지 고려하라.

CHAPTER 04

치료 계획

치료 계획과 개념화 과정은 어떤 면에서 문제 해결과 의사결정을 훈련하는 것과 유사하다(Kanfer & Busemeyer, 1982). 문제 해결은 문제에 대응하기 위한 대안적인 접근을 포함하는 반면, 의사결정 과정은 가능한 대안들 중에서 규칙이나 지침을 사용하여 선택하는 것을 포함한다. 이런 관점에서 볼 때, 내담자와 치료자는 먼저 문제를 확인하기 위해 함께 작업한다. 문제의 본질에 관한 합의를 내리면 내담자 문제에 대한 상세한 이해 및 가장 효율적이고 가능한 치료 지침에 대한 인식에 근거하여 어떤 방법으로 최선의 접근을 할지 치료자와 내담자가 협력하여 결정한다.

이 장에서는 사례 개념화를 치료 계획으로 바꾸는 지침을 제시한다. 이 논의에는 협력적으로 치료 목표 설정하기, 내담자가 확인한 문제 영역의 우선순위를 정하는 지침, 어떤 개입을 선택할지에 대해 고려할 점 등이 포함된다. 또한 치료를 위한 적절한 틀 결정하기, 내담자와 치료 계획에 대한 협력적인 탐색 단계, 치료에 대한 내담자의 동기부여와 참여를 확립하거나 증진시키기, 치료에서 잠재적인 장애물을 확인하고 준비하기 등 관련된 주제를 논의한다. 다음으로 개입의 효과를 평가하기 위한 방법에 대해 개관한다. 또한 상세한 실제적인 사례의 예를 들고 끝맺을 것이다.

협력적 치료 계획의 개발을 위한 초기 단계

일정한 문제가 있는 특정 내담자를 위해 어떤 개입이 제일 좋은지는 많은 요인이 영향을 준다. 이러한 요인들로는 표적 행동의 특성, 내담자의 특성, 사회-환경적 요인, 진단, 과거 치료력, 개입의 특성 등이 있다(Haynes, 1986). 내담자의 특성에는 치료를 위한 동기, 치료 목표, 개인적 자원과 기술, 사회적 환경이 치료상의 변화를 긍정적으로 지원할 것인지에 대한 생각이 포함된다. 치료적 목표에 반하는 행동은 성공적인 치료의 가능성을 줄이므로 치료에서 강조되어야 한다. 특히 그 문제 행동이 특정 사회-환경적 맥락에서만 발생한다면 사회적 및 환경적 요인을 고려하는 것이 중요하다. 상황이 행동에 영향을 준 것이 확인되면 전반적인 개입 프로그램의 일부로서 초점을 두어야 한다. 개입의 특징은 단순히 사전적인 의미에서의 정의뿐만 아니라 비용 대비 효율성, 부작용, 개입의 정도, 일반화 가능성, 치료 효과의 유지 등 질적인 것도 포함하고 있다.

이 절에서는 인지행동치료에서 행동주의적 개입을 적용할 때 협력적 계획을 발전시키는 데 대한 일반적 지침을 제공한다. 이때 현재로서는 효과적인 치료를 위해 평가 자료를 통합하는 데 단일한 방법이나 경험적으로 지지된 접근이 없다는 것을 인식해야 한다. 또한 치료 전에 내담자가 문제를 해결하기 위해 여러 방법을 시도했다는 것을 분명히 알아야 한다. 만약 내담자가 이전에 치료 경험이 있다면 어떤 문제를 표현했는지, 이런 문제가 어떻게 다루어졌는지, 어떤 효과가 있었는지를 명확히 하는 것이 유용하다. 이전에 적절히 시도되었으나 바람직한 결과를 가져오지 못한 개입은 다른 대안적 개입을 시도한 후에만 고려할 수 있을 것이다.

치료 목표에 합의하기

치료 계획을 세울 때 치료의 목표를 명확히 하고 동의하는 것은 치료자와 내담자에게 중요하다. 치료 목표는 어떤 개입 혹은 전략이 치료 목표를 실현시키기 위한 최선일지, 회기 내 치료의 구조, 회기 사이에 치료와 관련된 활동하기, 치료 기간과 지속, 추후 회기나 유지 회기의 활용 등 어떤 것이 초점이 되는 내용인지(예: 어떤 주제가 가장 중요한지)를 포함한다. 이 영역에 대해 합의하는 것은 암묵적으로 치료적 계약을 하는 것일 뿐 아니라 내담자와 치료자에게 역할, 과제 및 책임을 부여하게 된다(Otto, Reilly-

Harrington, Kogan, & Winett, 2003).

인지행동치료에 참여하고 있는 내담자를 위해 치료자는 치료에서 현재의 행동 및 문제 영역에 초점을 두게 될 것이라는 것과 이것의 중요성에 대한 이론적 근거를 다루는 것이 유용하다. 치료 목표에 도달하기 위해 예상되는 회기 수도 검토하는 것이 중요하다. 마지막으로, CBT는 치료자와 내담자가 치료에 함께 참여하는 적극적인 접근이라는 점도 설명해야 한다.

치료를 위한 내담자의 목표가 자신의 주 호소에 따라 명확하게 설정되지 않을 때, 치료자는 치료가 어떤 도움을 줄 수 있을지 질문하는 것이 이상적이다. Persons(1989, p. 327)가 제시한 다음 질문들이 내담자의 목표 확인을 도울 수 있다.

- "당신이 이 문제를 해결했다는 것을 어떻게 알 수 있습니까?"
- "당신이 이 문제를 해결했을 때 당신의 삶은 어떻게 달라지겠습니까?"
- "이 문제가 해결된다면 당신의 행동이 어떻게 달라지겠습니까?"

내담자가 문제로 인식하지 않은 것을 표현하도록 하는 방법

내담자는 비교적 특정한 문제(예: 정서장애, 지속되는 외상의 영향)를 도움받기 위해 치료받으러 오지만, 치료자는 때로 내담자의 또 다른 문제 행동에 대해 알게 될 수도 있다. 이러한 예에는 자살 행동, 자해, 폭식-강제 배출 행동, 약물중독, 또는 내담자의 삶의 질을 방해하는 다른 행동이 있다. 이런 행동이 명백할 때 치료자는 그것에 초점을 두어 내담자의 기능에 미치는 영향력을 평가하고, 내담자가 이런 행동을 바꾸기를 원하는지 아닌지를 확인해야 한다. 내담자가 어떤 문제 행동(예: 생명을 위협하지 않는 약물중독)은 변화하지 않길 바랄 수도 있는데, 이런 행동은 치료에서 표적이 될 수 없는 것이 당연하다. 또 다른 예를 보면, 어떤 행동(예: 자살 시도나 자해)은 생명을 위협하고 내담자의 삶의 질을 심각하게 방해하기 쉬우므로, 치료자는 필요에 따라 이런 문제를 최우선의 치료 표적으로 설정해야 한다. 일반적으로 치료자가 이런 표적을 설정하는 합당한 이론적 근거를 제공할 수 있다면 내담자는 이 행동적 표적을 더 쉽게 수용한다.

심리적 융통성, 자유와 효율성을 발달시키는 중요한 치료적 목표

치료자는 치료에서 효과적 행동 또는 행동 레퍼토리의 발달을 중시하고 행동의 제거는 덜 강조한다(Goldiamond, 1974; Hawkins, 1986). 이 접근은 주로 어떤 것을 획득하는 것보다 정서적 스트레스 같은 것의 제거를 더 강조하는 다른 접근과는 대조된다.

행동주의 임상가들은 어떤 상황이 발생했을 때 그 상황에 반응하기 위해 더 많은 행동적 선택과 더 큰 융통성을 내담자에게 제공하는 행동 레퍼토리 및 기술을 획득하는 것이 도움이 된다고 본다(Hayes & Strosahl, 2004; Linehan, 1993a). 예를 들면, 정서적 고통을 줄이는 것보다는 고통이 있을 때 내담자가 더 효과적으로 대처하도록 돕는 것이 치료적 목표가 될 수 있다. 행동 레퍼토리(예: 대처 기술)를 개발하는 것의 장점은 종종 문제 영역(예: 정서적 고통)의 빈도, 강도 및 기간을 줄여 주는 것이다. 전략적으로 개발된 혹은 강화된 행동 레퍼토리를 통해 치료자는 목표 행동의 감소 및 제거로 이끄는 더 많은 행동적 선택과 더 큰 융통성을 동시에 내담자에게 제공할 수 있다.

사회인지 이론과 사회학습의 초기 이론가인 Albert Bandura(1986, p. 39)는 자유란 초기 학습 경험에 의해 결정된 가능한 선택 조건들 가운데서 선택하는 것이라고 간주하였다. 내담자가 더 큰 행동적 선택권과 보다 나은 유연성을 가질 때, 개인의 자유 또한 더욱 커진다. CBT에서 행동주의적 개입은 삶의 사건에 반응하기 위해 예전에 가능했던 것보다 더 나은 기술과 능력 그리고 선택 조건을 내담자에게 제공함으로써 개인의 자유를 증가시키고자 한다(Kazdin, 1984). 다양한 가능성, 능력, 행동적 대안은 반응에서의 더 큰 융통성에 대한 기회를 증가시키고, 여러 상황에 걸친 효과적인 행동 가능성을 증가시킨다. 이와 유사하게, 치료자는 내담자가 행동에 영향을 주는 맥락적 요소를 이해하고, 자신의 목표와 가치를 표현하며, 문제 행동이나 역기능적 방식의 대처가 이 목표와 가치에 불일치한다는 것을 깨닫도록 도움으로써 개인적 자유 감각을 촉진시키려 한다(Kazdin, 1984).

문제 영역의 우선순위 정하기

대부분의 임상가는 자살이나 유사자살 행동 같은 고위험 행동을 긴급한 우선순위로 해야 한다는 점에 동의한다. 예를 들어, Linehan(1993a)은 변증법적 행동치료(dialectical behavior therapy: DBT)를 설명하면서 개인치료 회기 동안 관심을 두어야 할 행동의 우선순위를 정하는 도식을 개괄하였다. 첫 단계에서 내담자의 삶을 위협하거나 혼란스럽게 하는 것, 치료 효과를 방해하거나 줄이는 것, 삶의 질을 영위하기 위한 내담자의 능력을 방해하는 것 등의 위계적 틀로서 회기 내 치료 표적의 우선순위를 정한다.

Linehan(1993a)의 치료적 표적 1단계의 위계적 배열에서 가장 위급한 우선순위로 간주되는 것은 자살 행동과 자해 행동을 포함한 **생명을 위협하는 행동**(life-threatening behaviors)이다. 이와 같은 행동의 예에는 자살 위기 행동, 자살 시도, 자살 사고 및 표현, 자살과 관련된 기대와 신념, 자해 등이 있다. 이와 비슷하게 긴급하고 최우선으로 다루어져야 할 것은 살인 계획이나 공격성 징조, 방임, 그리고 자기를 보호하는 것이 불가능한 대상(예: 아동, 노인)에 대한 학대 등이다.

그녀의 도식 가운데 다음 부류는 내담자나 치료자의 입장에서 **치료에 방해되는 행동**(therapy-interfering behaviors)이다. 내담자 행동의 예로는 회기에 자주 오지 않는 것, 만성적 지각, 강한 정서적 표출이나 치료자를 향한 공격적 행동 또는 주어진 과제를 하지 않는 것 등이 포함되고, 치료자 행동의 예로는 치료자가 회기 동안 시계를 자주 보거나 일상적으로 회기를 늦게 시작하는 행동 등이 포함된다. 이런 행동들은 치료를 손상시키기 쉬우며, 결국 치료 효과는 떨어지고 치료자가 소진되거나 이후 치료에서 치료자나 내담자가 가져야 할 흥미가 감소된다.

세 번째 부류는 **삶의 질을 방해하는 행동**(quality-of-life interfering behaviors)으로, 약물남용과 무분별한 성적 행동, 재정적 문제, 범죄 행동, 역기능적 대인관계 행동 등이 포함된다. 마지막 부류는 **늘려야 할 행동적 기술**(behavioral skills to increase)로 구성된다. DBT에서 기술훈련은 항상 개별적 기술훈련 집단 안에서 이루어진다. 그렇지만 개인치료 회기에서는 이러한 기술이 내담자의 일상에 통합되도록 촉진시킬 수 있다.

Linehan(1993a; Koerner & Linehan, 1997 참조)은 순차적 단계 모델에서 또 다른 치료 표적의 분류를 제안하였다. 1단계 치료 표적이 적절히 수행되면 치료의 초점은 **외상후 스트레스 반응**(posttraumatic stress responses)과 같은 2단계 표적으로 이어진다. 이 단계로 설명된 것에는 발생된 외상이나 학대의 수용을 촉진하는 것, 외상과 학대와 관련된 자기 비난과 낙인을 줄이는 것, 침습적인 스트레스 반응을 줄이는 것(예: Foa & Rothbaum, 1998에 의해 예시된 외상에 대한 노출기반 치료) 등이다. 외상에 대한 치료는 감정을 자극하고 내담자를 힘들게 하는 면이 있기 때문에 1단계의 결과로 위험 가능성이 상당히 감소되고 대처 기술이 증진되었다는 것을 확신하는 것이 중요하다. 2단계의 다른 표적은 정서적 고통을 줄이고, '조용한 절망감'을 표현하며, 미해결된 슬픔을 다루는 것이다.

DBT에서 3단계의 개입은 자기 가치와 믿음, 타당성, 신뢰 및 소중히 여기는 것과 같은 자존감 증진에 초점을 맞추어 내담자의 일상적인 문제(예: 직업적 문제, 대인관계 어려움)를 다룬다. 삶의 질과 관련된 나머지 문제도 함께 다룬다. 마지막으로, 4단계에서는 많은 사람이 경험하는 불완전함과 공허감을 표현하고, 삶의 많은 영역(예: 현재와 과거, 미래와 현재, 다른 사람과 자신)을 통합하고 종합하며, 있는 그대로의 현실을 수용하는 것을 다룬다. 이 영역에서 성공적 결과의 지표는 기쁨과 자유가 지속되는 느낌을 경험하는 능력이다.

이와 같이 개관한 DBT의 치료 단계에서는 시간이 지남에 따라 치료 표적과 관련하여 치료자가 치료의 순서 배열을 어떻게 생각할지에 대한 예가 제시되어 있다. 이 접근의 특성이 다양한 문제를 가진 모든 내담자에게 적용되지 않을 수 있지만, 보통 위계적이고 순차적인 접근이 강조된다.

문제 영역이 적거나 긴급한 성질의 문제가 있는 내담자에게는 표적 행동 선택을 위한 다른 지침을 고려할 수 있다(Hawkins, 1986; Nelson & Hayes, 1986b). 치료에서 주목해야 할 행동의 선택에 관한 지침은 다음과 같다.

- 내담자에게 최우선적이다.
- 다른 사람들에게도 바람직한 것으로 간주된다.
- 일반적인 환경에서 강화될 가능성이 있다.
- 다른 중요한 행동이 교육되고 강화될 수 있는 일반적인 환경에 들어가도록 촉진시킨다(예: 위생, 직업을 유지하는 데 적절한 행동).
- 여러 상황이나 맥락에 걸쳐 일반적 유용성이 높다(예: 문제해결 기술).
- 내담자 행동 레퍼토리의 융통성을 최대화하고 사람들에게 장기적인 이득을 주도록 촉진한다.
- 일차적 문제 행동과 유사한 기능적 반응 유목에 속한다.
- 기술의 위계에서 낮은 수준에 있고(예: 기초 기술), 높은 수준으로 수정하기 전에 정착시키는 것이 필요하다.

어떤 개입을 선택할지 결정하기

3장에서 경험적으로 입증된 치료들(ESTs)의 개념을 살펴보았고, EST의 대다수가 특별한 진단 개념을 참조한다는 것을 설명하였다. 내담자가 EST에 존재하는 특별하고 한정된 문제를 가지고, 치료자가 그런 내담자를 위해 적절한 EST를 선택할 때, 치료적 결과는 매우 긍정적이다(Tarrier & Calam, 2002).

그런데 장애 특정적 EST 프로토콜은 단일 문제 또는 특정 문제 영역이나 진단을 받은 개인에게 유용한 반면, 다중적 문제 영역이 있는 개인에게는 유용성이 적다. 이러한 내담자를 위해 치료자는 동시적 혹은 순차적으로 관련된 몇 개의 EST들을 선택할 수도 있지만, 그런 접근은 복잡하고 중복될 수 있다. 또한 어떤 문제를 먼저 표적으로 할지에 관한 지침이 부족하다(Persons, Roberts, Zalecki, & Breechwald, 2006).

또한 EST와 관련된 특정한 문제 영역이 있는 내담자라도 EST 프로토콜에서 모든 치료적 요소를 필요로 하지 않는다. 예를 들면, 공황장애가 있는 내담자라도 불안할 때 얕고 빠른 호흡을 하지 않을 수 있다. 그러한 내담자에게 호흡 훈련을 하는 치료 구성은 특별히 적합하거나 도움이 되지 않는다. 이런 예가 설명하는 것처럼, 오직 진단에만 근거한 치료 선택은 최적의 효과를 주지 못하는 치료적 접근이 되거나 필요 이상의 치료적 개입으로 이어질 수 있다(Eifert, Schulte, Zvolensky, Lejuez, & Lau, 1997). 궁극적으로 이는 단기간의 초점적 치료과정이 똑같은 효과가 있는데도 오히려 기간이 길고 비싼 치료적 개입을 하게 되는 것이다. 이와 함께 특정한 개입이 확실하지 않을 때 내담자는 흥미를 잃거나 치료에 관해 비관적이 되고, 결국에는 조기에 치료를 그만둘 수 있다.

마지막으로, 많은 문제 영역이 EST와 관련이 없다. 이러한 상황에서 경험적으로 제공된 프로토콜 접근을 할 수 없다. 이런 상황에 직면했을 때, 치료자에게는 몇 가지 선택권이 있다. (1) 내담자를 치료하지 않는 것, (2) 다른 치료자에게 내담자를 의뢰하는 것, (3) 이런 내담자와 비슷한 문제에 대한 EST의 기법과 요소를 조합하여 사용하는 것, 또는 (4) 결과적으로 개입의 선택을 안내할 내담자의 개념화 발달에 경험에 기초한 인지적 · 행동적 원리를 사용하는 것. 우리는 (3)과 (4)의 전략을 제안한다. 이 둘을 함께 사용하는 것은 다른 선택에 비해 치료 성과에 영향을 주는 내담자 및 내담자 맥락의 중요한 독특성을 더 표현하게 해 준다. 본질적으로 행동주의적 사례 개념화와 치료 계획은 프로토콜에 기초하기보다 **원칙에 근거**(principle-driven)한 것이다.

이 절에서는 개입을 선택하기 위한 두 가지 원칙에 근거한 사례 개념화 접근을 강조한다. 그것은 임상적 기능 분석과 사례 개념화에 근거한 표준 접근이다. 이 두 접근은 개별적이고, 행동주의 및 인지적 원리에 따르고 개념화에 근거하며, 프로토콜에만 의존하지 않기 때문에 내담자별 EST 접근과는 대조적이다. 비록 우리가 이 접근을 분리하여 설명하지만, 꼭 단독으로 시행하기보다는 내담자 문제 영역의 기능적이고 상세한 양상을 설명하는 개념화를 할 수 있도록 통합할 수 있다.

개입의 선택에서 기능적 분석의 역할

임상적 기능 분석이나 행동적 연쇄의 분석(Koerner & Linehan, 1997; Linehan, 1993a)에서 얻은 결과는 문제 행동에 앞서거나 이후에 오는 사건의 순서를 확인할 때 이상적인 접근의 예가 된다. 그러한 영향력을 알게 되면 결국 평가 결과와 개념적으로 연결된 개입 계획을 얻을 수 있다.

임상적 기능 분석의 요소는 2장에 설명되어 있다. 절차상 내담자와 치료자는 맨 처음에 문제 행동에 대한 내담자나 다른 사람들의 즉각적이거나 지연된 반응은 물론 선행 사건과 문제 행동의 연결 또는 인과적 관계를 분명하게 확인한다. 이것이 상당히 자세히 정의되면 행동의 연쇄에서 특정 연결관계가 밝혀질 수 있는데, 이는 결과적으로 바람직한 결과를 가져오고 문제 행동이 일어나는 열악한 조건을 피할 수 있는 대안적 반응을 위한 기회가 된다(Koerner & Linehan, 1997).

분석에서 얻은 결과는 특정한 문제 행동의 비용-성과 분석을 촉진하는 데 사용할 수 있다. 이 접근법에서는 긍정적인 면과 부정적인 면, 그리고 그 결과가 장기적 목표와 가치에 일치하는 정도라는 결과적 측면에서 현재 문제 행동의 비용이 분석된다. 이 분석이 이루어지면 문제 행동으로서 유사한 강화요인을 가져올 가능성이 높지만 부정적 비용과는 연관되지 않은 대안적 행동의 경로들이 탐색된다. 유능감과 행동 레퍼토리가 생기면 시간이 지나면서 효과적인 행동이 지속될 수 있는 강화 결과를 만드는 수단이 되므로 치료가 가져올 영속적인 이익은 훨씬 커진다.

Haynes(1986)가 제안한 대로 임상적 기능 분석에 기초한 개입의 선택은 내담자의 치료 목표에 강하게 영향을 받는데, 이는 내담자의 목표에 맞지 않는 결과를 가져온 개입은 실패할 수밖에 없기 때문이다. 잘 계획된 개입은 내담자의 기술과 능력 수준, 그리고 내담자가 치료 상황에 가져오는 다른 강점 및 자원을 고려한다(Haynes, 1986). 강점은 더 적응적인 행동의 획득을 촉진시킬 수 있거나, 문제가 발생하는 다양한 환경적 맥락에서 내담자의 성공을 돕는다.

다른 형태의 문제 행동의 기능적 유사성 평가

다른 문제 영역에 대한 기능적 분석을 할 때, 치료자는 내담자가 몰두하는 행동(예: 지나치고 의례적인 집청소, 폭식, 과도한 음주, 해리)이 종종 유사한 상황(예: 스트레스 받을 때, 파트너와 불화 후)에서 일어나고, 유사한 결과(예: 불쾌한 생각이나 기분의 빈도 또는 강도의 감소)를 가져온다는 것을 알게 된다. 그러한 다양한 행동은 기능적 반응 유목(functional response class)을 구성한다. 기능적 반응군은 표현 방식이 다르더라도 그들이 낳는 영향이나 결과를 포함하여 유사한 분류의 환경적 변인에 영향을 받기 때문에 기능적으로 비슷한 행동군으로 이루어져 있다(Farmer & Nelson-Gray, 2005; Follette, Naugle, & Linnerooth, 2000).

예를 들어, 경험적 회피는 원하지 않으면서도 고통스러운 기분, 사고나 기억과 같은 개인적 경험을 계속하는 특성의 기능적 반응군으로 설명할 수 있는데, 이는 어떤 다른 행동을 통해 이런 경험을 바꾸려는 경향이 있기 때문이다(Hayes, Wilson, Gifford, Follette, & Strosahl, 1996). 경험을 바꾸기 위한 이런 행동(예: 물질 사용, 해리)은 경험을 줄이거나 중단시켜 주기 때문에 때로 효과가 있는 것이며, 결과적으로 그것이 주는 위안(예: 부적 강화)이나 기타 관련 강화 결과(예: 물질 사용 후 느끼는 쾌감, 이는 약물남용에 대해 정적 강화로 작용)로 인해 시간이 갈수록 유지된다. Farmer와 Nelson-Gray (2005), Follette 등(2000)은 몇 가지 기능적 반응군의 예를 기술하였다.

복합적 문제 행동 양상에서 보이는 유사성을 파악하면 그 행동을 지속시키는 핵심과정을 정확히 집어낼 수 있다. 이 비슷한 핵심과정은 결과적으로 동일한 전략을 통해 치료적으로 다룰 수 있다. 다양한 행동 양상에 공통된 기능이 존재하면 기능적으로 유사하면서 더 적응적이고 건강을 증진시키며 내담자의 개인적 목표와 일치되는 행동 레퍼토리에서 대안적 행동이 무엇인지 확인하는 것이 중요하다. 치료 진행에 따라 문제가 되는 행동 양상이 감소되거나 제거되고 나면 적응적이고 대안적인 행동이 강화되어야 할 표적이 된다. 또한 내담자의 행동 레퍼토리에서 대안이 부족할 때는 문제가 되는 행동 양상을 대치할 새로운 기술을 가르치는 데 초점을 둘 수 있다.

개입 선택에서 사례 개념화에 기초한 모듈식 접근

개입 선택에서 모듈식(modular) 접근은 평가 정보에 기초한 치료 계획에서 개별적 접근을 개발시키기 위한 전략으로 설명할 수 있다(Hennin, Otto, & Reilly-Harrington, 2001; Overholser, 2003; Van Brunt, 2000). 이 접근에 따라 경험적으로 입증된 CBT 개입은 관련된 구성 요소 속으로 분해 · 흡수되었다. 내담자를 위한 CBT 모듈의 선택은 치료 전 평가, 내담자의 욕구와 치료 목표에 기반을 둔 선택에 근거하여 개별화된다.

EST 프로토콜 중심 접근(protocol-driven approach)과 비교하면, 이 사례 개념화 접근은 더욱 개별적이고 융통성이 있다. 단일 EST 프로토콜 안에서의 모든 치료 구성 요소를 활용하는 대신, 치료자는 내담자의 문제 영역과 특별히 관련 있는 몇 개의 다른 EST 프로토콜에서 개입 전략을 사용한다(Persons et al., 2006). 또한 개입의 결정은 보편적 법칙에 따른 개념화와 개별 내담자의 독특성에 가장 일치하는 접근법에 따라 이루어진다(Haynes, Kaholokula, & Nelson, 1999; Persons et al., 2006). 예를 들어, 내담자의 우울증이 사회적 철회와 사회적 기술의 결여와 관련되면 효과적인 사회적 기술 훈련의 개입을 선택할 수 있다.

적절한 모듈 선택에 앞서, 치료자는 주어진 영역(예: 우울한 내담자의 자신에 대한 매우 부정적인 생각, 과도한 걱정, 사회적 기술 부족, 문제해결 능력의 부족, 이전에 즐겼던 활동에 참여하지 않음, 또는 이들이 동시에 나타나는지 등) 내에서 상세한 평가를 하는 것이 이상적이다. 이 평가를 통해 가장 관심을 두어야 할 전반적 문제 영역과 밀접하게 연관된 영역이 요약된 문제 목록을 작성한다. 치료 전 평가 정보를 수집한 후에 내담자의 욕구 및 목표와 관련하여 모듈을 조합하여 치료적 접근을 구성하는데, 회기 사이의 치료적 활동(예: 목표 영역의 자기 점검, 치료 표적과 관련된 영역의 반복적 평가, 치료 관련 과제)이 모듈들을 연결하고 여러 치료 요소에 걸쳐 연속성을 제공하는

'접착제'로서 작용한다(Van Brunt, 2000).

예를 들어, 어떤 우울한 내담자가 자신과 미래의 부정적인 생각을 보인다면 인지적 재구조화 모델(cognitive restructuring model)을 적용한다. 또 다른 우울한 내담자가 일차적으로 사회적 기술 영역이 결핍되어 있다면 기술훈련 모듈을 진행한다. 우울하고 고립되어 집에 머물고 하루 종일 걱정하는 세 번째 우울한 내담자는 걱정 감소와 행동활성화를 강조한 치료 프로그램을 받게 될 것이다. 인지적 재구조화, 사회적 기술 훈련, 행동활성화 등의 전체 CBT 치료 패키지를 받는 것보다는 모든 것이 포함된 치료 패키지(all-inclusive treatment package) 중에서 내담자에게 가장 적합한 요소만을 제공받는 것이 더 낫다.

개입의 일반적 지침

5~10장에 몇 가지 다른 행동주의적 개입과 가장 적합하고 효율적인 상황들이 기술되어 있다. 여기에서는 행동주의적 개입을 하는 치료의 설계에서 고려해야 할 부분을 간단히 논의한다. 그런데 행동치료자들은 치료에 사용할 개입을 선택하기 전에 이와 같은 보편적 지침과의 관련성을 확보하고자 노력해야 한다.

정적 강화에 의해 유지되는 행동을 위한 개입

정적 강화 과정에 의해 유지되는 문제 행동은 환경적 변화와 관련한 개입을 통해 효과적으로 다룰 수 있다. 새롭거나 드문 긍정적 행동(예: 사회 친화적 행동, 불법약물 사용 중단)을 위해 개인은 증가시키길 원하는 행동은 자연적으로 강화시키고, 감소시키고자 하는 행동은 강화시키지 않는 대안적인 환경을 찾아야 한다(Cunningham, 1998; Farmer & Nelson-Gray, 2005). 5장에서는 환경 변화에 의해 행동을 변화시키는 접근을 기술한다.

우울하거나 행동적으로 무기력한 내담자를 위한 개입

어떤 내담자는 행동의 빈도가 매우 낮은데, 특히 예전에 보였던 즐거움이나 기쁨을 찾는 행동을 하지 않는다. 이것은 우울한 사람(Martell, Addis, & Jacobson, 2001)이나 낮은 자기존중감을 경험한 사람의 특징이다(Bednar & Peterson, 1995). 치료에 오는 사람들은 낮은 자기효능감을 보이거나, 특정한 행동을 할 수 있는 자신의 능력을 믿지 않는다. 이와 유사하게, 많은 내담자는 자신이 수행할 수 있는 행동이 긍정적 성과를 가져올 것이라 믿지 못한다. 즉, 그들은 성과 기대가 매우 낮다. 6장에서 행동을 증가시키고 행동 능력과 행동적 결과에 대한 생각을 검증하기 위한 방법으로서 행동적 실험을 논의한다. 8장에서는 결과적으로 정적 강화요인에 접근할 기회를 감소시킴으로써 기분에 영향을 주는 회피 행동에 몰두하는 개인에게 적용할 수 있는 행동활성화 전략을 논의한다.

효율적인 행동을 증가시키고 행동 결핍을 개선하기 위한 개입

치료 목표는 행동을 통해 더 효율적이 되는 것, 객관적 및 주관적 숙달감 또는 행동 기술을 증가시키는 것 등의 학습을 포함한다. 행동 레퍼토리를 개발, 증가 또는 강화시키기 위한 전략의 개발에는 직접 설명, 조언, 모델링, 행동적 시연, 기술훈련 등이 포함된다. 이 방법으로 행동 레퍼토리를 개발하고 강화하는 행동개입의 예들은 7장에 설명되어 있다.

도움이 되지 않는 사고 패턴을 표적으로 한 개입

다양한 심리적 문제를 경험하는 내담자는 전반적으로 '고지식하게 규칙에 지배되는' 특성을 보인다. 즉, 행동과 결과의 관련성을 부정확하게 설명하는 다른 사람들의 생각이나 말에 크게 영향을 받는다. 이것은 특정 환경에 대한 반응의 융통성을 감소시키고, 비효율적이고 혐오적인 결과를 낳는다. 이러한 내담자들에게는 이 규칙이나 가정의 정확성에 대해 도전을 하고, 행동과 연결된 실제 수반성과 더 일치되는 행동을 하고 더 관심을 가지도록 격려한다. 어떤 내담자들은 불확실하거나 양가적인 장기 목표를 가질 수 있고, 어떤 이유에서든 그들의 목표와 가치에 맞는 행동을 하지 않을 수 있으며, 대신 즉각적인 환경적 수반성에 더 강하게 반응한다. 6장에서는 잘못된 가정이나 평가를 변경하고, 행동에 영향을 주는 부정확한 규칙을 수정하며, 장기적인 목표와 가치에 더 일치하는 행동을 인식하고 이를 행하도록 하는 치료적 접근에 대해 기술한다.

정서장애를 표적으로 하는 개입

많은 내담자는 지나친 부정적 감정, 특히 불안과 관련된 문제를 나타낸다. 이런 사람들 중 일부는 높은 수준의 불안, 공황, 행동적 회피, 개인적 경험(예: 감정, 기억, 생리적 감각)의 회피, 또는 이들의 혼합된 증상을 보인다. 노출기반 치료는 회피 또는 조건화 과정에 의해 유지되는 극도로 높은 불안을 다루는 데 효과적인 개입이다. 이러한 치료법들은 9장에서 검토된다.

많은 내담자의 과거력에서 나타나는 공통된 특징은 무가치한 환경에서의 성장 경험이다(Linehan, 1993a). 그러한 과거력이 있는 개인은 성인이 되어 자신 스스로나 다른 사람들을 무력하게 한다. 이렇게 자신을 무가치하게 만드는 것은 전반적인 경험적 회피, 물질남용, 해리, 강한 자기혐오 및 대인관계 손상을 포함한 여러 가지 증상으로 나타난다. 수용과 마음챙김 개입은 내담자가 자신, 타인 또는 자신의 경험에 대한 수용을 늘리고자 할 때 특히 유용하다. 이러한 개입은 또한 현재 시점에 머무르는 것이 어려운 내담자, 즉 과거 또는 기대하는 미래의 사건들에 생각의 초점을 두고 있는 개인에게도 유용하다. 이러한 개입은 10장에 기술되어 있다.

개입 시 부가적 고려 사항

이 절을 마무리 짓기 전에 어떤 내담자에게는 약물평가에 의뢰하거나 의학적 검사의 적합성 여부를 고려하는 것이 도움이 된다는 점을 강조한다. 의학적 검사는 특히 심각한 심리적 장애(예: 정신병), 생물학적 기능에 유해한 영향을 미칠 수 있는 행동 문제(예: 물질남용, 신경성 식욕부진증, 신경성 폭식증), 생리적 기능에서 유래한 행동 및 정서적 문제(예: 우울증 사례에서의 갑상선 기능저하증, 불안 또는 공황장애 사례에서의 저혈당증) 등에 특히 중요하다.

치료과정을 위한 틀의 개발

내담자들은 그들이 갖는 문제 영역의 수 및 문제 영역과 연관된 심각도 및 손상 정도의 측면에서 매우 다양하다. 다중의 심각한 문제가 있는 내담자의 경우 치료 표적이 될 수 있는 영역이 많고, 개인에서 일어날 수 있는 치료적 도전과 복잡성도 크기 때문에 조직화된 치료 계획을 세우는 것이 유용하다.

적용할 치료 양식의 결정

이 장 초반부에서 우리는 표적 행동 선택의 우선순위 결정을 위해 Linehan (1993a)이 제안한 몇 가지 지침을 제공하였다. 이러한 지침은 그녀의 변증법적 행동치료(DBT)의 4단계를 통해 위계적으로 정렬된 치료 표적으로서 설명하였지만, 우리의 관점에서는 그 1단계 표적의 범위와 위계적 배열이 다양한 심리적 상태의 치료(예: 안전성의 확보, 위험의 감소, 치료가 성공할 가능성을 높이는 순서를 밟는 것, 삶의 질을 높이는 것, 기술 훈련 및 적용을 돕는 것)와 관련된다. 그러한 틀은 개인치료 회기 내에서 어떤 영역이 그리고 어떤 순서로 다루어져야 하는지에 대한 지침을 제공한다. 이 절에서 우리는 특히 다중 문제를 보이는 내담자를 위한 치료 틀의 확립과 관련된 고려 사항, 즉 치료 양식이 시행되는 구조화된 틀에 대해 다룰 것이다.

DBT에는 네 가지 주요 치료 양식이 있다(Linehan, 1993a). **외래 개인치료**(individual outpatient therapy)는 보통 주 1회 또는 2회의 1시간에서 1시간 반 정도의 회기로 구성된다. 이러한 회기에서의 주요 초점은 치료의 표적이 되는 문제 영역(예: 자해, 치료 방해 행동, 물질 오용, 유해한 환경에 반복적 진입)에 있다. **기술훈련 집단**(skills training group)은 별도의 치료 양식으로, 일차적으로 대처 기술의 지도가 포함된다. 집단은 보통 6~8명의 내담자로 구성되고, 회기는 1단계 동안 매주 약 2시간씩 이루어진다. 세 번째 치료 양식인 **전화 상담**(telephone consultation)은 각 회기 사이에 치료자와 내담자가 전화로 접촉하는 것을 말한다. 내담자 또는 치료자 모두 먼저 접촉을 시작할 수 있으며, 대화에서 어려운 상황(자해 또는 자살 행동 이외의)에 대처하기 위한 방법 및 접근법, 일상생활에서 행동 기술의 사용을 촉진시키는 것, 다음 회기 이전의 치료관계 단절을 회복하는 것 등을 치료자가 자문해 줄 기회가 된다. 네 번째 치료 양식은 **사례 자문 모임**(case consultation meetings)으로, 명백히 DBT 틀 내에서 작업하는 치료자를 위한 것이다. 이러한 모임은 슈퍼비전 모임과 유사하며 주 단위로 이루어진다.

각 치료 양식을 모두 포함하는 것은 대다수 내담자에게 불필요하겠지만, 각 양식들은 다양한 수준과 방법의 치료 예를 제공한다. 내담자가 더욱 만성적이고 심각한 형태의 행동을 보일수록 보통 더 많은 치료 양식이 적용된다.

내담자와 치료 계획 논의하기

Carpenter와 Addis(2000)가 설명한 것처럼, 치료자가 치료 계획을 제안하고 치료의 이론적 근거를 설명하면 내담자들은 다양하게 반응한다. 이러한 반응에는 희망과 낙관, 자기의심, 실패 예상, 치료 수행이 가능한지 여부에 대한 불확실성, 초기 단계에서 치료과정의 불완전한 이해의 결과로 인한 우려 등이 있다.

치료자가 치료에 대한 신뢰할 만한 이론적 근거를 제시하면 치료에 대한 내담자의 희망과 낙관을 증진시킬 수 있다(Addis & Carpenter, 2000). 이를 통해 자신의 문제는 이해될 수 있고, 내담자가 이런 문제로 고통받는 유일한 사람이 아니며, 이러한 문제 영역에 효과적인 치료법이 있다는 것을 내담자에게 전달할 수 있다. 만약 내담자가 변화 가능성에 대해 희망적인 경우, 장애물에 직면했을 때 기꺼이 새로운 시도를 하거나 이를 지속할 것이다.

이 절에서 우리는 치료자가 치료를 시작하기 전에 내담자와 살펴보게 되는 두 가지 주요 영역인 치료에 대한 이론적 근거와 회기 간 활동(예: 과제)의 이론적 근거에 대해서 논의하고자 한다.

치료의 이론적 근거에 대해 논의하기

치료에 대한 이론적 근거와 특정한 치료개입의 선택에 대해 내담자와 논의하는 것은 미묘한 작업이다. Addis와 Carpenter(2000)가 설명한 것처럼 그러한 논의에는 내담자 문제 영역의 원인(또는 문제가 왜 발생했는지), 그리고 왜 이러한 문제가 치료자가 제시한 치료 양식으로 가장 잘 다루어질 수 있는지와 같은 주제가 포함된다. Addis와 Carpenter(2000)가 개관한 바와 같이, 치료의 이론적 근거에 대해 내담자가 수용하는 것은 더욱 큰 치료적 이득과 연관된다.

치료를 위해 선택된 개입이 유사한 문제를 가진 개인에게 유용하다는 것이 경험적으로 평가되고 입증된 경우에는 이 정보를 전달하는 것이 중요하다. 많은 내담자에게 계획하고 있는 치료적 접근법이 광범위하게 검증되었고, 다수가 유효한 것으로 판명되었으며, 과학적 연구에 기초하고 있다는 것을 이해시키는 것이 치료에 대한 낙관성과 성공에 대한 기대를 늘릴 수 있다(Kazdin & Krouse, 1983).

치료의 이론적 근거는 치료의 중요한 측면이기 때문에 내담자가 이론적 근거를 이해하고 있는지 확인하는 시간을 갖고, 내담자가 이에 동의하는지 여부를 평가하는 것이 치료자에게 유용하다. Addis와 Carpenter(2000)는 이론적 근거를 논의한 후 치료자가 내담자에게 질문할 수 있는 예를 제공하였다.

- "이 치료에 대해 지금까지 알게 된 내용에 대해 어떻게 생각하십니까?"
- "어떤 부분에 관심이 있습니까?"
- "어떤 부분이 긍정적이거나 잠재적으로 도움이 될 것 같아 보입니까?"
- "친구나 가족에게 치료가 어떻게 작용하는지 설명한다면 뭐라고 하겠습니까?"
- "당신이 이 문제를 갖게 된 원인을 어떻게 이해하였습니까?"
- "이 문제를 극복하고 대처할 수 있는 가장 좋은 방법은 무엇이라고 생각합니까?"

내담자가 치료의 이론적 근거를 받아들이지 않는 경우 또는 내담자가 의심을 표현하는 경우, 치료자는 비위협적이고 타당한 방식으로 내담자의 의심을 조심스럽게 탐색하는 시간을 가져야 한다. 치료자는 내담자의 견해를 객관적으로 고려해야 하며, 그것이 적절하다면 내담자의 인식을 통합하여 계획을 수정해야 한다. 가장 공통적인 내담자의 반응은 CBT 개입이 피상적이며 '실제 문제'를 다루지 못한다는 것이다(Addis & Carpenter, 2000). 이러한 반응에 치료자가 반응하는 한 가지 방법은 내담자에게 문제의 원인과 지속을 구분해 주는 것이다. 즉, 치료자는 특정 문제 영역이 발달된 이유가 매우 다양하고 복합적이라는 것을 설명하는 데 시간을 할애해야 한다. 이들 문제가 발생한 이유와 시간이 지나면서 지속되는 이유는 완전히 다를 수 있으나, 이 문제 영역의 현재 결정 요인을 다룰 때는 치료가 더욱 효과적이다. 또한 치료자는 개인의 삶을 과거로 되돌리고자 내재된 문제를 해결해야만 한다는 근거는 없다는 것을 설명해야 한다(Addis & Carpenter, 2000). 접근법의 효과성이 입증된 연구 결과를 내담자에게 요약해 주는 것은 '살펴보고 시도해 보자'는 접근으로서 역시 효과적일 수 있다. 어떤 접근방법을 선택하든 우선 내담자에게 귀 기울이고, 결과적으로 CBT 틀과 치료 계획에 통합될 수 있는 사실들의 핵심을 고려하는 것이 중요하다.

치료의 통합적 부분으로서 회기 간 활동에 대해 논의하기

CBT 개입에는 회기 사이에 내담자가 수행하는 활동들이 포함된다. 전형적인 활동 예로는 자기 점검, 질문지 작성, 사고 기록 작성, 또는 자기 주도적 노출에의 참여가 포함된다. 이와 같은 회기 사이의 활동(혹은 과제)과 치료 결과 간의 관계를 평가한 연구 결과 강력한 정적 상관관계가 있었다(Burns & Spangler, 2000; Kazantzis, Deane, & Ronan, 2000). 그러므로 만약 과제가 치료 계획의 한 부분이라면 치료과정의 통합적인 부분으로 다루어야 한다.

회기 간 활동과 치료 목표가 어떻게 연관되는지에 대한 설명을 포함하여 치료자가 상세한 근거를 설명한다면 내담자가 회기 간 과제를 수행할 가능성은 커진다. 진행되는 치료의 한 부분으로서 이 활동에 대한 내담자의 반응과 활동을 방해하는 잠재적인 장애물이 있는지에 대한 내담자의 생각을 탐색하는 시간이 반드시 필요하다.

내담자가 회기 사이에 요구되는 활동을 수행하면, 치료자는 치료 회기에서 내담자와 이 활동을 검토하는 시간을 가져야만 한다. 내담자에게 어떻게 활동을 했는지 질문하고, 내담자가 활동에서 배운 점을 탐색하며, 그 활동과 관련해 어려움이 있었는지를 확인한다. 치료자가 내담자의 노력을 인정하고 강화시키는 것에 실패할 경우 내담자는 이후에 부여받는 활동을 잘 하지 않으며, 결과적으로 치료의 효율성이 낮아질 수 있다(Bryant, Simons, & Thase, 1999).

내담자가 과제 활동에 참여하지 않을 경우, 치료자는 회기에서 그 원인을 조심스럽게 탐색하는 시간을 마련해야 한다. 과제를 수행할 시간이 없는 것과 같은 어떤 이유들은 문제해결 전략을 통해 다룰 수 있다. 이 경우 치료의 중요 부분을 수행할 시간이 없는 것을 드러난 문제로 간주하고, 치료자와 내담자는 과제 참여를 촉진할 수 있는 해결 방안 목록을 함께 작성할 수 있다(예: 이러한 행동을 수행하기 위해 주중 특정 시간을 마련하는 것). 다른 이유로는 과제가 너무 어렵거나 복잡하다는 직간접적인 신호일 수 있다는 점이다. 이럴 때는 과제 활동을 작은 요소들로 나눌 수 있고, 내담자가 일주일 동안 수행할 수 있는 행동의 하위 세트를 선택하게 요청할 수 있다. 내담자는 또한 과제가 도움이 되지 않는다고 믿기 때문에 회기 사이의 활동에 참여하지 않을 수 있다. 이 경우에는 과제 활동이 유용하지 않다는 내담자의 믿음이 정확한지 평가할 수 있는 행동 실험을 실시할 수 있다(6장 참조). 또 다른 방법으로는 내담자가 중요한 치료 목표의 실현을 위해 잠재적으로 자신을 도울 수 있는 회기 간의 활동 설계에서 더욱 주도적 역할을 하도록 요구할 수 있다.

변화를 위한 동기부여와 행동 참여 확보하기

만약 치료에 적극적으로 참여하려는 동기가 낮으면 치료적 변화 역시 똑

같이 적은 경향이 있다. 고통의 수준과 변화에 대한 동기의 관계는 종종 역 U자 함수를 따른다. 즉, 고통이 너무 적으면 치료와 관련된 이득이 없다고 지각할 수 있다. 그러나 너무 많은 고통을 호소하는 내담자는 특히 대처 자원 역시 매우 부족한 경우 고통의 원천을 평가하고 조절하도록 도전받는 치료에 참여하는 것을 힘들어할 수 있다. 반대로 내담자의 문제 영역에 대한 불편감이 중간 정도일 때는 이러한 고통을 감소시키는 방법으로서 새롭고 다양한 방식을 시도하고자 동기화할 수 있다.

치료에 대한 동기부여를 촉진하는 한 가지 전략은 동기부여 면담이다(motivational interviewing; Miller & Rollnick, 1991; Sobell & Sobell, 2003). 본질적으로 동기부여 면담은 문제 행동의 영향과 결과를 논하고 변화의 이득을 탐색하기 위한 비직면적, 감정이입적 그리고 최소한 관여하는 접근법이다. 이는 저항이나 방어 유발 경향을 최소화하는 방식으로 이행된다. 특히 치료에 대한 동기가 낮은 경우(예: 내담자가 가족 구성원의 요청에 의해 혼자 치료를 받으러 오는 경우), 또는 내담자가 동기적으로 갈등을 겪거나 양가적인 경우에 이러한 접근법이 필요하다.

동기부여 면담의 구성 요소에는 (1) 내담자가 변화에 대한 이유를 찾도록 촉구하기, (2) 내담자에게 문제 행동과 연관된 개인적 위험 또는 장애에 관해 피드백 제공하기, (3) 변화 증진을 위한 문제해결 전략 가르치기, (4) 내담자가 자신의 힘과 자원을 확인할 수 있도록 돕기, (5) 조언하기, (6) 내담자의 자기효능감과 낙관성 촉진하기 등이 포함된다(Miller & Rollnick, 1991; Sobell & Sobell, 2003).

다음의 내용은 Sobell과 Sobell(2003, pp. 218-219)이 설명한 음주 문제와 관련된 동기부여 면담에 적합한 질문 및 진술의 예시다.

- "당신의 음주에 대해 말씀해 보세요."
- "지금부터 1년 동안 당신의 음주 행동은 어떨 것 같습니까?"

- "음주로 인해 좋은 점과 좋지 않는 점에 대해 말씀해 주세요."
- "음주 행동이 변하는 것에 대해 양가감정을 느끼는 것처럼 들리네요."
- "만약 과거와 같이 음주를 지속한다면 2~3년 내에 당신이 어떻게 될 것 같습니까?"
- "당신은 음주를 상당히 줄여 나가고 있습니다. 어떻게 그렇게 할 수 있었습니까?"

동기화 전략을 사용할 경우에는 판단적이거나 위협적이지 않은 것이 중요하다(예: "자신의 음주를 매우 심각하게 여기는 것 같지 않군요." 혹은 "지금 당신은 부인하고 있지만 심각한 음주 문제가 있어요."; Sobell & Sobell, 2003, p. 219). 동기부여 면담은 전형적인 행동치료로 간주되지는 않지만 내담자가 자기 행동의 결과를 평가하고, 행동과 관련된 더욱 정확한 규칙을 확인하며, 변화를 목표로 하는 행동의 방향 및 과정을 변화시킬 지침으로서 기능할 목표와 가치를 확인하도록 돕는 전략이다(새로운 규칙의 발달, 가치 및 장기 목표의 영향을 받는 행동 형성을 위한 전략에 대해 자세히 논의하고 있는 이 책의 6장을 참조하라). 이런 점에서 동기부여 면담의 치료적 목표는 행동적 개입과 관련된 목표와 관련하여 보완적이며 양립가능하다.

치료에 대한 낮은 동기는 때로 심각한 형태의 심리적 장애(예: 심각한 우울 정서 또는 사고장애)와 관련될 수 있다. 이때는 약물 투여 필요성을 평가하기 위해 의학적 자문을 받는 것을 고려해야 한다. 고통이 심한 경우에는 내담자가 치료에 완전히 참여하는 것을 어렵게 만들므로 고통 감소를 위한 대처 기술의 발달을 치료에 포함할 수 있다.

초기 개입 또는 예방 전략을 확립할 뿐만 아니라 치료에 대한 동기를 높이는 또 다른 전략은 치료 계약을 활용하는 방법이다(Otto et al., 2003). 내담자와 치료자가 협력적으로 치료를 위한 목표와 조건을 설정할 경우, 공식적인 치료 계약이 성립될 수 있다. 이와 같은 계약은 보통 서면으로 작성하며, 계약 내용에 관련된 모든 사람의 책임과 기대를 상세히 작성한다.

Otto 등(2003)은 치료 계약과 관련된 세 가지 이점에 대해 설명했다. 첫째, 치료 계약은 내담자의 치료에 대한 목표를 확고히 함으로써 치료 절차에 충실히 따르게 하고 변화를 위한 동기를 높인다. 내담자는 결과적으로 이후 스트레스 혹은 퇴보를 겪는 기간 중 이러한 서면 목표를 참조할 수 있다. 서면 계약은 또한 내담자가 치료에서 작업하고 있는 것에 대한 공개적인 표현으로 이루어진다. 둘째, 스트레스를 받는 동안 내담자가 치료 선택, 치료 원리, 대처 기술 및 치료의 수반성을 되짚어 볼 수 있는 기회를 제공한다. 이렇게 사용되면 치료 계약은 내담자가 스트레스 상황에서 사용할 수 있는 대처 전략의 목록 또는 위기 상황을 해결하기 위해 취할 수 있는 후속 조치의 목록으로 구성된다. 또한 계약서에는 특별하고 가장 중요한 치료 절차(예: 양극성 장애에서 기분을 관찰하는 방법과 내담자의 기분이 고양되기 시작하거나 수면 상태가 악화될 때 취해야 하는 단계)를 상세히 설명하거나, 어떤 형태의 문제 행동을 한 결과(예: 약물남용 치료를 받는 내담자는 술이 취해서 치료에 참석할 수 없다)를 구체화한다. 셋째, 계약서에는 위기 상황일 때 위기 해결을 위한 틀, 치료 팀과 가족 및 지원 서비스(예: 위기 대처기관, 사회복지 기관)의 동의서가 포함된다. 특히 이것은 높은 스트레스 상황에서 스스로 적절한 행동을 취하기 어려운 내담자들에게 적합하다. 이러한 목적을 위한 계약에는 자살 위기 대처 계획과 특별히 취약한 시기 동안 가족 구성원이 내담자를 보호할 수 있도록 돕는 목록이 포함된다. 자살 행동을 억제하겠으며, 다른 대처 노력이 성공하지 못할 경우 가족 구성원 혹은 보호자를 대신 접촉하겠다는 내담자의 동의가 그 예가 된다. 치료 계약을 활용할 때는 내담자가 적극적으로 계약을 수립하도록 하는 것이 이상적이다. 치료 계약의 예는 Otto 등(2003)에 제시되어 있다.

치료자가 계약을 활용할 경우에는 계약 내용을 계속 볼 수 있도록 하고, 표적으로 삼은 행동 양식에 대해 내담자와 주기적으로 확인해야 한다(Otto et al., 2003). 예를 들어, 단지 치료를 계속하는 동안 자살을 시도하지 않겠다고 명시된 계약에 내담자가 서명을 했다는 이유만으로 치료자는 내담자가 이 계약을 자동적으로 준수할 것이라 가정할 수 없으며, 또 계약만으로 이 영역의 변화에 이득이 될 것이라 기대해서는 안 된다. 치료자 역시 내담자와 한 계약을 발전시키고 실행시키는 자신의 동기를 평가할 수 있다. 예를 들면, 내담자가 자살하지 않겠다고 한 계약이 치료자에게 상당한 안도감을 준다면, 치료자는 계약 조건을 조절함으로써 누가 가장 도움을 받는지 질문해 볼 수 있다.

치료 초기 단계에서 변화를 위한 내담자의 약속을 받는 것은 단기간 동안 치료적 절차에 참여하고 초기 단계 및 이후 경과를 재평가하려는 내담자의 의지를 포함한다. 이러한 약속에서는 내담자에게 많은 것을 요구해서는 안 되며, 필요한 경우 치료자는 내담자와 함께 치료 계획 및 계약을 재검토할 수 있는 기회를 주어야 한다.

효과적 치료에 대한 잠재적 장애물

Persons(1989)는 사례 개념화가 치료과정에서 직면할 수 있는 잠재적 장애물에 대한 가설을 만들 수 있다고 설명했는데, 우리 역시 이에 동의한다. 치료자가 이러한 장애물에 대한 예측을 함으로써 미리 계획할 기회를 가지며, 장애물로 대두될 문제를 예방하거나 해결할 가능성을 높일 수 있다.

사례 개념화의 공유를 통해 치료자는 치료에 악영향을 끼칠 수 있는 한두 개의 잠재적인 장애물을 제시할 수도 있다(Persons, 1989). 추정된 장애물은 잠재적인 문제로서 제시될 수 있으며, 치료자는 내담자와 다음과 같은 과정을 수행할 수 있다. (1) 내담자와 함께 내담자가 이들을 장애물로서 인식하는 정도에 대해 탐색한다. (2) 내담자가 예측하는 다른 잠재적 장애물이 있는지 조사한다. (3) 치료자와 내담자가 함께 이러한 장애물이 발생할 때 어떻게 나타나고, 치료에서 다루는 주제들과 어떻게 관련되는지를 함께 브레인스토밍 함으로써 예측된 장애물이 발생하지 않게 한다.

예를 들면, '나는 스트레스에 대처할 수 없다.'는 생각을 갖고 있는 내담자는 회기 간 활동을 완수하는 데 어려움을 겪을 수 있으며 이 때문에 스트레스를 받을 수 있다. 마찬가지로 그런 내담자는 치료 회기에서 일련의 위기를 보일 수 있으며 치료자가 이를 해결해 주도록 요구할 것이다. 이러한 내담자에게는 스트레스에 효과적으로 반응하지 못하는 문제가 치료에서 잠재적 걸림돌이 될 수 있다. 그러나 그러한 장애물이 예측되었을 때 그것들을 치료 목표로 전환할 수 있고, 변화의 기회로 삼을 수 있다.

치료의 효과성 평가 절차

치료 시작 전에 내담자와 치료자가 동의한 치료 목표는 치료 시작 전, 치료 중, 실제 치료가 실행된 후 반복적으로 평가될 수 있는 결과 평가치의 속성과 유형을 제시한다. 치료 목표가 평가 가능해야만 치료가 진행됨에 따라 치료자와 내담자는 치료 목표 실현을 위해 충분히 이동하고 있는지를 판단할 수 있다(Persons et al., 2006).

치료의 효과성 평가과정에는 적절한 평가 틀과 적절한 종속 평가치의 선택이 포함되어야 한다(Nelson & Barlow, 1981). 대부분의 내담자에게는 A–B 평가 틀 또는 A–B–C 평가 틀이 가장 적절하다. 'A'단계는 기저선 단계로, 개입 적용 전 특정 행동의 빈도, 강도 또는 기간을 관찰하여 기록한 것이다. 'B'단계는 개입 단계를 의미한다. 'C'단계는 적극적 치료 단계가 끝난 후의 기간을 의미한다. C단계 중의 간헐적 평가는 치료 효과의 유지 정도, 또는 감소 및 재발(예: 치료 효과 감소, 기능 수준이 A단계 또는 기저선 단계로 복귀) 여부의 평가에 유용하다.

A단계와 B단계 사이에 바람직한 변화가 관찰될 경우에는 치료가 이러한 변화에 기여했다고 할 수 있다. 그러나 치료가 반드시 이러한 변화의 원인이 되었다고 결론짓기는 어렵다. 즉, 개입의 독립성에도 불구하고 변화는 개입 단계에서 발생된 여러 요인의 영향을 받았을 수 있다. 다시 말하면, 우리는 상관관계로부터 인과관계를 추론할 수 없다. 이러한 추론의 한계에도 불구하고, 치료자들은 치료과정 동안 내담자의 주요 문제 영역과 관련된 자료를 반복적으로 수집해야만 한다. 반복적 평가는 치료에 대해 안내하고 정보를 제공하는 것을 도울 뿐만 아니라 책임 있는 임상적 치료를 늘릴 수 있다. 만약 내담자가 제공받은 치료적 개입에 대해 부정적인 반응을 하는 경우, 치료자가 치료 중 자료를 수집하지 않았다면 이를 인식하지 못할 수 있다. 동일한 맥락에서 어떠한 치료적 효과나 이득을 얻지 못한 경우, 치료 시기를 늘리면서 치료를 지속하는 것은 비윤리적일 수 있다.

반복적인 평가는 개입이 효과적인지에 대한 정보뿐만 아니라 개입이 미래에도 효과적일지에 대한 정보를 제공해 준다. 예를 들어 A. T. Beck의 우울증 인지치료에서 내담자가 4회기 동안 어떠한 개선도 나타내지 않는다면 20회기 과정의 치료가 진행되어도 기분이 의미 있게 호전되지 않는 경향이 있었다(Ilardi & Craighead, 1994; Persons & Tompkins, 1997). 그러한 사례에서 치료자는 신속한 치료적 변화의 증거가 없는 경우 치료 접근법의 전환을 고려할 필요가 있다. 치료 중 평가는 계획대로 치료를 중단할지 여부에 대한 지침을 제공할 수도 있다. 완전히 회복되기 전에 치료를 중단할 경우 재발 경향이 더욱 높다는 연구 결과가 늘고 있다(Thase et al., 1992).

Nelson과 Hayes(1986b)는 치료의 효율성을 평가하기 위한 지침을 마련했다. 이 지침 중에는 평가가 치료에서 표적으로 하는 주요 행동을 정확하게 평가해야 하고, 자주 평가해야 하며, 가능하면 치료 시작 전에 측정되어야 한다는 권고안이 담겨 있다. 반복하여 적용할 측정법은 시행이나 완수가 쉬워야 하고, 얻은 자료는 내담자 또는 치료자에 의해 도표화되어야 하며, 치료과정의 일부분으로서 도표에 나타난 뚜렷한 변화를 설명할 의미 있는 사건을 정기적으로 검토해야 한다. 종속 평가치에는 자기 점검, 직접 관찰, 반복적 설문평가 및 체크리스트를 통해 수집된 자료가 포함될 수 있다.

일부 문제 영역의 경우, 적어도 하루에 몇 번씩 표적 행동이나 경험을 평가하는 것이 유용하다. 예를 들면, 일부 우울한 내담자는 그들이 항상 우울하다고 보고한다. 그들은 하루 동안의 기분 변동을 잘 감지하지 못하며, 이에 따라 기분 변동에 영향을 미치는 환경적 맥락의 변동을 분간하지 못한다. 이런 내담자들을 위해 하루 중 특정 시기(예: 아침, 이른 오후, 늦은 오후, 저녁)에 경험하는 우울한 기분의 정도 혹은 강도를 나타내는 7점 리커트 척도(1=전혀 우울하지 않다~7=가장 우울하다)와 같은 아주 간단한 기분의 자기 점검이 유용하다. 대부분의 사람, 심지어 비교적 심각한 심리장애가 있는 사람들도 깨어 있는 시간 동안 기분을 반복적으로 평가할 경우 상당한 변동을 보인다(Farmer, Nash, & Dance, 2004). 기분 척도에서 변동이 많다는 것을 알면, 내담자는 그들이 항상 우울하거나 고통받는다는 관점에 도전받을 뿐만 아니라 기분에 영향을 주는 요인들을 확인하는 데 도움이 된다.

내담자 실제 사례

다음에 제시하는 사례를 통해 이전에 개관한 행동적 사례 개념화의 요소와 치료 계획 과정의 실례를 보여 주고자 한다. 여기서 제시하는 개념화 접근은 Persons(1989; Persons & Tompkins, 1997; Persons et al., 2006)와 Haynes(1986; Haynes et al., 1999; Haynes & O'Brien, 1990)의 연구에서 제공된 정보를 토대로 한 것이다.

배경 정보

'로버트'는 미국의 퍼시픽 노스웨스트 지역에 살고 있는 24세의 기혼 회계사다. 그의 주치의는 그의 고소공포증과 관련하여 심리평가와 가능한 심리치료를 의뢰했다.

주 호소

첫 번째 면담에서 로버트는 오래 지속된 고소공포증을 그의 주요 문제점으로 보고하였다. 그의 고소공포증은 과거 몇 년 동안 갈수록 심해졌다. 로버트는 현재 치료를 받으려는 주요 이유를 그가 인근 도시에 있는 다른 사무실로 통근해야 하는 직무로 승진했기 때문이라고 설명했다. 새 사무실로 통근하기 위해서는 광활한 강과 골짜기를 잇는 긴 철교를 건너야 한다. 로버트는 다리가 물에서 500피트 높이며, 1마일 길이가 된다고 추정하였다. 그는 새 사무실로 통근하기 위한 유일한 대안은 매일 통근 때 100마일을 더 돌아가야 하는 길이라고 하였다. 다리 위에 있어야 하는 것에 대한 심한 두려움과 이와 관련된 회피 행동으로 인해, 로버트는 다리를 운전해서 지나가는 것은 현재 그에게 불가능한 것이라 믿었기 때문에 휴가를 받아 새로운 직장에 출근하는 것을 연기했다.

심리적, 정신의학적 과거력

로버트는 일반적으로는 크게 특별한 것이 없는 심리적, 정신의학적 과거력을 보고했다. 그가 인식하는 단 하나의 문제는 고소공포였다. 그는 5세 때 2층 정도의 발코니에서 떨어진 적이 있다고 말했다. 경미한 뇌진탕을 제외하고는 로버트는 추락 사고로 인한 어떤 부상도 없었다고 보고했다.

사고 이후 로버트의 어머니가 과잉 보호하였고, 그녀는 로버트가 밀착된 감독 없이 혼자 나가 노는 것을 허락하지 않았다. 어머니는 또 너무 자주 주의를 주고 훈계를 하는 경향이 있었다(예: "너무 가까이 가면 떨어져서 목이 부러질 거야!" "조심하지 않으면 다쳐!"). 비록 로버트는 떨어진 후 어떤 지속적인 심리적 징후도 부인했지만(예: 문제되는 기억의 회상이 없음), 그는 어릴적 어머니의 훈계에서 나타나는 가설적 결과를 정신적으로 상상하고 시연하고 있는 자신을 발견했다고 보고했다(예: 자신이 떨어지는 장면에 대한 상상과 부러진 목 혹은 뇌손상을 입은 자신을 상상함). 높이에 대한 현재의 두려움과 관련하여 로버트는 높은 곳에 갈 경우 비슷한 유형의 수많은 상상이 떠오르며, 이것이 스트레스를 악화시킨다고 했다. 또한 그가 높은 곳에 있거나 높은 곳으로 올라갈 때면 자전거에서 떨어진 친구를 보았던 경험이 떠오른다고 말하였다. 이 사건은 로버트가 12세 때 일어났다. 그의 친구는 머리에 심한 상처를 입었고 피를 흘렸다. 로버트는 높은 곳이나 그 주변에 있을 때에만 그 사건에 대해 회상한다고 말했다.

고소공포증 과정의 시간경과 분석(timeline analysis)에서 5세 때의 추락 사고 이후 그가 높은 곳에 있을 때 더 걱정하는 것으로 나타났다. 그러나 사건 발생 후 몇 년 동안 로버트는 이 시기에 높은 곳에 가는 것을 거부했으면서도 가끔 나무와 놀이기구에 올라갔다고 했다. 높이에 대한 회피와 높은 곳으로부터의 도피는 시간이 지남에 따라 심해져서 사춘기 중기 즈음에는 이미 정착되었다. 그 후부터 로버트는 전망 엘리베이터뿐만 아니라 비행기 여행을 포함하여 거의 모든 높은 장소는 회피하게 되었다고 하였다.

로버트는 그가 다소 '과민한 성격'이 있다고 보고했다. 예를 들면, 그는 자동차 엔진 소리같이 날카롭고 시끄러운 소리가 갑자기 들리면 강한 심리적 반응이 생긴다고 하였다. 로버트는 깜짝 놀란 후 즉각적으로 나타나는 수많은 감각(예: 공황, 두근거림, 이인증, 어지러움, 얼어붙거나 움직이지 못하는 느낌, 숨 가쁨)이 그가 높은 곳에 가까이 가거나 있을 때 경험하는 것과 같은 유형이라고 덧붙였다. 로버트가 이런 증상을 겪을 때는 그 상황에서 벗어나야만 비로소, 그나마 점진적으로 증상이 사라졌다. 그는 가장 마지막으로 높은 곳에 머물러서 공포를 느꼈던 때를 회상하기 어려워했고, 미칠 것 같거나 그 상황에서 그를 당황하게 할 만한 다른 행동(예: 소리 지르기, 실신)을 할 것 같은 두려움에 빠져 있었다고 말했다.

다른 보고에서 로버트는 또한 자신이 의존적인 성격이라고 하였다. 그 내용으로는 로버트가 매일 조언을 구하지 않고는 결정을 내리기 힘들어하고, 지지나 인정을 받지 못할 것에 대한 두려움으로 인해 반대 의견을 표현하기 어려워하며, 혼자 있을 때 무기력감을 느끼는 것 등이었다. 로버트에게 질문했을 때 그는 타인, 특히 아내에게 지나치게 의지하는 편이라고 했으며, 이것이 그들과의 관계에서 어떤 문제를 일으킨다고 믿었다. 그는 자신이 더 독립적이 되기를 원했다.

로버트는 그의 고소공포증과 관련하여 과거에 한번 치료를 받은 적이 있었다. 치료는 4년 전에 세 달에 거쳐 대학 학생상담센터에서 실시되었다. 로버트는 상담 대부분이 그의 과거와 특히 어머니와의 관계에 대한 이야기로 이루어졌다고 보고했다. 그는 고소공포증이 이 치료의 결과로 호전되지 않았다고 보고했다.

가족과 사회적 관계

로버트는 보통 가정에서 자랐다. 그의 아버지는 장거리 트럭 운전사였고 로버트가 성장할 때 1/3 정도만 집에 있었다. 그의 어머니도 가정에서 근무를 했고, 로버트와 그의 두 어린 동생은 주로 어머니가 돌보아 주었다. 그녀는 자신이 만든 공예품을 파는 작은 규모의 재택근무를 했다. 로버트는 그의 동생들이 '약간 불안한' 편이었다고 이야기했다. 그러나 이 가정에서 공포증을 가진 사람은 그 자신뿐이라고 했다. 로버트는 가족들과 좋은 관계였고 지금도 그 관계가 계속 유지된다고 말했다.

로버트는 그의 초등학교 시절 걱정스러웠던 시기에 대해 회상했다. 그는 매일 어머니가 학교에 데려다 줄 때 높이와 관련 없는 불안을 심하게 느꼈다고 회상했다. 그는 어머니가 내려줄 때 찌르는 아픔과 같은 불안이 있었지만 보통 몇 분 안에 사라졌다고 보고했다. 비록 그가 학교생활 동안 많은 친구를 사귀지 못했다고 했지만, 그는 항상 두세 명 정도 친한 친구가 있었다고 했다.

고등학교 시절 후반기에 로버트는 데이트를 시작했고, 대학교 2학년 때 지금의 아내를 만났다. 요즘 그들의 관계에서 가장 문제가 되는 것은 로버트의 고소공포증과 관련된 것으로, 높이와 관련된 어떤 활동이나 취미생활(예: 비행기 여행, 시내에서 높은 위치의 레스토랑에서 식사하기)을 함께 하지 못했다. 그의 사회 및 가족력은 대체로 평범했다.

학업과 직업적 기능

로버트의 학업성취 능력은 대체로 평균 이상이었고 늘 상위권에 들었다. 학사 졸업 후부터 그는 같은 회사에서 회계사로 쭉 일했다. 업무평가는 항상 좋았다. 최근에 본사로 배치된 것도 업무평가에 따라 승진된 것이다.

건강 및 의학적 상태

로버트의 건강 상태는 평범하다. 담당의에 의한 의료적 평가에서 공포증상과 관련된 전정기관의 이상이나 로버트가 경험하는 것을 설명할 수 있는 다른 어떤 의학적 문제(예: 시력 손상)도 없었다.

손상, 고통 및 대처

로버트의 현재 주요한 장애는 그가 가야 하는 장소로 이동하는 것에 대한 두려움에 수반되는 불안과 관련이 있다. 이것은 다리를 건너 출근해야 하는 직장으로 배치된 것 때문에 최근 몇 주 동안 더욱 심해졌다. 그는 또한 타인, 특히 아내에게 너무 심하게 의존하고 있다는 것과 고소공포증 때문에 여가 활동의 참여를 피하게 되면서 대인관계에 틈이 생기고 있다는 것을 인식하고 있다. 높이에 대한 두려움과 관련해 항상 어느 정도의 고통을 느끼고 있음에도 불구하고, 그는 회피 행동 외에 두려움을 극복할 다른 방법을 찾지 못했기 때문에 최근에 고통이 심하게 늘었다.

사례 개념화

회기 사이의 자기 점검 평가와 여러 질문지 평가 그리고 두 회기의 임상 면접을 통해 치료자는 다음과 같은 사례 개념화를 제시했다.

문제 목록(기술적, 기능적 측면의 용어로 문제 행동 식별하기)

1. **높이에 대한 심각한 두려움:** 높은 곳에 있을 경우 공황발작과 유사한 증상을 경험한다.
2. **높은 곳에 있는 것과 관련한 파국적 사고와 심상:** 사고와 심상은 보통 높은 곳에서 떨어진 결과 나타난 개인적 부상과 관련된다.
3. **높은 장소에 대한 회피:** 높은 장소에 대한 수동적 회피는 두려움과 공황을 없애 주는 것과 관련이 있다. 높은 장소에서 도피하는 것은 개인적 부상과 연관된 심상과 사고뿐만 아니라 공포와 공황을 줄여 주는 것과 관련된다.
4. **높이와 관련된 이동의 회피:** 그는 어떤 여가 활동(예: 비행기 여행)이나 새 직장으로 통근하지 못한다. 그는 여행이나 여가 활동을 더 이상 하지 않아도 될 때 안도감을 느낀다.
5. **타인의 조언과 지지에 대한 상습적인 의존:** 그는 조언이나 위안을 받지 못하면 의사를 결정하거나 행동을 취하는 데 어려움을 느낀다. 그는 혼자 있는 것을 견디는 데 어려움이 있고, 다른 사람에게 인정을 받지 못할까 봐 다른 사람을 따라 행동하는 경향이 있다.
6. **고소공포증과 관련된 부부 갈등:** 아내와 함께 하는 여행이나 여가 활동

참여에 대한 어려움이 부부 불화 및 분노를 일으킨다.

문제 목록에서 행동의 상황적 결정 요인: 유발인자, 활성화 상황, 행동 결과

문제 영역 1에서 4까지는 이전에 높이와 연관된 상황에 관련된 행동 과다로 구성되었다. 회피와 도피 행동은 즉각적인 안도감(즉, 불안 또는 공황, 불쾌한 생리적 감각의 감소, 파국적 사고와 심상의 감소)을 가져오기 때문에 강화된 행동이다. 이 같은 도피 및 회피 행동의 기능적인 속성은 로버트의 두려움과 파국적인 사고 및 심상뿐만 아니라 이런 행동이 계속 일어나도록 하는 것이다. 문제 영역 5 역시 어떤 행동 과다(예: 타인에게 자꾸 조언 추구, 지나치게 순응하는 행동)를 포함하고 있다. 타인으로부터 위안받으면 불안과 두려움이 줄어드는데, 이는 조언을 추구하는 행동이 부적으로 강화된 것이다. 사회적 지지와 타인으로부터의 위안은 로버트를 만족시키는데, 이러한 타인의 반응은 그의 위안추구 행동을 정적으로 강화시킨다. '타인의 의견을 따르기'도 갈등과 관련된 불안을 감소하는 결과를 가져오며 부적으로 강화된다. 유사하게 로버트가 타인을 찾는 경향이나 혼자 있을 때 하는 기분전환 행동(예: TV 보기)은 무기력감을 줄이고 없애 주는 것과 관련된다.

가설적 원인(개인 변인과 학습력)

5세 때 겪은 발코니에서의 추락 사고와 로버트 어머니 행동의 변화는 관계가 있다. 그의 어머니는 로버트에게 부상을 일으킬 수 있는 잠재적 위험에 대해 경계했고, 특히 높은 곳을 걱정했다. 로버트의 어머니는 로버트가 놀고 있을 때 늘 옆에 같이 있었다. 그녀는 높은 곳에서 주의하지 않으면 심하게 다칠 수 있다는 표현을 반복하였다(예: "너무 가까이 다가가면 떨어져서 목이 부러질 거야."). 이 말에 대한 반응으로 로버트는 높은 곳에서 멀리 떨어져 있었고, 또한 이 말이 의미하는 행동–결과의 관계에 대해 정신적으로 시연해 보았다(예: 그는 자신이 떨어져 심하게 다친 모습을 떠올렸다). 이러한 정신적 심상과 함께 그의 친구가 자전거에서 떨어져 피를 흘리는 모습에 대한 기억은 특정 환경적 상황(높은 지역), 특정 행동(추락), 수반되는 결과(심각한 신체 부상 또는 죽음) 간의 연관성을 내면적으로 조건화하였다. 어린 시절 동안 로버트는 불안한 기분과 신체적 감각 반응을 사라지게 하는 방법이 이를 유발시키는 상황을 수동적으로 회피하거나 적극적으로 벗어나는 것이라고 학습하였다. 이 대처 방식은 불안과 두려움을 감소시키는 데 효과적이었지만, 불안 유발 상황에 효과적으로 대처하거나 수행할 수 있는 대안적 반응의 발달을 촉진하지 못하게 하였다.

로버트는 기질적으로 불안에 취약하다는 결과도 있다. 즉, 예기치 못한 상황에 대한 자동적 반응 수준이 보통 사람들이 경험하는 것보다 더 높은 것으로 나타난 지표들이 있다. 그는 부모와의 분리 시 다른 아이들에 비해 훨씬 더 불안해한 것으로 드러났다. 그의 동생들도 지나치게 불안했다는 점과 로버트가 불안기질 척도에서 높은 점수를 기록한 사실을 종합해 볼 때, 그는 기질적으로 불안 경험 소인이 높다고 할 수 있다.

작동 가설

문제 영역 1부터 5까지에서 두드러지는 주제는 도피와 회피 행동을 통한 불안 유발 상황(예: 높이, 갈등, 불안한 내적 상태)을 다루는 것이다. 비록 도피와 회피 행동이 불안과 두려움을 즉각적으로 감소시키는 데 관여할 수 있지만, 그런 것을 경험하는 상황에서 근거 없는 불안과 두려움의 소거 또는 습관화를 막았다. 문제 영역 6은 문제 영역 1에서 5까지와 연관되어 장기적으로 혐오적인 결과로 나타났다. 로버트는 그가 아내를 매우 사랑하고 그녀와 친밀하고 만족스러운 삶을 함께하고 싶다고 설명했다.

높은 수준의 공포와 공황, 높은 장소와 연관된 위험의 과장된 지각, 이런 장소를 회피하고 도피하는 것은 다음과 같은 세 가지 주요 과정으로 설명될 수 있다. (1) 5세 때 높은 곳에서 떨어져 조금 다친 경험과 12세 때 자전거에서 떨어져 다친 친구를 본 경험, (2) 어머니가 높은 곳은 위험하다고 전달한 규칙의 학습(예: "만약 너무 가까이 다가가면 떨어져서 목이 부러질 거야!"), (3) 특정한 행위(추락)와 혐오적 결과(심각한 신체 부상)가 따르는 특정한 환경적 맥락(높은 장소)과 연관된 내재화된 조건화 과정, 그리고 높은 장소의 회피와 도피가 강화된 과거력. [그림 4-1]에 로버트의 고소공포증에 대한 작업 가설의 여러 가지 측면이 제시되어 있다.

로버트는 자신을 불쾌하게 하는 불안감과 이와 연관된 심장 박동률의 상승, 이인증, 숨가쁨, 어지러움과 같은 신체 반응을 느낀다고 설명했다. 로버트는 그가 부분적으로는 이런 경험을 유발하는 상황에서 적극적으로 도피하려고 했고, 이는 경험 그 자체가 혐오스럽고 불쾌한 결과(예: 미치는 것)와 관련되기 때문이라고 설명했다.

회피와 도피 행동들의 불안 감소 기능은 초기에 로버트의 공황적 불안을 유지시키는 요소로서 작용했던 것으로 여겨진다. 이렇게 작용하기 때문에 로버트는 불안이 고조될 때 회피와 도피를 지속하였다. 이런 행동들은 즉각적인 위안을 주며, 결과적으로 단기 대처로서 효과가 있다. 그러나 회피나 도피와 같은 대처 방식에 지나치게 의존한 대가로 점차 광범위한 환경이나 맥락에서 동일한 증상이 유발되어, 이제는 로버트의 결혼생활이나 일에까지 영향을 미치기 시작했다.

DSM-IV-TR(American Psychiatric Association, 2000)에 의하면, 로버트의 진단은 특정공포증, 자연환경 유형(높은 곳)이다. 이 유형의 공포증은 역사적으로 광장공포증으로 불려 왔다. 대부분의 공포증과 마찬가지로, 노출과 반응 방지는 공포증을 제거하는 데 가장 효과적인 치료방법으로 여겨지고 있다. 이 개입은 로버트의 고소공포증에 대한 개별화된 작업 가설([그림 4-1] 참조)에 개념적으로 설명되어 있다.

로버트가 회피나 도피 행동 없이 높은 곳에 노출을 하는 치료 프로그램이 높은 곳에서 현재 경험하는 두렵고 불쾌한 생리적 감각과 심상들을 줄

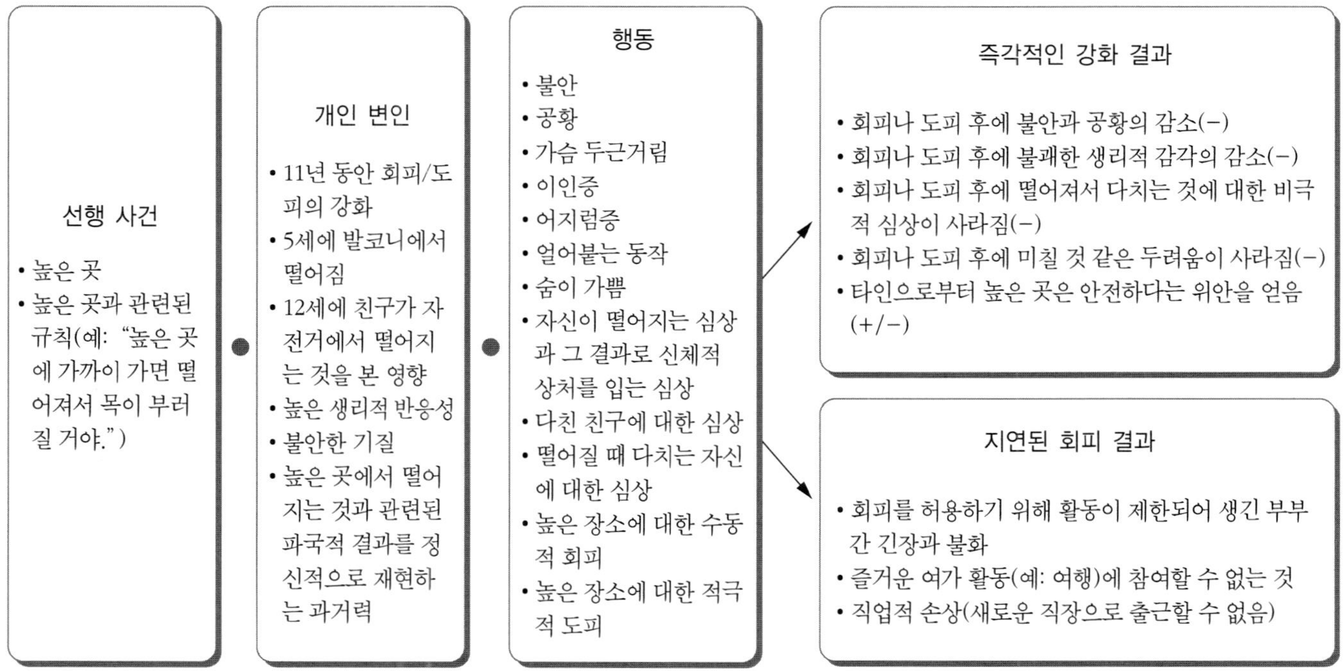

[그림 4-1] **로버트의 높은 곳에 대한 두려움과 회피에 관한 기능적 분석**

반응 연쇄의 각 구성 요소들 사이의 점은 가능한 기능을 나타낸 것이며, 점 하나는 선행 요인이 후속 요인에 영향을 준다는 것을 나타낸다. **즉각적인 강화 결과** 부분에서 소개한 항목들 중 (+)로 표시된 것은 정적 강화 결과를 나타내며, (−)로 표시된 것은 부적 강화 결과를 나타내는데, 이 두 항목은 선행 행동을 유지하거나 강화하는 것이다.

이거나 제거할 것이라 가정했다. 복식 호흡과 같은 기술훈련이 회피나 도피 행동에 대처하기 위해 배울 대안 행동으로 포함되었다. 그는 대인관계 의존성도 줄어들기 바란다고 하였지만, 고소공포증 문제가 더 시급하므로 우선은 고소공포증 치료에 초점을 맞추는 것이 낫다고 했다. 치료자는 고소공포증을 극복할 몇 가지 방법이 불안 감소 기능을 포함하기 때문에 그의 과도한 의존적 행동이 심각한 상황에도 적용 가능할 것이라 동의하고 이를 설명했다.

치료 계획

다음과 같은 목표가 포함된다.

- 높은 곳에 대한 두려움 없애기
- 생리적인 증상(예: 가슴 두근거림)과 불쾌한 심상(예: 떨어져서 다치는 것)의 강도와 발생 빈도 줄이기
- 높은 곳으로부터 회피 또는 도피하지 않기
- 높은 곳에 다가가는 행동을 촉진하고 지지하기
- 높은 곳에서 불안할 때 대안이 되는 대처방법을 가르치거나 지지하기
- 높은 곳을 회피했기 때문에 하지 못했던 즐겁고 필요한 활동(예: 다리 위에서 차 운전, 비행기 여행)에 참여하기

치료적 틀은 다음과 같다.

- 한 시간 반 평가 회기 2회
- 한 시간 노출 준비 회기 2회(높은 장소를 만났을 때 고통 수준에 근거하여 두려움의 위계를 작성; 복식호흡 훈련)

- 다음의 것을 지속하는 한 시간 반 노출 회기 2회
  - 두려움의 위계적 목록에 있는 공공장소에 대해 동의하고 여기서 함께 만나는 것
  - 회기 사이의 치료와 관련된 활동을 검토하기
  - 실제 노출
  - 노출 회기에 대한 사후 설명
  - 다음 회기와 회기 사이의 활동을 계획하기
- 기술 연습, 자기 점검, 스스로 점진적 노출하기 등과 같은 회기 사이의 활동하기
- 집중적 치료 종결 후 3개월 간격의 추후 회기
- 마지막 달의 추후 회기 후 6개월 뒤에 추후 회기 1회

다음과 같은 개입이 포함된다.

- 자기 점검
- 호흡 훈련, 마음챙김 훈련
- 높은 장소에 있는 것 및 이에 대한 대처와 관련된 치료자의 기술 및 극복 모델링
- 노출과 반응 방지
- 노출 회기 동안 '소리 내어 생각하기(think aloud)' 절차(즉, 노출 동안에 생각하고 내적으로 경험하는 것을 크게 말하는 것)
- 회기 사이에 위계적으로 구성된 자기 주도적 노출
- 높은 장소의 노출(예: 꼭대기 층 레스토랑에서 일부러 창문 옆 자리에 앉아 식사하기)을 포함하여 아내와 '데이트' 하기

치료에 대한 동기부여와 치료 목표의 순응

로버트는 회피적 대처가 그의 삶에 부정적 영향을 준다는 것을 인식하였다. 이에 대해 지금 무엇인가 하지 않으면 그의 일, 아내와의 관계, 여행에 대한 목표 등에 돌이킬 수 없는 영향을 미칠지도 모른다는 것을 알고 있다. 치료에 대한 그의 동기는 높은 것으로 보였다.

치료의 효과를 방해하는 잠재적인 장애물

자기 보고에 의하면, 로버트는 노출 회기 동안 치료자나 다른 사람에게 지나치게 위안을 구할 가능성이 있다. 이러한 가능성을 줄이기 위해 로버트와 치료자는 상황이 안전하고 치료자가 정직하게 반응한다면 노출 회기 동안 치료자에게 질문을 한 번만 할 수 있다는 것에 동의하였다. 로버트가 다시 질문을 하는 경우 그는 답을 들을 수 없고, 대신에 노출 동안 자신의 경험에 집중하도록 격려받을 것이다. 또한 로버트는 회기 사이에 자기 주도적 노출을 연습하는 동안에 함께 있을 (예: 부인)에게도 이 지시를 전하는 것에 대해 동의하였다.

로버트의 회피와 도피의 병력에 비추어 노출치료를 너무 일찍 그만둔 사람의 수는 많지 않지만 상당한 비율이므로, 로버트와 치료자는 사전 노출 회기 동안 이런 가능성에 대해 논의하는 시간을 가질 것에 동의하였다. 이 과정에서 예비적인 문제 해결을 하게 되는데, 이때 로버트와 치료자는 만일 노출 회기에 대한 반응으로 치료를 중단하는 것을 고려하게 된다면 취할 수 있는 행동을 계획한다. 노출하는 동안의 불안과 고통을 극복하기 위해 다른 사전 노출치료 활동을 통해 로버트가 사용할 수 있는 기술(예: 복식호흡, 마음챙김 기술)을 개발하고 연습할 수 있도록 유도한다.

치료의 효과성을 평가하기 위한 절차

두 종류의 평가가 사용되었다. 치료 후 3개월 및 9개월 추후 평가뿐만 아니라 치료 시작 전과 실제 치료가 종결된 즉시 평가로 구성되었다. 로버트는 치료 중간에 또 다른 종류의 평가를 몇 회 실시하였다. 이와 같은 두 유형의 평가도구들은 다음과 같다.

치료 전, 치료 후, 3개월 및 9개월 추후 평가에 사용되는 평가도구

- 회피행동검사(Behavioral Avoidance Test, BAT; Borkovec, Weerts, & Bernstein, 1977). 치료 전, 치료 종결 직후 그리고 3개월, 9개월 뒤의 추후 평가에 모두 실시하는데, 로버트는 동일한 불안을 유발하는 상황에 접하고 이에 들어갈 것을 요구받는다. 그와 치료자가 평가에 동의한 상황은 최종적으로 그가 출근하기 위해 운전해서 건너야 하는 다리 위를 걷는 것이다. 치료 전후에 BAT로 평가되는 것은 다음과 같다. (1) 로버트가 다리 위를 걸을 수 있는가, (2) 다리 위에서 얼마나 오랫동안 걸을 수 있는가, (3) 그 길 위에 얼마나 오래 머무를 수 있는가, (4) 검사가 진행되는 동안 간헐적으로 평가되는 것으로서 주관적인 고통의 최고 수준과 지속기간.
- 개인적 두려움과 회피의 위계. 실제 노출 회기 시작 전에 개인적인 두려움과 회피의 위계를 작성한다. 여기에는 불안 및 공황과 관련되어 로버트가 직면하는 상황의 목록이 포함되는데, 이때 불안 혹은 회피가 전혀 없을 때가 0, 가장 심각할 때가 100인 척도 체계를 사용하여 고통의 정도를 위계적으로 배열한다. 노출 회기의 내용을 위계적으로 조직화하는 데 치료 전 고통과 관련된 평가를 활용하며, 가장 고통이 적은 상황에 제일 먼저 노출을 시킨다. 실제 치료의 종결 후에는 로버트가 위계에 있는 상황에서의 고통 정도를 평가하는데, 치료 후와 추후 평

가에서의 치료 효과를 평가하는 데 참조하기 위해 치료 전 평가를 활용한다.

- 부부적응 척도(Dyadic Adjustment Scale; Spanier, 1976)는 결혼생활에서의 고통을 평가하기 위해 널리 사용되는 척도다. 로버트와 그의 아내는 이 검사도구를 치료 전과 후에 작성하며, 3개월 및 9개월 후의 추후 평가에도 작성한다.
- 즐거운 활동 계획(Pleasant Events Schedule; MacPhillamy & Lewinsohn, 1974)은 개인들이 즐기는 매우 다양한 범위의 320개 활동의 목록으로 구성되어 있다. 이 측정에서 개인이 지난달에 각 활동을 한 횟수와 그 활동을 즐거움으로 느낀 정도를 평가하도록 요청한다. 이 활동의 하위 항목에는 다른 사람들과 함께 즐길 수 있는 활동에 참여하는 것이 포함된다.

반복적으로 평가되는 척도(치료 전, 치료 도중, 추후 치료)

- 주관적 고통 평가척도(Subjective Units of Distress Scale, SUDS; Wolpe & Lazarus, 1966)는 전반적인 고통을 평가하는 것으로, 로버트가 노출 회기 시간에 느낀 고통을 0=불안이나 공포가 없는 것, 100=매우 강렬한 불안과 공황으로 평가한다. SUDS 점수는 노출 회기 동안에 3분마다 수집된다. 노출 회기 동안 SUDS 점수의 변화는 노출 회기 동안의 불안의 습관화나 소거 정도에 대한 지표로 활용되며, 치료자에게 노출을 언제 중단하는 것이 적절한지 지침을 제공한다(예: 기저선에서 50% 미만 또는 노출 전에 자기 평가한 고통의 수준에 도달하기 전까지는 중단하지 않음).
- 상태-특성 불안 척도 중 특성불안 척도(The Trait Scale of the State-Trait Anxiety Inventory, Form Y-2; Spielberger, Gorsuch, Lushene, Vagg, & Jacobs, 1983)는 로버트가 일주일에 한 번 작성하며, 지난 7일

동안 일반적으로 느꼈던 불안의 정도를 반영한다. 5×7인치의 지침 카드를 테이블 위에 놓는데, 여기에는 로버트가 일주일 동안 매일 임상적으로 주의가 필요한 행동과 관련 특성들이 기록되어 있다. 로버트는 각 일지 카드에 그날 높은 장소에 접근하거나 들어갔을 때 높은 장소를 적고, 접근하거나 들어간 후에 즉각적으로 SUDS를 기록하며, 얼마나 오래 이 상황을 지속했는지 적고, 그 상황을 떠날 때 SUDS를 평가하며, 이 상황에서 기술적으로 남아 있을 수 있는 능력과 관련된 극복감 정도를 기록한다. 또한 이 상황에서 도움이 된 대처 기술은 무엇인지 기록한다. 미리 계획하지 않았으나 로버트가 자발적으로 시작한 노출이 있다면 회기 사이에 계획된 자기 주도적 노출에 맞게 이 카드에 자료를 기록한다.

요 약

치료를 계획할 때는 다음의 항목들이 치료자에게 도움이 될 것이다.

- 내담자가 치료에서 표현하는 문제, 치료의 특정 목표, 그리고 이 목표의 실현 가능성을 높이기 위해 치료가 어떻게 구조화되어야 하는지에 대해 내담자와 합의하라.
- 다양한 문제가 있는 내담자를 만났을 때 문제 영역의 우선순위를 고려하는데, 이때 가장 우선이 되는 영역은 자신 혹은 타인에게 큰 위협이 되는 영역과 관련된 것이다.
- 가능하면 (이미 만들어진 행동을 없애는 것을 첫째로 포함하기보다는) 언제든지 행동 레퍼토리나 기술을 만드는 것이 첫 번째 치료 목표가 되도록 고려하라.

- 치료에서 표적이 되는 행동 레퍼토리를 위해 효과적인 것으로 경험적으로 입증된 치료(EST)가 가능한지 고려하고, 만약 그렇다면 이 치료적 접근이 이 특정 내담자에게 적합한지 고려하라.
- 만약 내담자의 문제 영역에 적합한 EST가 없거나 관련 EST가 적절한 것이 없다면, 사례 개념화에 기초하여 개별적으로 맞춰진 치료 프로그램을 계획하라.
- 제안된 치료 계획을 내담자와 함께 평가하는데, 이때 제안된 치료 요소에 대한 이론적 근거와 내담자가 회기 사이에 수행해야 할 활동의 역할과 치료적 이득을 논의하는 것을 포함하라.
- 변화에 대한 동기를 갖게 하고, 최소한 또는 부족하더라도 행동 참여를 확보하라.
- 효과적인 치료에 대한 잠재적인 장애물을 몇 가지 설명하고 이런 문제가 생길 때 어떻게 다루어야 할지 내담자와 탐색하라.
- 치료의 효과성 평가에 사용할 절차에 대해 합의하라(즉, 변화를 치료과정 동안 어떻게 관찰할 것인가).

CHAPTER 05

환경 변화를 통해 행동을 변화시키기

Behavioral Interventions in Cognitive Behavior Therapy

기본적 행동 전략 모음에는 환경적 측면의 변화를 통해 사람의 행동을 변화시키도록 돕는 것이 포함된다. 종합적으로 **수반성 관리 책략**(contingency management strategies)이라고 말할 수 있는 이러한 행동개입들은 임상적으로 중요한 행동의 이전(선행 사건)과 이후(결과)에 일어나는 환경 조건을 변화시키는 것이 포함된다. 원칙적으로 이들 절차는 두 가지 종류의 환경적 사건을 목표로 정하는데 (1) 행동에 영향을 주거나 행동을 이끄는 신호, (2) 행동을 동기화하는 결과이다(Boyce & Roman, 2003). 수반성 관리 절차는 아동, 발달 문제를 가지고 있는 사람, 심각한 심리적 문제를 가지고 있는 사람과 기관에 수용된(만성정신병원, 교정시설 등) 성인들의 행동을 수정하는 데 가장 많이 사용되었다. 인지적으로 정상인 성인을 대상으로 했을 때, 수반성 관리 절차와 프로그램들은 일차적 강화물로 과도하거나 편파된 행동을 지속하는 사람에게 가장 성공적으로 사용되었다. 여기에는 약물, 알코올 남용 및 과도한 흡연이 포함되며, 난잡한 성 행동과 성적 이탈 그리고 섭식과 관련된 행동이 포함된다(Boyce & Roman, 2003). 이 장은 수반성 관리 책략 사용과 관련된 주요 개념과 가정을 기술하는 것으로 시작된다. 이어서 이러한 개입을 하는 데 필요한 지침이 제시되며, 수많은 인지행동치료에서 일반적으로 나타나는 수반성 관리 개입의 몇 가지 예도 보여 줄 것이다.

수반성 관리 절차의 개요

이 장에서는 먼저 행동을 변화시키는 절차와 관련된 중요한 몇 가지 가정, 개념들과 고려 사항 및 수반성 관리 개념을 논의해 보고자 한다. 이 밖에 수반성 관리 절차를 수행하는 일반적인 지침들을 기술하겠다.

주요 용어와 개념

수반성 관리와 관련된 중심 개념의 하나는 **행동 수반성**(behavioral contingency)이다. 행동 수반성이란 특정 행위를 일으키는 사건, 행동 및 그 행동의 결과 간의 관계다(Malott, Malott, & Trojan, 2000). 준은 헤로인 남용에서 벗어나기 위해 매우 애쓰고 있었다. 그녀가 친구인 프레드의 집에 갈 때마다 그는 자신과 헤로인을 함께 복용하자고 요구한다. 그녀가 헤로인을 복용하면 그는 더 이상 그녀를 괴롭히지 않을 것이다. 헤로인을 복용하자마자 그녀는 감미로운 행복감을 경험할 것이다. 행동 수반성은 (1) 프레드의 집에 있는 것, 프레드가 약을 복용하자고 요구하는 것, 헤로인이 가용한 것, 헤로인을 준비해서 주사할 도구의 존재 등과 같은 헤로인 복용을 일으키는 사건들, (2) 헤로인을 복용하는 행동, (3) 부적 강화(프레드가 더 이상 괴롭히지 않는 것)와 정적 강화(행복감)와 같은 헤로인 복용의 결과로 구성된다. 그렇게 되면 행동 수반성이란 행동을 일으키는 사건, 행동 그리고 행동의 결과를 연결하는 인과적 관계가 된다. 그 관계 속에서 특정 행동이 수행될 때만 결과가 발생한다(Malott et al., 2000).

다른 중요한 개념은 **자극 통제**다. 자극 통제 과정은 일차적으로 행동의 선행 사건을 변화시키는 작용을 한다. 이 책의 2장에서는 두 가지 일반적인 선행 사건 분류인 **변별 자극**과 **확립조작**에 대해 간략하게 기술하였다. 변별 자극(S^D)은 행동을 강화할 것인지 혹은 처벌할 것인지를 알려 주는 사건들이다. 어떤 행동이 특정 자극이 있을 때는 일어나고 그 자극이 없을 때는 일어나지 않는다면 자극 통제하에 있는 것이다(Kazdin, 2001). 준의 경우 친구인 프레드가 헤로인을 복용하자고 조를 때만, 그리고 약물과 도구가 구비되어 있을 때만 일반적으로 헤로인을 사용한다.

다음은 강제통제(coercive control) 시행과 관련된 자극 통제의 또 다른 예다. '에디스'와 '샘'은 결혼한 부부다. 샘은 자주 에디스를 신체적으로 학대하고 모욕한다. 시간이 지나면서 에디스는 샘이 성관계를 하자고 요구하는 어떤 경우(S^D)에 그녀가 따르고 함께 했을 때(S^D가 존재하는 상황에서의 행동), 샘에게 맞거나 모욕당하는 것을 피하게 된다는 것(그 행동이 남편의 위협을 막아 주고 신체적 학대를 피할 수 있게 해 주기 때문에 변별 자극이 있는 상황에서의 행동에 대한 부적 강화임)을 깨닫게 되었다. 만약 성적인 요구를 거절한다면 샘은 그녀를 때리고 모욕할 것이다. 샘의 성적 요구에 순응하는 에디스의 행동은 선행 자극의 통제하에 들어가게 된 것이다.

종종 변별 자극은 매우 복잡하고 그것이 보내는 신호에 따른 결과들이 여러 맥락 변인에 따라 매우 달라질 수 있다. 예를 들어, 에디스 남편 행동의 다양한 측면, 하루 중 특정 시간 혹은 그 상황의 서로 다른 요소들은 에디스가 성관계에 응했을 때 부적 강화가 어느 정도 일어날 것인지를 알려 줄 것이다. 샘이 차분하거나 기분이 좋아 보이거나 혹은 급하게 할 일이 있거나 일상적으로 별생각 없이 성관계를 요구했다면 변별 자극을 통해 에디스는 자신이 그의 요구를 거절해도 신체적 혹은 언어적 폭력이 뒤따르지 않을 것이라는 것을 알 수 있다. 반대로 샘이 불안정하고 할 일도 없고 강하게 요구했다면, 변별 자극을 통해 에디스가 거절할 경우 신체적, 언어적 폭력이 뒤따를 것이고, 순응할 경우는 부적 강화가 올 것이라는 것을 알게 된다. 이 경우 샘은 자신의 요구에 부응하도록 만드는 강제통제 시행을 하고 있는 것이다.

조작적 학습에서 변별 자극(discriminative stimulus: S^D)은 반응 혹은 고전적 조건형성의 조건 자극(conditional stimulus: CS)과 다르다는 점을 인지하는 것이 중요하다. 조작적 학습의 틀에서 개인은 환경 자극에 자동적인 방식으로 반응하지 않는다는 점이 가장 중요한 차이다. 고전적 조건형성에서 조건 자극은 자동적으로 반사 반응을 하는 데 비해, 조작적 학습에서 변별 자극은 결과가 강화가 될지 혹은 처벌이 될지에 대한 신호를 줌으로써 어떤 행동을 설정해 준다. 변별 자극과 서로 다른 맥락적 변인이 모두 합쳐서 한 개인이 특정한 방법으로 변별 자극에 반응할지 말지에 영향을 주지만 자동적이거나 반사적으로 반응을 하지는 않는다.

2장에서 또 다른 선행 자극 종류인 '확립조작(establishing operations: EOs)'을 정의하였는데, 이는 결과와 관련된 강화적인 혹은 처벌적인 속성을 변화시키는 사건들이나 생물학적인 상태를 말한다. 에디스와 샘의 예를 다시 들어 변별 자극과 확립조작이 특정 행동을 설정하는 데 미치는 영향을 기술하겠다. 에디스는 애정 대상에게 적절한 보살핌과 관심을 받아 본 적이 없다. 어린 시절 그녀의 보호자는 그녀의 신체적, 정서적 욕구를 무시하였고 며칠 동안이나 그녀를 침실에 가두어 두는 일도 종종 일어났다. 며칠 전 이야기를 해 보니, 에디스는 그녀의 가장 친한 친구가 다른 나라로 이민을 가서 사회적, 정서적 지지를 상실하게 되었다. 이제 그녀는 정서적 및 물리적 친밀감이 박탈되었다고 느끼게 되었고, 샘은 그녀의 정서적(혹은 물리적) 친밀감의 일차적 원천이 되었다. 이 경우 에디스의 현재 박탈 상태는 확립조작을 구성하게 된다. 집에 도착하면 샘은 그녀에게 자신과 성관계를 갖자고 요구(변별 자극)한다. 그가 차분하게 그냥 일상적인 태도로 요구한다는 것은 설사 그녀가 거절해도 신체적 학대의 위협 가능성이 적다는 것을 나타내는 것이다. 친밀감 박탈(EO)은 그녀로 하여금 성적 활동을 통해 정적 강화를 가질 가능성을 증가시키기 때문에 사실 그녀가 성관계를 갖고 싶지 않을 때에도 '그래요'라고 대답할 가능성은 높아질 것이다. 만약 그녀의 친한 친구가 떠나지 않았고 그래서 그녀가 정서적 결핍(EO) 상태에 있지 않다면 그녀가 '그래요'라고 대답할 가능성은 줄어들 것이다.

2장에서 강화, 처벌과 소거에 대해 논의하고 정의를 내렸는데 여기에서 다시 요점을 반복하고자 한다. 행동에 영향을 미치는 두 가지 서로 다른 범주의 결과들이 있는데, (1) 유사한 맥락에서 미래에 유사한 행동이 일어날 가능성을 높여 주는 결과들(즉, 강화물)과 (2) 유사한 맥락에서 미래에 유사한 행동이 일어날 가능성을 줄여 주는 결과들(즉, 처벌)이다. 강화나 처벌의 형태를 기술하다 보면 보다 뚜렷하게 구분된다. 강화나 처벌 같은 결과는 그 결과로 인해 행동이 일어난다면 '정적'인 것으로 특징지어진다. 반대로 그 행동의 결과로 제거, 중지나 어떤 사건의 종료가 일어난다면 '부적'인 것으로 특징지어진다. 소거는 행동을 감소시키는 다른 절차이며 이전에 행동을 유지시켰던 강화물의 소멸이 포함된다. 그 행동이 더 이상 강화를 주지 않게 되면 시간이 지나면서 그 행동이 나타날 빈도가 줄어들면서 나중에는 완전히 사라지게 된다.

수반성 관리의 주요 가정

수반성 관리 개입의 일차적인 가정은 문제가 되는 표적 행동이 환경 속에 있는 선행 요인이나 결과의 직접적인 영향 아래에 있다는 것이다. 이는 규칙에 따라 영향을 받는 행동과는 대조가 되는데, 이 규칙은 실제 환경에 수반되는 것과는 다르게 작동한다. 거식증 여성의 예를 들어 보면, 이 여성은 날씬한 외모를 얻기 위해 음식을 스스로에게 박탈한다. 음식 회피 행동은 '먹지마. 그러면 살이 빠져서 사람들에게 매력적으로 보일 거야.'라는 어떤 규칙의 영향 아래 있는 것이다. 이러한 규칙이 의미하는 것은 극단적인 체중 감소와 과도하게 마른 외형이 여러 가지 사회적인 강화물(예: 매력적이거나 활동적으로 보인다는 사람들의 말들, 다른 사람들이 가치 있게 여겨 주고 잘 수용해 주는 것)이 될 것이라는 생각이다. 이 규칙 속에 있는 특별한 행동-결과 관계가 환경에서 오는 수반성과 반대가 될 때는 보통 불일치가 발생한다. 실제로 사회적 환경은 수척해 보이는 사람을 매력이 없고 활동적이지 않다고 여기고 굶어서 심하게 저체중인 사람을 피하거나 비판하려는 경향이 높다. 수반성 관리 절차는 치료의 표적 행동이 특별하게 만들어진 행동-관계 규칙에 의한 것이 아니라 직접적으로 환경과 관련되어 영향을 미칠 때 가장 효과적이다.

수반성 관리 절차가 어떤 행동을 증가시키기 위해 사용될 때 또 다른 중요한 가정은 그 내담자의 행동 레퍼토리 안에 표적 행동이 들어 있어야 한다는 것이다. 만일 내담자가 사전에 표적 행동을 학습하지 못한 것이라면 수반성 관리를 통해 이를 증가시킬 수 없다. 새로운 행동의 수립과 발전에는 '조형' 같은 다른 절차가 요구되며 이를 통해 개인은 새로운 행동을 자신의 행동 목록의 일부로 만들 수 있다.

수반성 관리 개입 적용 단계

수반성 관리 절차를 사용하는 몇 가지 중요 단계가 있다. 임상가들에게 일반적인 단계를 제시하겠지만, 치료자들은 특정 내담자 상황에 맞추어 이 단계 모두를 사용할 수도 있고 일부를 사용할 수도 있다. 이 단계에는 (1) 표적 행동과 이에 적절한 맥락 요소를 구체적으로 정의하고, (2) 내담자에게 수반성 관리에 대한 오리엔테이션을 주고, (3) 표적 행동이 일어나는지 잘 관찰하는 것이 포함된다.

표적 행동과 맥락 요소를 구체화하여 정의하기

수반성 관리 절차를 사용하기에 앞서, 치료자는 표적 행동을 명확하게 구체화하여 사용 가능하게 한다. **표적 행동**이란 빈도, 강도 혹은 기간을 줄이거나 늘려서 변화시켜야 할 행동이다. 2장에서 논의한 바와 같이, 철저한 행동평가에는 다양한 표적 행동에 대한 상세한 자료 수집이 포함된다. 수반성 관리 책략은 일반적으로 표적 행동이 명확하게 규명되고 직접적으로 눈에 보이고 기록이나 관찰이 가능할 때 가장 효과적이다.

수반성 관리를 사용할 때, 치료자는 행동과 맥락이 따로 구분될 수 없다는 것을 명심해야 한다. 사실 맥락은 수반성 관리의 일차적인 초점이다. 준의 사례에서 보이는 헤로인처럼 어떤 행동을 과도하게 나타내는 내담자에게 자신이 어떤 약을 얼마나 자주 복용하고 있으며, 언제 어디에서 누구와 그 약을 복용하는지를 분명하게 구체화 해주는 것은 중요하다. 수반성 관리 개입을 통해 행동 맥락(선행 사건과 결과)이 수정되기 때문에 약물 사용과 관련된 맥락 변인을 구체화하는 것이 중요하다.

준에게 적절한 변별 자극(S^D)은 약물을 복용하는 친구의 존재(프레드), 약물과 약물 사용 도구가 가까이 존재하는 것, 특정 지역(예: 약물 복용과 관련된) 혹은 다른 관련 요소들이 포함된다. 확립조작, 변별 자극과 약물 절제로 인한 잠재적 강화물(예: 쿠폰, 현금, 특전 등)은 개인 특성에 따라 문제마다 매우 다르기 때문에 수반성 관리 프로그램을 시작하기에 앞서 개별 내담자 특성에 맞게 분명하게 구체화해야 한다.

수반성 관리에 대해 내담자에게 소개하기

Linehan(1993a)이 기술한 바와 같이, 내담자에게 수반성 관리 책략 사용에 대한 방향성을 주는 것은 중요하다. 내담자는 종종 긍정적인 결과나 보상이 어떤 행동을 증가시키는 반면에 부정적 결과나 처벌은 어떤 행동을 감소시킨다는 것에 대해 어느 정도의 이해를 가지고 치료에 온다. 그러나 내담자가 수반성 관리 절차를 거쳐 자신의 행동을 수정해 가는 과정에 완전히 동의하고 몰입하기 위해서는 더 많은 정보가 필요하다. 우리가 경험한 바에 의하면 도움이 되는 원칙을 배우는 두 가지 주요 요점이 있다.

첫 번째 요점은 강화, 처벌과 소거 과정은 행동에 미치는 영향에 의해 정의된다는 점이다. 강화물이 유사한 상황에서 행동이 다시 일어날 가능성을 증가시켜 주지 않는다면 강화물이 아니다. 비슷하게 처벌이 행동을 감소시켜 주지 않는다면 처벌이 아니다. 어떤 내담자는 즐거운 활동에 참여한다는 이유만으로 '그것은 그 자체로 강화되고 있다.'고 생각하거나 의도적으로 남에게 해가 되는 행동(예: 죄책감이나 수치심으로 인해 면도날로 팔을 긋는 행동 등)을 했다는 이유만으로 그 자체가 처벌적이라고 생각한다. 예를 들어, 특정 행동에 수반되지만 시간이 흘러도 그 행동이 일어날 가능성을 증가시켜 주지 않는 한 즐거운 활동 그 자체가 강화물은 아니라는 것을 내담자에게 이해시키는 것이 종종 도움이 된다.

두 번째 요점은 사람은 언제나 강화를 받을 목적으로 행동하지는 않는다는 것이다. 사실 사람들은 자신의 행동에 영향을 미치는 많은 요소를 거의 인식하지 못한다(Nisbett & Wilson, 1977). 이는 특히 즐겁지 못한 대인관계에 소위 '인위적으로' 참여한 과거를 가진 내담자에게 중요하다. 여러 번의 자해를 한 내담자의 예를 들어 보자. 이 사례에서 자신의 어머니로부터 그나마 관심을 받은 유일한 때는 자해를 멈추게 하려고 어머니와 언쟁을 벌이는 상황이었다. 그렇지 않으면 그녀가 어머니와 전화를 나누는 대화의 대부분은 어머니 자신 혹은 어머니의 새 남편에 대한 것이었다. 이 내담자의 자해가 어머니의 관심을 끌려는 의도로 행해진 것이 아니라고 할지라도, 시간이 지나면서 그녀와 치료자는 자해 행동이 어머니와 전화를 하거나 어머니가 방문하기 하루나 이틀 전에 일어나며 어머니와의 대화 빈도와 비례해서 증가한다는 것을 알게 되었다. 실험의 하나로 이 내담자에게 치료자는 자해에 대해 이야기하는 것은 '금기'로 하고 자해에 대해 이야기하지 않고 어머니의 관심을 얻는 계획을 세워 볼 것을 요청하였다. 〈표 5-1〉에 치료자가 어떻게 이 부분에 대해 내담자와 대화를 나누었는지의 예가 제시되어 있다.

〈표 5-1〉 강화에 대해 내담자 교육하기

치료에서 목표에 다가가는 한 가지 방법은 강화를 사용하는 것입니다. 강화라는 말을 들어 보았습니까? 강화란 나중에 어떤 행동이 다시 일어날 가능성을 증가시켜 주는 것입니다. 예를 들어, 한 주 동안 매일 운동할 때마다 당신이 좋아하는 장소에서 커피를 마시러 가는 것에 대해 이야기해 봅시다. 시간이 흐르면서 당신은 자신이 매일 점점 더 많은 시간 동안 운동하고 있다는 것을 깨닫게 될 것입니다. 이 경우 커피를 마시러 나가는 것이 강화가 될 것이고, 실제로 그것이 소위 운동에 대한 강화가 된 것입니다. 그러나 커피를 마시러 나가는 것이 당신이 얼마나 자주 운동하는가에 절대적으로 영향을 미치지는 않는다는 것을 발견했다면 커피를 마시러 나가는 것은 강화가 아닐 것입니다. 강화는 실제 행동을 증가시키는—단순히 즐겁거나 유쾌한 것만이 아니고—어떤 것이어야 합니다.

> 다른 중요한 요점은 강화가 당신이 알지 못하더라도 작용한다는 것입니다. 또한 당신의 행동이 긍정적 결과를 이끌어 냈다고 해서 당신이 이 결과를 얻을 의도를 가졌다는 것을 의미하지 않습니다. 예를 들어, 당신이 자녀에게 무언가 하라고 했는데 자녀가 '싫어요'라고 대답했을 때 자녀를 윽박지르면 자녀로 하여금 '알았어요'라는 대답을 얻어 내고 당신이 원하는 것을 하게 할 수 있습니다. 그러나 상황이 그렇게 만든 것이고 당신은 자녀를 윽박지를 어떤 동기, 의도나 욕구가 전혀 없었을 수도 있습니다. 실제로 내가 아는 바에 의하면 당신은 윽박지르는 것이 나쁘다고 생각하며 그렇게 하지 않으려 합니다. 그러나 불행하게도 윽박지르는 것이 실제로는 효과가 있습니다. 당신이 윽박지르는 것은 '알았어요'라고 하면서 시키는 일을 하는 자녀의 행동에 의해 강화를 받는 것입니다.

표적 행동이 일어나는지 잘 관찰하기

긍정적 치료 효과는 치료자가 회기 안팎에서 표적 행동의 발생에 민감해져 있을 때 보다 잘 나타난다. 자기 점검이나 관찰 방법을 사용하거나 매주 주요 표적 행동에 대해 지속적으로 질문하고 표적 행동이 회기 중에 일어나는지 회기에서 보이는 행동을 관찰해서 이를 촉진할 수도 있다. 표적 행동 발생에 대한 민감함은 평가(예: 행동이 일어나는 맥락이나 빈도를 파악하는 등)와 치료 단계 모두에서 유용하다. 치료에서 치료자가 표적 행동을 알아차릴 때, 내담자는 효과적인 방법으로 이에 반응할 기회를 가지게 되어 시간이 지남에 따라 행동 발생 빈도에 변화가 일어나게 된다.

선행 사건을 바꿔서 행동을 변화시키기

이 장에는 선행 사건을 바꾸어서 행동을 변화시키는 개입 책략이 기술되어 있다. 이 책략들에는 배열하기, 수정하기가 포함되고, 이 외에도 바람직한 행동 가능성을 증가시키거나 바람직하지 않은 행동을 감소시키거나 또는 이 두 가지 작용을 다 하는 특정 자극과 접촉 양을 변화시키는 방법이 있다. 선행 사건을 수정하는 몇 가지 특정 접근방법이 있는데, 이 절차들의 예가 다음에 제시되어 있다.

선행 사건을 없애거나 피하기

선행 사건을 변화시키는 한 가지 접근법은 특정 표적 행동을 일으키는 단서를 없애거나 소거 혹은 회피하는 것이다. 때때로 '단서 제거'라고 불리는 이 접근법은 중독 행동과 같은 환경 단서로 인해 일어나는 문제 행동을 감소시키는 데 특히 유용하다. 이러한 목적을 적용해 볼 때, 단서 제거에는 내담자가 자신의 환경 속에서 약물과 관련된 모든 자극을 없애고 약물이 사용되는 환경을 완벽하게 피하는 것이 포함된다(Cunningham, 1998). 보다 심각한 경우에는 약물 사용이 개인이 속한 사회의 대다수 환경 자극과 연관되어 있어, 다른 곳으로 이사하는 것만이 약물을 사용하게 하는 자극을 본질적으로 감소시킬 수 있는 유일한 방법이 된다.

단서 제거는 약물 사용 문제를 가진 내담자 치료에서 가장 일반적인 개입이다. '위험' 상황을 회피(혹은 제거)하는 것이 음주 문제의 재발 방지(Marlatt & Gordon, 1985)와 일반적인 음주 문제의 인지행동치료에서 핵심 특징이다. 경계선 성격장애에 대한 변증법적 행동치료(DBT; Linehan, 1993a)에서는 아편이나 다른 약물에 의존하는 사람들에게 적용하기도 한다(McCrady, 2001). 약물 사용 문제에서 DBT는 소위 '연결다리 태우기(burning bridge)' 방법을 사용함으로써, 내담자로 하여금 약물을 사용하는 사람 및 약물을 공급해 주는 사람과 반드시 관계를 끊게 하며, 그럼으로써 약물 사용을 강화시킬 수 있는 자극과 마주칠 가능성을 감소시키고자 한다(Dimeff, Rizvi, Brown, & Linehan, 2000).

고의적인 자해를 줄이기 위한 단서 제거 절차의 한 예를 들어 보면, '존'

은 일주일에 서너 번씩 자신을 칼로 긋고 불로 지지는 내담자였다. 화가 나거나 수치심을 느끼거나 업무에 압도되든가 혹은 최근 파트너와 갈등이 생기면 여지없이 스스로에게 화상을 입혔다. 그러나 방화도구를 바로 쓸 수 있거나 양초, 성냥이나 향이 바로 옆에 있는 상황에서만 불을 낸다는 것이 바로 드러났다. 방화도구를 보거나 방화도구들이 쌓아져 있는 것을 보자마자 자신을 태우고자 하는 강한 욕구를 경험하며 종종 이 욕구에 따라 행동하였다. 수치심을 느끼거나 매우 난처하거나 겁이 나더라도 방화도구를 쉽게 손에 넣을 수 없거나 방화를 할 수 있는 장소나 상황(직장과 같은)에 있지 않으면 존은 보통 자신의 감정을 추스를 다른 방법을 모색하였다. 자해 욕구는 방화도구 혹은 보다 넓게 말해서 스스로가 불에 타고 있는 이미지를 일으키는 상황 자극과 같은 선행 자극의 통제하에 있었다.

존의 경우 초기 치료에는 방화도구 접촉을 줄이는 책략이 포함되었다. 예를 들어, 존은 보통 자신에게 화상을 입히는 도구의 목록을 작성하였고 그것들이 집에서 꼭 필요한 것인지 알아보았다. 그는 불필요한 것들(예: 향이 나는 초)을 쓰레기통에 버렸고, 꼭 필요한 것은 주차장의 손이 닿기 힘든 곳에 두었다. 일단 이 물건들이 집 안에서 더 이상 보이지 않자 그의 자해 욕구 빈도는 감소하였다. 이 밖에도 이 방법은 자해 충동이 일 때 방화도구를 찾는 데 시간이 걸려서 자해하기 어렵게 만드는 이점도 있었다.

선행 사건을 변경하기

또 다른 책략으로는 문제 행동에 대한 선행 사건을 변경하는 방법이 있는데, 이는 바람직하지 않은 행동 발생과 관련된 자극 상황에 대한 귀인을 변화시키는 방법이다. 술이나 약물 남용 문제로 힘들어하는 사람에게 어떤 사람이나 장소는 물질 사용과 너무 강하게 연관되어 있어서, 그 사람과 있거나 그 상황에 처하게 되면 물질 사용을 거의 피할 수가 없게 된다. 약물 사용 단서를 변경하는 것에는 내담자로 하여금 약물을 사용하는 동료들에게 자신이 있을 때 약물을 사용하거나 권하는 것을 금해 달라고 요청하는 것이 포함된다. 폭음을 그만두려고 애쓰는 내담자인 '헤더'는 대부분의 상황에서는 효과적으로 술을 절제하였으나 친구들과 식당에 가면 대부분 술을 마셨다. 헤더는 식당 종업원이 음식을 가져다줄 때는 술을 아주 잘 거절한다. 그러나 친구와 함께 식당이나 주점에 가면 친구들이 종종 그녀로 하여금 술을 마시라고 충동하고, 그녀가 싫다고 하면 항복할 때까지 계속 졸라댄다. 그녀가 친구들을 중요하게 여기고 그들과의 관계에서 소외되거나 관계를 끝내고 싶지 않기 때문에, 치료에서는 그녀가 우정에 가치를 두지만 친구들이 그녀로 하여금 술을 마시게 충동질 않기를 바란다는 것을 알릴 수 있는 방법을 찾도록 도와주었다. 여러 번의 시도를 통해 헤더의 친구들은 결국 그녀에게 술 마시라고 하는 것을 멈추었고, 이렇게 해서 음주의 주요 선행 사건 일부가 달라지게 되었다.

행동의 빈도를 바꾸기 위해 자극 단서를 도입하기

어떤 경우에는 치료자가 내담자로 하여금 바람직한 행동 가능성은 증가시키고 문제 행동은 줄이는 방식으로 환경 단서를 재배열하도록 도울 수 있다. 이 책략들은 특히 내담자가 특정 행동을 바꾸도록 동기화되어 있거나 새로운 행동을 하려고는 하지만 그렇게 하는 것을 잊어버릴 때, 또는 새로운 기술을 훈련하는 순서를 정하지 못하거나 삶에 지치고 눌려 있을 때 도움이 된다.

예를 들어, 표적 행동을 증가시키기 위해서 내담자의 일반 환경에 단서를 끌어들일 수 있다. 단서에는 내담자로 하여금 특정 행동에 임하거나 연습하는 것을 기억하는 '신호'로 집 안 주요 장소에 포스트잇을 붙여 놓는 것과 같은 것들이 포함된다. 유사하게 내담자가 어떤 상황에서 사용할 새로운 행동 목록을 적어 놓은 '대처 카드'를 가지고 다니거나(예: 유사시 감정 조절에 사용하는 기술 목록), 인지심리학에서 나오는 특정 행동과 관련된 상세한 내용을 회상하고 언제 그것을 사용할지에 대한 기억술이나 다른 책략들(예: 장소법)을 사용할 수도 있다.

'댄'은 체중을 빼고자 집에 있을 때 먹는 음식의 양을 줄이기를 원하였다. 그의 치료자는 그와 함께 작업하여 기름지고 단 음식을 과식하는 것을 줄이도록 환경에서 몇 가지 단서를 끌어내었다. 대안 행동에는 과식과 관련되지 않는 건강 음식을 장려하고, 한 번에 먹는 음식의 양을 줄일 수 있도록 작은 크기의 식기를 사용하도록 하였다. 댄은 또한 자신이 일주일 내내 과식을 하지 않았다면 일주일에 한 번씩은 작은 사이즈의 '모카커피'로 보상을 주었다. 과식 행동을 피하는 것과 보상(모카커피) 간 수반성을 두드러지게 하기 위해, 댄은 '식사 계획을 지켰을 때 목요일에 먹을 수 있는 모카커피'라고 써서 냉장고에 넣어 두었다.

변별 훈련

변별 훈련(discrimination training)은 다른 자극 상황에서는 아니고 특정 자극 상황(S^D)에서만 행동에 대한 강화가 주어지는 것이다. 여기서 사용되는 $S^\triangle$는 특정 행동에 대한 강화나 처벌이 나타나지 않는다는 것을 암시하는 변별 자극을 가리킨다. 이러한 훈련이 성공하면 한 개인은 어떤 행동이 적절해지는 상황(예: 이로 인해 강화가 이루어지는 것)과 그렇지 않은 상황(예: 강화가 일어나지 않는 것)을 구분하는 것을 배운다. 그 결과, 내담자는 주어진 상황에 적절한 단서(S^D)에는 주의를 보다 기울이고 부적절한 단서($S^\triangle$)는 무시하게 된다.

예를 들어, 어떤 형태의 불안장애를 가진 사람은 혐오적인 사건이나 결과와 많은 자극을 연관시켜서 세상의 많은 부분을 위협적인 것으로 경험하게 된다. 그래서 치료에서는 그 사람으로 하여금 혐오적인 결과를 신뢰성 있게 알려 주는 단서를 배우도록 돕는 것이 포함된다. 그렇게 해서 내담자는 실제이거나 가능한 두려움이나 위험을 알려 주는 단서(S^D)가 있을 때만 회피 행동을 하게 된다. 실제 두려움이나 위험과 연관되지 않은 자극(S^{Δ})이 발생했을 때, 내담자는 그 단서를 무시하거나 회피 행동을 보이지는 않게 된다.

치료도구로서 변별 훈련은 내담자 행동 문제가 부적절한 자극 일반화에서 기인했을 때 아마도 가장 적절할 것이다. 기술적으로 말하자면, **자극 일반화**는 한 맥락에서 강화된 행동이 이전에 그 행동이 강화되지 않았던 다른 맥락에서 빈도나 강도가 증가했을 때 발생한다. 일반적으로 이전에는 중성적이었던 자극이 새로 만들어진 변별 자극의 물리적 혹은 감각적 속성과 유사성이 있을 때 특히 쉽게 자극 일반화가 일어날 수 있다.

자극 일반화는 한 개인이 전혀 그렇지 않은 다른 환경 특성을 기능적으로 유사한 것으로 경험하면서 경직되고 융통성 없으며 비효율적으로 행동할 때 문제가 될 수 있다. 변별 훈련이 자극 일반화를 감소시키는 데 사용되면 부적절한 단서로 일반화되는 행동은 적절한 상황에만 좁게 국한되고 그렇지 않은 상황에는 덜 나타나게 된다.

외상후 스트레스 장애(PTSD)의 중심 특징은 이전에는 중성적이었던 자극까지 외상과 관련된 단서가 일반화되는 것이다. 결과적으로 외상후 스트레스 장애 환자는 종종 실제 위험 사건을 신호하지 않는 단서들에 반응하게 된다. 예를 들어, 전쟁 동안 경험한 사건의 결과로 외상후 스트레스 장애를 일으킨 사람은 때때로 현재 상황에 마치 전쟁 상황인 것처럼 반응한다(예: 헬리콥터가 머리 위로 날아가면 덮개 밑으로 몸을 숨기기도 하고, 자동차 시동 거는 소리에 강한 두려움이나 공포를 경험하면서 어디론가 피하려고 할 수 있다). 자극 일반화의 결과로 그 사람은 자신의 일상 환경 안에 있는 수많은 자극이 위험 혹은 위협을 암시하는 것처럼 행동한다.

외상후 스트레스 장애를 가진 사람의 행동치료에는 외상 사건 이후 일어난 자극 일반화를 줄이기 위한 변별 훈련이 포함된다. 예를 들어, 위험하지 않은 상황임을 알려 주는 환경 내 다른 맥락 특징들을 알아채서 변별하는 것이 포함된다. 이러한 훈련이 성공하면 내담자는 S^D가 아닌 S^Δ를 위험이나 위기와 연관되지 않는 일반 환경 단서로 반응한다.

때때로 사람들은 서로 다른 정서 상태들을 구분하는 데 결함을 보인다. 예를 들면, '불안'이라고 하는 것이 좀 더 적절한 경험에 '분노'라는 단어를 사용할 수 있다. 불안 경험을 분노 경험으로 잘못 이름 붙인 결과로, 그 사람은 실제 정서 상태와 일치되지 않고 잘못 붙인 이름에 일치하는 방식으로 다른 사람을 언어적으로나 물리적으로 공격하는 행동을 보일 수 있다. Follette, Naugle과 Linnerooth(2000), Linehan(1993a)은 변별 결함과 연관된 다른 문제를 기술하였는데, 사건이나 사람에게 정서적으로 반응할 때 사람들은 다른 사람이 한 행동에 대해 정서적으로 부적절하게 표현하거나 정서 조절의 어려움을 보이기도 하고 적절한 행동을 하도록 '동기화'하는 데 어려움을 겪기도 한다(이렇게 함으로써 잘못 이름 붙여진 정서 상태는 내담자가 경험하지 않은 다른 정서에 대한 EO로 작용한다). 간단히 말해서, 정서와 연관된 잠재적 기능은 자신의 정서 경험을 변별해서 정확하게 이름 붙이지 못하는 사람들에게서는 충분히 실현되지 못한다.

일부 몇 가지 임상적 문제는 개인의 사건들을 변별해 내고 그것들을 정확하게 이름 붙이는 것의 어려움으로 정의 내릴 수 있다. 그러한 결함에 대한 행동개입에는 정서변별 훈련과 다양한 정서 경험에 감정 상태 단어를 정확하게 적용하는 훈련이 포함된다. 예를 들어, **스스로 이름 붙이기 훈련**(self-labeling training)에서는 내담자가 자신이 경험하는 정서를 정확하게 변별해서 명명하도록 도와주는 기술을 가르쳐 준다. 이러한 형태의 변별 훈련에는 (1) 정서 경험을 일으키는 사건을 규명하기, (2) 속성, 강도와 동반하는 신체 감각이나 사고와 같은 정서의 본질에 대한 기술, (3) 정서를 표현하는 데 사용되거나 정서가 동기화되는 행동 유형의 묘사와 같은 요소들이 포함된다(Linehan, 1993a). 정서와 같은 개인적 사건에 정확한 이름 붙이는 것을 강화해 주는 것은 외부로 드러나는 사건에 대해서 해 주는 것보다 훨씬 어렵고 치료자의 주의와 공감을 요구한다.

행동을 줄이기 위해 확립조작(EO)하기

어떤 행동은 확립조작(EO)을 바꾸면 줄어들 수 있다. 예를 들어, 우리 대부분은 열량이 높은 정크 푸드(junk food)를 사거나 원래 예산을 초과해서 장을 보게 되는 것을 경험한 후에야 빈속으로 식료품점에 가는 것을 피해야 한다는 것을 배운다. 사전에 식사를 해서 어느 정도 배가 부른 상태에서는 식료품점에서 살찌는 음식을 사들이는 것이 줄어든다.

행동을 줄이기 위해 EO를 조절하는 하나의 예는 헤로인 사용을 감소시키기 위해 메타돈(methadone)을 사용하는 것이다. 다른 속성들 중에서도 메타돈은 마취약의 금단 증상을 멈추게 하고 약물에 대한 갈망을 줄여 주고 행복감 자체를 생성하지 않으면서 헤로인에서 오는 고양감을 막아 준다. 그래서 메타돈은 헤로인 사용을 야기하고 헤로인의 정적 강화가 되는 속성을 감소시키는 EO를 줄여 준다. 이러한 효과들을 놓고 볼 때, 메타돈 사용은 역사적으로 헤로인 사용을 감소시키는 것뿐 아니라 헤로인을 얻는 데 사용되었던 행동도 감소시켜 온 것이다(Poling & Gaynor, 2003). 부분적으로는 과거 헤로인 사용을 일으켰던 EO(생물학적 상태)를 바꾸는 데 영향을 미쳤기 때문이기도 하다.

포만치료(satiation therapy)는 아마도 보다 적절한 용어로 '과포만 치료'라고 할 수 있겠는데, 최적이거나 원하는 수준보다 더 많은 보상이 제공되는 것을 말한다(Bowers, 2003). 과한 강화가 제공되면 결과적으로 덜 바람직하고 덜 효과적으로 행동에 영향을 미치게 된다. 이런 접근을 통해 강화물은 표적 행동 발생에 수반되어 나타나지 않게 된다.

Ayllon(1963)은 포만치료에 대해 최초로 책을 출판하였다. 이 사례 연구의 정신과 입원 환자는 자주 수건을 감추어 두었다. 병원 스태프들이 처음에 이 행동을 저지하려 한 시도는 효과가 없었다. 포만치료가 시행되자 병원 스태프들이 수건을 몇 주에 걸쳐 무한정 제공하여, 환자의 방에는 매주 더 많은 수건이 전달되었다. 프로그램이 진행되면서 환자가 수건을 감추는 행동의 빈도는 감소하였다. 실제로 그 환자는 병원 스태프가 준 수건을 자주 도로 주거나 없애려고 하였다.

포만치료의 또 다른 예는 성적 이상 문제 치료에 관한 문헌에서 찾아볼 수 있다. **자위 포만**이라는 접근에서는 치료의 목표를 아동과 같은 부적절한 자극에 대해 성적으로 각성되는 것을 감소시키는 데 두었다. 이 절차에는 부적절한 성적 이미지를 떠올리는 동안 자위를 지연하게 하는 것이 포함되었다. 자위가 지연되어 더 이상 쾌감이 느껴지지 않는 시점에서 사정을 하기 때문에 부적절한 성적 자극은 결국에는 에로틱하거나 자극적인 속성을 상실하게 된다. **유아성욕증**(pedophiles)에 대한 접근의 예는 Marshall(1979), Johnston, Hudson과 Marshall(1992)에서 찾아볼 수 있다.

정적 강화, 특히 사회적 강화에 의해 유지되는 행동을 감소시키는 전략은 일반적으로 문제 행동을 강화하는 사건, 활동이나 대상과 동시에 제공하지 않는 것이다. 이는 강화가 시간에 기반해서 나타나고 표적 행동 발현과는 무관하게 나타난다는 것을 의미한다(Wright, 2003). 이러한 개입에서는 대안 행동이 성립되지 않기 때문에 그 자체가 특별히 유용한 기법은 아니다. 그보다는 특정 행동 모음을 감소시키는 더 큰 치료 패키지의 일부라고 하겠다.

Chiles와 Strosahl(1995)은 만성적으로 자살 시도를 하는 사람을 치료하고 관리하는 종합적인 접근의 틀을 제시하였다. 치료 모델 중 한 개입 요소인 '무작위 지지 전화'에는 치료자로부터 오는 관심과 지지가 포함되지 않는다. 이 접근은 어떤 내담자는 자해 행동(감소시켜야 할 표적 행동)을 했을 때 타인으로부터 관심과 지지(정적 강화)를 받아 온 과거가 있다는 생각에 기초한다. 치료자는 이따금씩 내담자에게 전화를 해서 상황이 어떤지 체크하고 물어보기만 한다. 통화는 몇 분으로 짧게 하고, 관심을 가지고 있으며 진심으로 내담자의 치료를 지지하고 있다는 메시지를 전달한다.

> 나는 당신이 어떻게 하고 있는지 마음을 쓰고 있어요. 행동 과제를 잘 하고 있기를 바랍니다. 특히 xx에 당신이 주의를 기울이고 있었지요. 그것은 어떻게 되어 가고 있나요? 다음 주에 만나기를 진심으로 바랍니다. 잘 지내세요(Chiles & Strosahl, 1995, p. 137).

이러한 개입의 근거는 치료자의 지지와 관심을 수반하지 않으면 자살 행동과 지지(예: 치료자로부터의 관심과 돌봄) 간의 연관성이 감소된다는 것이다. 이런 방식의 관심은 내담자로 하여금 이전에는 자살 시도를 하거나 자살에 대해 이야기할 때만 접근할 수 있었던 가치 있는 사회적 지지를 제공받을 수 있게 하기 때문에 효과적인 방법이 될 수도 있다. 무작위 지지 전화는 또한 그들에게 결핍된 지지와 관심을 제공함으로써(에디스의 사례에서와 유사하게) 자살 행동(예: 지지와 관심의 결핍)을 일으키는 EO를 감소시킬 수도 있다. EO 관점에서 보면, 결핍된 강화가 이미 독립적으로 제공되고 있다면 강화를 얻기 위해 문제 행동을 할 필요가 적어지는 것이다. 고의적인 자해의 경우에 관심이 무한정 풍부하게 주어진다면 왜 한 인간이 의도적으로 관심을 끌려고 자신에게 물리적으로 해를 입히겠는가(Vollmer & Wright, 2003)?

확립조작(EO)을 이용해서 행동을 증가시키기

이 장의 후반부에서는 수반성 관리 절차로서 행동 계약에 대해 논하겠다. 이를 위해 행동 계약이란 때때로 표면적인 내담자의 목표, 목표 실현을 촉진하는 행동 단계들과 목표 추구 행동(예: 특정 강화물) 혹은 목표 회피 행동(예: 특정 강화물의 손상 혹은 반응 대가)의 결과를 형성하기 위해 사용된다는 점을 언급하겠다. 계약은 또한 공개적으로 계약에 있는 방식대로 행동하겠다는 것을 표명하는 것이다. 이렇게 생각한다면 계약은 그 안에서 구체화하고 있는 행동의 빈도를 증가시키는 EO로도 기능할 수 있다(Miltenberger, 2004). 예를 들어, 계약은 내담자가 사전에 동의한 바에 맞게 자신이 행동하지 않거나 합의한 규정을 따르지 못한 것에 대해 치료자가 어떻게 반응하는지 깊이 생각해 보는 상황, 또는 개인적 목표 가운데에서 성취될 것 같지 않은 것은 어떤 것인지 생각하는 상황에서는 혐오 상태에 빠지게 할 수도 있다. 이렇게 되면 이 상태에서 계약에 맞게 행동하는 것은 계약으로 인한 불안이나 긴장을 감소시켜 주는 것이기 때문에 행동을 부적으로 강화하는 것이 된다(Malott et al., 2000; Miltenberger, 2004).

EO 전략을 통해 행동을 증가시키는 또 다른 사례로 우울한 내담자를 생각해 보자. 그 내담자는 에너지가 거의 없어서 하루 2~3시간 긴 낮잠을 잔다고 보고하였다. 그렇지만 밤 시간에는 잠드는 데 큰 어려움이 있어 몇 시간 동안 불편하게 침대에 누워 있기 다반사였다. 수면 문제에 대한 치료의 일환으로 치료자는 아무리 피곤해도 낮잠을 자지 말라고 지시하였다. 치료자는 낮 동안의 수면이 잠들기가 강화가 되게 만드는 중요한 EO(피로감이나 수면 욕구)를 없앨 수 있다고 설명해 주었다. 내담자가 피곤하지 않으면 잠들기는 강화가 되지 않는다. 낮 동안의 수면 차단은 밤 시간의 피로감을 증가시켜 주어서 밤(S^D)에 잠이 올 가능성을 증가시켜 준다(Miltenberger, 2004).

결과를 변화시켜서 행동에 영향을 주기

행동 변화에 영향을 주는 결과의 적용이나 변화에는 강화, 처벌 혹은 소거 기반 책략이 포함된다. 이전에 언급한 바와 같이, 목표가 행동을 증가시키는 것일 때 가장 좋은 치료적 책략은 강화를 이용하는 것이다. 반대로 목표가 행동을 감소시키는 것이라면 치료에는 소거나 처벌이 포함될 것이다. 결과를 수정해서 치료에 통합하는 몇 가지 방법이 있는데 여러 가지 행동적, 인지행동적 치료방법에 있어서 가장 일반적인 책략은 종종 세 가지 핵심 단계로 요약된다. (1) 어떤 수반성들이 치료자와 내담자의 통제하에 있는지 결정하기, (2) 바람직하지 않거나 부적응적인 행동이 강화되는 것을 차단하거나 막는 혹은 이 행동을 소거시키거나 처벌하는 방법 찾아내기, (3) 적응적이거나 바람직한 행동을 강화하는 방법 찾아내기.

강화 수반성의 고려사항

수반성 관리 책략을 사용할 때, 치료자는 특히 강화, 처벌, 소거 과정에 적용될 몇 가지 문제를 자각할 필요가 있다. 강화 책략에서 핵심 중 하나는 강화가 개별 사례적이라는 것이다. 한 내담자에게 강화가 된 것은 다른 내담자에게는 강화가 되지 않을 수 있고, 심지어 처벌이 될 수도 있다. 예를 들어, 칭찬에는 대부분 처벌이 따랐거나 지속적인 향상을 하라는 요구가 높아지는 경험을 한 내담자의 경우, 치료 진전에 대한 칭찬은 실제 내담자의 치료 진전을 더디게 할 수도 있다.

강화 시점은 행동이 효과적으로 증가되는 정도에 영향을 준다. 일반적으로 관심 있는 행동 직후에 일어나는 강화(즉, 즉각적인 강화)는 지연된 강화와 비교해 행동 변화를 보다 많이 일으킨다. 예를 들어, 어떤 부모가 자신의 딸에게 모임에서 음식을 청할 때 '주시겠어요'라는 말을 배우게 하고 싶다면, 딸이 '주시겠어요'라는 말을 하자마자 음식을 가져다주어야 아이는 보다 자주 '주시겠어요'라는 말을 하게 될 것이다. 그러나 부모가 다음 날 딸에게 음식을 가져다준다면 그 음식은 딸이 '주시겠어요'라는 말을 할 가능성에 그다지 큰 영향을 주지 않을 것이다. 유사하게 내담자가 힘든 과제를 완성해 왔는데 내담자가 과제를 다 해낸 것을 다음 주가 지나서야 알아주었다면, 치료자의 관심은 내담자가 '과제 행동'을 유지하는 데 그다지 큰 영향을 끼치지 못할 것이다.

시간과 더불어, 강화 계획은 미래 행동이 증가되는 정도에 영향을 준다. 몇 가지 서로 다른 형태의 강화 계획이 있는데, 특히 다음의 두 가지가 중요하다.

- **연속 계획**: 특정 행동이 나타난 후 매번 강화가 주어지는 것이다. 예를 들어, 치료자는 내담자가 숙제를 성공적으로 끝마치거나 약물 사용을 피하거나(약물의존 환자의 경우) 집 밖에서 시간을 보낼 때(광장공포증 환자의 경우)마다 매번 칭찬, 관심이나 다른 형태의 강화를 제공한다.
- **변동비율 계획**: 매번 다른 수의 강화가 주어지는 것이다. 이 경우 치료자는 어떤 때는 서너 번의 효과적인 반응 후 강화를 제공하는가 하면, 다른 때는 여러 번의 행동을 할 때까지 기다리기도 한다. 예를 들어, 거식증 환자의 경우 치료자는 내담자가 하루 세 끼 식사를 잘하면 보상을 줄 수 있다. 그렇지만 다른 때는 다섯 번이나 여섯 번 식사를 한 후에야 보상을 줄 수도 있다.

내담자 행동을 변화시키기 위한 강화 계획을 고려하면서 치료자는 네 가지 중요한 원칙을 기억해야 한다.

- 연속 강화는 내담자가 새로운 기술을 배울 때 효과적이며 초반에 반응을 많이 이끌어 내게 된다.
- 연속 강화 계획에서 행동은 강화 계획이 약해지면(빈도가 줄어들면) 소거되기 쉽다.
- 변동비율 계획이 소거에 가장 저항적이다.

- 내담자가 새로운 행동을 배우고 강화가 적거나 없는 상황에서도 그 행동을 유지하게 하는(즉, '소거 저항' 행동을 산출해 내는) 최상의 방법은 새로운 행동을 처음에는 연속적으로 강화하다가 나중에 변동비율 계획으로 강화를 줄여 가는 것이다.

강화물의 특성은 강화가 행동에 영향을 미치는 정도에도 영향을 준다. 일반적으로 보다 큰 강화물은 작은 크기의 강화물보다 효과적이다. 예를 들면, 노름꾼이 슬롯머신에서 1,000달러를 따게 되었다면 이보다 적은 돈을 따는 경우(예: 1달러)보다 다시 슬롯을 할 가능성이 높아진다. 그렇지만 때때로 강화는 지나치게 과도할 수도 있다. 지나치게 열정적이고 감정적인 치료자의 칭찬이나 현실적이지 않은 학업 수행에 대한 과한 보상(예: C+ 수준의 일을 했는데 A 수준의 보상을 주는 것)은 실제로 보다 현실적이고 중간 정도의 보상보다 덜 효과적이다.

자연적인 강화물(가능하다면)을 사용하는 것은 임의적으로 만든 강화물을 사용하는 것보다 효과적이다(Kohlenberg & Tsai, 1991). 자연스러운 강화물은 관심 행동과 원천적으로 관련성을 가지고 있다. 반대로 임의적 강화물은 행동과 자연스럽게 관련되지 않고 내담자의 자연스러운 환경에서는 발생하지 않을 것이다. 자기 개방에 대한 칭찬으로 내담자에게 보상을 주는 것(예: "당신의 과거 상처에 대해 나에게 마음을 열어 준 것에 대해 깊이 감사드립니다.")이 임의적인 강화의 예가 되는데, 일반적으로 사람들이 일상에서 내담자에게 반응하는 것처럼 하지는 않는다. 반대로 자연스러운 강화로는 내담자 쪽으로 몸을 향하는 것, 관심을 전달하는 것, 공감적으로 듣는 것, 끄덕이는 것 및 그 밖의 행동들을 들 수 있다. 이런 행동들이 내담자의 일상에서 적응적인 강화 반응이 될 수 있다.

앞에서 언급한 바와 같이, 포만(EO)은 강화의 효과성에 영향을 줄 수 있는 다른 요인이다. 내담자는 단지 이전에 많이 받았던 강화의 한 형태를 신호하는 변별 자극에만 반응하는 것이 아니다. 사실 포만 후에는 이전에 강화물로 작용했던 자극이 처벌로 작용할 수도 있다.

치료자의 영향 아래 있는 결과가 어떤 것인지 결정하기

종종 치료자가 바람직한 행동을 강화하고 그렇지 않은 행동은 소거하거나 처벌하는 데 자신이 사용할 수 있는 결과의 형태들을 자각하는 것이 도움이 된다. 치료적 관계는 강화, 처벌과 소거의 원칙을 사용하고 실행해 볼 수 있는 많은 기회를 제공한다. 최근 행동치료 중에서 기능분석 심리치료(Kohlenberg & Tsai, 1991)와 DBT(Linehan, 1993a)는 강한 치료적 관계 맥락 안에서 외형적으로 강화, 처벌과 소거를 가장 많이 사용하는 것 같다. 〈표 5-2〉에는 내담자의 행동을 강화, 소거 혹은 처벌하는 서로 다른 치료자 행동 목록이 제시되어 있다. 이것이 완벽한 목록은 아니지만 표준 외래환자 CBT에서 치료자가 사용하는 가장 잦은 빈도의 책략들이다.

〈표 5-2〉 치료자의 통제 아래 있는 결과

강화 책략	
정적 강화	부적 강화
회기 시간 늘리기	회기 시간 줄이기(긴 회기를 싫어하는 내담자에게)
회기 빈도 늘리기	회기 빈도 줄이기(긴 회기를 선호하는 내담자에게)
칭찬, 격려	부담을 줄여 주거나 철회하는 것(예: 과제)
시선 접촉 늘리기	내담자가 좋아하지 않는 치료 측면을 바꾸어 주는 것
인정해 줌	실제 일어나지 않으면 내담자가 부끄러워하는 행동에 대해 말하지 않는 것(예: 자해)
회기와 회기 중간에 연락하기	
온정	
보살핌과 긍정적 존중 표현	
내담자를 위해 무언가 하기	
원할 때 치료 바꾸어 주기	
경청	
치료자의 자기 노출	
친사회적 잡담	

처벌 책략	
정적 처벌	부적 처벌
실망 표현하기	온정 거두기
반감 표현하기	인정 거두기
좌절 표현하기	회기 길이 줄이기
비언어적으로 반감 표현하기	회기 빈도 줄이기
내담자와 맞서기	회기 간 연락 줄이기
내담자에 대한 요구 증가시키기	
부적응적 행동에 대해 길게 말하기	
회기 길이, 빈도 혹은 회기 간 연락을 늘리기 (연락을 싫어하는 내담자에게)	
소거 책략	
역기능적 행동 무시하기	
중립적인 목소리 톤 사용하기	
사무적인 목소리 톤 사용하기	
역기능적 행동 후에는 내담자와 만나지 않기	
온정을 제한하거나 거두기	
불편감이나 부적응 행동이 일어났음에도 불구하고 치료 계획을 고수하기	

주: 이 표에 기록된 일들이 실제로 행동을 강화, 처벌 혹은 소거하는지 여부는 각 내담자의 개별 사례적 특성에 달려 있다. 몇몇 책략은 변증법적 행동치료 저서(Linehan, 1993a)나 박사후 과정을 하던 시절 제2저자인 Chapman에게 보여 주었거나 함께 의견을 나누었던 것에서 발췌한 것으로 Marsha Linehan에게 감사드린다.

역기능적 혹은 바람직하지 않은 행동을 강화하는 것을 막기

일단 치료자와 내담자가 특정 표적 행동을 감소시키기로 결정하고 나면, 치료자는 이 행동이 일어날 때 강화하지 않는 것이 중요하다. 사회불안 내담자가 사회적 활동을 증가시키는 작업을 하고 있는데 집단치료 회기에 참여하지 않고 있다면, 치료자는 그러한 회피를 강화하는 행동은 피해야 한다. 다른 예로, DBT에서 치료자는 내담자가 자살 시도를 하거나 자해를 한 후에는 중립적이고 사무적인 목소리를 사용해서 온정과 지지를 보이는 행동을 제한할 수 있다(Linehan, 1993a).

치료자가 주는 강화가 모든 표적 행동에 적절하지는 않으며 모든 내담자가 치료자 입장에서 '강화하는' 행동이라는 것에 전적으로 반응하여 행동을 증가시키지도 않는다. 어떤 내담자는 부적응적인 행동을 보인 이후에 치료자가 관심, 칭찬, 지지와 온정을 보이면 이 행동들이 증가될 것이다. 다른 내담자의 경우에는 그 내담자의 특정 행동에 대한 관심, 칭찬, 지지와 온정이 효과가 없을 수도 있다. 그럼에도 불구하고 자살이나 고의적 자해 행동의 경우에 치료자는 경고를 받을 만한 실수(관심과 지지가 긍정적인 강화물로 기능한다고 가정한다면)를 하기도 하는데, 치료자가 정말 원하지 않는 행동은 해가 되는 행동이나 내담자로 하여금 자신의 목표에서 멀어지게 하는 행동을 강화하는 것이다.

적응적 행동과 과정을 강화하기

치료자는 수반성 관리 책략을 다양한 방식으로 사용할 수 있다. Linehan (1993a), Kohlenberg와 Tsai(1991)가 제안한 이 두 가지 주요한 방법은 (1) 치료적 관계 속에서 결과를 이용하는 것, (2) 공식적인 혹은 비공식적인 강화, 소거 혹은 처벌 체계를 만들거나 내담자가 이를 하도록 돕는 것이다.

바람직하지 않은 수반성 행동이 회기 중에 발생하거나 지난 회기 이후에 발생한 것을 치료자가 알게 되면 소거 절차를 사용할 수 있다. 소거에는 다양한 방법이 있다. 한 가지 방법은 치료자가 수반성 행동에 반응하는 정도를 제한하거나 완전히 무시하는 것이다. 또 다른 예로, 회기 중에 폭발적으로 화를 내는 내담자를 다루는 치료자는 내담자가 마치 '정상적인' 방식으로 행동하고 있는 것처럼 반응하거나 화내는 행동을 무시할 수 있다(과거 치료자나 다른 사람으로부터 그 행동이 의도하지 않게 정적으로 강화가 되었다면).

강화와 처벌과 관련하여 중요한 점은 회기 중 어떤 행동에 강화를 주는 경우, 회기 밖에서 행동을 강화하는 것보다 회기 안에서 행동을 강화하는 것이 더 강력하다는 것이다(Kohlenberg & Tsai, 1991). 이전에 언급한 바와 같이, 행동에 대한 강화가 시간적으로 근접하면 할수록 강화된 상황 속에서 특정 행동이 반복될 가능성은 더 높을 것이다. 때때로 언어적 칭찬, 격려나 여러 치료자 행동이 내담자의 언어적 보고를 증가시키거나 긍정적 행동을 증가시킬 수 있지만 행동 그 자체를 강화하지는 않는다.

적응적 행동과 진행에 대한 강화 관련 임상 저서들에 몇 가지 예들이 제시되어 있다. 코카인 중독에 대한 행동적 개입에서 Higgins 등(1991)은 코카인 절제를 강화해 주는 치료 접근의 효과를 평가하였다. 내담자가 예정된 시간의 소변검사에서 깨끗한 결과를 얻으면 점수를 얻게 되는데, 그 점수는 1점당 15센트를 받는 것으로 정해 놓았다. 점수는 물건을 사는 데 사용할 수 있었다. 처음 (−)검사 결과로 10점(1달러 50센트)을 받았다. 연이은 (−)검사 결과로 5점씩을 더 받았고 4번 연이은 (−)검사 결과로 10달러를 보너스로 더 받았다. 소변검사는 일주일에 4번 받았고, 12주 치료 동안 계속해서 절제한다면 한 개인이 받을 수 있는 돈은 최대 1,038달러였다. 소변검사에서 코카인이 검출되면 점수는 처음 1달러 50센트 수준으로 다시 돌아가게 되었다. 이 연구에서는 13명 중 11명(85%)이 12주 프로그램을 끝까지 받았다. 그중 10명(91%)은 4주 연속 절제에 성공하였고, 6명(55%)은 8주 연속 절제하였으며, 3명(27%)은 전체 12주를 다 절제하였다. 전반적으로 이 수반성에 근거한 행동개입을 받는 사람들은 12단계 상담을 받은 통제집단 참여자들에 비해 유의하게 더 깨끗한 소변검사 결과를 나타냈다. 이 치료 프로그램은 진행과정에서 금전적 대가를 제공해야 하기 때문에 고비용이 될 수는 있지만 몇 주간의 입원 치료에 비해서는 비용이 훨씬 덜 든다.

이 접근의 다른 예로는 Petry 등(2001)의 사례를 들 수 있다. 이 사례에서 Petry 등은 약물 절제를 강화하는 데 '칭찬 접시'를 사용하였다. 한 예로, 아편과 카페인 중독 내담자가 소변검사에서 두 가지 중 하나의 약물이라도 검출되지 않으면 '상품 접시(prize bowl)'에서 상품티켓을 하나씩 가지도록 하였고, 두 가지 약물이 모두 검출되지 않으면 4개의 티켓을 가지도록 하였다. 상품 접시에는 쪽지가 담겨 있는데 그 반에는 어떤 다른 상품 없이 '잘했어요'라고만 쓰여 있었다. 쪽지의 44%에는 '작은 상품'(예: 1달러 음식 할인권, 립스틱, 매니큐어), 6%에는 '커다란 상품'(예: 스웨터, 시계, 책이나 CD 할인권), 그리고 0.4%에는 '대형 상품'(예: 텔레비전, VCR)이 적혀 있었다. 소변검사는 일주일에 2~3회씩 실시되었고 양쪽 약물을 지속적으로 절제하면 매주 보너스 티켓이 주어졌다(예: 첫 번째 주는 5개의 보너스 티켓, 두 번째 주는 6개의 티켓, 세 번째 주는 7개의 보너스 티켓이 주어지는 등). 내담자가 12주 연구기간 동안 완벽하게 약물을 끊었다면 전체 200개의 티켓을 얻을 수 있었다.

행동을 발달, 증가 혹은 강화시키는 행동개입

여기에서는 행동을 발달, 증가 혹은 강화시키는 데 강화물을 사용하는 몇 가지 서로 다른 행동개입이 기술될 것이다. 이런 책략들에는 크게 강화 수반성을 형성하고 수정하는 것이 포함된다.

조형

조형(shaping)은 그 사람의 현재 레퍼토리에 없는 행동을 형성하거나 기술을 발달시키는 데 가장 적절한 절차다. 조형은 최종적인 목표 반응에 가깝도록 지속적으로 강화하는 것이다. 일단 복잡한 행동이나 행동 순서를 만들기로 하였으면 행동 순서나 요소들은 보다 작은 요소들로 세분화된다. 조형을 하는 동안 내담자가 행동 순서에 따라 차례로 제시되는 행동을 하면 각 회기마다 강화가 주어진다. 일단 내담자가 맨 처음의 행동 요소를 수행하면, 치료자는 다음 행동을 하도록 자극하고 내담자가 다음 행동이나 그 행동을 하려는 노력을 보일 때까지 강화를 보류한다. 매번 내담자는 강화를 얻을 수 있는 바람직한 행동 순서에 보다 가까이 접근하게 된다. 이 과정은 내담자가 표적 행동을 충실하게 수행할 때까지 지속된다. 그다음으로는 강조점이 행동 습득에서 행동 유지로 이동하게 된다(Ferguson, 2003). 유지 단계 동안 치료자는 표적 행동의 매 사례에 대해서 강화를 주는 것이 아니고 표적 행동의 사건들에 약간의 변화를 주어 강화한다(예: 행동 4번에 1번 식으로 강화를 준다).

조형은 새로운 행동을 가르치는 방법으로 몇 개 임상 연구에서 성공적인 결과가 보고되었는데(예: Kazdin, 2001; Miltenberger, 2004), 거기에는 정신분열병 환자에게 적절한 사회 기술을 가르치는 연구도 포함된다(Pratt & Mueser, 2002). 그러나 대부분의 CBT 적용에서 조형과정은 보다 약식으로 이루어지는 것 같다. 예를 들어, 새롭거나 대안적인 사회 행동을 가르칠 때 행동치료자는 역할 연기라고 알려져 있는 **행동 시연**(rehearsal)을 사용한다. 이 접근은 새로운 행동이나 기술을 가르치거나 특정 행동을 어떻게 하는지 보여 주는데 가장 유용하며 다음의 요소들을 포함하고 있다(Goldfried & Davison, 1976).

- 현재 결함이 있거나 효과적이지 않다고 인식되는 기술이나 능력 부분에서 적절한 행동을 새롭게 배우려는 내담자의 의사
- 기능하는 데 스트레스를 주거나 (내담자의 능력부족 혹은 다른 이유로 드러나지 않은) 요인과 비효과적으로 반응하는 상황 규명
- 임상 맥락에서 시연하기, 여기에는 지시에 따라 행동하기(예: 내담자에게 무엇을 하라고 이야기하기), 치료자가 모델되기 혹은 치료자가 과정을 조형해 주거나 피드백을 주는 것 등이 포함됨
- 행동이 숙련되게 잘 수행되었고 원하는 결과를 가져왔는지에 대한 자기 평가와 함께 실제 상황에서 행동 시연하기

조형 절차와 연관된 다른 고려 사항들과 지침은 Ferguson(2003), Goldfried와 Davison(1976), Kazdin(2001) 그리고 Miltenberger(2004)에

서 찾아볼 수 있다.

잘 일어나지 않는 행동에 대한 강화 늘리기

어떤 경우에는 강화물이 내담자의 실제 상황 속에서 가용하지 않기 때문에 바람직하거나 적응적인 행동이 낮은 비율로 나타난다. 시간이 지나도 행동에 대한 강화물이 없으면 소거될 수 있다. 행동에 대한 강화가 적게 일어난다는 것은 일부 우울증 이론에서 뚜렷하게 제시되어 왔으며 우울한 사람들에게서 실제 종종 낮은 활동 비율이 관찰된다(Lewinsohn & Gotlib, 1995). 어떤 행동, 특히 사회적 행동에 대한 적은 강화는 과도한 불안을 경험하는 사람들과 같이 도피와 회피 대처 책략을 과도하게 사용하는 사람들에게서도 보편적으로 나타난다.

강화물을 얻을 가능성에 접근하는 방법에는 현재 환경보다 강화를 많이 받을 수 있는 새로운 환경에 들어가기, 행동을 감소시키거나 억제시키는 처벌적이거나 혐오적인 환경을 피하기, 행동을 보다 능동적으로 하기 혹은 이런 책략들의 조합이 포함된다. 치료적 목표를 현실화하는 한 가지 방법은 내담자로 하여금 현재는 피하고 있지만 이전에는 강화와 연관되었던 상황에 다시 들어가게 하는 것이 될 수 있다. 다른 접근으로는 즐거운 일 계획 짜기가 있는데, 과거에 기쁘고 즐거웠던 행동의 빈도를 늘리는 데 강조점을 둔다(Lewinsohn, Antonuccio, Steinmetz-Breckenridge, & Teri, 1984). 8장에서는 활동을 증가시키는 책략들이 기술될 것이다.

초점을 두고 볼 또 하나의 관련 문제는 **제한된 범위의 강화물**이다. 예를 들어, 약물 중독자들은 약물 사용과 관련된 행동에 많은 시간을 쓰는 경향이 있다. '조던'의 예를 들어 보면, 그의 대부분의 시간은 약을 사기 위해 돈을 구걸하거나 훔치거나 찾아내기, '완벽한' 약물도구 찾아내기, 약물 사용하기, 기분 고양시키기, 약물 부작용(예: 숙취, 피로, 집중의 어려움)에서 회복하기에 쓰인다. 그래서 조던의 치료에는 약물 사용과 양립 불가능하거나 관련되지 않은 행동에 대한 강화 확장하기가 포함되었다. 이런 행동으로는 현재 가용하지 않은 강화물(예: 직업 기술, 사회 기술)에 접근하는 데 사용될 수 있는 기술을 발달시키거나 대안적인 즐거운 활동에 참여하기가 있을 수 있다. 이러한 개입의 결과로 조던은 약물 사용과 관련된 것이 아닌 다른 행동들이 강화를 줄 수 있다는 것을 재발견할 수도 있다.

기억해 두어야 할 중요한 행동 원칙은 Herrnstein(1961)이 처음 이야기한 **대응 법칙**(matching law)이다. 대응 법칙에 따르면, 한 개인이 특정 행동에 쓰는 빈도, 강도와 시간은 행동의 강화 가치와 정비례한다. 특히 사람들은 가용한 강화 계획에 자신의 행동을 대응시킨다. Lejuez와 동료들(Hopko, Lejuez, Ruggiero, & Eifert, 2003; Lejuez, Hopko, & Hopko, 2001, 2002)은 이 원칙을 우울증 치료에 적용하였다. 강화가 비우울 행동(예: 외출, 사교 활동, 업무, 즐거운 여가 활동 참여하기)을 하는 것보다 우울 행동(예: 하루 종일 침대에 누워 있기, 사람 피하기, 텔레비전만 보기)을 하자마자 보다 자주, 가깝게 혹은 즉각적으로 주어진다면, 그 사람은 우울 행동을 하는 데 보다 많은 시간과 노력을 들일 것이다. 대응 법칙을 조던의 사례에 적용해 보면, 그의 치료자는 약물 사용 관련 행동에 대한 강화 가치보다 더 친사회적이고 적응적인 행동의 강화 가치를 높게 할 방법을 찾아야만 한다. [그림 5-1]에는 이것이 어떻게 조던의 약물 사용 사례에 적용되는지 묘사되어 있다.

낮은 비율로 나타나는 행동을 증가시키는 다른 방법은 목표가 된 낮은 빈도 행동하기를 높은 빈도 행동과 수반시키는 것이다. 이 절차는 때때로 그것을 처음으로 이야기한 사람의 이름을 따서 **프리맥 원리**(Premacking)라고 한다(Premack, 1959). 이 방법의 가정은 낮은 빈도(혹은 덜 선호하는) 행동은 높은 빈도(혹은 보다 선호하는) 행동과 수반성이 있을 때 보다 많이 나타난다는 것이다. 예를 들어, DBT(Linehan, 1993a)에서 자살과 심한 자해 같은 고위험 행동은 최고 우선순위 치료 목표가 된다. DBT에서 내담자가

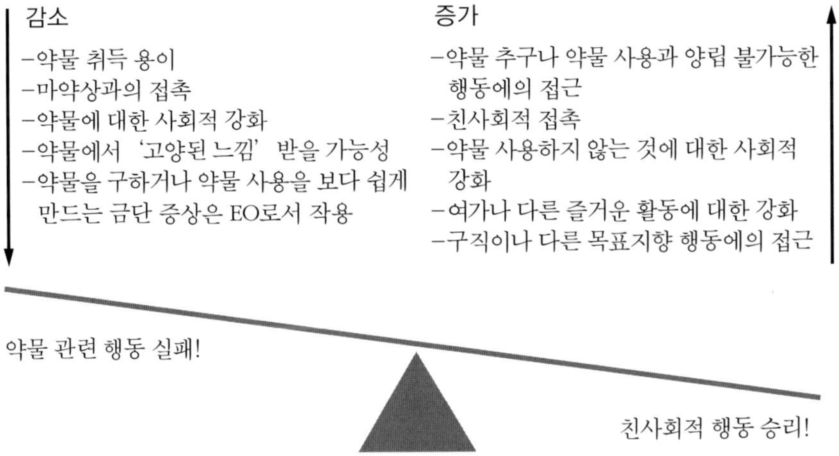

[그림 5-1] 조던의 약물 사용의 예에서 대응 법칙에 기초한 개입 (EO=확립조작)

현재 자살이나 자해 사고를 보고하거나 직전 회기 이후에 자살이나 자해를 했다고 보고하면, 치료자는 이 행동에 모든 주의를 기울이고 회기의 대부분 시간을 사용한다. 그렇지만 정기적으로 그러한 행동을 하는 많은 내담자는 그것에 대해 특별하게 이야기하는 것을 좋아하지 않는다(그렇게 하기를 피하려 한다). 하지만 DBT에서 프레맥 원리를 적용하는 한 가지 방법은 자해 및 자살과 연관된 우선순위 행동이 드러날 때까지 다른 주제에 대해 이야기하는 것을 미루는 것이다. 이런 면에서 내담자에게 중요한 삶의 질 문제(보다 선호하는 주제 영역)에 대한 논의는 완벽하게 자해와 자살 행동(덜 선호하는)에 대한 논의에 달려 있다(DBT의 이 과정을 프레맥 원리와 유사하게 본 Naugle & O'Donohue, 1998을 참조하라). 다른 방식의 적용을 보면, 프레맥 원리는 정신분열병 환자의 활동 수준(W. S. Mitchell & Stoffelmayr, 1973)과 전환장애 환자의 산책 시간(Kallman, Hersen, & O'Toole, 1975)을 증가시키는 데 사용되었다.

행동을 줄이거나 약화시키는 절차

여기에서는 행동을 줄이거나 약화시키는 소거와 처벌 절차를 사용하는 몇 가지 행동개입에 대해 기술하겠다. 이 절차에는 소거와 변별 강화, 내적 증감법(covert sensitization), 반응 대가 절차 등이 포함된다.

소거와 변별 강화

문제가 되는 표적 행동 빈도를 줄이는 한 가지 방법은 그 행동을 유지시키는 강화물을 없애는 것이다. 이전에 강화를 받아 유지되었던 행동이 더 이상 강화되지 않는다면 그 행동은 빈도가 줄어들 것이고 아마도 없어질 것이다(혹은 소거될 것이다).

소거 절차를 사용하는 중요한 첫 단계는 그 행동을 유지시키는 강화물을 규명하는 것이다. 문제 행동에 대한 기능 분석을 통해 그 행동을 유지시키고 있는 강화물을 규명할 수 있을 것이다. 일단 치료자와 내담자가 문제 행동을 유지시켜 주는 강화물을 없애기로 결정했다면, 다음 단계는 문제 행동이 전혀 나타나지 않으면 어떻게 반응할 것인지를 고려하는 것이다. 소거 절차가 목표 행동의 빈도나 강도를 줄이는 데 적용되면 몇 가지 대안 행동이 목표 행동에 강화 수반성으로 더해지게 된다. 소거 절차를 동반하는 강화 수반의 예는 다음과 같다.

- 다른 행동을 변별적으로 강화하기(차등/차별 강화, differential reinforcement of other behavior: DRO): 표적 행동이 특정 간격 속에서 나타나지 않을 때 주어진다. 그러면 강화는 특정 기간에 나타나지 않을 때나 표적 행동이 부재할 때 수반된다.
- 대안 행동을 변별적으로 강화하기(differential reinforcement of alternative behavior: DRA): 표적 행동과 기능적으로 유사하지만 형태적으

로는 다른 대안 행동이 제시된다. 이 방법은 유사한 결과를 가져오는 보다 적응적인 행동으로 문제 행동을 대체하는 것이 치료 목표가 될 때 사용된다.

DRO의 경우 치료자와 내담자는 내담자가 강화를 얻기 위해 표적 행동을 하지 않고 견뎌야 하는 기간을 결정한다. DRA가 사용될 때 내담자와 치료자는 대안 행동이나 수용 가능한 대안 행동의 범위에 대해 의견 일치를 볼 필요가 있다. 이상적 환경이라면 대안 행동은 이미 내담자의 행동 레퍼토리 안에 있어서 자연스럽게 내담자의 사회적 환경 속에서 찾을 수 있다(Wallace & Robles, 2003). 대안 행동이 현재 내담자의 레퍼토리 안에 있지 않다면 치료자는 DRA 접근을 하기 전에 행동을 형성할 조형이나 다른 수반 관리 절차를 사용할 것이다. 치료자와 내담자는 또한 강화물의 속성에 대해 협력하여 결정한다. DRA의 경우 문제 행동을 지원하는 자연스러운 강화물은 이상적으로는 대안 행동을 통해서 접근 가능하다. DRO의 경우 이상적인 강화물은 문제 행동을 유지시키는 강화물보다 강력하거나 동일한 수준이어야 한다. 강화물은 바람직한 대안 행동이 나타난 후(예: DRA에서) 혹은 특정 시간 간격 내에서 내담자가 문제 행동을 보이지 않은 후(예: DRO에서)에 즉각적이고 지속적으로 주어질 때 가장 효과적이다(Wallace & Robles, 2003).

약물 사용에 대한 DRO와 DRA 절차의 예(Iguchi, Belding, Morral, Lamb, & Husband, 1997)에서 세 가지 개입이 비교되었는데, 깨끗한 소변검사 결과(즉, 목표 약물에 대한 음성 반응)에 대한 상품권(UA 집단), 치료 계획 관련 과제 완성에 대한 상품권(TP 집단)과 표준 처치(STD 집단)가 비교되었다. UA 조건에서 참가자들은 음성 소변검사 결과에 대해 5달러 상품권(합쳐서 주당 3회)을 받았다. TP 조건에서 참가자들은 매주 치료에서 내주는 과제를 완성하면 15달러의 상품권을 받았다. STD 조건은 개인 상담 회기와 약물 처치와 관련하여 상을 주는 것으로 구성되었다.

UA 집단의 강화 수반성은 DRO 원칙에 기초하여 특정 기간(정기적으로 소변 채집) 동안 약물 사용을 피하면 강화가 주어졌다(5달러의 상품권). TP 집단의 강화 수반성은 DRA 원칙에 기초하게 되는데 상품권은 내담자가 자신의 장기 치료목표에 부합하는 행동을 할 때 주어졌고, 이는 약물 사용과는 일치되지 않았다. 내담자가 자신의 레퍼토리 내 어떤 행동을 하지 않을 때 활동 계획에는 종종 내담자가 그 행동을 학습하도록 돕는 조형 요소가 포함된다. 정규직 취직을 원하는 무직자의 경우 첫 주의 목표는 그 주 동안 2개의 직업훈련 프로그램을 접해 보고 치료 시간에 그 과정에 대한 자료를 가지고 오는 것이 될 수 있다. 그다음 주 활동은 훈련 프로그램 입학 자격 평가를 받는 것에 대한 계획이 될 수 있다. 그 뒤를 잇는 활동으로는 평가를 받기 위한 증명서 준비하기(예: 서류 작업)가 될 수 있다.

모든 참여자는 아편제 의존을 가지고 있었고 모든 집단의 12주 치료 후 주요 결과 변인은 소변에서 약물이 검출되지 않는 비율이었다. 연구 결과에 따르면, TP 조건은 UA나 STD 조건에 비해 소변검사 결과가 보다 깨끗하였다. TP 조건에서 얻은 치료적 효과는 6주 후 추후 평가에서도 유지되었다. 이러한 결과를 통해 장기 목표와 일치되고 약물 사용과 부합하지 않는 대안 행동을 강화하는 것이 의존성을 가진 사람들에게 약물 절제를 촉진할 수 있다는 점이 시사되었다.

남편인 샘에게 거절하는 말을 하는 데 어려움이 있었던 에디스를 기억하는가? 부부치료에서 첫 단계 중 하나는 남편의 행동이 강압적인 성행동이라는 사실을 분명히 하는 것이다. 치료에 더 들어가기 전에 치료자는 부부 각자가 관계를 유지하면서 이 문제를 다루는 데 참여할지 여부를 평가하게 된다. 치료에서 먼저 그 부부관계에서 강압이 어떻게 작용하고 있는지를 분명히 하는 것이 포함되어야 할 것이다. 그렇게 하면서 정적 · 부적 강화를 찾아내고 부부 각자가 강압적인 행동의 덫에 어떻게 잡혀 있는지를 기술해 주는 것이 종종 도움이 된다. 한 예로, 치료자는 다음과 같이 말할 수 있다. “샘, 당신은 부인과 성관계를 보다 더 많이 하기를 원하고 당신이 위협적으로 행동한다면 부인이 굴복할 것이라는 점을 알게 되었습니다. 그렇기에 당신은 ‘위협하는’ 행동에 대해 정적 강화를 받게 된 것입니다. 에디스, 당신은 과거에 남편에게 맞았고, 그래서 남편이 위협적으로 행동하면 신체에 가해질 위협에 대한 신호라고 생각하게 됩니다. 당신이 그가 원하는 대로 행동한다면 당신의 행동으로 인해 남편의 위협이 멈추어지고 맞지 않게 되기 때문에 그것은 부적 강화가 된다는 것을 알게 되었습니다. 이러한 덫에서 모두 벗어나기 위해서 우리가 해야 할 일은…….”

이 부부의 치료에는 DRA 절차, 조형과 기술훈련까지도 모두 포함되었다. 소거지향 개입에는 남편의 위협 행동에 대한 정적 강화를 없애고(소거) 부인 편에서는 부적 강화를 없애는 것이 포함될 수 있다. 이를 위해서는 남편이 자신의 욕구나 바람을 강제적이지 않은 방법으로 표현할 기술을 가지고 있는지 혹은 그가 아내나 타인의 권리를 침범하지 않는 다른 방법을 가지고 있는지에 대한 평가가 이루어져야 한다. 이 부분에 남편이 결함을 가지고 있다면 남편에 대한 치료에서는 먼저 관계 증진 의사소통 기술, 기술훈련 적용(7장 참조)과 조형 책략이 강조된다. 다른 책략으로는 아내로 하여금 성적 요구를 줄이면서도 신체 학대로부터 안전을 유지할 수 있는 방법을 찾도록 개별적으로 작업하는 것이 있다. 또한 배우자 공격에 대한 부가적인 분노 관리 개입이나 개인치료가 남편이 자신의 분노를 조절하고 관계에서 신체적 공격 위협을 줄이도록 학습하는 데 도움을 줄 수 있을 것이다. 마지막으로, 각 파트너의 성적 취향과 욕구를 분명히 해서 서로 이러한 욕구들을 소통할 수 있는 효과적인 책략에 도달하는 것이 또 다른 접근이 될 것이다. 각 경우에 치료자는 양쪽 파트너가 서로 다른 파트너에게 관계 증진 행동을 강화하고(예: 남편이 비강압적인 의사소통을 하는 것) 관계 손상 행동을 강화하지 않도록 하는 데 초점을 맞추어야 한다. 나중의 책략들은 부적응적 행동을 소거하고 관계 증진 대안 행동을 강화함으로써 DRA가 된다.

소거 절차를 사용하는 데 중요한 고려 사항은 때때로 정적 강화를 철회한 후에 바람직하지 않은 표적 행동이 일시적으로는 강도나 빈도가 증가된다는 것이다. 이러한 보편적이고 일시적인 소거 절차의 부작용을 **소거 폭발**(extinction burst)이라고 한다. 에디스와 샘의 예에서 에디스가 샘의 성적 압력을 줄이려는 노력을 하고 있다면, 실제로 그는 그녀가 싫다고 처음 말했을 때 자신의 언어 혹은 신체적 학대의 강도를 높일 것이다. 이 밖에도 그는 책략을 바꾸어 자신과 성행위를 하도록 만들 다른 방법을 적극적으로 찾으려 할 것이다. 자동판매기에서도 항상 동일한 현상이 나타난다. 한 사람이 자동판매기에 돈을 넣었는데 콜라나 원하는 것이 나오지 않으면 버튼을 심하게 누르거나 기계를 때리거나 발로 찰 것이다. 이것은 자동판매기에서만 특별하게 일어나는 것이 아니다. 샘의 강압적인 행동의 확대가 훨씬 더 걱정스러운 일이라고 하겠다. 그래서 종종 소거 절차에 대한 처음 반응은 표적 행동의 갑작스러운 빈도나 강도의 증가로 나타나고 강화가 보류되면서 점차로 감소되어 간다는 것을 기억하는 것이 중요하다.

한 행동이 소거 절차에 들어가면 소거하려는 행동에 대한 강화가 소거 폭발 기간에도 지속적으로 보류되어야 한다(그렇게 하는 것이 안전하다면). 소거 절차 아래에 있는 행동과 양립할 수 없거나 대안이 되는 행동을 강화할 수도 있는데, 이는 보다 적응적인 다른 행동을 형성하는 동안 소거를 보다 촉진시켜 줄 것이다. 소거와 변별 강화에 대한 부가적인 절차 지침은 Miltenberger(2004), Malott 등(2000) 그리고 Wallace와 Robles(2003)에서 찾아볼 수 있을 것이다.

내재적 민감화와 그 외 정적 처벌 절차

정적 처벌 절차(즉, 소거시키려는 행동을 하면 혐오적 사건이나 자극을 주는 것)는 CBT에서 잘 사용하지 않는다. 정적 처벌 원리에 기초한 혐오치료는 역사적으로 보면 경미한 전기 충격과 구토 유발 물질이나 약물 사용이 포함되었었다. 이러한 기법들은 효과가 분명하지 않고 내담자의 비인간화, 치료자에 대한 두려움이나 불신, 일상적인 내담자 환경에서는 사용할 수 없다는 점과 같은 의도하지 않은 많은 부정적 부작용으로 인해 대부분 폐기되었다(Kearney, 2006).

내재적 민감화는 부분적으로 정적 처벌 원리에 기초한 대안 행동 개입이다. 이 접근은 우선적으로 행동 과다(예: 약물남용, 노름, 소아기호증이나 노출증과 같은 성적 이상, 손톱 물어뜯기, 과식)를 감소시키는 데 사용되어 왔다. 이 절차에서 치료자는 내담자에게 표적 행동을 하는 자신을 상상하라고 지시한다. 내담자가 그렇게 하면 치료자는 내담자에게 동시에 어떤 유형의 혐오 사건(예: 구토할 만큼 미식거리는 것, 다른 사람들로부터 비웃음을 당하거나 두려움의 시선을 받는 것)을 상상하라고 한다. 내담자가 상상하는 혐오 사건은 부적응적 행동을 하는 것에 대한 혐오적 결과나 처벌로 작용한다. 절차가 드러나지 않는 상상에서 일어나는 것이지만, 이 과정의 결과인 행동 변화는 외현적 혹은 공개적으로 관찰 가능한 수준으로 나타난다(Kearney, 2006; Upper & Cautela, 1979). 내적 증감화의 주요 단계 일부는 다음과 같다(이 절차의 예는 〈표 5-3〉 참조).

- 치료자는 먼저 행동, 발생 맥락 및 이와 연관된 강화되는 결과를 명확히 한다.
- 치료자는 내담자에게 절차를 알려 주고 이완 상태를 유도하기 시작한다(예: 점진적 근육 이완 혹은 심호흡 연습을 통해).
- 치료자는 내담자에게 눈을 감고 문제 행동을 하기 시작하는 자신을 상상하도록 지시한다(예: 담뱃갑에 접근하여 담배를 꺼내기 시작한다).
- 치료자는 내담자로 하여금 혐오적인 일을 경험하는 것을 상상하도록

〈표 5-3〉 내재적 민감화 시나리오

눈을 감고 거리를 걷고 있는 자신을 상상하세요. 당신 왼편에 편의점이 보입니다. 날씨가 좋고 산들바람이 불고 얼굴에 닿는 태양빛이 따뜻하게 느껴집니다. 편의점을 보면서 담배를 사고 싶은 생각이 듭니다. 뱃속에서 이상한 느낌이 들기 시작하고 약간 어지러운 기운도 들지만 가게를 향해 계속 걸어갑니다. 당신이 담배를 달라고 했을 때 그 여자가 잠시 멈추고 눈썹을 약간 치켜뜨면서 당신을 미심쩍게 쳐다보는 것을 알아챕니다. 그 여자가 담배를 건네주었을 때 당신 옆의 여자가 자기 딸에게 쑥덕이는 것도 눈치챕니다. 담뱃갑을 집어 들면서 뱃속이 좋지 않다는 것도 느낍니다. 약간 느글거리는 느낌이 들기 시작하고 이마에서 식은땀이 나기 시작합니다. 밖으로 걸어 나와 담뱃갑을 열고 희미한 담배 냄새를 맡으면서 뱃속이 꿀렁거리는 것을 감지합니다. 목구멍이 막히기 시작하고 식도에서 신물이 넘어오는 것을 느낍니다. 이제 점점 더 어지러워지고 식은땀이 목과 팔로 흐릅니다. 신경이 예민해지고 떨리기 시작합니다. 담배를 잡고 불을 붙이자 위 속에 있는 음식물과 액체들이 목구멍으로 역류해서 벽에 기대어 서서 구토를 참으려 깊은 숨을 내쉽니다. 담배를 빨아들이자 위액과 음식물이 밀려들고 입안에 뜨뜻하고 아린 맛이 퍼지면서 길에 구토를 합니다. 녹색 후추, 토마토와 다른 음식 등 당신이 점심에 먹은 피자 건더기들이 보이고 당신 주변의 사람들이 멈추어 서서 놀라서 응시합니다. 재빨리 담배를 버리고 상점 앞을 떠납니다. 멀리멀리 갈수록 점점 상태가 나아집니다. 입안의 느낌이 사라지고 현기증과 어지럼증이 줄고 편해지고 행복하고 이완된 상태가 되기 시작합니다.

지시한다.

- 치료자는 내담자로 하여금 시각적으로 매우 뚜렷한 지시를 하여 결과가 악화되는 것을 상상하게 한다.
- 특정 표적 행동이 처음 내적으로 작동되면(예: 담배 연기를 빨아들이기) 혐오 결과는 최고조에 도달한다.
- 연이어 치료자는 내담자에게 표적 행동이 일어나는 상황을 피하는 상상을 하도록 지시한다.
- 상황에서 피하거나 멀리 떠날수록 안도감과 좋은 기분이 점점 많아지도록 만든다.

내재적 민감화의 뒷부분인 회피에서 오는 이완은 전형적으로 표적 행동과 연관지어 회피 반응을 강화하기 때문에 문제 행동이 자주 일어나는 실제 상황에서 회피 행동이 접근 행동을 대체하여 나타날 가능성을 높여 준다(Kearney, 2006).

임상 장면에서 내담자는 전형적으로 다양한 내적 증감 회기를 치료자와 경험한다(예: 30회기 동안 회기당 5~10분). 치료자와의 충분한 연습 후에 내담자는 내적 상상을 연습하는 과제를 받게 된다(Kearney, 2006). 다른 절차적 고려 사항에 대해서는 Kearney(2006), Upper와 Cautela(1979)에 기술되어 있다.

후각 혐오는 성적 이상 행동에 효과성이 제한적으로 입증된 정적 처벌 기반 절차다. 임상 맥락에 적용하면 독성 물질의 혐오적 냄새(일반적으로 암모니아나 길초산)를 표적 행동(예: 아동을 보고 성적 각성이 되는 것)이 발생한 직후 스스로에게 가한다. 이 절차의 적용 예는 Laws, Meyer와 Holman(1978), Earls & Castonguay(1989)에서 찾아볼 수 있다.

반응 대가

CBT에 처벌 절차가 사용될 때는 부적 처벌 원리나 약화시켜야 할 표적 행동을 하고 나면 보상이나 원하는 일을 해 주지 않는 방법을 가장 많이 사용한다. 이러한 원칙에 근거해서 수행된 행동개입을 반응 대가(response cost) 절차 개입이라고 한다. 반응 대가와 연관된 가정은 내담자가 이미 강화에 접근했으며 치료자나 다른 사람들(예: 참여-관찰자)이 표적 행동에 수반되는 강화를 없앨 위치에 있다는 것이다. 반응 대가에 기초한 처벌과정이 사용될 때마다 표적 행동을 약화시킴과 동시에 바람직한 행동을 강화하는 것이 유용하다.

비임상 장면에서 반응 대가의 예는 아주 흔하다. 여기에는 상대적으로 사소한 사회적 규칙이나 법규를 어기는 행동에 대한 벌금(예: 과속 딱지, 도서 체납 벌금)이 해당된다. 또한 **타임아웃**(time out)과 같은 부모의 훈육 방식도 이 원칙에 기초한다. '정적 강화로부터의 타임아웃'(Friman & Finney, 2003)의 준말인 타임아웃은 바람직하지 않은 표적 행동이 나타날 때 그 사람으로부터 강화를 제거하는 과정이다. 이러한 절차를 적용할 때, 아동은 즉각적으로 표적이 되는 문제 행동이 나타나는 상황에서 나와서 문제 행동을 유지시키는 강화물(예: 관심 주기)이 없거나 아무것도 할 것이 없는 상황(아동은 아무 할 일이 없는 상황을 혐오적인 것으로 경험한다; Friman & Finney, 2003 참조)에 일정 시간(예: 연령당 1분씩) 있게 된다. 일단 아동이 선호하는 것에서 선호하지 않는 것으로의 상황 변화가 표적 행동하기와 연합되면 문제 행동 빈도는 감소하게 된다.

반응 대가의 다른 예는 '기부 단지'의 사용인데, 특정 행동(예: 흡연)의 감소를 원하는 사람은 하루에 목표한 분량을 넘는 행동(예: 하루에 정한 양 이상의 담배를 핀 개수)마다 주전자에 돈(예: 1달러)을 넣는다. 반응 대가 절차를 혐오적으로 만들기 위해 치료자나 다른 사람들이 내담자와 반대 입장에 있는 활동이나 가치를 가진 자선단체(예: 내담자가 반대하는 정치 후보자 후원회)에 단지에 있는 모든 돈을 기부한다.

DBT(Linehan, 1993a)에 있는 다른 예를 보면 고의적인 자해와 자살 행동은 치료 목표에서 가장 높은 우선순위에 있게 된다. 그러한 행동을 줄이기 위해서 개인치료자는 다양한 책략을 사용하는데, 여기에는 회기 간 전화 상담 허용 등이 포함된다. 자기 나름의 노력이 효과가 없다면 고의적인 자해 행동을 하기 전에 내담자는 치료자에게 전화해서 어떻게 대처할지 도움을 요청하도록 독려된다. 그렇지만 이러한 특권과 연관된 한 가지 규칙은 내담자는 고의적 자해를 하기 전에 반드시 전화를 해야만 한다는 것이다. 내담자가 자해를 한 후에 전화를 한다면, 치료자는 다친 정도가 생명에 위협을 주는지 여부와 응급 서비스를 불러야 하는지를 확인하는 수준의 짤막한 통화만을 한다. 내담자가 자해 행동 후에 전화를 하면, 내담자는 이후

24시간 동안 치료자에게 전화를 하지 못한다는 점은 치료 오리엔테이션 시간에 작성한 동의서에 기초해서 상호 양해가 된다.

24시간 전화 금지는 일차적으로 자해와 자살 행동에 대해 치료자가 강화를 주는 것(예: 관심 증가, 보살핌이나 배려)을 막기 위해 실시된다. 이런 면에서 24시간 금지 시간은 소거 원칙과 일치된다. 또한 이 절차와 연관하여 일정 기간 치료자에게 전화하지 못하게 하는 것은 강화를 제거하는 것이다. 즉, 표적 행동(예: 치료자에게 전화하기 전에 자해한 것)에 동반되는 반응 대가인 것이다. 이런 면에서 24시간 규칙은 점차 줄여서 결국 제거되어야 할 표적 행동이 치료자로부터 강화를 더 이상 받지 않기 때문에 타임아웃과 다소 유사하다.

수반성 관리와 자기관리 책략을 통한 행동 변화의 부가적인 접근

이 절에서는 수반성이나 자기관리 절차를 통해 행동을 수정하는 네 가지 서로 다른 책략에 대해 기술하겠다. 아래에서 설명하겠지만 각 절차에는 표저 행동이 일어나는 맥락과 일어나지 않는 맥락의 변화가 포함되는데, 이러한 맥락들은 바람직한 행동의 빈도에 영향을 미친다.

자기관리 책략

임상 장면에서 어떤 사람들은 충동적 행동을 보인다. 종종 충동적 행동을 하는 사람들은 단기 보상을 얻으려 하며 행동에 동반하는 혐오적인 결과의 즉각적인 혹은 장기적인 결과를 무시하는 듯하다.

장기 목표나 선호하는 행동에 대한 즉각적인 강화물을 줄이는 한 가지 접근은 **자기관리** 책략의 사용이다. 자기관리는 한 사람이 나중에 다른 행동(즉, 표적 행동) 발생에 영향을 주는 행동이나 일련의 행동 모음을 행할 때 분명해진다(Miltenberger, 2004). 예를 들어, 내담자가 흡연량을 줄여서 결국에는 끊고 싶어 한다. 이 경우 흡연은 표적 행동이다. 표적 행동을 줄이기 위해 내담자는 자신이 담배를 성공적으로 줄일 가능성을 높여 줄 여러 다른 행동을 한다(예: 흡연에 대한 자기 점검, 목표 설정, 규칙적인 운동, 보다 건강한 음식 선택하기).

실험실 연구에서 **자기 통제**는 "덜 기다리지만 적은 성과보다는 좀 더 지연되기는 하지만 더 큰 성과를 선택하는 것"이라고 정의된다(Logue, 1998, p. 252). 충동성은 자기 통제와 반대로 간주되는데, 상대적으로 작은 즉각적인 결과를 더 크고 지연된 결과보다 선호하는 것을 의미한다. 이러한 정의에 **즉각적인 만족**과 **만족 지연**이라는 개념이 있다. 이런 관점에서 볼 때 한 개인이 특정한 방식으로 행동하면서 이와 관련된 비용-효과 분석을 한다면 자기 통제는 증가될 것 같다. 즉, 행동하기 전에 가능한 관련된 과정을 깊이 살펴보고 이전 경험에 기초하여 각 행동의 결과를 심사숙고하게 되면 충동적 행동으로 인해 일어날 수 있는 혐오적인 결과들이 보다 분명해질 것이다.

행동(혹은 수반성) 계약

행동 계약은 내담자와 치료자 사이에서 내담자 행동에 대해 도달한 합의를 공식화하는 방법이다. 행동 계약을 사용할 때 내담자와 치료자는 먼저 특정 행동 목표를 함께 설정한다. 예를 들어, '모니크'는 분노 관리에 어려움이 있어서 분노 폭발을 하게 된다. 그녀와 치료자는 치료 목표를 '분노 폭발 줄이기'로 잡았다. 그들은 '일주일에 4번 분노관리 기술 연습하기'를 분노 폭발 줄이기를 위한 구체적 목표로 잡았다. 행동 계약을 맺으면서 모니크와 치료자는 분노 폭발 없이 일주일을 지내면 보고 싶은 비디오를 빌리는 것으로 스스로에게 보상을 주도록 구체적 내용을 정하였다. 또한 그녀가 2주 동안 연이어 일주일에 3번씩 분노관리 기술을 연습한다면 한 회의 치료 시간을 연장해 주고 (치료가 강화가 된다면) 스스로에게 작은 선물을 사 주거나 다른 강화물을 가지는 것으로 구체화하였다. 계약자로서 치료자는 또한 전화를 허용하여 분노 폭발을 억제하거나 목표 성취를 촉진해 주는 어떤 행동을 하도록 도움을 주는 데 동의하였다.

행동 계약은 언어적으로 할 수도 있고 문서로 할 수도 있다. Houmanfar, Maglieri와 Roman(2003)이 요약한 바에 따르면, 행동 계약은 최소 다음 네 가지 핵심 기능을 한다.

- 행동 목표의 공식화
- 행동 목표를 기억하게 하고 목표를 실현해 나가는 과정을 점검하는 데 접근 가능한 참조 틀을 제공
- 계약에 참여한 사람의 책임감을 구체화
- 계약에서 구체화한 목표를 실천하는 것에 의미를 부여하는 공개적인 진술

효과적인 행동 계약에는 몇 가지 중요한 요소가 있다. 첫 번째로는 긍정적 결과를 얻기 위한 행동의 역치(예: 빈도나 기간 등)를 분명하게 하는 것이 중요하다. 두 번째로는 도달할 구체적 수행 수준과 관련된 정적 강화와 부적 처벌(예: 반응 대가)이 포함되어야 한다. 세 번째로는 행동 계약에서 결과가 어떻게 얻어질 것이며 주체가 누구이고 기간이 얼마나 될 것인지를 구체화하는 것이 도움이 된다. 네 번째로는 치료자와 내담자가 행동 차트나 자기 점검 혹은 참여자 관찰 형식과 같은 점검방법을 정하는 것이 중요하다. 마지막 고려 사항은 내담자 행동의 정적 측면에 초점을 맞추는 것과 관

련된다(Houmanfar et al., 2003). 계약에는 내담자가 하지 말아야 할 것이 아니라 무엇을 해야 하는지가 명시되는 것이 이상적이다. 예를 들면, 목표와 관련하여 내담자 문제 영역을 재구성하는 것이다(Heinssen, Levendusky, & Hunter, 1995). 일단 계약에서 구체화된 행동 역치에 도달하면 계약에서 정한 강화물이 가능한 한 빨리 제공되어야 한다. Houmanfar 등(2003, pp. 43-44)은 가족치료에 사용되는 행동 계약의 예를 제공하였고, Heinssen 등(1995)은 심각한 심리장애를 가진 내담자들이 있는 기관이나 환경에서 사용되는 계약 지침을 제공하였다.

습관 반전 절차

습관 행동은 일반적으로 신경성 습관(예: 손톱 물어뜯기, 피부 잡아당기기, 머리카락 뽑기, 이 갈기, 입술 깨물기), 운동 및 음성 틱 그리고 말더듬의 세 가지 범주 중 하나에 해당된다(Adams, Adams, & Miltenberger, 2003; Miltenberger, 2004). 이와 같은 습관들은 종종 불안이나 긴장 감소 혹은 자기 자극과 연관된 자동적인 강화 처리의 부적 강화 과정에 의해 유지된다. 그렇지만 말더듬은 성대를 통하는 공기 흐름이 막힌 것과 연관되고 종종 호흡조절 방법으로 감소된다.

몇 가지 다른 방법들이 습관장애와 관련된 불쾌한 습관을 줄이는 데 효과적으로 사용되어 왔다(Miltenberger, 2004). Adams 등(2003)에 따르면, 습관 통제과정과 관련된 두 가지 특징이 정적 치료 효과와 가장 강하게 연관된다. 첫째는 **자각 훈련**이다. 이는 습관 행동이 일어나는 시기를 탐지하고 변별하는 능력을 훈련하는 것이다. 전형적으로 그러한 행동이 일어나는 상태에 따라 다양한 습관 행동이 명료화된다.

두 번째 요소는 **경쟁반응 훈련**이다. 이는 일어나고 있는 것이 무엇인지 내담자가 자각하자마자 표적 행동을 즉각적으로 멈추는 방식의 지시가 포함된다. 표적 행동과 경쟁하는 대안 행동을 즉각적으로 수행하게 한다. 신경성 습관인 틱이 표적 행동이 되면 경쟁 행동이 우선적으로 표적 행동에 대한 처벌로 작동하게 된다(Miltenberger, 2004).

예를 들어, 손톱 물어뜯기를 줄이기 위해 내담자는 먼저 문제 행동에 대한 자기 점검을 해야 한다. 이에는 손톱 물어뜯기 현상과 다양한 형태를 변별하고 문제 행동이 가장 잘 일어나는 상황을 알아채는 것이 포함된다. 일단 내담자가 손톱 물어뜯기와 선행 사건을 적절하게 자각하게 되면 이 상황에서 사용될 수 있는 경쟁 행동을 정하게 된다. 상황에 따라 장갑 끼기, 손에 로션 바르기나 연필 잡기가 포함될 수 있다. 경쟁 행동이 어떤 형태든 간에 손으로 손톱 물어뜯기가 불가능하도록 기능해야 한다(Adams et al., 2003).

토큰 체제

토큰 체제(때로 토큰 경제[token economies]라고 함)는 입원 환자, 외래 환자, 아동, 어른, 학생과 가족을 포함한 다양한 임상 집단의 사람들에게 다양한 치료 맥락(예: 학교, 감옥, 병원, 지역정신보건센터, 가정)에서 사용된다(Ghezzi, Wilson, Tarbox, & MacAleese, 2003). 토큰 경제에서 체제는 개별적 행동 목표가 정해지면서 설계되고, 그 경제 안에 있는 사람들은 개인적 혹은 기관 목표에 부합하는 행동을 하면 조건부 정적 강화(예: 토큰, 점수, 상품권)를 받는다. 복잡성과 인위성 때문에 토큰 경제는 다른 접근이 효과가 없거나 다른 대안이 사용 가능하지 않을 때 사용하는 치료방법으로 종종 간주된다(Ghezzi et al., 2003).

Ghezzi 등(2003)이 정리한 토큰 경제를 설계하고 실행하고 평가하는 단계는 다음과 같다.

- **표적 행동을 분명하게 정하기**: 선택된 표적 행동은 이상적으로 개인의 목표에 부합되어야 하며 구체적이고 간결하게 정의되고 다른 사람이 관찰 가능해야 한다. 행동이 반응 대가로 이어지면 이 행동들도 유사한 방식으로 구체화되어야 한다.
- **토큰 경제가 일어날 장소를 명확히 정의하기**: 토큰 경제의 모든 참여자는 분명하게 언제 어디에서 프로그램과 관련된 수반성이 효과가 있으며 언제 어디에서는 효과가 없는지를 이해해야 한다.
- **조심스러운 토큰의 선택**: 토큰은 쉽게 위조되거나 복사되어서는 안 된다.
- **조심스러운 교환 강화물의 선택**: 교환 강화물은 토큰으로 교환될 수 있는 사건, 대상, 특권 혹은 활동들이다. 교환 강화물은 손에 잡힐 만큼 구체적이고 교환 시점에 즉각적으로 주어져야 하며 참가하는 사람들이 좋아하거나 가치가 있는 것이어야 한다.
- **강화 계획의 분명한 구체화**: 그 행동에 대해 얼마나 많은 토큰이 주어질 것인지 혹은 얼마나 많은 행동을 해야 토큰을 받을 수 있는지에 대한 지침을 말한다. 일반적으로 이미 자주 내담자가 한 행동은 행동을 강화하는 데 상대적으로 적은 수의 토큰이 필요하다. 반대로 내담자가 일반적으로 잘 하지 않는 행동에는 더 많은 토큰이 필요하다. 토큰 경제 체제의 초기에는 행동이 나타나면 항상 토큰을 제공하고, 행동의 빈도에 따라 점차 줄인다.
- **교환 비율 메뉴 만들기**: 이 메뉴에는 강화물을 얻는 데 얼마나 많은 토큰이 필요한지에 대한 목록이 기록되어 있다.
- **교환될 시기와 방법에 대한 변수 만들기**: 여기에는 언제 어디에서 토큰을 바꿀 수 있는지에 대한 공지가 포함된다.
- **기록 유지**: 토큰 경제의 다양한 요소에 대한 기록을 유지해야 한다. 특히 짧은 시간 간격(예: 작업 전환, 24시간 주기) 동안 한 개인이 각각의 표적 행동으로 몇 개의 토큰을 얻을 수 있는지, 교환 강화물로 바꾸는

데 필요한 토큰의 수, 그리고 참가자들이 선택할 수 있는 교환 강화물이 무엇인지에 대한 내용은 반드시 포함된다.

토큰 체제가 활성화되고 처음에는 새로운 행동을 지지함에도 불구하고 내담자의 일상 환경 속에서 장기적으로 행동을 유지하는 데는 특별히 효과적이지 않다. 이런 이유로 토큰 경제로 처음 형성된 행동이 치료 맥락 밖으로 일반화되려면 궁극적으로 내담자 환경에서 자연스럽게 일어나는 수반성에 의해 유지될 필요가 있다.

요 약

- 수반성 관리 모음에는 자극통제 책략(예: 단서 제거, 변별 훈련)과 확립 조작을 배치하거나 수정하는 절차 등 특정 행동을 증가시키거나 감소시키는 선행 사건의 변화가 포함된다.
- 행동에 영향을 주는 결과를 변경하는 개입에는 강화, 처벌 혹은 소거 기반 책략이 포함된다.
- 치료자의 자연스러운 반응이 내담자의 표적 행동을 증가시키는 강화물로 작용할 수 있다.
- 다양한 치료자 행동이 문제가 되는 내담자 행동을 감소시키거나 약화시킬 수 있다.
- 이 장에 기술된 수반성 관리 형식을 사용할 때, 임상가나 치료자는 표적 행동을 명확히 구체화해야 하고 내담자에게 수반성 관리 절차에 대한 지침을 주고 표적 행동 발생에 대해 민감해야 한다.
- 학습 원칙이 적용된 지식과 장비가 내담자의 개인적 목표와 가치에 맞추어 행동을 고안하는 치료적 개입에 활용될 수 있다.

CHAPTER 06

사고 및 사고 패턴의 기능적 측면을 목표로 하기

인지치료는 전통적으로 부정확하거나 편향된 사고 내용을 치료적으로 변화시키는 데 중점을 두어 왔다. 그러나 최근 연구들에 따르면 표면적인 사고 내용을 대상으로 하는 인지행동치료의 인지적 개입이 증상 개선을 촉진하는지에 대해서는 의문이 제기된다(예: Longmore & Worrell, 2007). 신념의 변화가 증상 변화를 분명하게 가져오지 않을 때는 심리적 문제와 관련된 다른 사고 패턴이 있을 가능성이 제기된다. 이 장에서 제기되는 이러한 문제에 대한 행동적 관점은 특정 사고 패턴과 관련된 기능적 속성을 강조하는 것이다.

이 장에서 살펴볼 행동개입 책략들은 회피적이거나 이롭지 못한 사고 패턴을 감소시키고 목표와 가치 지향적 행동(value directed)을 증가시킴으로써 유해한(aversive) 사고 패턴의 기능적 측면을 변화시키려 한다. 예상되는 결과(보통은 해로운)와 행동을 연관 짓는 사고의 타당성을 검증함과 동시에 걱정과 반추를 감소시키는 개입 책략을 기술하면서 기능적 접근에 대해 설명할 것이다. 다음으로는 목표와 가치에 부합하는 행동 양식 발달을 촉진함으로써 문제 행동을 바꾸거나 억제하는 책략에 대해 논의할 것이다. 살펴본 몇몇 개입 책략을 실제에 적용한 내담자 사례들을 살펴보면서 이 장을 마무리할 것이다.

CBT 내 행동적 관점에서 본 사고과정과 사고

CBT 내 행동적 관점에서 사고과정과 사고가 어떻게 다루어지는지를 기술하려면 먼저 사고의 내용과 사고 행동의 기능을 구분하는 것이 필요하다(Addis & Martell, 2004). 사고의 내용이란 한 사람이 무엇에 대해 사고하는지를 말한다. 내일 직장에서 해야 할 공개 발표를 걱정하는 임원의 예를 들어 보자. 사고의 내용은 실제 이미지, 시나리오, 그리고 그녀가 걱정하면서 경험하는 숨겨진 언어적 진술 등을 말한다. 그러나 사고의 기능은 왜 한 사람이 그로 인한 결과나 그것이 목적하는 바에 대해 생각하는지다. 이 경우 걱정은 지연 행동과 유사한 걱정의 결과로 인해 부적으로 강화가 되는 회피 행동의 한 형태다. 예를 들어, 이 임원은 이렇게 하는 것이 자신의 발표 능력을 염려하는 자기의심을 차단하거나 최소화할 수 있기 때문에 걱정하는 것일 수 있다. 걱정 행동은 또한 공개 발표를 하는 데 필요한 노력을 기울이는 것을 피하게 할 수도 있다. 이와 비슷하게, 걱정은 하지 않으려 하는 무언가(즉, 공개 발표를 준비하고 하는 것)와 연관된 좌절 감정으로부터 안심하게 해 준다. 걱정도 일종의 불편한 감정(예: 불안)과 연관되기는 하지만 전체적으로 볼 때 보다 더 불편한 많은 경험으로부터 구제해 준다.

전통적인 인지치료는 일차적으로 사고 내용에 관심을 가진다. 이에는 순간순간의 사고 내용, 기억, 현재 경험을 해석하게 하는 기본 가정, 그리고 자신, 타자와 세계에 대한 정신적 표상들이 포함된다. Sacco와 Beck(1995), Young, Weinberger와 Beck(2001)이 제시한 바와 같이, 전통적 인지치료의 일차적인 목표에는 다음이 포함된다.

- 부적응적 사고의 예를 밝히는 것
- 내담자로 하여금 부적응적 사고, 정서와 행동 간 관계를 알도록 도와주는 것
- 내담자의 부적응적인 사고 내용을 다음과 같은 방식으로 객관적으로 평가하는 것
  - 그 사고에 반대되는 혹은 그 사고를 지지하는 증거를 탐색하기
  - 특별한 방식으로 사고하는 것의 가치를 평가하기
  - 사고와 관련된 사건에 대한 대안적인 설명 찾기
  - 그 사고가 정확한 것이라면 실제로 의미하는 바가 무엇인지 평가하기

- 사실이기보다는 검증해야 할 가설로서 부적응적인 신념을 보기

- 내담자가 부적응적인 자동적 사고를 합리적인 신념으로 대체하도록 도전시키기
- 전반적으로 내담자의 지각, 사고와 사건을 해석하는 데 전반적으로 영향을 미치는 도식이나 내재된 핵심 가정을 밝히고 평가하기

인지치료의 일차적인 초점은 사고의 내용에 있고 이 내용은 정서와 행동에 추가적인 변화를 가져다줄 표적이 된다.

상대적으로 행동적 접근은 일반 내담자의 사고와 연관된 목적이나 기능을 강조한다. 예를 들어, 삶의 문제를 어떻게 해결할지에 대해 생각하거나 반추하거나 혹은 다른 방법을 쓰는 사람은 무언가를 피하려고 자신을 괴롭히고 있는 것인가? 이 사람은 이 상황에서 여러 가지 방법들을 고려하고 일어날 수 있는 결과들에 가중치를 두면서 가장 효과적으로 반응할 수 있는 방법을 찾아내려 하는가? 혹은 이 상황에 적용할 수도 있고 안 할 수도 있는 규칙을 융통성 없이 고집하고 있는가? 전통적 인지치료와 비교할 때, 행동적 개입에서는 사고 내용을 바꾸는 데 강조점을 덜 두고 주어진 순간에 그 사람이 무슨 생각을 하고 있는가를 보다 강조한다.

행동적 관점에서 사고 활동은 행동의 한 형태로 다른 행동과 유사하고, 사고는 다음의 기능 중 하나를 할 수 있다(Miltenberger, 2004).

- 행동에 대한 **변별 자극**(예: '나는 난처함을 느끼기 시작했다. 숨을 천천히 쉬는 것이 낫겠다.'는 생각을 하고 나서 천천히 깊이 숨쉬기를 할 수 있다.)
- 행동의 결과를 바꾸는 **확립조작** 전략(예: "저 맛있어 보이는 케이크를 먹으면 내 혈중 수준이 올라갈 것이고 살이 찌게 되겠지.")
- 정서 반응에 대한 **조건화된 자극**(예: 개를 상상하면 개에 대한 두려움을 가진 사람은 불안과 관련되어 자동 각성이 된다.)

- **다른 선행 행동에 대한 강화나 처벌의 결과**(예: 타일 바닥에 좋아하는 커피 머그잔을 떨어뜨려 깨진 것을 보면서 그 사람은 혼잣말을 한다 "너는 간혹 이런 바보 같은 짓을 해. 더 정신을 차려야 해.")

이 장에서는 사고 패턴의 기능적 측면을 바꾸는 데 일차적인 목적을 두는 임상적으로 적절한 행동개입 몇 가지에 대해 논의된다.

걱정, 반추, 강박사고를 감소시키기

Borkovec(1994)과 다른 학자들(예: Addis & Martell, 2004)은 습관적인 걱정과 반추를 불안 억압과 관련된 회피나 도피의 결과로 부적으로 강화된 사고 양식으로 개념화하였다. 걱정과 반추는 이 밖에도 문제를 직접적이고 적극적으로 다룰 기회를 배제시킨다(Addis & Martell, 2004). 그렇지만 걱정하거나 반추하고 있는 사람이 실제로 (문제 해결과 같은 어떤 다른 대안보다는) 회피하고 있는지를 판단하기 위해서는 그 사람이 어떤 사건에 대해 그 시점에서 여러 번에 걸쳐 생각하고 있는지를 먼저 이해하는 것이 중요하다.

반추는 문제 해결과는 형태 면에서 종종 다르다(Addis & Martell, 2004). 사람들은 반추를 할 때 정신적으로 어떤 사건, 환경 혹은 논제 그리고 실제적 혹은 가설적으로 연관된 부정적 결과를 반복해서 떠올린다. 그렇지만 문제를 해결할 때 초점은 문제를 정의하고 해결책을 찾아내서 주어진 상황에서 가장 효과적일 것 같은 한두 가지 옵션을 선택해서 실행해 보고 그 결과를 평가하는 것이다. 반추에는 이러한 요소들이 거의 포함되지 않는다. 대신 반추는 이를 발생시킨 인생 문제를 해결할 가능성이 있는 행동을 피하는 방법이 된다(Addis & Martell, 2004).

걱정, 강박사고와 반추는 불안, 우울 및 화난 감정과 깊이 연관되어 있다. 반추, 걱정과 강박사고 간 중요한 공통점은 각각의 사고 형태가 과거 혹은 미래에 초점을 두고 있다는 것이다. 결과적으로 반추, 걱정하거나 강박적으로 사고하는 개인은 현재에 초점을 맞추지 않아서 자신이 처한 환경에 반응하는 데 어려움을 가진다(Martell, Addis, & Jacobson, 2001). 행동적 관점에서 볼 때, 이 처리과정에 관한 중심 질문은 '왜 이 사람이 지금 심리적으로 환경과 연결되어 있지 않는가?' 그리고 '반추로 인한 끊김이 이 사람에게 어떤 도움이 되고 있는가?'다.

반추가 회피의 한 형태로서 도움이 되기보다는 해가 된다면 치료에서는 반추에 초점을 맞추게 될 것이다. 이는 아마도 문제와 연관된 불안을 감내하기, 내담자가 반추를 통해 회피하고 있는 것이 무엇인지를 밝혀내기, 회피 행동 방지하기와 문제 해결 실행하기(불안이 있음에도 불구하고) 등의 대안 행동 옵션들에 접근함으로써 가장 잘 이루어질 것이다(Addis & Martell, 2004).

행동활성화 개입(Addis & Martell, 2004; 이 책의 8장 참조)에서 일단 내담자가 생산적이지 않은 반추의 사례를 찾아내면 다음과 같이 그에 이름을 붙이게 하고(즉, "이것이 반추이다."), 반추 행동을 대안적이며 보다 효과적인 행동에 대한 단서로 사용하도록 격려한다. 이런 접근의 일부로 내담자와 치료자는 대안 행동 목록을 작성하는 데 기분을 고양시키거나 직접적으로 문제를 다루는 데 효과가 있을지에 기초해서 활동들을 선택한다.

행동하기의 일환으로 반추에 이름 붙여 사용하는 것과 더불어 다른 행동 개입들이 고안되고 반추를 감소시키는 데 효과가 있는지가 평가된다. 이에는 9장에서 살펴볼 노출기반 개입(예: Steketee, 1993), 10장에서 살펴볼 수용과 마음챙김에 근거한 개입(예: Hannan & Tolin, 2005)이 포함된다.

행동 실험을 통해 사고의 기능적 측면을 변화시키기

행동 실험이란 정서와 행동에 대해 사고가 가지는 형태(즉, 내용)와 기능(즉, 효과)을 수정하는 접근이다. 행동 실험의 중심 생각은 사람의 생각 밑에 깔린 규칙이나 가정은 그것이 외현적이든 암묵적이든 시험해 봐야 할 가설이라는 것이다. 예를 들어, 우울한 내담자가 나타내는 생각을 좇아가 보자. "별 차이가 없어요. 나는 하루 종일 끊임없이 끔찍한 기분을 느껴요." (A. T. Beck, Rush, Shaw, & Emery, 1979, p. 125) 이 생각과 관련해서는 최소한 세 가지 가정이 존재한다. (1) 기분이나 다른 생리적 감각이 하루 종일 지속된다. (2) 이런 감각이 계속적으로 극단적으로 나쁘게 지속된다(즉, '끔찍스럽다'). (3) 이 부정적인 기분이나 생리적 감각을 바꾸어 줄 것이 아무것도 없다. 이러한 생각은 또한 고통스러운 정서나 감각으로부터 벗어날 가능성에 대한 무력감과 무망감을 가져다준다. 기능적으로 그러한 생각은 수동성, 굴종, 회피 및 고립과 연관될 것이고, 이들 모두는 행동에 정적 강화를 가져다줄 가능성을 감소시킨다. 내담자가 이런 생각을 표현하면 다른 사람들은 그 사람을 도울 수 없다는 인상을 받게 되거나, 그 사람으로 인해 강한 고통이나 무망감을 경험하기 때문에 그 사람을 피하려 할 수도 있다. 불행하게도 그런 사회적 지지의 상실은 우울을 보다 강하게 경험하게 한다.

경직되어 있고 검증되지 않았을 때 지금 막 논의한 것과 같은 단일 사고는 넓은 범위에 걸쳐 해로운 영향력을 가질 수 있다. 그렇지만 그러한 사고는 종종 타당하지 않은 수많은 가정을 전제로 한다. 사고를 '사실'이기보다는 검증되어야 할 가설로 볼 때, 그러한 사고와 연관된 제약으로부터 자유롭게 될 새로운 기회가 생기게 된다.

Bennett-Levy, Westbrook 등(2004)에 따르면, 행동 실험은 "실험이나

관찰에 근거하고 있으며 인지치료 회기 사이 혹은 그 속에서 환자가 수행해야 하는 계획된 실험적 활동"(p. 8)으로 정의하였다. 전통적인 CBT에서 행동 실험은 종종 내담자의 문제 영역에 대한 치료자의 인지적 구성을 평가하거나 내담자가 자신의 역기능적 사고 내용을 검증하고 보다 정확한 사고를 발달시키도록 돕는 데 사용되었다(A. T. Beck et al., 1979; Bennett-Levy, Westbrook et al., 2004).

인지치료를 배우는 사람에게 행동 실험은 사고와 행동을 바꾸는 데 효과적인 방법으로 간주된다. Bennett-Levy(2003)의 연구에서 CBT 기법 훈련 치료 세미나에 참여한 인지치료자들은 행동 실험이 자기 검색과 자동사고 기록지에 사고를 기록하는 것보다 인지적, 행동적 변화를 가져오는 데 더 유용하다고 평정하였다. 이러한 결과가 CBT를 훈련하는 사람 사이에서 행동 실험에 대한 안면타당도는 입증하였으나, 치료도구로서 행동 실험의 효과성에 대해서는 현재 단지 간접적인 증거만이 있다.

CBT 안에서의 행동 실험 유형

Bennett-Levy, Westbrook 등(2004)은 행동 실험을 두 가지 형태로 구분하였다. (1) 실험과 유사하게 활동을 통해 환경을 조작하는 유형(즉, 가설검증 접근), (2) 관찰 연구와 비슷하게 특정 신념과 일치되거나 일치되지 않는 정보를 모으는 것(즉, 발견지향 접근). 가설검증 접근의 예로 내담자는 먹고 싶지만 자신의 몸매와 체중에 즉각적으로 영향을 받기 때문에 금지된 음식인 아이스크림을 먹을 수 없다는 생각을 가질 수 있다. CBT 지향적인 치료자들은 이 생각을 가설로 보고 접근하면서 이 생각과 관련된 가정이 타당한지를 평가할 수 있는 검사를 구성할지 모른다. 예를 들어, 집에서 내담자로 하여금 표준 양의 아이스크림을 먹기 전 체중을 재고 배와 엉덩이 둘레를 재라고 할 것이다. 아이스크림을 먹고 나서 몇 시간이 지난 후에 다시 체중과 사이즈를 측정하여 처음에 한 생각이 정확했는지 평가한다.

발견지향 접근의 예로 '일주일에 두세 번 정규 식사에 어느 정도의 아이스크림을 먹는다면 살이 찔까?'라는 질문을 영양사나 내과의사로부터 적절한 정보를 얻어 탐색해 볼 수 있다. 가설검증 지향 행동 실험하기를 원하지 않는 내담자에게 발견지향 실험은 좋은 시작점이 될 수 있고, 얻는 정보는 결과적으로 분명하지 않은 두려움과 걱정을 누그러뜨리는 데 적절할 것이다.

행동 실험은 활동이나 사건이 기분, 생각과 행동에 영향을 미칠 수 있다는 점을 내담자에게 실험적으로 보여 줄 수 있다. 행동 실험은 또한 낮은 자기효능 기대를 보이는 내담자나 행동을 수행할 능력 또는 이어지는 행동에 의문을 갖는 내담자(예: '불안하지 않다면 쇼핑몰에 갈 수 있을 텐데.')에게 도움이 될 수도 있다(Bandura, 1986). 내담자가 행동 수행에 의심을 가지고 있으면 그들은 종종 활동하기를 시도하지 않거나 활동을 모두 피하려 할 것이다. 행동 실험(예: 내담자로 하여금 불안에도 불구하고 쇼핑몰에 가게 하는 것)은 이런 의심이 근거가 없다는 것과 내담자가 의심스러움에도 불구하고 효과적인 행동을 할 수 있다는 것을 보여 줄 수 있다.

행동 실험은 또한 어떤 활동과 관련하여 부정적 결과의 가능성을 극대화하는 내담자에게 특히 유용할 수 있다. Bandura(1986)는 행동의 결과나 성과에 대해 염려하는 생각들을 성과 기대라고 하였다. 예기 결과가 부정적, 혐오적, 처벌적, 비효과적 혹은 불쾌한 것이면 그러한 결과를 가져올 수 있는 행동에 참여하는 것은 유인가가 적다. 행동 실험을 통해 실제 어떤 행동이 부정적 결과를 나타내는지 혹은 대안적으로 어떤 상황에서 바람직하거나 효과적인 결과를 낳는지를 평가하게 될 수도 있다.

행동 실험 수행 절차

행동 실험이 특정 사고와 연결된 가설을 검증하는 데 사용될 때, 일반적으로는 현장(in vivo) 실험 그리고 역할 놀이와 같은 모의(stimulated) 실험의 두 가지 유형의 개입 가운데 하나가 사용된다(Rouf, Fennell, Westbrook, Cooper, & Bennett-Levy, 2004). 각 접근에 있어서 전반적인 치료 목표는 어떤 사고의 타당성을 검증하고 평가하는 것이다. (보다 적절한 대안으로 기여할 수 있을 것 같은) 대안 사고의 타당성이 검증되면서 동시에 행동 실험의 특징들도 만들어질 수 있다. 예를 들어, 중등도의 우울감을 경험하는 내담자는 너무 우울해서 집청소를 할 수 없다고 생각할지 모른다. 검증될 가설로 간주될 특정 사고는 '내가 우울한 이상 나는 집을 청소할 수 없다.' 일 수 있다. 이 사고와 관련하여 내담자와 작업하면서 치료자는 '내가 우울감을 느낄지라도 나는 집청소를 할 수 있다.' 와 같은 대안 사고를 제시할 수 있다. 이어서 이 사고를 검증하기 위한 실험이 고안될 수 있다. 그러한 실험은 실행되기 전에 잘 계획되어야 하고 수행을 평가할 수 있는 지침(예: 특정 과제를 하기 전후의 기분 평정, 활동이 효과적으로 수행되고 성취된 정도 평정하기)과 함께 상세한 활동들(예: 매주 수요일 저녁 7시에서 7시 30분 사이에 침실 바닥에 있는 옷을 집어서 치우기, 침대 정리하기, 침대 주변에 흩뜨려져 있는 종이들과 책들을 치우기)이 기술되어야 한다.

행동 실험이 정보를 얻거나 특정 사고와 관련된 증거를 수집하는 데 사용될 때(발견 혹은 관찰 실험), 일차적 강조점은 문제를 유지시키는 과정을 내담자가 발견하도록 돕거나 새롭거나 다른 방법으로 행동할 때 어떤 일이 일어나는지 찾아내는 데 둔다(Rouf et al., 2004). 발견에 사용되는 관찰 책략에는 모델에 대한 직접 관찰, 자료 조사나 수집, 그리고 다른 공개된 곳에서 정보를 얻는 것이 포함된다(Rouf et al., 2004).

관찰 실험의 한 유형으로는 내담자가 매우 불안을 느끼는 행동에 대해 치료자가 모범을 보이는 방법이 있다. 이 연습에서 내담자의 역할은 단지 정보를 관찰하거나 수집하는 것이다(Rouf et al., 2004). 처리과정의 이 시점에서 내담자는 적극적인 실험 참여자가 아니다. 예를 들어, 오염에 대해 과도하고 절박한 두려움을 가지고 있는 강박장애 내담자의 경우, 치료자는 내담자가 보는 상황에서 살충제 병을 능숙하게 다루는 행동을 보일 수 있다(Steketee, 1993). 이와 유사하게, 강한 불안 반응을 보이는 내담자의 경우는 개와 같은 어떤 자극이 있는 상황에서 치료자가 개와 두려움 없이 상호작용하는 것을 관찰하게 하는 것만으로도 내담자 공포 행동의 변화가 자주 일어난다(Bandura, 1986).

조사나 정보 수집과 관련된 관찰 책략들에는 실제 정보 수집이나 흥미로운 주제에 대한 의견을 모으는 것들이 포함된다(Rouf et al., 2004). 예를 들어, 신체변형장애가 있는 내담자는 신체적 매력이 관계를 만족시키고 오래 안정적으로 지속하는 데 일차적인 결정인이라고 믿을 수 있다. 그러한 내담자로 하여금 공식적으로 친구들에게 그것들이 대인관계를 만족스럽고 친밀하게 유지하는 데 가장 중요하다고 보는지 물어보는 조사 과제를 고안할 수도 있다. 내담자의 사고와 관련된 정보는 또한 도서관이나 인터넷과 같은 공개적인 정보원을 통해 얻을 수도 있다.

Rouf 등(2004)은 성공 가능성을 극대화할 수 있는 행동 실험 수행 계획을 계획하는 것이 중요하다고 강조하였다. 준비를 잘하기 위해 고려해야 할 점들은 다음과 같다.

- 실험의 근거와 목적에 대해 내담자가 분명히 알고 있는가?
- 행동 실험 동안 검증할 사고가 분명하게 밝혀져 있는가?
- 분명하게 되어 있다면 문제 사고에 대한 보다 현실적인 대안이 외적으로 명시되었는가?
- 실험에 어떤 요소들이 포함되는지 분명하게 밝혀져 있는가?(예: 환경,

시간, 장소, 요구되는 자원, 수행할 행동)

- 실험에서 어떤 결과들이 나타날 것인지 논의되었고, 이것들이 표적 사고와 관련하여 어떻게 해석될 수 있는가?
- 실험에서 어떤 문제들이 일어날 것인지 예상하고 문제 해결이나 전망을 해 보았는가?
- 실험 수행을 위해 회기를 예약하도록 요청하고 내담자가 그에 반응하였는가?
- 실험에서 요구하는 노출 수준이 내담자가 현재 효과적으로 감내할 수 있는 수준인가?

이전에 고려했던 것과 더불어, Rouf 등(2004)은 적극적인 실험이 수행될 때 내담자가 실험의 결과를 기록해야 한다고 하였다. 한 예로, 내담자는 표적 사고가 실험을 완성하기 전과 후에 얼마나 강했는지를 기록할 수 있다(예: 0%일 때는 사고 내용을 전혀 믿지 않는다, 100%일 때는 사고 내용에 완벽하게 동의한다). 행동 실험의 일차적인 목적 중 하나가 정서적 변화를 촉진하는 것이라면 사고와 관련된 정서 강도 수준에서도 비슷한 자기 평정을 할 수 있다. 이런 정보에 대한 기록은 실험이 표적 사고의 영향을 약화시키는지 여부에 대한 직접적인 증거를 제공할 수 있다.

내담자가 행동 실험을 통해 최대한의 이익을 얻기 위해서는 연습하는 동안 자신들의 환경과 경험을 자각하고 이에 초점을 맞추어야 한다(Rouf et al., 2004). 실험을 할 때 현재 적절한 환경 단서의 자극 특징과 자각된 내적 반응(예: 인지, 정서, 생리, 행동), 그리고 실험이 진행되면서 이 영역들에서 발생하는 어떤 변화에도 주의를 충분히 기울여야 한다. 또한 노출 동안의 어떤 회피나 도피(예: 주의 분산, 해리 경험, 환경에서 안전 신호 찾아다니기)를 차단하는 것이 중요한데, 실험에 깊이 몰입할 때 보다 큰 치료 효과가 나타나게 된다.

일단 실험을 하고 나면 내담자로 하여금 무슨 일이 일어났는지(Rouf et al., 2004) 말로 표현하여 변별하도록 해야 한다. 특히 선행사건—행동과 행동—결과 간 고리에 주목해야 한다. 이렇게 강조해 주면 실험이 목표했던 사고와 일치하지 않는 결과가 나타날 때 행동의 맥락에 초점을 맞추고 새로운 학습을 촉진하는 데 도움이 된다.

행동 실험의 마지막 요소는 다른 부적절한 상황에 규칙을 일반화해 나가는 것이다(Rouf et al., 2004). 이는 실험을 통하여 나중에 적용할 수 있는 어떤 것을 배웠는지 내담자와 논의함으로써 촉진할 수 있다. 기존의 기대와 실험 결과를 비교하는 것은 내담자로 하여금 미래 행동에 영향을 줄 수 있는 대안과 보다 정확한 규칙을 발달시키는 데 도움이 될 것이다. 치료자는 또한 실험에 대한 추후 계획을 논의할 시간을 할애해야 한다(Rouf et al., 2004). 즉, 내담자는 실험을 통해 성취한 발전을 어떻게 확장시킬 것인가? 더 이상의 진전을 이루기 위해 평가되고 검증될 필요가 있는 다른 가정들로는 어떤 것들이 있는가? 다음 실험은 어떻게 구성할 것인가? 내담자가 던져버릴 준비가 된 시점까지 일차적인 신념이 충분히 약화되거나 반박되기까지는 아주 많은 실험이 요구된다. CBT의 행동 실험에 대한 다른 지침과 부가적인 적용은 Bennett-Levy, Butler 등(2004)에서 찾아볼 수 있다.

행동 실험과 관련된 변화 기제에 대한 가정

인지적 관점과 행동적 관점에서 행동 실험의 일차적인 치료적 이득은 자신이 전에 했던 것과 다른 무언가를 실제로 내담자가 한다는 것이다(Addis & Martell, 2004; Bennett-Levy, Westbrook et al., 2004). 인지치료에서 다른 무언가를 하는 행동이 바꾸어 말하면 치료적 변화의 기초라고 하는 인지적 변화를 일으킨다고 믿는 것이다(A. T. Beck et al., 1979). 인지적 견해에서 보면 행동 실험은 특정 신념의 타당성을 입증하거나 내담자로 하여금 보다 정확한 신념을 발달시키도록 도모하는 가운데 인지적 변화를 일으키는 것이다. 인지적 변화란 직접적으로 정서 상태에 영향을 주고 인생의 문제에 대한 보다 효과적인 방법을 사용하도록 촉진시키는 것이다(Rouf et al., 2004).

행동 실험과 연관된 다른 변화 기제에는 **탈중심화**(decentering)가 포함된다. 분산시키기란 혐오적인 사고와 감정에 대한 사람의 견해를 바꾸는 것을 말하는데, 그렇게 함으로써 현실에서 꼭 숙고할 필요가 없거나 자신에게 아주 핵심적인 사건이 아닌 일시적이거나 지나가는 사건으로 그것들을 볼 수 있게 된다(Segal, Williams, & Teasdale, 2002). Segel과 다른 학자들은 사고 내용을 바꾸는 것과는 반대로 내적 경험 속에서 이들의 관계를 바꾸는 과정이 인지치료에서 치료적 변화와 보다 강하게 관련됨을 발견하였다. 분산시키기는 행동 실험에서 뚜렷한데, 이 속에서 사고란 검증되어야 할 가설로 여겨지는 것이지 꼭 필요한 타당한 사실로 간주되지는 않는다. 분산시키기는 또한 이 책의 10장에서 살펴볼 주의와 마음챙김에 근거한 개입의 특징이다. 이들 개입은 사고와 감정이 일시적이고 지속적으로 변화한다는 점과 동시에 자신의 경험으로부터 자신을 구별되고 분리되게 보아야 한다는 것(예: '너의 경험, 너의 사고와 감정을 관찰하는 사람과 그것을 경험하는 사람은 같지 않다.')에 대한 자각을 촉진하도록 돕는다.

행동적 견해에서 보면 한 사람의 행동을 변화시키는 행동만으로 다른 동시 발생 행동을 변화시킬 수 있다(예: 생각하는 것과 감정). 행동에서 이러한 변화는 바꾸어 말하면 강화물에 접근하여 활용 가능하게 만들어 주는 것과 같이 그 개인이 환경에 반응하는 방식을 바꾸어 주는 것이다(Martell et al., 2001). 행동 실험은 종종 내담자로 하여금 직접 행동을 통하여 회피하던 활동과 사건에 직면하도록 격려한다. 피하기보다 행동화함으로써 무언가 다른 것을 하게 되고, 내담자가 기대했던 것과는 다른 결과를 얻을 가능성을 주게 되는 것이다.

사고와 연관된 기능적 측면을 바꾸어 줌으로써 행동 유연성을 촉진하기

5장에서 논의한 바와 같이, 과거 어떤 행동의 강화와 연관되었던 환경적 선행 사건은 종종 현재 상황에서도 유사한 행동을 일으킨다. **언어적으로 표상된 규칙**(verbally represented rules)은 행동에 영향을 미치는 또 다른 중요한 선행 조건 분류다. 이 절에서는 언어적 규칙의 영향과 확립조작 전략이 잠재적으로 볼 때 임상 장면에서 적절한가의 문제, 그리고 그들의 영향력을 바꾸는 데 사용되는 다양한 행동적 개입에 대해 논의해 볼 것이다. 또한 규칙 진술에 함축된 장기적 결과(예: 목표, 가치)에 보다 강한 영향을 주는 바람직한 행동 패턴을 발달시킬 전략들을 논의할 것이다.

규칙 지배 행동에 대한 고찰

규칙이란 "우리가 무엇을, 언제 해야 하고 우리가 그것을 하면 어떤 일이 일어나는지를 말해 주는 것" 이다(Forsyth & Eifert, 1998, p. 53). 규칙에는 한 개인이 자신에게 부여한 진술(예: "내가 이 일을 하면 나는 가치 있는 사람이 될 거야.") 혹은 자신의 세계관에 적용되는 진술(예: "정직하게 규칙을 지킨다면 인생에서 앞서 나가는 것은 불가능해.")이 포함된다. 규칙은 몇 가지 형태로 가정될 수 있는데, 지시, 충고, 명령, 요구, 가정, 법, 도덕적 명령, 미신과 모방행동이 포함된다(Baum, 1994).

규칙은 행동에 어떻게 영향을 주는가

규칙은 몇 가지 서로 다른 기능적 특징을 가지고 있다(Barnes-Holmes et al., 2001; Baum, 1994). 예를 들어, 규칙은 어떤 방식으로 행동의 결과가 나타날지를 구체화할 수 있다(예: "엄마가 내가 오늘 저녁을 다 먹으면 특별 간식을 주신다고 했어."). 규칙은 또한 한 사람의 행동에 미치는 환경의 영향을 강화시키거나 약화시키거나 혹은 변화시킬 수 있다(예: "내가 통상 슬롯머신에서 돈을 잃기는 했지만 오늘 나는 행운을 손에 쥐었고 상황이 나아졌어."). 그리고 규칙은 멀리 있는 결과를 구체화함으로써 연쇄 행동에도 영향을 준다(예: "멜리사를 위해 봉사하고 그녀 주변에서 많은 시간을 보내면 결국에는 그녀가 나와 외출을 하게 될 거야."). 규칙이 정확할 때 시행착오 학습을 줄여 주기 때문에 그 규칙은 효율적이고 효과적인 행동이 될 수 있다. 예를 들어, 어떤 사람에게 '화상을 입을 수 있으니까 뜨거울 때 난로에 손을 대지 말라.'고 하면, 그 사람은 뜨거운 난로에 손을 대는 것이 고통스러운지 실제 경험을 통해 알아볼 필요가 없다.

행동이 (즉각적으로 환경에 수반되는 것보다는) 언어 자극의 영향 아래 있을 때, 논의되고 있는 행동을 **규칙 지배적**이라고 부른다. 기능적 관점에서 규칙은 전문적으로는 선행 사건으로, 일반적으로는 확립조작 전략으로 간주된다(Malott, Malott, & Trojan, 2000; Schlinger, 1993). 규칙은 그 행동과 연관된 결과 및 어떤 행동이 규정되는 행동 수반성, 혹은 특정 결과를 산출하는 행동이 나타나는 선행 상태에 대한 언어적 기술이다(Anderson, Hawkins, Freeman, & Scotti, 2000). 그래서 규칙이란 x가 일종의 선행 상태이고 y가 어떤 행동을 말하며 z가 강화 또는 처벌될 결과일 때, 'x라면 y가 정당하다.' 혹은 '내가 y를 한다면 z가 나타날 것이다.'와 같은 형태가 될 것이다.

언어적 레퍼토리를 충분히 발달시킨 사람들에게 대부분의 행동은 당면한 수반성 통제보다는 규칙 통제하에 있게 된다. 그렇지 않다면 우리의 행동은 무계획적이고 산만하고 상황에 따라 쉽게 변하게 될 것이다. 우리 행동의 대부분이 규칙 통제하에 있다는 사실은 부분적으로 시간과 상황에 따른 행동에서 분명하게 나타나는 안정성을 설명해 준다. 규칙 지배 행동 원칙은 또한 왜 저 멀리 있는 결과가 행동에 영향을 미치는지를 설명해 준다. 그러나 이 경우에 직접적으로 행동에 미치는 것은 실제 멀리 떨어져 있는 결과가 아니다. 그보다는 행동에 직접적인 영향을 미치는 행동-결과 수반성을 기술하는 규칙 진술이다(그래서 규칙 지배적이라고 한다). 그렇게 되면 규칙 진술은 직접적으로 행동에 영향을 미치지만 규칙에 함축된 결과가 간접적으로 행동에 영향을 미치게 된다(Malott et al., 2000).

예를 들어, 어떤 사람은 이전 경험을 바탕으로 구독 신청 카드와 돈을 잡지사에 보내면 한 달 정도 지나서 잡지가 집에 배달되는 것이 확실하다고 느낄 수 있다(Malott et al., 2000). 구독 카드와 돈을 보내는 행동은 한 달 후 잡지가 배달되게 하고, 잡지를 받는 것은 강화물로 기능하게 된다. 그러나 잡지가 배달되는 것이 구독 카드와 수표를 보내는 것에 대한 강화물은 아니다. 왜냐하면 이 행동에 대한 결과가 너무 늦게 제공되기 때문이다. 만약 그렇다면 이 사례에서 잡지를 구독하는 사람은 구독 카드를 작성하면서 이렇게 말해야 할 것이다. "내가 이 카드를 작성해서 돈을 보내면 나는 한 달 안에 잡지를 받기 시작할 거야." 이러한 규칙 진술은 직접적으로 카드를 작성하고 돈을 내는 행동에 영향을 미치지만, 이 규칙 속에 담긴 강화물(즉, 잡지를 받는 것)은 단지 간접적인 효과만을 가진다. 어떤 규칙의 영향 아래서 연이어 수행되는 행동의 결과가 규칙을 확실하게 하는지 혹은 규칙에 위배되는지는 한 사람이 미래에 그 규칙에 부응하는 행동을 할지 여부에 영향을 미친다(Malott et al., 2000).

규칙 진술은 종종 직접적인 영향을 가지며, 이 규칙 속에 함축되거나 구체화된 결과는 간접적인 효과를 가짐에도 다른 방식으로 규칙이 영향을 미치게 되는 어떤 상태가 있다. 예를 들어, 한 사람이 스스로 규칙 진술을 언어화하고 그 진술을 따르지 않으면 부정적 결과가 있다는 것을 의미할 때 긴장이나 불안과 같은 혐오적인 생리적 상태가 나타난다(예: "내가 오늘 밤에 이 일을 하지 않는다면 내일 오후 기한까지는 절대로 마칠 수 없을 거야"). 이 경우에 규칙 엄수가 혐오적인 생리적 불안이나 긴장 상태를 줄여 준다면 이 다음의 규칙으로는 회피 행동의 한 형태가 나타날 수도 있다.

규칙 따르기의 개인차

규칙이 행동에 영향을 주는 정도는 개인에 따라 다르고, 이는 부분적으로 규칙 따르기가 이전에 강화되었는지 그리고 부분적으로는 규칙 진술이 과거 경험에 비추어 볼 때 정확하였다고 입증되었는지에 따라 영향을 받는다. 경험의 결과로 사람들은 종종 가능한 행동적 수반성 규칙을 만들어 내고 언어화할 것이다. 그러한 규칙에 의해 인도되는 행동이 행동-결과 관계를 정확하게 기술할 수 있다. 그러나 때때로 개인들은 지나치게 규칙의 영향을 받아서 규칙 진술에서 보이는 환경-행동 관계와는 다르게 조작되는 직접적인 환경 수반성에 상대적으로 둔감하게 된다(Follette & Hayes, 2000). 즉, 어떤 개인은 드러나게 다음 규칙에 대해 염려하지만 현재 상황에서 실제로 작용하는 행동은 간과하게 된다. 그러한 예에서 과도하거나 드러나게 경직된 규칙 엄수는 지나치게 융통성 없고 비효율적인 행동으로 나타나게 된다.

반대로 규칙의 결여도 문제가 될 수 있다. 바꾸어 말하면, 이런 결함은 아래와 같은 다른 영역의 문제와 관련될 수 있다.

- 규칙 진술의 특징을 구분하는 데 필수적인 능력인 언어 능력, 주의 기술 혹은 집중 기술의 결함(예: 구체화된 행동, 결과 혹은 양쪽 모두)
- 주의력결핍 과잉행동장애와 같은 어떤 집단에서 분명하게 나타나는 당면한 환경적 단서에 대한 과민성과 반응성(Johansen, Aase, Meyer, & Sagvolden, 2002)
- 자기 행동의 결과를 분별하지 못하는 사람이 미래 행동을 하는 데 행동 결과에 따른 영향을 효과적으로 받지 못해 결과적으로 비효율적인

행동으로 이어지는 것과 같이 행동–결과 관계를 구분하는 기술의 결함(Farmer & Rucklidge, 2006; Patterson & Newman, 1993). 행동–결과 관계 구분은 또한 규칙 생성과정을 촉진하거나 규칙을 재정립하고 명확하게 하는 데 기여하여 더욱 효과적인 행동이 나타나게 한다(Barkley, 1997).

- 자기 규칙 생성의 실패. 이는 종종 특정 행동 형태를 결과와 연결시키는 사전 경향성 진술의 형태를 띠며(예: "내가 열심히 공부한다면 나는 좋은 성적을 얻을 것이고, 졸업하면 더 많은 월급을 받게 될 것이다."), 자기 진술과 자기 조절에서 중요하다.
- 약물중독. 이로 인해 사고와 언어 사용을 포함한 모든 행동에 방해를 받는다.

일반적으로 말해서, 과도하게 경직된 규칙 지배는 내면화된 장애에서 더욱 두드러지는 반면에 규칙 생성과 엄수는 외현화된 장애와 보다 강하게 연관된다. 경계선 성격장애와 같이 내현화 특성과 외현화 특성이 모두 두드러지는 사람은 종종 다른 영역들에서 경직된 규칙 엄수, 자기 관리의 어려움과 환경에서 당면한 경험에 대해 강한 반응을 보인다.

행동에 영향을 주는 규칙 평가

문제가 되는 사고 패턴을 다루는 첫 번째 접근은 그 행동을 관찰하고 기록하는 것이다. 자기 점검은 현재 치료에 맞는 정보를 제공할 뿐 아니라 치료적 기능과도 관련되어 있다. 연구에 의하면, 단순히 행동을 인식하고 기록하는 것만으로도 점검하고 있는 행동 빈도에 긍정적인 변화가 나타난다(Nelson, 1977). 사고 패턴을 점검하는 것은 특히 내담자로 하여금 자신의 행동에 영향을 미치는 규칙을 명확히 하고 규칙과 실제 행동–결과 관계가 얼마나 상응하는지를 평가하는 데 도움을 주며, 미래 행동에 영향을 주는 보다 정확한 규칙을 발달시키도록 촉진해 준다.

사고 패턴을 다루는 첫 단계에 종종 기본 규칙을 밝히고 규칙 엄수가 개인에게 주는 효과를 점검하는 것이 포함된다. 치료자는 자동사고를 찾아내기 위해 일일 사고 기록과 같은 전통적인 인지치료 기법을 사용할 수 있다. 그러나 행동적 관점에서 사고의 기능적 측면은 사고에서 분명하게 드러나는 논리적 오류 유형이나 내용보다 더 중요하다. 이 장의 끝에 제시된 사례에서 내담자 사고 기능에 부가적인 정보를 제공해 주는 사고 기록 과정에 대한 몇 가지 변형을 제시하려 한다.

잘못되거나 부정확한 혹은 해로운 규칙을 바꾸는 치료적 개입

때때로 규칙은 행동과 결과 간의 실제 관계를 정확하게 드러내지 않을 수 있다. 행동이 번번이 효과적인 결과를 가져오지 않는 부정확한 규칙에 의해 나타나게 된 때라도 그 규칙을 변화시키려 하지 않아서(Hayes, Brownstein, Zettle, Rosenfarb, & Korn, 1986) 결과적으로 아주 큰 문제가 될 수 있다. 여기에서는 경직되게 적용되는 규칙의 영향을 감소시키는 치료적 개입, 그리고 실제 행동-환경 관계가 보다 정확하게 반영되도록 수정된 규칙 진술에 대해 논의할 것이다.

규칙 준수 혹은 엄수는 너무 과하고 경직되어 있을 때는 문제가 될 수 있다. 예를 들어, 어떤 내담자는 지나치게 양심적이어서 다른 사람을 실망시키거나 다른 사람을 기분 상하지 않게 하려 하면서 기분을 맞추거나 과도하게 순응적일 수 있다. 이와 같이 지나치게 양심적인 사람의 자기 규칙에는 "내가 다른 사람에게 잘하면 사람들이 나를 좋아하고 좋게 평가해 줄 것이다." "내가 문제를 일으키면 다른 사람들이 나에게 실망할 거야."와 같은 자기 진술이 포함되어 있을 것이다. 유사하게 강박, 완벽주의, 일 중독과 편집증적 성향과 같이 규칙에 너무 얽매이는 성향을 우선적으로 보이는 임상 집단도 있다.

과도하게 경직된 규칙 준수를 줄이는 데 사용할 수 있는 두 가지 일반적인 치료적 접근이 있다. (1) 행동에 즉각적인 강화 수반성의 영향을 강화하기, (2) 경직되게 적용된 규칙의 영향을 약화하기. 5장에서 즉각적으로 강화 수반성의 영향을 강화하는 방법을 논하였다. 경직되고 부적응적인 행동 패턴이 되는 규칙을 약화시키기 위해 이 장 앞에서 기술한 행동 실험과 같은 전통적인 인지치료 기법이 도움이 될 수 있다. 여기에서는 부적응적이거나 부정확한 규칙의 영향을 약화시키는 데 사용될 수 있는 부가적인 치료 접근에 대해 기술하겠다.

인지치료에서 **인지 왜곡**이란 상황을 추론하는 데 지속적으로 오류를 범하거나 체계적 오해석을 하는 것을 의미한다(Sacco & Beck, 1995). 행동적 관점에서 이런 왜곡을 보는 다른 측면에서는 이것을 선행 사건과 행동 혹은 행동과 결과 간의 연합이 부정확하게 된 잘못된 규칙으로 간주한다. 다음에 그 예들이 제시되어 있다.

- **실무율적인 사고, 이분법적인 사고, 흑백 논리**는 사고 패턴이 양극화될 때 두드러지고, 결과는 연속선상의 극단에 있게 된다(예: "너는 내 말에 동의하는 것 아니면 반대하는 것이다." "나는 완전히 실패자다.").
- **개인화**는 환경이나 사건을 자신에게 부정확하게 관련짓는 경향성이다(예: "오늘 내가 책상 옆을 지나갔는데 사장이 나 보고 미소 짓지 않았어." "분명히 나를 해고하려 생각하고 있는 거야.").
- **과잉일반화**란 단일 사건의 결과를 확장해서 한꺼번에 결론을 내리는 것을 말한다. 어떤 맥락에서 특정 단어의 사용은 과잉일반화의 증거로 나타날 수 있다. 여기에는 **모두, 아무것도, 매번, 언제나, 절대로**와 같은 말들이 포함된다(예: "사람은 결코 믿을 수 없다." 혹은 "내가 나아지려고 노력해 봐도 좋은 것은 하나도 없다.").

- **긍정성 평가절하**는 부정적인 규칙과 상충되는 긍정적인 경험이나 결과를 최소화하거나 무효시키는 것이 포함된다(예: 후배가 발표에 대해 칭찬을 하면 그 사람은 "저 사람은 나와 잘 지내고 싶기 때문에 그 말을 하는 거야."라고 결론을 내려 버린다).
- **당위 진술**은 자신이나 다른 사람들이 행동해야 하는 방식에 대한 일단의 융통성 없는 규칙들로 구성된다. '당위' 규칙이 존재하면 종종 비현실적이거나 유연하지 못한 기준에 비추어 판단하려는 성향이 커진다(예: "나는 결코 실수하면 안 된다."). 융통성 없는 행동 규칙을 의미하는 말들로는 **의무**, **필수불가결**, **반드시** 등이 있다.
- **파국화**는 균형 잡힌 시각으로 사건을 보기보다는 작은 사건과 관련하여 매우 부정적인 결과를 예상하는 것이다. 파국화는 종종 미래 결과를 표현할 때 **끔찍한**, **무시무시한**, **지독한**, **공포스러운**, **잔인한** 등의 단어를 사용하는 것으로 드러난다(예: "내가 불안해하는 것을 사람들이 아는 것은 정말 끔찍해.").

아마도 이러한 부정확하거나 잘못된 사고방식에 접근하는 가장 직접적인 방법은 치료자가 내담자의 실제 경험을 들어보는 것이다. 즉, 이러한 경직된 규칙이 한결같이 정확한지 실제 삶에서 살펴보는 것이다. 이런 방식으로 접근할 때는 내담자의 규칙이 현재 맥락에서 일어나는 사건에 들어맞는지가 치료적인 논점이 된다. 이를 위해 내담자가 인지 왜곡 형태의 명칭을 스스로 가져다 붙이는 복잡한 기술을 습득하는 것은 권장되지 않는다. 보다 중요하다고 믿어지는 것은 실제 일어난 사건 자체에 주어진 맥락을 관련시켜 정확하게 사고에 일치시키는 기술이다. 즉, 치료자가 실제 사건이 일어나거나 벌어졌을 때 이를 선행 사건-행동-결과 관계로 기술해 주는 것이 중요하다.

치료자가 이러한 생각에 반응하는 다른 관련된 방법은 그러한 사고로 인해 무언가 효과가 나타났을 때 그것을 내담자와 살펴보는 것이다. 즉, 언제 내담자가 실제 경험을 왜곡하는가? 왜곡과 관련되어 어떻게 하였는가? 회피나 도피 행동이 뒤이어 나타났는가? 내담자는 특별히 위축되거나 포기하는가? 내담자는 반추하거나 수동적이 되는가? 부적응적인 행동이 왜곡된 사고 유형에 동반된다면, 치료 목표는 (1) 그러한 사고 유형과 그러한 사고가 특징적으로 행동에 미치는 효과에 대한 자각을 증진시키고, (2) 그러한 사고와 연관된 부적응적 행동 패턴을 차단하고, (3) 왜곡된 사고를 발생시킨 문제를 해결하기 위해 보다 직접적으로 작용할 대안 행동에 몰입하기가 될 것이다. 치료자가 행동 실험을 통해 사고를 시험해 보는 것은 또 다른 접근법이다. 이런 활동으로는 치료자의 행동 취하기, 사고의 기저에 깔린 가정 검증하기, 일치하거나 일치되지 않는 사고와 관련된 실제 정보 수집하기 등이 있다.

완벽주의적 사고는 과도하게 경직된 규칙 지배 행동에 기여하는 사고 패턴의 또 다른 예다. 이러한 사고 패턴을 가지고 내담자는 이분법적, 흑백논리 혹은 실무율적으로 자신이나 세상을 보는 경향성을 가진다. 내담자가 좁은 범주의 성공이나 실패로 행동을 평가하는 것을 줄여 주는 것 외에도, 수행에 대한 과도하게 높은 기준은 종종 도달할 수 없는 목표를 자각하지 못하여 잦은 실망으로 이어진다(Bandura, 1986). 그러한 참조 틀은 '부분적인 성공' 혹은 '효능'의 관점으로 보는 것과 같이 종종 한 사람의 대안 행동을 더욱 까다롭게 평가하게 만든다. 과도하게 높은 자기 수행 기준은 강박성 성격장애, A유형 성격, 신경성 식욕부진증, 우울증과 같이 어떤 심리적 특성이나 장애를 가진 사람에게서 일반적으로 나타난다.

완벽주의적 사고의 증거는 '여기에서는 어떤 실수도 용납할 수 없어.' '내 최대 능력을 발휘해서 해내야 해.' '내가 학습에서 일등을 하지 않으면 나는 실패한 거야.'와 같은 생각들에서 드러날 수 있다. Burns(1980)는 완벽주의적 사고의 효과 혹은 이점에 도전하는 몇 가지 책략을 기술하였다.

다음의 것들이 포함된다.

- **완벽주의적 사고의 유용성에 대한 객관적인 평가.** 그러한 사고는 보다 효과적인 결과로 이어지는가, 아니면 부정적 감정이나 부정적 자기 평가로 이어지는가?
- **행동 실험에 참여하여 결과를 깊이 탐색하고 이를 낮은 기준과 관련짓기.** 이러한 실험의 목적은 낮은 수행 기준에 맞추어 행동하는 것이 개인이나 수행 만족에 어떤 영향을 주는지 보는 것이다. 이런 실험은 또한 의도적인 실수나 다른 사람의 개인적인 흠을 안다는 것이 어떤 영향을 미치는지 평가할 수 있게 해 준다. 예를 들어, 실수를 할 때 결과가 생각한 것만큼 나빴는가? 자신의 흠이나 취약점 혹은 나중에 난처하게 할 수 있는 정보가 노출되면 웃음거리가 되거나 부정적 평가를 받게 되는가, 아니면 관계가 보다 깊어지는가?
- **이분법적으로 나누는 것보다 발생한 사건을 자연스럽게 표현하는 다른 방법들을 탐색하기.** 이러한 경험적 연습은 내담자로 하여금 상황, 사건 혹은 대상들이 어떤 방식으로 범주화될 수 있는지 의도적으로 인식할 수 있게 해 준다. 다시 말하면, 하나의 관점은 완전히 옳고 경쟁하는 다른 관점은 완전히 틀릴 수 있는가? 어느 정도 진실하게 들리는 두 가지 관점 사이에 논쟁이 있는 반면에 다른 것들은 미약한 것이 되는가? 차분함, 지능, 매력 혹은 능력과 같은 어떤 영역에서 사람들은 지속적으로 같은 모습을 보인다. 그러한 사람은 어떤 영역에서는 빛나지만 다른 관련 영역에서는 약점을 가지고 있는가?

완벽주의적 사고 혹은 과도하게 엄격한 자기 강화 규칙에 대한 다른 치료적 접근은 행동에 대한 상세한 사진(혹은 형태)에서 행동의 효과를 고려하는 것으로 행동평가 초점을 이동하는 것이다(예: '행동 역치에 도달하였는가?'). 행동 형태가 옳아서 방향 전환이 일어난 것인가? '바른' 것을 행하였는가, 또는 어떤 최종 목표가 달성되었는가에서 강조점이 이동하게 된다. 이런 대체 참조 틀로 인해 행동이 발생시킨 결과에 따라 행동을 평가하는 것에 초점을 두게 된다(Follette & Hayes, 2000).

잘못된 규칙의 영향을 받는 또 다른 행동 사례인 편집증적 사고 유형의 특징은 "강렬하고 비합리적이지만 지속적으로 다른 사람을 불신하거나 의심하는 것, 그리고 다른 사람의 행동을 이에 비추어 매우 위협적이거나 요구적인 것으로 해석하는 것"이다(Fenigstein, 1996, p. 242). 편집증적 사고는 종종 반대되는 증거가 반복적으로 제시됨에도 불구하고 지속되는데, 이는 잘못된 사고의 영향을 받는 것이라 하겠다. 다른 형태의 경직된 사고에서와 같이 내담자에게 대안적인 설명을 생각해 보라고 요청할 수 있다(예: "그녀가 당신에게 이렇게 행동한 이유를 다르게 설명할 수는 없나요?" 혹은 "현재 상황을 보는 방식에 일치하지 않는 증거들은 없나요?"). 이렇게 따라가면서 치료는 가설 생성 기술을 발달시켜 내담자로 하여금 이를 통해 의심스러운 생각이 드는 사건에 대한 설명을 한 가지 이상 생각하도록 하는 것을 특히 강조한다(Magaro, 1980). 이 밖에 사고의 내용은 사고에 동반되는 감정만큼 중요하지 않을 수 있다. 직접적으로 사고에 도전하는 것보다 깊이 생각해 보고 타당화시키는 방식으로 동반된 감정에 초점을 맞추어 보도록 하는 것이 유용할 수도 있다(예: "참석자들이 당신 질문에 대답하지 않을 때 당신은 매우 화가 난 것 같아요. 그 상황에서 당신이 분노 감정을 가졌을 때 어떻게 했는지 좀 더 이야기해 주면 좋겠습니다.").

우울이나 불안에 특히 취약한 사람이 쓰는 부정확한 규칙은 부정적 사고 패턴을 통해 분명하게 드러난다. 종종 이 과정에는 상황의 긍정적인 측면을 통합하는 데 보다 정확한 규칙을 형성하는 것이 포함된다. 대안 혹은 균형 있는 사고를 발달시키는 인지 기법은 상황에 대해 보다 정확한 사고방식을 밝혀내는 데 사용될 수 있다(Greenberger & Padesky, 1995).

- 규칙 진술이 객관적 증거로 지지되지 않아 정확하지 않다면, 관찰되는 것과 보다 일치되는 대체 규칙을 만들라.
- 규칙 진술이 부분적으로는 정확하다면 지지되는 측면을 밝히고 그와 일치하는 특별한 증거에 주목하라. 그러고 나서 정확하지 않은 규칙 진술을 밝히고 그 증거에 보다 부합하는 대체 진술을 만들어 내라.
- 새로운 규칙의 정확도를 평가하라(0~100% 척도상에서).
- 상황에서 새로운 규칙을 적용해 보라. 메모 카드에 새로운 규칙을 적어서 주머니나 지갑에 넣고 다니다가 필요할 때 참조하는 것도 도움이 될 것이다.

한 예로 '윌리엄'은 "내가 사람들 속에 있으면 공황 발작이 일어나서 부끄러운 행동을 하게 될 것이다(90%)."라는 자기 규칙을 가지고 있었다. 사람들 속에 있는 경우가 언제인지를 생각해 본 후 윌리엄은 이 진술이 너무 절대적이라는 것을 인식했는데, 사람들 속에 있으면서 공황 발작을 경험하지 않았던 적이 여러 번 있었다. 또한 공황 발작이 일어나서 다른 사람의 주목을 끌 만한 통제 불가능한 일을 한 것을 기억해 낼 수가 없었다. 결과적으로 그는 자기 규칙을 "때때로 사람들 속에 있을 때 나는 공황 상태에 빠진다. 내가 공황 상태에 있을 때 통제력을 잃을 것같이 종종 느끼지만 지금까지 공황 발작이 있는 동안 통제 밖의 행동을 한 적은 없다(85%)."는 말로 수정하였다. 치료 경험을 되돌아보면서 윌리엄은 점점 더 자기 규칙을 수정해 가기로 결심하였다. "사람들 속에 있을 때 때때로 나는 공황 상태에 빠진다. 미래에 일어난다고 해도 나는 공황의 느낌에 잘 대처해서 강도를 줄일 수 있을 것이다. 내 과거를 볼 때, 공황 발작이 일어난다고 해도 내가 통제를 잃어서 주의를 끌지는 않을 것 같다(95%)." 이러한 연습의 목표는 사고의 정확도를 높이는 것인데, 그렇다고 해서 사고에서 보다 긍정적인 것만을 의미할 필요는 없다. 그보다 이 과정은 실제로 자신이 세상을 있는 그대로 보는 기술을 발달시키는 것을 포함하고 있다.

다른 내담자들은 어떤 형태의 사건이나 사적인 경험이 위협을 암시한다는 규칙을 가지고 있을 수 있다. "불안은 통제감을 상실하게 하거나 환각 상태에 빠지게 하기 때문에 나쁘다." 혹은 "나는 파티에 가기 싫다. 거기에 가서 아무 말도 못할 것이고 멍청이 취급을 받을 것이다."라는 규칙이 한 예가 될 수 있다. 회피 사고는 외적이든(예: 수동적 회피, 능동적 도피) 내적이든(예: 해리, 반추, 주의 분산) 간에 종종 회피 행동과 연관된다. 어떤 사적인 경험을 위협으로 간주하는 사람은 의례적 강박 행동, 의도적인 자해와 물질남용과 같은 것을 하면서 그에 접촉하지 않으려 한다. 그러나 모순되게도 그러한 회피가 종종 단기적인 위안을 제공하지만 회피된 경험은 미래에 더 잦아지거나 보편적인 것이 된다(Hayes, Strosahl, & Wilson, 1999). 최근 몇 년 동안 사적인 사건들을 피하는 데 초점을 맞춘 많은 행동적 개입이 발달되었다(ACT; Hayes, Strosahl et al., 1999). ACT에서 치료자는 회피를 경험하는 데 기여하는 언어 기능을 강조한다. 여기에는 평가(예: "성에 대한 생각은 나쁘니까 어떤 대가를 치르더라도 피해야 한다."), 합리성 부여(예: "불안하지만 않으면 오늘 밤에 연주회에 갈 텐데.")와 문자적 해석(예: "내가 사탄인 것같이 느껴지는 것을 보면 내가 사탄임이 분명해.")이 포함된다.

모델링과 **관찰학습**은 규칙이나 행동 처방이 전달되는 또 다른 방법이다. 모델링 과정에는 다른 사람(즉, 모델)의 행동을 관찰하고 그 행동의 특징에 대한 변별이 포함된다. 관찰자가 모델의 행동을 모방할지 여부는 여러 가지 특징에 달려 있는데, 그 특징에는 물리적으로 행동을 수행할 수 있는 관찰자의 능력, 관찰자의 행동 목록에 관찰된 행동과 연관된 기술 요소를 얼마나 가지고 있는지 여부, 모델이 그 행동을 함으로써 보상을 받았는지 등이 포함된다(Bandura, 1986; Catania, 1994). 모델이 자신의 행동으로 강화를 받게 되면 관찰자가 모델의 행동을 모방할 가능성이 높아진다. 일단 관찰학습을 통해서 모델의 행동을 습득하게 되면 그 행동은 조형과정을 통해 보다 정교화되고 개선될 수 있다. 언어적으로 규칙이 전달되어 학습되는 것처럼, 관찰학습은 새로운 행동을 학습하는 데 여러 번의 시행착오를 요구하지 않기 때문에 매우 효과적인 방법이다.

바람직한 궁극적 결과에 일치하는 행동을 하도록 규칙 만들기

이 절과 다음 절에서는 즉각적인 환경의 영향을 넘어 바람직한 궁극적 결과에 맞추어 행동을 하게 하는 치료적 개입에 대해 논의하려 한다. 이전에 언급한 것처럼, 궁극적 결과는 현재 행동에 간접적인 영향을 미치고 현재 행동과 미래 결과를 연관 짓는 규칙에 직접적인 영향을 미친다. 이어지는 두 절에서는 일차적으로 목표와 관련된 규칙과 가치와 관련된 규칙 등 두 가지 일반적인 언어 규칙이 다루어질 것이다.

행동적 관점에서 목표와 가치 구분하기

사람들은 목표와 가치에 대해 말할 때 일반적으로 그것들을 한 개인이 소유하고 있는 것으로 이야기한다. 그렇지만 행동적 관점에서 볼 때 목표와 가치는 한 사람의 행동에서 분명히 드러난다. 즉, 목표와 가치는 언어적으로 구성된 결과와 연합하여 어떤 행동은 보다 구미를 당기게 만들고 다른 행동은 보다 혐오하게 만드는 언어 규칙으로 간주된다(Twohig, Masuda, Varra, & Hayes, 2005). 목표와 가치의 영향은 행동에 수반된 특정 규칙에 영향을 받는 사람의 행동에서 확연히 드러난다.

여기서 말하는 **목표**란 구체적인 사건, 상황이나 목적을 말한다. 그것은 실현되거나 성취되거나 혹은 완성된다(Hayes & Smith, 2005). 목표는 얻을 수 있는 것이고 개인이 가치를 두는 과정을 직접적으로 구체화할 수 있다. 이상적으로 개인이 추구하는 목표는 가치와 일치하거나 보완적인 것이어야 한다. **가치**란 한 사람이 아끼고 소중히 여기는 삶의 영역을 말한다(Twohig et al., 2005). 목표와 다르게, 가치는 성취되거나 완성되는 것이 아니다. 그보다 한 사람의 가치는 일상의 행동 속에서 드러나게 된다(Hayes & Smith, 2005). 이런 면에서 가치는 여러 가지 대안 중에서 선택하거나 기회를 주는 것이고, 또한 직접적으로 과정을 제시해 준다. 가치는 종종 문화적 가르침이나 실제 속에서 파생되는 것이다. 그러나 개인의 가치는 각 개인의 경험의 결과로 서로 다른 문화적 양상을 보이게 된다.

Twohig 등(2005)의 예에서 강박장애가 있는 내담자는 좋은 엄마가 되는 것에 가치를 두고 있었고 강박 행동을 유발하는 불안으로부터 벗어나기를 바랐다. 불안에서 벗어나려는 목표는 의례적 행동을 함으로써 일시적으로 달성될 수도 있다. 그렇지만 딸과 함께할 시간을 의례적 행동에 쓰게 만들기 때문에 강박 행동은 좋은 엄마가 되려는 가치에 부합하는 삶으로부터 시간을 빼앗아 간다.

다른 사례에서 Hayes와 Smith(2005, p. 159)는 약물중독이 있는 사람의 예를 들어 목표와 가치 간의 차이에 대해 묘사하였다. 이런 사람은 '기분을 좋게' 하거나 즉각적인 정적 강화 효과를 얻으려고 약을 한다. 이것이 약물 사용의 목적이 되기는 해도, 고양되고 좋은 기분이 그 사람에게 가치 있는 결과물이 될 필요는 없다. 그보다 이 사람이 실제로 가치를 두는 것은 다른 사람과 물리적으로 함께 있고 심리적으로 친밀한 것일 수 있다. 그렇지만 관계를 만들고 유지하고 깊어지게 하는 단계를 밟는 것은 강한 불안을 야기할 수도 있다. 이런 감정을 혐오스러운 것으로 경험하기 때문에, 그 사람은 앞으로 전진하기를 멈추고 그 대신에 가치를 두지만 아직은 두려운 방향과 연합된 불안을 다루기 위해 약물을 하는 것이다. 맨 처음 가치를 두는 곳으로 향하는 것은 단기적으로 보면 '기분이 좋은 것'이 아닐 수 있고, 오히려 약물을 사용하는 것이 즉각적으로 '좋은 기분'을 줄 수 있다.

다음 절에서는 일련의 행동을 통해 목표 혹은 잠재적으로 성취 가능한 결과를 얻을 수 있는 기법에 대해 기술하겠다. 목표 설정과 연합된 기법을 논의한 후, 그다음 절에서는 가치기반 개입 책략의 예를 제시할 것이다.

목표 설정과 시간 관리

행동치료에서 **목표 설정**은 언제나 내담자의 요구와 치료적 목적에 부합되게 개인별로 맞추어져야 한다. 선택된 목표는 이상적으로 가치 혹은 이상과 관련되어야 하며 내담자가 기꺼이 시간과 노력을 들이기를 원하는 어떤 것을 반영해야 한다(Hayes, Strosahl et al., 1999). 목표는 또한 실제 시간 틀 안에서 성취되어야 하며 각 실행 단계에서 목표 실현 진행과정이 분명해야 한다. 이 밖에도 목표는 피해가기보다는 향해서 가야 할 것으로 개념화될 것이다(M. Davis, Eshelman, & McKay, 2000). 알코올중독과 관련된 목표 사례에서 실제적인 목표는 '완벽한 절주'나 '음주 통제'를 구성하는 변수들이 철저하게 정의된 완벽한 절주나 음주 통제일 것이다. 이것이 '술 피하기'라는 목표보다는 보다 바람직할 것이다.

목표 설정은 종종 자기 점검과 어떤 형태의 수반성관리 프로그램과 연결되어 수행된다. 결과적으로 목표 목록이 작성되고 단기 목표들(예: 며칠과 몇 주를 앞에 두고 세우는 목표 같은 것)과 장기 목표(예: 긴 기간을 두고 지속적으로 노력을 기울여 성취해야 할 목표 같은 것)로 나누어진다. 일단 목표가 분명히 정립되면, 치료자와 내담자는 함께 이 목표를 어떻게 실현해 나갈 것인지 고려한다. 목표를 실현하기 위한 노력에 어떤 강화를 주는 것이 가능한지 혹은 어떤 노력을 하지 않으면 어떤 손해를 보게 되는지에 대한 생각도 해야 한다. 다른 사람을 참여시키는 것도 고려해 볼 만하다. 다른 사람을 참여시키는 것은 종종 행동 계약의 일부가 수행되지 않을 가능성을 줄여 주고(예: 반응 대가 조항과 같은 것) 프로그램이 효과적이 되게 해 준다. 다른 사람으로부터의 사회적 강화는 종종 행동에 잠재적 영향을 미친다. Addis와 Martell(2004)은 목표 설정과 관련된 단계들을 요약하였다.

- **목표를 향해 어떤 단계를 밟을 것인가?** 목표를 실현하는 경로는 요점들을 하나하나 명확히 짚어 간다면 보다 용이하게 밟아갈 수 있다. 일반적으로 더 작고 분명하게 정의된 단계들이 더 크고 모호한 단계들보다 더 좋다.
- **어떤 순서에 따라 이 단계들이 조직화되는가?** 일단 단계가 분명하게 규명되고 묘사되면 목표에 도달할 가능성을 극대화하는 논리적 순서대로 배열되어야 한다. 다른 단계에 들어가려면 이전에 우선적으로 무엇이 되어야 할지 고려해야 한다. 이런 면에서 단계들은 합쳐져 하나의 행동 연쇄를 이루어 목표 실현을 향해 나아가는 서로 분리된 활동으로 간주된다.
- **규명된 각각의 단계들을 수행하라.** 여기에는 첫 단계가 시행될 날짜와 시간을 구체화하는 것이 포함된다. 그렇게 하면서 자원이나 시간 그리고 사전 준비 측면에서 그 단계에 무엇이 포함되는지를 생각해야 한다. 또한 잠재적으로 발생할 수 있는 장애가 무엇이며, 어떻게 그것을 극복할 것이며, 각 단계의 진행과정은 어떻게 관찰할 것인지를 고려해야 한다.
- **어떤 장벽이든 통과하라.** 기분, 가로막는 생각이나 다른 심리적 장벽에도 불구하고 목표는 한 번에 하나씩 단계를 밟아가야 한다.
- **스스로에게 보상을 주라.** 여기에는 보상을 주거나 등을 두들겨 주면서 자신의 노력과 각 단계를 마친 후에 자신이 이룬 것이 무엇인지를 인식하는 것이 포함된다.

목표 설정과 목표 실현을 향한 작업의 일부는 시간 관리다. 효과적인 시간 관리는 어떤 사람이 해야 할 일을 수행하고 여가 활동을 위한 시간을 남겨 두는 데 필수적인 기술이다. 관련된 목표는 시간과 에너지를 지연 행동이나 회피 활동이 아닌 가치 있는 활동에 쓰도록 자신의 시간을 관리하는 것이 될 수 있다.

시간의 효과적인 사용을 위해서는 활동에 우선순위를 정하고, 자신의 가치를 분명히 하며, 가치와 관계를 바탕으로 활동의 가치를 비교하는 것이 필요하다. 또한 여기에는 일상 계획이 포함되는데, 높은 우선순위를 가진 활동과 목표를 달성하기 위한 매일의 특별한 계획을 세우는 것이다. **시간표**가 매일 계획을 조직화하는 데 사용될 수 있다. 시간표는 하루 중 수행하려고 계획한 활동 목록이며, 각 활동을 하는 데 얼마나 많은 시간이 필요한지 추정하고 각 활동에 대한 우선순위를 평정하는 표이다. 예를 들어, 순위 평정은 그 활동이 목표나 가치에 비추어 얼마나 중요한지 혹은 그 활동을 수행할지 말지에 따른 결과가 어떤 의미를 가지는지에 기초한다(M. Davis et al., 2000).

Hayes, Strosahl 등(1999)이 관찰한 바와 같이, 즉각적 수반성에서 장기 목표로 자신의 행동을 이동하려는 사람은 종종 목표지향 행동을 따르는 즉각적인 결과와 같은 도전에 직면한다. 어떤 경우에 수행된 행동이 바라는 목표와 관련될지라도 가치 측면에서 행동하여 얻은 즉각적 결과는 혐오적인 것으로 경험될 수도 있다. 예를 들어, 더 이상 불안을 야기하는 상황을 수동적으로나 대놓고 피하지 않기를 바라는 사람을 생각해 보자. 이를 이루기 위해 그녀는 불안 유발 상황에 들어가 있으면서 즉각적으로 심한 불안을 경험할 것이다. 그러한 상황에 남아 있는 것은 그녀로 하여금 불편한 경험을 하게 하는 상황에 노출되면서 즉각적이지 않거나 나중에 일어날 결과에 가치를 두게 만드는 것이다.

가치 혹은 장기 목표 지향 행동을 촉진하기 위해 설계된 행동개입 책략에는 **목표지향 활동**(Martell et al., 2001)이 포함된다. 관련된 치료 목표는 이전에 만들어졌는데 소거되었던 행동이나 새로운 행동을 배워서 실행하도록 촉진하는 것이다. 그 당시 정서와 같이 즉각적인 수반성이나 경험에 이끌려 행동하는 사람에게 치료적 목표는 즉각적인 사건에 반응하는 것에서 행동을 벗어나도록 돕는 것이 될 것이다. 즉, 내담자는 즉각적인 정서 경험보다는 가치나 장기 목표에 맞게 행동하도록 격려받는다. 달리 표현하면, "목표는 행동 그 자체이지 행동의 결과는 아니다"(Jacobson, Martell, & Dimidjian, 2001, p. 261). 예를 들어, 내담자가 좋은 직업을 찾도록 도와주는 것이 치료의 핵심 목표가 아니고, 그보다는 수행하는 과정에서 내담자가 어떻게 느끼는지에 상관없이 행동활성화 접근에 부합하는 목표가 내담자로 하여금 좋은 직업을 찾을 가능성을 증가시켜 주는 행동 패턴(혹은 일상)을 발달시키고 유지하도록 돕는다(Jacobson et al., 2001).

장기 목표에는 보통 건강, 경력, 가족, 인간관계, 재정, 여가와 개인의 취미 및 전반적인 만족감과 관련된 소중한 결과가 포함된다. 그렇게 되면 장기 목표에 부합하는 행동은 종종 그 사람이 가치를 두는 일에 부합하는 행동을 하게 한다. 다음에서 그 사람의 가치에 부합하는 행동 습관이나 일상 발달을 촉진하는 개입 책략에 대해 논할 것이다.

가치기반 개입 책략

가치기반 개입 책략이 1950년대와 1970년대를 걸친 인간 잠재성 운동(human potential movement)으로부터 발달된 치료의 중심 특징이기는 하지만 인지행동치료 안에서는 이제야 표면화되기 시작하였다. 가치는 개인이 지니고 있는 의미, 무엇이 선이고 악인지 혹은 도덕과 비도덕이 무엇인지를 내포한다(Baum, 1994). 한 개인의 가치는 종종 다음의 질문에 어떻게 반응하는가로 드러난다(Hayes, Strosahl et al., 1999).

- "당신의 인생을 어떻게 살기를 원합니까?"
- "평생 살면서 당신의 희망, 포부나 바람은 무엇입니까?"
- "당신이 죽은 뒤에 사람들이 당신을 어떻게 생각했으면 좋겠습니까?"

가치는 직간접적으로 가치와 관련된 행동에 수반되는 것들을 규정하는 규칙의 형태이며 특별한 언어적 행동 형태로 간주될 수 있다. 지시적 혹은 목적 지향적 특성과 연결되기 때문에 가치는 "언어적으로 구성된 전반적인 바람직한 삶의 결과"라고 볼 수 있다(Hayes, Strosahl et al., 1999, p. 206). 이러한 속성들이 오랫동안 가치 관련 행동을 통합하고 유지한다.

다른 행동적 개입에서와 마찬가지로, ACT에서 가치평가 행동은 감정이나 심지어 사고로도 보지 않는다. 그보다 가치평가 행동은 활동을 통해 드러난다(Hayes, Strosahl et al., 1999). ACT 개입에서는 한 개인의 가치와 일치되는 방식으로 행동하도록 촉진한다. 목표와 반대로 가치는 완전히 실현되거나 영구히 성취되는 것이 아니기 때문에 시간과 상황에 따라 보다 잘 적용될 가능성이 있으며, 싫증이나 변화에 무너질 가능성이 적다(Hayes, Strosahl et al., 1999). ACT 내 관련된 치료 목표는 내담자로 하여금 가치와 일치하는 방향으로 행동을 이동하고 유지시켜 주는 행동 궤적을 발달시키도록 도와주는 것이다. 이를 위해 ACT의 많은 치료적 활동은 내담자로 하여금 자신의 가치를 명백히 하고 심리적 장애에 직면했을지라도 그에 합당한 행동을 하도록 하는 데 방향이 맞추어져 있다.

동기 면담 혹은 **동기강화 치료**는 최근에는 여러 다른 심리적 상태에 적용되기는 하지만(Burke, Arkowitz, & Menchola, 2003), 원래 알코올 남용과 의존 치료와 관련된 치료개입이다(Miller, Zweben, DiClemente, & Rychtarik, 1995). 행동적 관점에서 해석해 보면, 동기 면담은 내담자로 하여금 즉각적으로 환경에 수반성되는 것들의 영향을 줄이는 방법으로 현재의 나쁜 행동 패턴과 나중의 결과를 연결시키도록 한다. 처음 단계 치료에서 일차적인 목표는 변화에 대한 동기를 수립하는 것이다. 이를 위해 사용되는 기법 중에는 내담자에게 자신의 알코올 사용 수준에 대한 정보 주기가 있다. 즉, 현재 패턴이 지속된다면 미래에 어떤 일이 일어날 수 있는지에 대한 정보를 제공하는 것이다(Miller & Rollnick, 1991). 이 단계에서 치료자는 내담자에게 개인의 위험 요소와 손상의 정도를 알려 주고 음주 행동에 변화를 가져와야 할 개인의 책임을 강조해 준다.

두 번째 단계에서 강조점은 변화에 임하도록 촉진하는 데 둔다. 이 단계에서 치료자는 내담자와 변화에 대한 준비도와 변화하기로 결정했는지 여부를 탐색해 본다. 공감적이고 지지적인 방식으로 치료자는 음주 행동 변화를 독려할 분명한 충고를 제공한다. 내담자가 변화에 대한 관심을 표현하면 다양한 변화를 위한 선택 사항들을 논의하고 고려한다. 활동 계획을 실행할 가능성을 향상하기 위해 중요한 다른 사람을 변화 계획안에 포함시킬 수도 있다. 변화를 위한 행동하기와 행동하지 않는 것과 연관된 결과들도 또한 깊이 고려된다.

마지막 단계에서는 내담자와 치료자가 변화지향 책략들을 논의하고 시험해 본다. 또한 이 단계에서는 어떤 진전이나 얻은 점이 있는지 살펴보고 내담자의 동기와 변화를 시도하는지도 자주 재평가하고 다시 확인해 준다.

규칙 생성과 준수를 통해 문제 행동 억제하기

규칙은 제약을 주는 데도 사용될 수 있다(Alessi, 1992). 예를 들어, 사회에서는 자주 수용되는 행동과 수용되지 않는 행동이 무엇인지에 대한 한계를 구분하는 방법을 정한다. 자주 행동을 제약하는 문화 규칙의 예로는 가치, 경고, 금기와 훈계 등이 있는데, 이들에 불순종하는 경우 사회적으로 부정적인 결과를 받게 된다는 것이 내포되어 있다. 어떤 사람의 행동은 지나치게 즉각적인 환경 단서에 의해 영향을 받아서 행동이 일차적 자극에 의해 유도되고 단기 수반성에 의해 영향을 받는다. 그런 사람은 충동적이고 엉뚱하며 쾌락 추구적으로 비춰진다. 즉각적 환경 단서에 과도하게 반응하는 사람을 위한 치료 과제는 즉각적인 환경 수반성으로부터 영향을 받는 행동을 미래 대안 행동을 구체화해 주는 규칙의 영향을 받도록 이동시키는 것이다. 이 결과의 하나가 개인이 장기 목표를 성취하도록 도와주는 행동 패턴을 발달시키고 유지시켜 더 나은 자리에 있게 되는 것일 수 있다.

이를 촉진하기 위해 치료자는 초기 작업의 방향을 직접적으로 목표나 가치를 찾아내는 데 맞출 수 있다. 일단 찾아내고 나면 치료자와 내담자는 함께 작업하여 이런 가치와 목표를 실현하는 데 필요한 행동 패턴을 찾아내야 한다. 일단 그렇게 찾아내면 내담자는 자신의 가치와 일치하는 방식으로 행동하도록 격려받는다(Hayes, Strosahl et al., 1999; Martell et al., 2001). 이 기법 안에 '마치 그런 것처럼' 행동하기(acting 'as if')가 포함되는데, 이에 대해서는 8장에서 보다 자세하게 기술할 것이다. 간단히 말해서, '마치 그런 것처럼' 행동하기는 이상적으로 되었으면 하는 것에 맞추어 행동하는 것이다. 이런 접근은 한 사람의 행동 결과가 보다 뚜렷하게 드러나고 미래 목표에 보다 잘 맞추어지도록 하여 환경에 의한 즉각적인 영향이 줄어들게 해 줄 것이다.

다른 접근은 행동 계약이다. 행동 계약이란 증가시킬 행동 혹은 감소시킬 행동, 행동이 언제 일어나야 하는지 혹은 언제 일어나지 말아야 하는지, 행동 수행과 관련된 결과 혹은 행동을 하지 않는 것과 관련된 결과가 무엇인지를 구체화해 주는 규칙이나 진술을 말하는데, 이는 종종 글로 쓰인 형태를 취한다(Malott et al., 2000; Miltenberger, 2004). 이런 면에서 계약은 계약에 진술된 변수에 맞추어 행동하게 하는 확립조작 전략으로 작용한다. 따르기가 보다 용이한 규칙에는 꽤 중요하고 가능성이 높은 즉각적인 결과가 포함된다. 반대로 상대적으로 덜 중요하거나 가능성이 적은 즉각적인 결과를 나타내는 규칙은 따르기가 보다 어렵다(Malott et al., 2000). 변증법적 행동치료(Linehan, 1993a)에서 내담자에게 치료의 방향성을 알려주고, 치료와 관련된 내담자와 치료자의 기대를 명확히 하고, 위기 상황에 대응하는 지침을 수립하는 데 기본 행동계약 책략의 변형된 형태들이 사용된다.

사례 기술

'제니'는 24세의 기혼 여성이며 지방 백화점에서 점원으로 일하고 있다. 성인이 된 이후로 일반화된 불안장애 행동 패턴을 보였다. 나쁜 일이 일어날까 봐 지속적으로 걱정하는 것이 가장 두드러졌다. 예기 사고 내용을 보면 무언가 잘못되거나 실수하는 것에서부터 다른 사람에게 나쁘게 평가되는 것, 자신의 실수와 단점에 집착하는 것과 미래에 대한 과장된 비관주의까지 포함되어 있다. 걱정은 수면장애(특히 밤에 잠드는 것), 피로, 집중과 주의 유지의 어려움과 하루 종일 긴장된 느낌 속에 있는 것들과 관련되었다. 제니는 또한 주요우울장애, 사회불안장애, 공황장애와 회피 및 의존성 성격장애에 부합되는 몇 가지 특징도 보고하였지만 진단적 역치에 해당될 수준은 아니었다.

제니의 걱정 패턴의 기능에 대한 처음 탐색에서 치료자는 걱정하기가 얼마나 도움이 되는지 질문하였다. 치료자는 걱정하기가 매우 자주 나타난다는 것은 어떤 종류의 강화 과정이 걱정을 유지시켜 주도록 작용하는 것이기 때문에 걱정하기가 어떤 방식에서는 도움이 되어 왔다고 가정하였다. 제니는 걱정하기에 대한 몇 가지 이유를 말하였는데(뒤에 제시된 기능 개념화의 '확립조작 전략' 부분에 기록됨), 걱정하기는 "내가 해야 할 일을 생각해 내는 데 도움이 되며" "걱정하기가 마음을 약간은 차분하게 해 준다."고 하였다. 그녀와 치료자가 이를 깊이 살펴보면서 제니가 덧붙인 내용들은 걱정하기가 문제를 해결해 주지는 못하지만 때때로 불안이나 다른 부정적 감정을 단기적으로는 감소시켜 준다는 견해와 일치되었다. 오히려 제니는 자신은 부정적 사건이 어떻게 펼쳐지고 어떻게 자신에게 영향을 주는지에 대한 다양한 시나리오를 반복적으로 떠올려 보며, 실제 그 일이 일어난다면 어떻게 문제를 해결할지 생각하는 데 시간은 거의 쓰지 않는다고 하였다.

제니는 자신이 지금 치료를 받으려고 하는 이유는 상황이나 장소를 피하는 행동이 많이 늘었으며 특히 다른 사람들이 거기 있을 때 더 많이 회피하려고 하기 때문이라고 하였다. 그녀의 걱정은 또한 수면을 방해하고 다른 활동을 할 시간을 빼앗아 가는 등의 손해를 미치고 있었다. 다른 사람으로부터의 위안이 종종 제한적으로는 단기적으로 안심이 되기는 하지만 걱정 패턴에 어떠한 장기적인 효과도 주지 못하였다. 제니는 '별것 아닌 일'로 다른 사람, 특히 남편에게 가는 것에 지쳤다고 말하였다.

평가 단계에서 제니의 치료자는 그녀에게 걱정에 동반되는 상황에 대해 자기 점검을 하라고 요청하였다. 자기 점검 형식은 인지치료에서 사용되는 일상 사고 기록지에 기초하여 만들었다. 걱정하기와 그 행동과 연관된 결과 맥락에서 제니의 행동을 평가하기 위해 약간 수정된 형태가 사용되었다.

〈표 6-1〉에는 제니의 3일간의 기록이 나타나 있다. 제니는 치료자에게 표를 완성해 주면서 이 기록이 자신의 걱정하기 패턴을 적절하게 드러내 준다고 하였다. 함께 표를 보면서 몇 가지 사항들을 관찰할 수 있었다.

- 제니는 구조화되지 않은 시간, 즉 혼자 있을 때, 무엇을 해야 좋을지 모를 때, 혹은 지루할 때 걱정에 보다 취약하다.
- 때때로 걱정하는 동안에는 걱정에 동반되는 감정의 강도가 줄어든다.
- 그녀의 '감정 강도' 평정은 '증거' 평정보다 항상 높았는데, 이는 그녀의 감정 반응이 그 상황에서 생각을 지지해 줄 증거보다도 더 강하다는 점을 시사해 준다.
- 제니는 자신의 문제가 걱정하는 것이라고 생각하지만, 반추하는 내용의 상당 부분은 염려하는 시나리오와 연관된 있을 법하지 않은 부정적 결과가 과장된 것들이었고, 건설적인 문제 해결에는 거의 시간을 쓰지 않았다.
- 염려하는 상황에서 제니는 종종 자신의 걱정이나 맥락에 반응해서 아

〈표 6-1〉 제니의 사고와 감정 기록 일지

상황	감정	사고	사고로 생긴 어려움	행동	행동의 결과
무슨 일이 일어났는가? 어디에 있었는가? 누구와 함께 있었는가?	이 상황에서 느낀 감정에 이름을 붙이고 강도를 평정하기 (0=전혀 아님, 10=매우 강함)	불쾌한 감정이 느껴질 때쯤 어떤 생각을 하고 있었는가?	이 사고는 당신에게 무엇을 의미하는가? 그 생각이 맞는 것이라면 어떤 점을 시사하는가? 이 사고가 얼마나 실제라고 생각하는지 평가하라(0=전혀 그렇지 않다, 10=아주 객관적으로 그렇다).	이 생각과 감정을 가진 후 그 상황에서 무엇을 했는가? (아무것도 하지 않았다면 '아무것도 하지 않음'이라고 쓰시오)	행동의 결과로 어떤 일이 일어났는가? (행동하지 않았다면 상황이 달라졌는가? 당신의 생각이나 감정이 달라졌는가?) 당신의 행동이 도움이 되었는가, 아니면 도움이 되지 않았는가? 만약 그렇다면 어떻게 도움이 되었는가(혹은 도움이 되지 않았는가)
1. 집에서 앉아 있음. 별 다른 것은 하지 않고 생각만 함	불안(8)	4분기 직무평가에서 나쁜 점수를 받을 거야.	나는 해고될 거야(3).	아무것도 하지 않음(그저 계속 걱정만 하고 있음)	불안이 가시지 않음. 문제와 관련된 어떤 행동도 하지 않음
2. 집에서 남편과 싸움 (재정 문제)	화남(5) 불안(7) 슬픔(4)	때때로 우리는 서로 맞지 않는 것 같다.	서로 소원해지거나 이혼할 것 같다(3).	남편에게 가서 그냥 있기보다는 문제를 해결할 필요가 있다고 제안함	의견 불일치를 해소함. 불안과 분노가 사라짐. 남편에 대한 좋은 감정이 느껴짐
3. 직장에서 내가 지나갈 때 사장이 찡그림	불안(7)	나를 못마땅히 여기는 거야.	분명히 해고될 거야(4).	아무것도 하지 않음(계속 걱정만 하고 있음)	고객이 올 때까지 변화 없음

4. 직장에서 과장이 내게 새로운 재고조사 방법을 알려 줌	불안(7) 압력(8)	왜 금방 이해하지 못하는 거지? 나는 멍청하고 느려 터진 것이 분명해.	나는 능력이 없거나 머리가 나빠서 훌륭하게 될 수 없을 거야(6).	화장실에 간다고 과장에게 말했다(실제로는 갈 필요가 없었음).	화장실에 감. 불안이 감소됨. 돌아와서 나중에 배울 수 있었음
5. 집에서 텔레비전을 봄. 재미있는 것이 없어서 지루함	지루함(7)	엄마가 넘어져서 엉덩이가 깨졌을지도 몰라.	병원에 입원하거나 돌아가실지도 몰라(5).	엄마에게 전화함(실은 무사한지 확인 전화한 것임)	안심이 됨. 엄마는 잘 지낸다고 말함
6. 침대에서 자려고 함	불안(9)	엄마가 넘어져서 엉덩이가 깨졌을지도 몰라.	병원에 입원하거나 돌아가실지도 몰라(5).	걱정을 멈추려고 함. 어머니 장례식에 있는 내 모습이 연상되고 슬픔을 느낌	걱정을 멈출 수가 없음. 더욱 불안해짐. 이제는 슬퍼지고 걱정이 더 많이 됨. 3시간 동안 잠들지 못함
7. 혼자서 일하러 갈 채비를 함. 재정 문제를 생각함	불안(8) 슬픔(6)	내가 직장을 잃으면 집 대출을 갚지 못할 거야.	우리는 길에 나앉게 될 것이고 나는 직장을 얻지 못할 거야(4).	옷을 입으면서 이런 가능성에 대해 더 많이 생각함	약간 덜 불안해 짐. 걱정이 줄어듦. 옷입기를 마침
8. 집에서 혼자 있음(남편은 포커 치러 나감). 뭘 할지 모르겠음	지루함(7) 불안(5) 불확실(7)	이 세상이 진짜로 산산조각 날 것 같음. 전쟁, 테러리즘, 범죄, 부패	세상은 더 이상 안전한 곳이 아니야.	아무것도 하지 않음. 이 문제에 대해서만 생각함	여전히 혼자 있음. 지루함은 가셨지만 불안과 불확실한 감정이 올라옴. 비관적이고 슬픈 느낌이 듦

무것도 하지 않았다.

- 걱정스러운 상황에 적극적으로 그녀가 반응한 경우는 남편과 싸운 때뿐이었다(〈표 6-1〉의 상황 2). 그녀는 문제를 해결하기 위해 실제로 무언가를 하는 것이 도움이 되었고 걱정만 하는 것은 문제를 해결하는 데 전혀 도움이 되지 않음을 관찰하였다.

임상 면접, 자기 점검과 다른 치료 전 평가의 결과로, 제니의 치료자는 그녀의 걱정 패턴에 대한 기능 분석을 다음과 같이 하였다.

- **변별 자극**: 걱정하는 것 외의 다른 대안 행동에 대한 압력이 거의 없는 상황(예: 혼자 있거나 가게에 손님이 없는 상황), 어떻게 반응해야 하고 무엇을 해야 할지에 대한 지침이 분명하지 않은 상황, 제니의 행동 레퍼토리 안에 확실히 성립되어 있지 않은 반응을 요구하는 상황, 다른 사람, 특히 권위 있는 사람과 함께 있는 상황
- **확립조작 전략**: 여기에는 제니가 싫어하는 불안, 지루함 혹은 불확실함을 경험하는 것과 다음과 같은 염려와 관련된 규칙들이 포함된다.
  - 걱정하면 나쁜 일이 일어나는 것이 예방된다.
  - 걱정은 내 문제를 해결하는 데 유용한 방법이다.
  - 걱정은 내 마음을 어느 정도는 차분하게 해 준다.
  - 예상하지 못했던 나쁜 일이 일어나면 나는 그 일을 해결할 수 없을 것이다('그 일'과 관련된 불안의 강도와 처한 상황을 언급함).
  - 혼자서 이 상황을 다룰 수 없다.
  - 걱정을 멈추게 스스로를 압박하는 것이 걱정을 떨쳐 버리는 유일한 방법이다.

개인 변인

제니는 불안과 관련된 다양한 가족력을 가지고 있었다. 걱정에 대해 부적 강화를 받기도 하면서(예: 가끔 즉각적으로 불안 수준이 감소되고 파국적인 사고와 이미지가 줄어드는 경험을 하는 것 등) 불안과 염려에 대한 오랜 역사를 가지고 있다. 평생 처벌, 위협, 위험과 관련된 단서에 과민 반응해 왔다. 다른 사람의 평가에 과민하고 과도한 행동 억제를 평생 동안 보였다.

반응

제니의 반응에는 걱정이 포함되는데, 걱정의 내용은 한 영역에서 그다음 영역으로 이동해 가는 양상을 보이며 종종 상대적으로 오랜 기간 지속될 만한 당장의 환경 상황에 대한 염려와 같은 연속적인 흐름을 나타냈다. 초조와 좌불안석, 잠들기 어려움, 근육 및 정신적 긴장감과 주의집중의 어려움은 걱정 시기를 동반한다. 그녀는 과도하게 다른 사람의 확인과 지지를 구한다.

결과

염려와 연관된 결과를 강화하는 것들은 다음과 같다.

- 부적 강화: 제니는 염려하는 과정에서 파국적인 사고와 연상이 감소되고 불안, 지루함 혹은 불확실함의 즉각적인 감소를 경험한다.
- 정적 강화: 그녀가 특정 활동을 할 수 있는지 혹은 어떤 일을 할 것인지 불확실해할 때면 다른 사람으로부터 지지와 확인을 받고 함께 하게 된다.

즉각적으로 혐오감을 유발하는 결과는 다음과 같다.

- 현재에 대해 염려하기 때문에 현재 닥친 사건과 관련된 그녀의 행동은 그다지 효과적이지 않다.

걱정과 관련하여 혐오감을 주는 지연된 결과는 다음과 같다.

- 제니는 염려 시기 후에 피곤을 경험하여 다른 사람들이 있는 자리를 더 피하게 되며, 걱정하는 데 시간을 다 보내기 때문에 가치 있는 활동에 쓸 시간이 남아 있지 않고, 직무 수행에 뚜렷한 손상을 보이며, 현재 상황과 관련하여 지속적으로 스트레스를 경험한다.

제니의 치료에는 몇 가지 행동개입이 포함되는데, 현재를 자각하고 긴장을 감소시키기 위한 복식 호흡, 반복적으로 특정 염려에 노출하기(카세트테이프에 자기 목소리를 담아서), 반응 방지(불안과 염려에 대처하는 방법으로 다른 사람과 물리적으로 함께 있기를 추구하거나 위안 및 지지 구하는 행동을 안 하기), 그리고 마음챙김 연습을 통해 분산시키기나 사고와 감정을 자신과 분리시켜 보는 관점 가지기 등이 있다. 다음의 요약은 염려 행동을 기능적 측면에서 바꾸는 데 명백하게 사용된 기법과 연관 지어 치료를 기술한 것이다.

치료에서 제니와 치료자는 처음에 문제 해결로부터 비생산적인 반추를 구분해 냈다. 어느 정도의 도움으로 제니는 몇 가지 특징을 찾아낼 수 있었고 이를 색인 카드에 기록하였다. 치료자는 그녀가 이런 특성에 기초해서 자신이 염려한다는 것을 알게 되면 행동에 적절한 이름을 붙일 수 있을 것이라고 하였다(예: "이것은 도움이 되지 않는 반추다."). 염려하기란 제니가 어떤 맥락이나 상황에 대처하는 데 도움이 되는 회피 행동의 한 형태라는 가정에 기초해서 반추를 억제하고 대신해서 할 만한 다른 행동 목록을 만들었다. 이 행동들을 서로 다른 색인 카드에 적어 넣고, 제니가 염려에 빠져들면서 다른 어떤 행동을 해야 할지 생각나지 않을 때 이 카드를 참조해서 대안 행동을 찾도록 하였다. 그렇게 되면 염려하는 행동은 대안 행동을 신호해 주는 단서로 변형되는 것이다. 카드에 있는 대안 행동들은 정적 강화를 줄 가능성에 기초해서 선택되었다. 대안들이 작은 색인 카드에 기록되었기 때문에 어디를 가든지 가지고 다닐 수 있었으며, 필요할 때 찾아 볼 수 있었다.

처음 회기에서 제니와 치료자는 몇 가지 행동 실험을 고안해 내서 염려하기에 대한 확립조작 전략으로 작용하는 규칙을 시험해 보았다. "염려하기는 내 문제를 해결하는 데 유용한 방법이다."와 같은 이 규칙의 일부는 〈표 6-1〉의 자기 점검 연습에서 이미 부정확한 것으로 드러났다. 자기 점검의 결과로 제니는 이 규칙을 "염려하기가 내 문제를 해결하지 못한다."로 수정하였다.

하나의 행동 실험을 시도하였는데, "염려하기를 멈추라고 스스로에게 말하는 것이 염려를 떨쳐 버리는 유일한 방법이다."라는 규칙을 목표로 설정하였다. 그 실험은 사고(즉, '~를 염려하는 것을 멈추라고 스스로에게 말하기')와 같은 개인적인 일을 억압하는 데 언어 통제가 효과적인 방법이라고 하는 제니의 진술이 가정하고 있는 것에 기초하였다. 실험은 제니의 규칙이 "생각이나 감정을 스스로 멈추려 하는 것은 더욱 '거기'에 있게 만드는 것이다."라는 대체 규칙에 반하는지 시험해 보는 것이었다. 실험은 ACT의 초콜릿 케이크 연습에 참여했을 때 어떤 일이 일어났는지 인지하고, 그녀가 인지한 것이 자신의 규칙 혹은 대체 규칙 중 어느 것과 보다 많이 일치하는지를 결정하는 것으로 구성되었다. 이 연습을 통해 제니는 다음의 것들을 하도록 요청되었다(Hayes, Strosahl et al., 1999에서 발췌).

- 지금 내가 당신에게 무언가에 대해 생각하지 말라고 한다고 가정해 보세요. 나는 곧바로 당신에게 말할 것입니다. 내가 말하면 일 초라도 그에 대해 생각하지 마시기 바랍니다. 자, 보세요. 생각하지 말라는 것을

> 기억하세요. 음…… 따뜻한 초콜릿 케이크를 생각하지 마세요. 당신은 오븐에서 막 나온 따뜻한 초콜릿 케이크 냄새가 어떨지 알고 있습니다. 생각하지 마세요! 당신이 한입 물었을 때 휘감기는 초콜릿의 맛……. 생각하지 마세요! 더 이상 그에 대해 생각하지 않는 것이 중요합니다!(p. 124)

제니는 자신이 초콜릿 케이크에 대해서 생각을 안 하려 할수록 오히려 더 '거기'에 있게 되고 온갖 노력에도 불구하고 할 수 없기 때문에 그 이미지가 보다 더 위협적이 된다는 점을 인식하였다. 치료자는 이 밖에도 사적인 경험들을 억제해 왔던 상황들에 적용해 보게 하면서 그런 방식으로 하는 것이 일반적으로 효과가 있었는지 제니에게 직접 물어보았다. 제니는 결국 사고와 감정을 없애려는 노력이 실제로 효과가 없었다는 것을 깨달았다. 연습이 끝나고 자신의 과거 경험을 생각해 보면서, 제니는 대체 규칙을 받아들이고 예전 것들을 버렸다.

다른 행동 실험은 "세상은 두렵고 위험하다."는 규칙을 목표로 하였는데, 이 규칙을 좀 더 상세히 분석하여 "사람들이 두렵고 나를 해칠 것이다."로 정리하였다. 제니와 치료자는 사람들이 모인 시내에 가서 다양한 사례를 통해 이 사고의 타당성을 점검해 보기로 하였다. 치료자가 하자는 활동을 하기로 합의하였고, 치료자는 제니와 사람들이 모이는 몇몇 장소(쇼핑몰, 식료품 가게, 도시 공원, 도시 중심 광장과 버스정류장)를 정해 놓고 그곳에서 만나기로 하였다. 2시간 동안 시행해 보면서 사람들이 두렵고 해를 줄 것 같다는 견해와 일치하거나 일치하지 않는 증거를 찾아보기로 하였다. 이 연습에서 치료자의 역할은 지지와 격려를 보내고 제니가 안전 행동(예: 실험을 급하게 해 버리는 것, 위안을 추구하는 것, 주의를 돌리는 것)을 사용하는지 관찰하고 이를 못하게 하며, 그녀가 자신의 규칙에 적절하게 가용한 정보를 모으도록 이끌어 주는 것이었다.

사전에 결정한 지점을 방문했을 때, 치료자는 제니가 사람들을 보고 그들의 움직임과 행동, 자세, 얼굴 표정, 목소리 높낮이와 말하는 내용들을 살펴보게 하였다. 그녀가 해야 할 과제는 관찰하는 사람들로부터 위험이나 두려움의 어떤 표식이 있는지, 제니가 보는 다른 사람들이 위험스럽고 두렵게 보이는지 탐색하는 것이었다. 이 실험을 하는 동안 치료자는 그녀의 불안 수준을 관찰하고 2분 간격으로 사고의 변화가 있는지 자료를 모았다. 실험이 진행되면서 제니는 점점 덜 불안해진다고 보고하였다. 다른 사람들이 두렵거나 위협적으로 보이지 않는다는 것도 인식하였다. 오히려 대부분의 사람이 각자의 일을 하면서 즐거운 시간들을 보내는 것 같다고 생각되었다. 실험에 앞서 제니는 "사람들이 두렵고 나에게 해를 끼칠 것 같다."는 규칙에 대해 70%의 확신을 가졌다. 실험을 마치면서는 20%의 확신을 가진다고 하였다.

치료가 진행되면서 제니의 가치나 그녀가 가장 중요하게 여기는 것이 무엇이며, 그녀의 삶에서 원하는 것이 무엇인지를 찾아내는 데 보다 많은 강조점이 두어졌다. '걱정하며 대부분의 시간을 보내느라 하지 않고 있는 활동을 하기'를 바란다는 제니의 말에 기초해서 가치 규명은 지속적으로 강조되었다. 제니에게 물어보았을 때, 그녀는 더 이상 걱정으로 인해 자신의 삶을 방관하게 되지 않는다면 긴장과 불안을 감수할 용의가 있다고 하였다. 제니에게 이는 어느 정도의 불편감을 감수하더라도 긴장과 불안 감소라는 단기 목표에서 벗어나 자신에게 중요한 인생 지향점을 향해 나아가겠다는 것을 나타내는 것이었다.

시작점에서 제니와 치료자는 관계와 그녀가 매우 가치를 두지만 상당 부분 무시하였던 것들에 초점을 맞추었다. 예를 들어, 남편과의 관계에서 그녀는 친밀감을 높이고 싶어 했는데 매일 불안과 염려 주변을 항상 맴돌면서 상호작용하고 있었다(예: 확인 구하기). 남편과의 관계에서 친밀함을 발달시키려는 생각이 다소 위험스럽기는 했지만, 그렇게 함으로써 그녀는 남편과의 관계를 좋게 만들었을 뿐 아니라 걱정에 몰두하는 것에서도 벗어나게 되었다.

남편으로부터 시작해 다른 사람과 깊은 관계를 만들어 가는 초기 단계에서 그녀의 목표가 가치를 두는 쪽으로 이동되었다(Hayes & Smith, 2005). 단기 목표로는 남편과 보다 많은 여가 활동하기가 포함되었다(예: 일주일에 한 번 식당에 가서 식사하기, 공원에 산책 가기). 시간 일지가 이 활동들을 조직화하는 데 사용되었다. 장기 목표로 자녀를 가지고 가족이 원하는 가정환경을 만드는 것이 들어갔다. 제니는 매일 일정 시간—이전에는 주로 걱정하느라 썼던 시간—을 남편과 삶의 질을 향상할 방법을 모색하는 데 할애하였다. 이 밖에도 남편에게 보다 개방적이고 연약하게 보이는 실험들을 해 보았고, 자신의 가치를 남편과도 나누었다. 그렇게 하려는 생각이 거부와 관련된 염려를 일으키기는 하였지만, 제니는 삶의 영역에서 확실하지 않은 염려로 인해 자신의 가치를 양도하지 않는 태도를 지속하였다. 치료가 끝날 때쯤 제니는 걱정과 불안으로 뒤엉킨 삶에서 벗어나 자신이 가지기를 원하는 삶의 형태를 만들어 가는 단계를 밟게 되었다.

요 약

사고와 사고 패턴의 기능적 측면을 치료 표적으로 고려할 때 치료자에게 유용한 지침은 다음과 같다.

- 특정 사고 패턴과 내담자 문제 영역 간의 가능한 기능적 관계를 평가하라.
- 특정 사고 패턴이 삶의 문제를 다룰 가능성을 사전에 배제시키는지 여부를 보다 직접적이고 적극적으로 탐색하라.

- 내담자가 비생산적인 사고가 일어날 때 이를 알아차리고 규정하도록 도와주고 그러한 경우에 대체 활동을 할 수 있는 단서를 사용하게 하라.
- 행동과 관련된 비생산적 사고의 형태와 기능을 수정해 줄 수 있고 이전에 했던 것과 다른 어떤 것을 내담자가 해 볼 수 있는 행동 실험을 고안하라.
- 부정확하고 잘못되었거나 해가 되는 규칙에 고착되어 있는 것을 바꾸어 줄 수 있는 다른 개입의 접근이 사용 가능한지 고려하라.
- 내담자의 문제 행동과 양립 불가능하거나 일치하지 않는 대체 행동 패턴을 제시할 수 있는 목표와 가치를 규명하라.
- 목표와 가치에 부합하는 행동 패턴을 하도록 촉진하는 개입 책략을 설계하고 시행하라.

CHAPTER 07

기술을 키워서 행동을 변화시키기

Behavioral Interventions in Cognitive Behavior Therapy

종종 **기술훈련**이라고 하는 행동적 개입의 주요한 다른 분류는 내담자로 하여금 새로운 행동을 습득하고 강화하게 도와준다. 기술훈련은 내담자가 특정한 행동이나 어떤 종류의 행동(예: 대처 행동, 정서조절 행동, 사회적 자기주장 행동)을 하지 않는다면 그 사람의 행동 레퍼토리에 결함이 있는 것이라는 가정에 기초하고 있다. 일반적으로 자주 언급되는 가정은 내담자가 이런 행동을 한다면 그 사람의 삶이 어떤 방식으로든 향상될 것이라는 것이다. 예를 들어, 강의를 효과적으로 전달하는 데 요구되는 행동을 하지 않는 교수는 이런 행동을 학습함으로써 도움을 얻게 될 것이다. 강한 정서적 고통을 다루는 방법이라고는 자살 시도와 자해밖에 없는 내담자에게 정서조절 기술을 학습시킨다면 자신의 삶을 보다 충만하게 만들 수 있게 될 것이다. 기술훈련은 내담자가 목표나 바람직한 결과를 얻거나 삶에서 가치 있는 방향으로 향하게 해주는 특정 행동(이른바 기술)을 습득하고 배우도록 돕는 데 사용되는 일반적인 방법 중 하나다.

이 장에서는 기술훈련에 대해 설명하고 논의할 것이다. 기술훈련 접근의 배경과 역사적 정보 및 기술지향 치료 접근에 대한 연구 결과들을 논의하면서 시작할 것이다. 기술훈련 개념과 목표를 정의하고 언제 기술훈련을 사용하며 기술훈련 개입이 어떻게 작용하는지 논할 것이다. 이 장의 뒷부분에서는 내담자가 기술을 습득해서 강화하고 목표를 성취하도록 돕기 위해 기술훈련 개입을 어떻게 적용할지에 대한 실제적인 지침을 제공할 것이다.

이론적 배경

다음에서는 인지행동치료(CBT)와 행동치료의 기술훈련 역할에 대해 간략하게 제시할 것이다. 이러한 개입들이 어떻게 발달되었으며 기술훈련이 주요 역할을 하는 최근 치료법으로는 어떤 것들이 있는지에 대한 사례들에 중점을 둘 것이다. 또한 기술훈련의 효능에 대한 연구 결과들에 대해서도 기술할 것이다.

간략한 역사

기술훈련은 처음부터 행동치료의 실질적인 특징이 되어 왔다. John B. Watson의 제자인 Mary Cover Jones(1924a)는 **사회적 모방**(social imitation)이라는 노출치료와 기술훈련을 연결하는 치료를 처음으로 적용하였다. 원래 사례 연구에서 보고된 사회적 모방에는 공포증 아동('피터')이 두려워하는 물건을 가지고 노는 것을 동료로 하여금 보게 하는 방법이 포함되었다. 연이어 1930년대 정신건강 종사자들은 정신과 병동에서 다시 지역사회로 돌아가는 사람들의 사회적 능력을 증가시키기 위해 사회기술 훈련을 사용하기 시작했다. Phillips와 Zigler(1961)는 1950년대 사회기술 훈련에 관한 세미나에서 우울증(Becker, Heimberg, & Bellack, 1987; Rehm, 1979)과 정신분열병(Benton & Schroeder, 1990; Mueser, Levine, & Bellack, 1990)을 포함하여 다양한 임상 장면의 문제들에 그것이 매우 효과적으로 적용되고 있음을 확인시켜 주었다.

현재 행동치료 분야에서 기술훈련은 양육의 어려움으로부터 분노 관리 문제, 성 문제, 직업 기능 문제 등 다양한 영역의 여러 임상 문제 및 삶의 영역에 적용될 수 있다. 사실 임상적 어려움의 수만큼 적응 가능한 기술훈련들이 많이 있다. 내담자가 치료받기 원하는 어떤 문제든지 그 안에는 배우거나 변화되어야 할 행동 문제 세트(예: 심각한 자해)와 내담자가 수행해야 할 효과적인 행동 문제 세트(예: 정서 조절과 문제해결 기술)가 포함되어 있다. 어떠한 효과적인 개입이라도 행동적 용어(예: 효과적으로 대처하는 기술)로 개념화될 수 있다.

기술훈련 개입의 경험적 기초

기술훈련 개입은 다양한 임상 문제 영역에서 효과를 나타냈다. 일반적으로 증거기반 치료법에 기술훈련이 포함되는데 (1) 단독 치료방법, (2) 보다 큰 치료 패키지의 한 요소로 사용되는 방법의 두 가지가 있다. 단독 치료방법으로서 사회기술 훈련은 우울증 감소(Becker et al., 1987; Rehm, 1979)와 정신분열병 환자들의 증상 재발률과 재입원율 감소(Bellack, Mueser, Gingevich, & Agrista, 1997)에 매우 강력한 효능을 나타냈다. 약물남용에 대한 몇몇 치료에서는 경험적으로 강력하게 지지된 대인 간 의사소통과 정서 관리 영역의 기술 증진에 초점을 맞추었다(Higgins, Budney, & Sigmon, 2001; Monti et al., 1990). 또한 분노관리 기술훈련 프로그램은 외부로 드러나는 분노 관련 행동뿐 아니라 분노 감소에도 효과를 나타냈다(Novaco, 1975; 개관을 위해 Novaco, 1995 참조).

기술훈련 개입은 또한 효능이 있다고 확실히 입증된 CBT 치료 패키지 안에 구성 요소로 들어가기도 한다. 예를 들어, 점진적 근육이완법과 복식호흡 기술은 공황통제치료(panic control therapy, PCT; Barlow & Craske, 1994)에서 핵심 요소가 된다. 임상 효과 연구에서 PCT의 모든 과정을 마친 사람의 78%가 추후 평가 단계에서 공황 증상을 나타내지 않았다(Craske & Barlow, 2001). 그렇지만 이완 훈련이나 복식호흡 기술이 PCT의 핵심 요소인지 혹은 이러한 기술들이 노출기반 치료를 넘어서 PCT 효능을 증가시켜 주었는지는 분명하지 않다. 비슷하게 스트레스 면역 훈련(Meichenbaum, 1985), 인지과정치료(Resick & Schnicke, 1993)와 지연 노출(Foa & Rothbaum, 1998) 모두 외상후 스트레스 장애를 치료하는 데 효능이 있으며 그 안에는 근육이완과 복식호흡 기술이 포함된다.

다른 증거기반 치료 패키지에도 기술훈련이 주요 요소로 포함된다. 경험적 지지를 가장 강하게 받고 있는 부부간 불화와 불만족 치료는 행동 부부

치료(behavioral marital therapy, BMT; Jacobson & Margolin, 1979)라고 하는 방법인데, 무엇보다도 효과적인 의사소통과 문제해결 기술을 부부에게 가르치는 것에 중점을 둔다. 변증법적 행동치료(DBT; Linehan, 1993a)는 최근 경계선 성격장애 환자를 치료하는 데 가장 많은 경험적 지지를 받고 있는 심리사회적 치료법이다. DBT에서는 매주 외래 환자들에게 기술을 가르치는데, 여기에는 명상, 정서 조절(정서조절 기술), 스트레스를 견뎌 내고 위기 극복하기(스트레스 감내 기술)와 효과적인 정도로 자기주장을 하면서 대인관계 상황 이어가기(대인관계 효과성 기술)가 포함된다. 공황장애와 외상 후 스트레스 장애와 마찬가지로 기술훈련이 BMT와 DBT에서 핵심적인 요소인지는 분명하지 않지만, 그럼에도 기술훈련은 증거기반 치료법 안에 견고히 자리잡고 있다.

기술훈련에 대한 다른 논점은 기술훈련보다는 단순히 정보를 전달하는 것으로도 충분한 개입이 되는지 여부와 관련된 것이다. 몇몇 연구에서 이 문제를 다루었다. 한 연구에서는 정신분열병 환자를 무선적으로 기술지향 CBT 집단 프로그램 혹은 공식적인 기술훈련 없이 정신분열병과 정신건강 교육만을 하는 집단 심리교육 프로그램 집단에 할당하였다(Bechdolf, Knost, & Kuntermann, 2004). CBT 기술 프로그램과 심리교육 프로그램 모두는 정신분열병과 관련된 문제들에서 향상을 가져왔으나 CBT 기술훈련 집단이 치료 후와 추후 평가에서 재발률이 더 낮았으며, 치료에 대한 충성도도 높게 나타났으며, 추후 평가에서 재입원율도 더 낮게 나타났다. 다른 연구에서는 연구자들이 약물남용 문제를 가진 두 개의 진단을 받은 청소년을 CBT 대처 기술 집단 혹은 심리교육 집단에 무선적으로 배정하였다. 양 집단 모두에서 약물남용 정도가 감소되었으나, 추후 평가에서 CBT 집단에 참여한 청소년들에서만 소변검사 양성 결과가 유의하게 더 적었다(Kaminer, Burleson, & Goldberger, 2002). 이 영역의 연구가 현재로서는 다소 빈약하지만 심리교육 형식이 실제 기술을 가르치는 것만큼 효과적이지 않다는 정보는 제공하는 듯하다.

기술훈련을 정의하기

여기에서는 현재 CBT에서 사용되는 기술훈련에 대해 정의할 것이다. 기술을 어떻게 정의할 것인가를 고려할 때 중요한 몇 가지 개념으로는 기술, 수행, 효과성과 유연성을 들 수 있다. 궁극적으로 기술훈련의 목적은 내담자로 하여금 보다 효과적으로 행동하도록 돕고 때때로 그들이 행동하고 반응하는 방법에 유연성을 발휘하도록 지지해 주는 것이다.

역량, 자질과 능력

역량(capacity)이라는 단어는 다양하게 정의 내릴 수 있는데, 대부분의 정의에는 숙련도(proficiency), 재능, 자질, 능력과 같은 용어들이 포함된다. O'Donohue와 Krasner(1995)는 한 사람이 기술을 가지고 있는지 여부는 특정 행동 혹은 일반적인 기술 분류 안에 잘 들어맞는 하위 기술을 수행할 자질을 가지고 있는지 여부와 관련된다고 하였다. 예를 들어, 사회 기술이라는 일반 분류 안에는 공손하기, 예의 바르게 하기와 자기주장적 행동과 같은 다양한 하위 기술이 포함된다. 많은 정의에 따르면, 한 내담자가 사회 기술을 가지고 있다고 말한다는 것은 그 내담자가 이러한 행동을 수행할 자질을 가지고 있다는 것을 의미한다.

자질을 가지고 기술을 정의하는 데는 이점과 단점이 있다. 이점으로는 자질, 재능 및 능력과 같은 단어들은 발견적 가치가 있고 실용적이란 점이다. 어떤 사람들은 단지 어떤 과제를 할 수 없을 뿐이다. 유사하게 어떤 사람들은 특정 환경에서 효과적으로 기능하는 데 필요한 행동을 전혀 배우지 못해 왔다. 또한 한 사람의 문제 영역을 평가하고 개념화할 때 내담자가 무엇을 할 수 있는지와 그 내담자가 할 수 있지만 하고 있지 않은 것이 무엇인지 결정하는 것이 중요하다. 내담자가 어떤 행동을 할 수 없다면(예: 내담자는 사장 앞에서 자기 의견을 어떻게 표현하는지 알지 못한다) 기술훈련은 하나의 적절한 선택이다. 그렇지만 내담자가 그 행동을 할 수는 있지만 그렇게 하지 않는다면 치료는 효과적인 행동을 막는 장벽(예: 동기 문제, 두려움, 혹은 사장과의 적절한 자기 표현을 저해하는 다른 요소들)을 없애는 방법을 찾아내는 것이 되어야 한다.

하지만 **재능**, **자질** 및 **능력**과 기타 구인 등의 용어들은 그다지 구체적이지 않다. 한 사람이 특정 행동들에 임할 **자질을 가지고 있다**고 말하는 것은 **소유한다** 혹은 **가진다**는 말이 의미하는 바를 분명하게 하지 않으면 잘못 이해될 수 있다. 한 사람이 행동을 '가진다' 혹은 '소유한다'는 의미는 한 사람이 어떤 연장을 '가지고' 혹은 '소유하고' 있다는 것과 같은 의미가 아니다. 한 내담자가 특정 능력을 가지고 있는지 여부를 판단하는 유일한 지표는 그 내담자가 그 행동을 보여야 할 때에 실제 보여 주는지 여부다. 한 내담자가 어떤 행동을 '할 수 있다'고 하는 것이 결코 내담자가 무언가를 '한다'고 말하는 것 이상의 정보를 주지는 않는다. 자주 경험하듯이, 치료자는 이 행동을 수행할 내담자의 능력에 대해 실제 행동과 추측 사이에서 갈등한다(예: 능력이라는 용어는 내담자가 하고 있는 실제 행동을 대신 기술하는 표현이다). 다음 문장에서 이러한 예가 분명하게 나타난다. '그녀는 집에서 나와서 파트너의 물리적 학대를 피할 수 있었다.' 이 문장이 실제로 의미하는 것은 '학대당하기 전에 그녀는 집을 떠났다.'이다.

능력 혹은 소질과 관련지어 설명할 때의 다른 단점은 그렇게 하는 것이 행동의 맥락적 변화를 모호하게 할 수 있다는 것이다. 한 내담자는 어떤 행동을 수행할 수 있지만 그 행동을 억압하거나 대안이 될 수는 있지만 덜 효과적인 행동을 지지하는 맥락적 요소 때문에 혹은 정서적 반작용(예: 두려움)이나 효과적인 행동을 가로막는 다른 요소들 때문에 그렇게 하지 않을 수 있다. 이전 사례의 내담자는 논점이 가정 경제에 대해 맞추어져 있을 때는 효과적으로 집을 떠나 신체적 학대를 피할지도 모른다(즉, 그녀는 집을 떠날 능력이 있다). 그러나 대화의 중심이 그녀의 파트너와 그의 비서 간 최근 외도에 맞추어진다면 그녀는 집을 떠나지 못할 수도 있다. 그녀가 집을 떠날 능력이 있다고 말하는 것은 집을 떠나는 맥락이 논쟁이나 갈등에 따라 매우 달라진다는 문제를 가려 버린다. 그래서 기술훈련과 다른 행동개입을 시행할 때 임상가가 내담자의 문제를 기술하는 여러 가지 방식과 연관된 가정, 이점과 함정들을 자각하고 있는 것이 중요하다.

기술 대 수행

기술훈련에서 기술이 구체화된 표적 행동인 것에 비해, 수행은 실제 기술을 드러내는 것이다. 기술과 수행 사이의 차이는 아주 중요하다. '레지나'는 개인치료와 집단치료에서 모두 매우 훌륭한 대인관계 행동을 보이는 내담자였다. 한편 그녀는 집단에서 가장 공손하고 예의 바르며 매우 사교적인 회원이었다. 종종 다른 내담자의 과제를 도와주기도 하였고 어려운 대인관계 상황 역할 연기에서 효과적으로 반응해 주기도 하였다. 그러나 다른 한편으로 자살 시도 후 병동에 잠시 입원했을 때 그녀의 대인관계 양상은 완전히 다른 것이었다. 그녀는 의료진과 정신과 의사에게 매우 호전적으로 행동했으며, 치료를 거부했고, 동료 환자들에게 무반응을 보였다.

이 사례에서 보듯이, 때때로 내담자는 한 맥락에서는 효율적인 행동을 하지만 다른 맥락에서는 그렇게 수행하지 않는다. 이 내담자는 여러 맥락(치료 집단, 개인치료와 일상생활) 중 하나의 맥락에서만 효율적인 대인관계 행동을 보였지만 다른 맥락에서는 이러한 행동을 수행하지 않고 대신에 비효율적인 행동을 하였다. 이에 치료자는 내담자에게 새로운 기술을 가르치기보다는 특정 맥락(예: 병원)에서 효과적인 행동 수행을 방해하는 다양한 요소에 초점을 맞추었다. 예를 들어, 치료 회기 동안 정서적 스트레스가 강한 상황임에도 불구하고 보인 효율적인 행동 방식, 내담자가 병원 어딘가 다른 곳에서 보인 효율적인 행동 방식, 그리고 비효율적인 행동을 유지시키는 강화 수반성을 바꿀 수 있었던 상황에 강조점을 두었다(예: 의료진이 내담자를 혼자 두는 것은 내담자의 불쾌한 행동을 부적으로 강화하는 것이었음).

기술훈련의 목표: 효과성과 융통성

숙련된 행동은 공백 상태에서 일어나는 것이 아니고 특정 맥락에서 일어나는데 이 제3의 개념을 **효과성**(effectiveness)이라고 한다. 효과성이라는 용어는 수행된 기술이 내담자가 특정 맥락에서 자신의 행동 목표를 자각하도록 도모하는 정도를 의미한다. 효과성은 O'Donohue와 Krasner(1995)가 정의한 **능력**과 유사한 말인데, 여기에서 능력이란 사람이 "타인의 권리, 욕구와 의무를 동일하게 존중하면서" 자신의 권리, 욕구와 목표를 충족시킬 수 있는 정도를 말한다(p. 3). **기술**이란 특정 행동 혹은 특정 행동 세트를 말하는 반면, 효과성은 직접적으로 내담자의 행동이 환경에 미치는 효과를 말한다.

일상에서 내담자가 부딪히는 상황은 종종 유동적이다. 그러므로 내담자가 해야 할 주요 도전의 하나는 기술을 효과적으로 변화시켜서 적용하는 것이다. 따라서 기술훈련의 마지막 개념은 **융통성**이라는 용어가 된다. 효과성이 한 행동이 특정 맥락에서 선호하는 결과를 얻는 정도를 말한다면, 융통성은 내담자가 다른 맥락에 적용하거나 맥락 속에서 변화를 주고 행동 기술을 효과적으로 수행하는 정도다. 융통성의 개념은 임상가들에게 유용한데, 맥락적 요소 안에서 변화나 차이를 고려하는 데 실패하는 것과 같이 틀에 박힌 방법으로 기술 지향적인 지침을 따라가는 덫을 피해야 함을 강조하기 때문이다. 예를 들면, 치료에 포함되는 사회기술 훈련에서는 사회적 행동의 형태나 외형을 가르치는 것을 강조하게 된다. 경우에 따라서는 내담자에게 특정 상황에서 효과적일 수 있는 자기주장 반응을 가르칠 수도 있다. 그렇지만 여러 가지 대안 반응이 유사한 효과를 내는 경우가 자주 있다(Follette & Hayes, 2000). 이런 이유로 효과성은 기술훈련 프로그램에서 행동 수행의 질보다도 더 강조되어야 한다. 말하자면 로마로 가는 길은 여러 개가 있다.

효과성을 강조하는 방법을 좀 더 살펴보겠다. 기술훈련은 종종 행동 기술을 내담자에게 제공하는데 다음과 같은 것들이다. '당신이 누군가에게 당신을 괴롭히는 일을 그만두라고 요청했는데 상대가 언어적 공격을 해 온다면, 때때로 가장 좋은 책략은 그 공격에 반응하지 않고 조용히 당신이 원하는 바를 다시 말하는 것입니다.' 이것은 '같은 말을 계속 반복하기' 책략으로, Linehan(1993b)의 DBT 기술훈련 매뉴얼 중 대인관계 효과성 기술에 포함되어 있다. 이 책략이나 규칙에 따르는 것이 효과적인 많은 상황이 있지만 다른 상황에서는 '같은 말을 계속 반복하기' 책략이 효과를 보지 못할 수도 있다. 어쩌면 반복해서 이야기하고 노하거나 공격적인 방법으로 반응할 때는 상대가 이를 싫어할 수도 있다(물론 이것이 단지 소거 폭발일 수도 있다). 그래서 내담자가 타인에 대해 자신의 행동이 미치는 영향을 알고 환경과 수반성을 변화시키는 접근을 적용하거나 전환하는 것이 핵심이다. 6장에서 논의한 바와 같이, 때때로 규칙 따르기는 환경 속에서 직접 수반성에 대한 민감성을 감소시킬 수도 있다(Zettle & Hayes, 1982). 그래서 내담자에게 잠정적으로 유용한 기술 상자와 이를 사용하는 데 필요한 규칙을 제공해 줄 뿐 아니라 환경 변화를 추적하고 그에 반응해서 자신의 행동을 적응해 나가도록 돕는 것이 중요하다.

치료자는 언제 기술훈련 개입을 사용하는가

행동개입에서와 같이 치료자는 내담자 문제 영역에 대해 철저히 평가한 후에 기술훈련을 사용하는 것이 가장 좋다. 기술훈련의 일차적 가정은 특정 맥락 속에서 내담자가 원하는 목표나 결과를 얻는 데 요구되는 행동에 결함이 있다는 것이다. 부가적으로 기술훈련에 자주 내포되는 가정은 내담자가 이 행동을 한다면 이 방법으로 하는 것이 보다 나을 것이라는 것이다.

기술훈련의 적절성 여부를 결정하는 데 있어서 치료자는 먼저 내담자가 결핍되어 있는 기술을 이전에 배웠는지를 확실히 할 필요가 있다. Dow (1994)가 기술한 바에 따르면, 실제 행동적 결핍으로 인해 행동이 발생하지 않았다고 하기 위해서는 최소 세 가지 사항에 대해 차례로 고려해 보아야 한다.

첫 번째 고려 사항은 내담자가 보호된 치료환경 속에서 적절한 기술이나 행동을 보일 수 있는지 여부에 대한 것이다. 그렇지 않다면 이는 기술 결함을 의미하며 기술훈련을 통하여 효과적으로 다루어질 것이다. 내담자는 여러 가지 이유로 자신의 레퍼토리에 결함을 가지고 있을 수 있다. 예를 들면, 부모나 다른 양육자는 그들 스스로가 이런 기술을 배운 적이 없어서 가르칠 상황에 있지 않았을 수 있다. 아니면 양육자가 이런 기술을 배웠지만 내담자가 성장하는 동안 그것을 가르치지 않았거나 효과적이지 않거나 잘못된 방식으로 가르쳤을 수도 있다. 나중에 이 기술을 배울 기회가 많지 않으며 특히 내담자의 일상적인 환경이 피폐하거나 이런 기술을 형성하거나 지지해 줄 강화를 제공하지 않았다면 더욱 그러하다.

내담자가 치료 상황에서는 기술이나 행동을 효과적으로 나타낼 수 있지만 표적 상황에서는 그렇지 않다면 두 가지에 대해 부가적으로 고려해야 할 것이다. 첫 번째는 반응 일반화 문제와 관련된다. 내담자가 적절한 기술을 배워서 어떤 맥락에 적용하는 방법을 배웠다고 할지라도 이 기술을 표적 상황에 일반화하는 방법을 배우지 못했을 수 있다. 이 경우 치료에서는 이 기술을 적절한 상황에 일반화하는 데 강조점을 두어야 한다. 여기에서 내담자로 하여금 맥락적 특징을 분명히 하고 그러한 행동을 적절하고 강화받을 수 있게 수행되도록 도와주어야 한다. 비슷하게 치료에서는 표적환경에서 특정 행동을 어떻게 수행할 것인지에 대해 지시해 주어야 한다.

다른 고려 사항은 맥락 요소 때문에 기술이 억압되는지와 관련된다. 행동을 억압하는 선행 사건으로는 기술을 수행하는 것보다 더 강한 내담자의 특정 정서 상태(예: 불안)와 같은 확립조작이 있다. 잘못된 규칙도 문제 행동을 억압할 수 있다(예: "왜 나는 내가 원하는 것을 얻으려 해야 하는 걸까?" "그다지 좋을 것도 없을 거야."). 어쩌면 내담자는 과거에 표적 상황에서 기술 행동을 보인 것 때문에 처벌을 받았을 수도 있다. 예를 들어, 학대적인 배우자 앞에서 자기주장적 행동을 하는 것은 대부분 강화받지 못하고 대부분 처벌을 받았을 것이다. 다른 요소로는 어떤 형태의 행동을 수행할 개인 능력에 장애나 질병이 없는지 고려해 볼 수 있겠다.

잘 나타나지 않거나 결핍된 행동이 있을 때 이에 대한 치료적 접근은 상황에 따라 각기 달라진다. 일반적으로 기술훈련은 다음 상황에서 가장 적절한 개입이 될 것이다. (1) 내담자가 특정 행동을 거의 혹은 전혀 하지 않을 때, (2) 행동이 매우 드물거나 결여된 것이 환경적 영향(예: 특정 행동을 보이는 것에 대한 처벌, 효과적인 행동에 대한 낮은 비율의 강화) 때문이 아닐 때, (3) 그 행동이 개인, 치료, 혹은 상황 특정적 목표를 얻게 하거나 삶의 질을 증가시켜 줄 때. 따라서 기술훈련은 내담자가 새로운 행동을 학습하여 이득을 얻는 것이 분명할 때 중요한 개입이 될 수 있다.

기술훈련은 어떻게 효과를 일으키는가? 변화의 기제

기술 지향적 접근이 과거 수십 년 동안 확산되어 왔음에도 불구하고, 일반적인 개입으로 기술훈련이 어떻게 작용하는지에 대해서는 상대적으로 거의 강조되지 않았다. 다음으로 기술훈련의 가능한 변화 기제에 대해 논의할 것이다. 기술훈련 개입의 두 가지 서로 다른 잠정적 변화 기제는, (1) 일반적 개입으로서 기술훈련과 연합된 기제, (2) 특정 유형 기술과 연합된 기제다.

일반적 개입으로서 기술을 훈련하기

가장 기초적인 수준에서 기술훈련은 행동 결함을 완화하고 효과적인 행동 레퍼토리를 증가시키기 위해 고안된 일반적인 개입이다. 이와 같은 변화 기제에는 특정 맥락에서 내담자의 가능한 반응 레퍼토리를 확장해 주는 것이 포함된다. 예를 들어, '크리스틴'은 자신이 원하는 것을 다른 사람들이 하도록 강하게 밀어붙이는 성향이 있는 내담자였다. 예를 들어, 소란스러운 방법으로 남자친구로 하여금 원하는 것을 하게 하고 남자친구가 싫다고 한다면 어떤 끔찍한 결과가 일어날지 자세하게 늘어놓는다. 말할 필요도 없이 이런 특정한 행동 세트는 그녀의 주변 사람들을 질리게 만들었다. 회기 중 역할 연기를 통해서 내담자는 자신이 원하는 것을 요청하는 다른 방법을 배우지 못했다는 것이 드러났다. 몇 번의 효과적인 자기주장 기술 회기를 한 후, 이 내담자는 다른 사람에게 부탁하는 데 사용할 수 있는 많은 방법을 배웠다. 보다 부드러운 목소리를 내는 것을 배웠고, 친절하고 유쾌한 방식으로 행동하며, 다른 사람들로 하여금 그들이 따라 준다면 그로 인해 얼마나 긍정적인 영향을 받게 될 것인지 말하는 방법을 배웠다.

기술훈련에서 다른 잠재적인 변화 기제에 강화가 포함된다. 기술훈련이 내담자의 효과적인 행동 레퍼토리를 확장시키는 데 성공적이었다면, 내담자는 강화물에 더 잘 접근할 수 있을 것이다. 크리스틴은 자신의 남자친구에게 부드럽고 친절하게 부탁을 하면 훨씬 쉽게 '그러자'는 대답을 들을 수 있고 자신과 보다 많은 시간을 즐기게 된다는 것을 알게 되었다. 그녀의 효과적인 행동은 자연스러운 정적 강화(예: '그러자'는 대답과 남자친구와의 즐거운 시간) 속에 있게 되었고, 그 결과 그녀는 자기주장 기술을 효과적으로 지속할 수 있게 되었다. 결국 그녀는 동료, 친구들과 다른 사회관계망 안에 있는 사람들과의 상호작용이 점점 유쾌하고 만족스럽게 되면서 삶의 질이 향상된다는 것을 발견하게 되었다. 또한 자신의 사회적 유능감을 증진시킬 수 있었다. 다른 사례를 보면, '후안'은 주로 분노와 불안과 같은 원치 않은 감정을 피하거나 도피하는 방법으로 자해를 하는 내담자였다. 몇 달의 기술훈련 후에 그는 자신을 해치지 않으면서 자신의 분노와 불안을 조절하는 몇 가지 대안을 배웠다. 결과적으로 이런 행동들은 자해와 연합된 원치 않은 정서적 각성과 수치심을 감소시키면서 부적 강화와 연합되었고, 한편으로는 새로운 행동으로 호의적으로 반응함으로써 다른 사람으로부터 정적 강화를 받게 되었다.

독특한 효과가 있는 특정 기술훈련 세트로서 기술을 훈련하기

일반적 개입으로의 기술훈련과 연합된 기제를 넘어 몇 가지 서로 다른 유형의 기제들은 서로 다른 프로토콜을 사용하는 특정 기술과 연합되기도 한다. 예를 들면, 10장에서 논의하듯이 마음챙김과 수용 기술은 조작적 및 고전적 소거와 마찬가지로 혐오적인 상황에 대한 반응 레퍼토리를 증가시켜 줌으로써 우선적으로 작용한다. 대인관계 자기주장 기술은 내담자의 타인과의 상호작용에 정적(혹은 부적) 강화를 받을 가능성을 증가시켜 주는 작용을 한다. 혐오적 감정을 조절하기 위해 고안된 기술들은 원치 않은 정서에 대해 효과적으로 반응하는 내담자의 레퍼토리를 향상해 주는 식으로 작용한다. 효과적인 정서 조절은 또한 혐오적 정서의 빈도나 강도를 줄여 주는 식으로 부적 강화를 이끌어 낸다. 이 밖에도 공황장애나 외상후 스트레스 장애 환자에게 가르치는 복식호흡 기술은 혈액 속 이산화탄소와 산소 비율을 바꾸어 줌으로써 불안을 감소시켜 줄 수 있다(Craske & Barlow, 2001). 최근 CBT에서 가르치는 기술 세트가 지나치게 많기 때문에 특정 기술과 연합된 모든 기제를 살펴보는 것은 불가능하다. 그렇지만 이전에 설명한 보편적인 기제(예: 내담자의 레퍼토리와 강화를 확장하는 것)가 다양한 기술 세트에 적용된다는 것을 이해하는 것이 중요하다.

기술훈련 개입 적용하기

이 장에는 실제 기술훈련을 어떻게 하는지에 대한 정보와 지시 사항이 설명되어 있다. 기술훈련의 주요 요소는 때때로 다양한 환경과 내담자에 가장 잘 맞도록 수정될 수 있다. 이를 마음에 새기고 기술훈련에 일반적으로 포함되는 절차들을 순서에 따라 논의해 볼 것이다. 이 절차에는 (1) 기술훈련을 정의하고 구조화하기, (2) 내담자에게 기술훈련에 대한 방향성 제시하기, (3) 기술 습득 절차, (4) 기술을 강화하는 절차가 포함된다.

조작적으로 정의하기

내담자에게 새로운 기술을 가르치기 전에 중요한 첫 단계는 기술 혹은 기술 세트를 조작적으로 정의하는 것이다. 다양한 치료 접근 안에 있는 서로 다른 유형의 기술로 분노조절 훈련, 정서조절 기술, 성 기술, 직업 기술, 자기주장 기술, 취업 기술, 공감 기술, 사회 기술과 같이 이름 붙여진 많은 기술이 있다(O'Donohue & Krasner, 1995). 특정 환자에게 필요한 일반 기술 유형을 아는 것을 치료자에게 올바른 방향을 알려 줄 수 있다. 그렇지만 가르칠 특정 행동을 정확하게 정의하는 것이 치료자에게 어떤 기술을 가르칠지에 대해 보다 분명한 그림을 준다. 예를 들어, 분노조절 기술에는 분노에 대한 생리적 혹은 다른 단서를 규명하는 것, 분노 상태에 정확한 이름을 붙이는 것, 높은 수준의 분노와 낮은 수준의 분노를 구분하는 것, 순간 분노를 다루는 데 효과적인 대처 책략을 고안해 내는 것, 분노를 유발하지 않는 자극으로 주의를 돌리는 것 그리고 복식 호흡과 다른 이완 책략 사용하기와 같은 분노 관리와 관련된 다양한 구체적 행동이 포함된다(Novaco, 1975). 내담자에게 기술 가르치기를 할 때는 가르쳐야 할 구체적인 기술을 조작적으로 정의하는 것이 매우 중요하다.

구조와 형식을 결정하고 규정하기

다음 단계는 기술훈련의 형식과 구조를 결정하는 것이다. 일부 임상적 문제에 대해서는 이미 형식과 구조가 규정된 증거기반 기술치료 프로토콜이 존재한다. 이 경우 가능한 한 효능이 입증된 치료 패키지의 구조와 형식을 충실히 따라 치료하는 것이 최선이다.

하지만 다양한 요소가 증거기반 기술훈련 패키지 적용을 어렵게 할 수도 있다. 어떤 임상적 문제에서는 만들어진 기술지향 프로토콜이 존재하지 않을 수도 있고, 내담자 특성에 맞게 되어 있지 않기도 하며, 혹은 내담자가 경험하는 종류의 문제에 대해서는 효과가 없을 수도 있다. 더욱이 치료 매뉴얼에서 제시하는 방식으로 기술훈련을 제공하는 것은 때때로 특정 임상 상황이나 시간 혹은 자원의 제약 때문에 적절하지 않을 수도 있다. 이러한 경우, 치료자가 치료 맥락, 내담자의 기술 결함, 내담자의 특성과 과거 학습을 감안하여 가장 효과적으로 기술을 가르칠 수 있는 형식을 결정해야 할 수도 있다. 관련된 주요 사항은 다음과 같다.

- 치료자가 기술훈련을 시행할 것인가 혹은 다른 사람에게 내담자를 보낼 것인가?
- 치료 회기에서 기술훈련을 형식에 맞추어 할 것인가 혹은 형식에 맞추지 않고 할 것인가? 얼마나 자주 기술훈련을 할 것인가?
- 치료자는 기술훈련과 평소 치료 회기에서 학습되는 기술을 어떻게 통합할 것인가?
- 기술훈련을 개인적으로 할 것인가 혹은 집단으로 할 것인가?

아마도 가장 보편적인 결정은 기술훈련을 개인 또는 집단으로 할 것인가와 관련된 것이다. 기술훈련은 보통 집단으로 이루어지며, 집단으로 하는 것에는 몇 가지 이점이 있다. 예를 들어, 집단은 개인 회기보다 효율적일 수 있는데, 보다 짧은 기간에 보다 많은 내담자가 참여할 수 있다. 집단은 치료자와 개별 내담자 모두에게 개인치료 회기에 비해 비용 효과적일 수 있다. 더욱이 집단에서는 개인치료에서는 제한적일 수 있는 모델링, 사회적 관계망, 역할 연기와 적극적인 기술 연습이 가능하다. 사회 불안이나 수행 문제를 가진 사람은 개인치료보다 집단치료에서 보다 많은 이익을 얻을 수도 있다.

그렇지만 개인 기반으로 기술훈련을 하는 데는 몇 가지 이점이 있다. 치료자는 개별 내담자의 문제, 어려움과 특성에 맞추어 기술훈련을 시행할 수 있다. 집단 형식에서는 내담자가 개별 형식에서 기술을 배우는 것보다 개별적인 지시와 관심을 덜 받게 된다. 더욱이 개인치료자는 내담자에 대해 보다 더 많이 알며(개별적으로 내담자와 작업하지 않는 기술훈련자에 비해)

내담자의 독특한 생활 문제, 바람, 목표, 강점과 약점에 맞추어 기술을 제안할 소지가 높다. 궁극적으로 치료자와 내담자는 서로 협력하여 기술훈련의 형식과 구조를 결정하는 것이다.

기술훈련을 개별로 할 것인지 혹은 집단으로 할 것인지를 결정하는 데는 (1) 문제의 심각성과 복잡성, (2) 집단치료의 이점과 같은 부가적인 요인들이 있다. 임상가가 할 수 있는 한 가지 질문은 '위기를 경험하고 있는 내담자가 여러 문제를 복합적으로 가지고 있는가?' 이다. 내담자가 임상적으로 관심을 가지고 보아야 할 커다란 일련의 문제를 가지고 있고 상대적으로 잦은 삶의 위기나 강한 스트레스 요인들을 경험한다면, 개별 형식으로 기술훈련을 하는 것은 치료자에게 힘이 들 수 있다. 치료자는 새로운 기술을 가르칠 시간이 거의 없이 위기와 응급 스트레스 요인들을 다루는 데 많은 시간을 사용할지 모른다(Linehan, 1993a). 더욱이 위기나 응급 스트레스 요인을 다루는 회기 내에서 내담자는 지나치게 압도될 수 있고, 새로운 기술을 배우는 것이 스트레스가 될 수 있다. 이는 특히 기술훈련자와 원래 개인치료자가 동일할 때 그렇다. 이 경우에는 다른 치료자가 하는 집단기반 기술훈련이 가장 효과적인 접근이 될 것이다.

두 번째 질문은 '내담자가 집단과 개인 치료 중 어디에서 도움을 더 받을 것인가?'가 될 것이다. 어떤 경우에 내담자의 임상적 문제와 결함은 대인관계 상황에서 일어난다. 사회불안장애가 있는 사람은 사회적 상황에서 두려움(즉, 그들은 행동 과다–과도한 불안이 있다)을 느낄 뿐 아니라 그 상황에서 효과적으로 행동하지 못한다(즉, 그들은 행동 결핍이 있다). 결과적으로 새로운 사회 행동을 배우고 연습할 기회가 되는 집단 맥락에서 일어나는 대인관계 상황에 노출되는 것이 매우 도움이 될 것이다. 어떤 내담자의 경우는 집단에서 일어나는 어려움의 극복, 이해받음 및 사회적으로 연결되는 느낌이 아주 큰 이점이 된다.

하지만 개인치료에서 기술을 가르치는 것이 특정 내담자에게는 더 효과적일 수도 있다. 내담자가 개별적인 관심과 이해를 받으려는 강한 욕구를 가지고 있다면 개별적으로 기술훈련을 하는 것이 기술훈련을 하면서 내담자의 이러한 욕구를 다루는 데 보다 용이하다. 내담자의 문제에 심각한 우울과 무력한 행동이 포함된다면 집단에 적극적인 참여를 하는 데 심각한 어려움이 있다. 더욱이 내담자가 반복되는 망상, 환청, 사고장애, 정신병질적 혹은 반사회적 성격장애 등을 경험하고 있다면 집단환경은 기술을 가르치는 데 최적의 형식이 아니다.

내담자에게 기술훈련을 소개하기

기술훈련의 첫 단계는 내담자에게 기술훈련과 구조에 대한 논리적 근거, 형식, 시간과 기술훈련에서 기대하는 바를 포함하여 몇 가지 측면의 기술훈련에 대한 방향을 제공해 주는 것이 될 것이다. 내담자에게 집단에서 일어나는 기술훈련에 대한 방향성을 주기 위해 새로운 내담자를 개별적으로 잠깐씩(10~15분 정도) 만나서 그들의 문제나 걱정거리를 들어 주고 이와 관련된 정보를 제공해 주는 것이 도움이 된다는 것을 확인했다. 이 장의 후반부에 논의한 바와 같이, 기술훈련은 때때로 계획 없이 갑자기 하는 비공식적인 방식으로 이루어지기도 한다. 그럼에도 불구하고 모든 경우 기술에 대한 정확한 지향점과 논리적 근거는 내담자에게 치료개입이 어떻게 진행되어 갈 것이며 자신의 목표, 문제와 소망과 어떻게 관련될 것인지에 대한 자세한 지침을 제공해 준다.

논리적 근거 제공하기

내담자에게 기술훈련에 대한 지침을 주는 첫 단계 중 하나는 논리적 근거를 제공하는 것이다. 이러한 방향성 제시가 목표에 부합하는 새로운 기술 습득에 대한 강력한 논리적 근거를 제공해 준다면 가장 효과적일 것이다. 경계선 성격장애를 가진 자살 환자에 대한 DBT(Linehan, 1993a)에서 중심적 치료 요소는 기술훈련 집단이다. 이 치료에 담긴 중심 치료 중 하나는 마음챙김(mindfulness, 이 책의 10장에서 보다 상세히 기술됨)인데, 이는 종종 내담자로 하여금 현재 경험하는 것을 관찰하도록 한다. 어떤 기술이 가장 도움이 되었는지 치료 말미에 질문하면 DBT에 참여한 많은 내담자는 종종 마음챙김이라고 대답한다. 그렇지만 초반에 내담자들은 다음과 같이 말한다. "글쎄, 내 신체 감각을 관찰하는 것이 어떻게 도움이 된다고 생각하는 거죠? 나는 내게 일어나는 일들을 의식하지 않으려 대부분의 시간을 들여 노력해 왔단 말입니다!" 어떤 기술을 배우는 것에 대한 분명한 근거가 특정 유형의 내담자(예: 극심한 스트레스 상황의 내담자, 분노조절 훈련을 받으라고 법정에서 위임받은 내담자, 법정 관련 내담자)에게는 중요할지 모르지만, 가장 중요한 것은 기술훈련(혹은 그 문제에 대한 다른 개입)과 내담자의 욕구 및 목표를 직접 연결시키는 것이다. 이 장의 후반부에서 기술훈련에 대한 분명하고 적절한 근거를 제공하는 사례가 제시될 것이다.

구조, 형식, 시간과 기대

종종 내담자에게는 기술훈련의 구조, 형식, 시간과 기대에 관련해 정보를 주는 것이 도움이 된다. 이 정보에는 언제 어디에서 기술훈련을 할 것이며 얼마나 많은 그리고 어떤 유형의 내담자들이 집단에 참여하며, 기술훈련 회기가 얼마나 오래 진행되고 전체 프로그램의 길이는 어느 정도인지 등에 대한 것들이 포함된다. 치료자는 구체적인 기대와 동의 사항들에 대해 자주 명료화할 필요가 있다. 약물 문제를 다루고 있는 기술훈련 집단에서는 내담자가 다른 집단원과 약에 대해 이야기하거나 취한 상태에서는 집단에 참여하지 못하게 하는 규칙을 정해 놓는다. 많은 기술훈련 프로그램은 규칙적으로 과제를 내주고 내담자가 다음 회기까지 완성해 오도록 한다. 또한 기술훈련 집단은 집단원 간 행동에 대해 집단에서 논의한 내용에 대해 비밀 유지를 할 것을 비롯하여 구체적인 규칙과 기대(예: 성적 관계 금지, 집단 밖에서 친분관계를 형성하는 문제)를 가지고 있다. 기술훈련의 이러한 측면에 대한 구체적인 지침을 주는 것은 내담자가 기술훈련에 대한 전체 그림을 뚜렷하게 경험하고 오해하지 않도록 해 준다.

비공식적인 기술훈련

어떤 경우에는 기술훈련이 덜 공식적인 방법으로 행해질 수 있다. 예를 들어, 특정 치료 회기에서 때로는 내담자가 새로운 기술을 배울 필요가 있고, 치료자가 이 문제를 강조해서 짧은 지시와 지침을 제공하여 내담자가 기술을 연습하고 피드백과 코칭을 통해 상세하게 조정해 줄 수 있다(이 장의 후반부에 상세히 논의됨). 이 경우 지침에는 매우 간략하게 일차적으로 그 기술이 내담자에게 왜 도움이 되는지에 대한 근거와 기술의 주요 측면이 포함된다.

지침 주기의 임상 사례

치료자가 약물을 사용하는 내담자에게 기술훈련 집단에 대한 지침을 주는 사례가 아래에 제시되어 있다. 이 예에는 이 장의 앞부분에서 논의한 효과적 지침의 주요 요소가 포함되어 있다. 이에는 (1) 기술훈련의 근거, (2) 배우게 될 구체적인 기술, (3) 기술훈련 집단의 목표, 구조와 형식, (4) 집단의 규칙과 기대 등이 포함된다.

이야기한 바와 같이 많은 것이 여러분으로 하여금 약물을 지속적으로 복용하게 합니다. 분명한 한 가지는 약물을 물리치는 데 사용할 수 있는 중요한 몇 가지 기술을 배우지 못했다는 것입니다. 이 기술 중 하나는 강한 감정과 약물을 사용하고 싶은 욕구에 대해 적절하게 잘 대처하고 그것을 다루는 것입니다. 또 다른 기술은 약물을 사용하는 사람을 멀리하는 동시에 '싫다'는 의사나 의미를 전달하는 것과 같이 약물을 하자고 하는 사람에게 적절하게 대처하는 것입니다(기술훈련의 근거). 대인관계에서 약물을 거절하는 기술과 동시에 정서를 조절하고 욕구에 대처하는 이러한 기술이 바로 우리가 이 집단에서 배우게 되는 것들입니다(구체적 기술에 대한 지침). 이 집단이 당신에게 매우 잘 맞을 것이고 당신이 이 기술들을 배운다면 약물을 멀리하여 당신이 원하는 삶을 만들어 가는 데 훨씬 편한 시간을 가지게 될 것입니다(기술훈련의 근거, 내담자 목표와 기술을 관련짓기).

집단은 매주 화요일 저녁 6시에서 8시 사이에 6개월 동안 진행되며 약물 문제를 가진 5~10명의 사람으로 구성될 것입니다. 따라서 당신은 이 집단에서 고립되지 말아야 합니다(집단의 구조와 형식에 대한 지침). 한편 약물 문제를 가진 여러 사람과 집단을 이루는 데는 몇 가지 규칙이 필요합니다. 첫 번째 규칙은 집단 직전이나 과정 동안 그리고 직후에 절대로 약물을 해서는 안 된다는 것입니다. 다른 규칙은 들뜬 상태나 취한 상태로 집단에 와서는 안 된다는 것입니다. 마지막으로 중요한 규칙은 다른 집단원들과 약물 사용에 대한 무용담을 나누어서는 안 된다는 것입니다. 이는 다른 사람으로 하여금 유혹에 빠지게 할 수 있습니다!(집단의 규칙과 기대에 대한 지침). 좋습니다. 어떻게 들으셨습니까? 이 집단에 대한 질문이나 염려되는 점이 있으십니까?

내담자가 기술을 습득하도록 돕기

치료자는 내담자가 기술을 습득하도록 돕기 위해 다양한 행동을 해야 한다. 기본적으로 기술훈련에는 새로운 행동에 대한 지시가 포함되기 때문에 분명하고 효과적인 교육이 매우 중요하다. 기술 습득에는 또한 내담자가 효과적인 기술 레퍼토리를 늘려가도록 돕는 조형, 행동 연쇄와 강화 같은 행동 원칙이 사용된다. 그리고 기술 습득을 위해 효과적인 행동을 따라 하고 시연해 볼 기회가 내담자에게 제공되도록 고안되어야 한다. 다음에서는 여러 기술 습득 책략과 더불어 이에 대한 연습들(교수법, 행동 원칙과 모델링 사용)에 대해 기술할 것이다.

다양한 교수법 사용

기술훈련에는 본질적으로 교육이 포함되기 때문에 효율적인 기술훈련가는 다양하고 효과적인 교육 책략을 사용한다. 효과적인 교육에는 몇 가지 기술과 행동 요소가 포함되지만 아래에서는 가장 중요한 기술교육 행동 중 몇 가지를 강조할 것이다. 이 기술들은 (1) 정보 전달, (2) 효과적인 기술교육 책략, (3) 효과적인 기술교육 양상의 세 가지 범주로 분류하였다.

정보 전달을 통해 치료자가 언제, 어떻게 그리고 왜 기술이 효과가 있으며 어떤 상황에서 내담자가 기술을 사용해야 하는지(즉, 기술이 효과가 있는 맥락)에 대해 이야기해 준다. 내담자가 효과적인 행동을 하도록 돕기 위해 치료자는 기술이 효과가 있는지 그리고 적절하게 잘 작용하는지를 결정하는 방법을 내담자에게 알려 줄 수 있다. 예를 들어, 효과적인 자기주장 행동의 가능한 결과를 짚어 줄 수 있다. 한 예로, DBT에서는 기술훈련을 통해 내담자에게 자신의 행동을 세 가지 서로 다른 목표 측면에서 효과를 평가하게 가르친다. 세 가지 목표로는 목적(직장에서 집으로 오는 차를 타는 것과 같은 상황에서 구체적인 목표), 관계 요소(행동이 긍정적 관계를 가져오는지 여부), 그리고 자기존중(행동이 내담자의 자존감을 늘려 주는지 혹은 줄이는지 여부)이 포함된다.

치료자가 내담자와 작업하는 상황에 가져오는 하나의 참조 틀은 기본적인 임상심리학 연구 지식들이다. 효과적으로 내담자 문제 영역에 적절한 연구 결과를 가지고 의사소통하는 치료자는 치료 밖에서 내담자가 기술을 어떻게 효과적으로 활용할 것인지에 대한 내담자의 이해를 높여 줄 수 있다. 예를 들어, 충동 행동의 억제와 대처 자원에 대한 논문들에서는 사람들이 충동적 행동을 억제하는 데 필요한 자원들이 제한적이며(근육 강도와 같이), 동시에 자기통제 훈련에 대한 현재의 요구를 충족하지 못할 수 있다고 한다(Muraven, Tice, & Baumeister, 1998; Tice, Bratslavsky, & Baumeister, 2001). 내담자에게 약물 대신 새로운 기술(예: 정서조절 기술)을 활용하는 것을 가르칠 때, 치료자는 내담자에게 충동 통제에 대한 정보를 전달하는 것이 상당히 도움이 된다는 것을 알게 될 것이다. 결과적으로 내담자는 약물을 하고 싶은 욕구와 오랫동안 투쟁해 가면서 때때로 대처 자원을 다 써버리게 하는 요구나 스트레스원(stressors, 예: 가사일)을 줄이는 방법을 찾게 될 것이다. 또한 내담자가 자신의 문제에 대한 이론적 입장을 치료자에게 듣고 '자가 치료자'가 되는 것이 도움이 될 수 있다.

적절한 정보 전달과 더불어 효과적인 기술훈련자는 다양한 **효과적인 기술교육 책략**을 사용할 수도 있다. 특히 집단에서 서로 다른 내담자들이 서로 다른 속도로 학습하고 학습 스타일과 학습 활동에서 선호하는 바가 서로 다르다는 것을 인식하는 것이 중요하다. 어떤 내담자는 앉아서 기술에 대한 정보와 지시를 듣고 그대로 행동하는 방식을 선호한다. 하지만 다른 내담자는 실제 연습이나 적극적인 활동에 참여하면서 가장 잘 배운다. 따라서 집단 상황에서 여러 책략 중 어떤 것이 집단의 개별 내담자들과 잘 맞을지 확인하면서 다양한 교수법을 사용하는 것이 유용하다. 이러한 책략들에는 흥미로운 질문하기, 개별 내담자 상황에 적용 가능한 자료들을 가지고 이야기하기, 학습이나 참여를 독려할 유머 사용하기 등이 포함된다. 또 다른 책략으로는 특정 기술의 요점이나 핵심을 묘사해 주는 흥미로운 예나 은유를 줄 수 있는 즉석 시연을 준비하거나 고안하는 것들이 있다. 이 밖에도 효과적인 기술훈련자는 특정 시간 안에 너무 많은 자료를 제시하지도 않고 너무 적은 자료를 제시하지도 않으며, 복잡한 개념이나 사상은 구체적이고 쉽게 이해할 수 있는 요소로 나누어서 내담자가 이해할 수 있는 수준을 넘어서지도 않고 너무 쉽지도 않은 방식으로 자료를 제시하는 등 자료 제시를 적절하게 조절한다.

또한 효과적인 기술훈련자는 효과적인 **의사소통 방식**을 사용해야 한다. 효과적인 의사소통 행동에는 기술 관련 자료 속에 흥미와 열정을 전달하기, 유머 사용하기, 흥미롭고 예상하지 못했던 색다른 속어 사용하기, 확실하고 이해하기 쉬운 방식으로 요점 전달하기 등이 포함된다. 효과적인 의사소통자는 청중의 관심을 끌고(단지 한 명의 청중일지라도) 기술훈련 회기가 끝난 후에도 지속될 수 있도록 정보를 전달한다. 다른 효과적인 책략으로는 목소리 크기, 톤의 강도를 다양하게 하는 것인데, 말하는 속도와 리듬에 변화를 주는 것이 이에 해당된다.

모델링할 기회 제공

기술 습득을 촉진하는 다른 방법은 모델링 책략을 사용하는 것이다. 모델링은 **관찰학습** 범주에 해당하는데, 사람들은 "다른 사람의 행동을 관찰하면서 새로운 행동 패턴과 인지 기술을 습득할 수 있다"(Bandura, 1986, p. 49). 예를 들어, 운전 교관은 기어를 유지하는 바른 방법, 왼발과 오른발의 정확한 위치, 클러치 밟는 방법, 기어 위치 바꾸는 방법 등 여러 가지 운전 기술을 시연해 보일 수 있다. 교관은 또한 언제 어떻게 행동들을 효과적으로 할지에 대한 구체적인 지침과 함께 이 모든 행동을 연결할 수도 있다(예: RPM이 3,000이 되면 첫 번째 기어에서 두 번째 기어로 이동하기, 시속 10~15마일로 달리는 것, 기어를 바꾸라고 소리 내기).

단지 새로운 기술을 사용하도록 알려만 주는 책략에는 심각한 제한점이 있다(O'Donohue & Krasner, 1995). 어떻게 하는지 한 번도 보여 주지 않은 채 운전을 해 보지 않은 사람에게 말로만 가르쳐 주는 것이 얼마나 어려운 것인지 생각해 보라. 어떤 연구에서는 모델링 책략은 복잡한 기술이거나 내담자의 레퍼토리에 유의한 결함이 있을 때 특히 필요하다고 제시하였다

(Rakos, 1991). 모델링의 구체적인 이점으로는 기술 시연을 통해 치료자가 전체 행동의 연결이나 순서를 보여 줄 수 있다는 점을 들 수 있다(Bandura, 1986).

자기주장적 의사소통 기술을 내담자에게 교육시키는 예를 들어 보자. 자기주장적 의사소통에는 순차적으로 일어나는 다양한 복잡한 행동이 포함된다. 예를 들어, 돈을 빌려 달라고 하는 동료에게 싫다고 말하는 행동에는 직접적으로 눈을 쳐다보기, 확신과 자신에 찬 모습으로 의사소통하기, 다른 사람의 요구를 경청하기, 요청에 반응하기, 중성적이거나 친절한 목소리 사용하기, "나도 도와주고 싶지만 현금이 없고 요즘 돈에 쪼들리고 있어. 돈을 구할 다른 방법이 없니?" 라고 말하기 등이 포함된다. 말로만 가르치는 것으로 이러한 순차적인 행동의 복잡성과 뉘앙스를 파악하는 것은 매우 어렵다. 또한 모델링은 언어적 행동과 비언어적 행동을 모두 포함할 수 있다. 이러한 특성은 특히 내담자가 어떻게 말하는지(예: 목소리 톤, 시선, 신체 언어)가 종종 내담자가 말하고 있는 내용만큼이나 중요하기 때문에 사회기술을 가르치는 치료자에게는 특히 중요하다.

기술훈련 동안 모델링 경험을 제공하는 일차적인 몇 가지 방법이 있다. 한 가지 방법으로는 기술 혹은 기술 중에 포함된 **하위요소 행동 제시하기**(demonstrating component behaviors)가 있다. 이 방법으로 치료자는 기술을 묘사하면서 사례를 제시하는 방식으로 기술의 요소를 시연할 수도 있다. 예를 들어, 치료자는 "다른 사람에게 당신이 원하는 것을 자기주장적으로 요구하는 데 있어서 가장 중요한 것의 하나로는 먼저 당신이 처해 있는 상황을 기술하는 것이 될 수 있습니다. 친구에게 돈을 빌려 달라고 한다면 나는 아마도 '버스 타고 갈 돈이 없어. 차가 망가졌고 나는 상담소에서 40마일 떨어진 곳에서 살고 있어. 버스 탈 돈을 빌려 줄 수 없겠니?' 라고 말할 것입니다." 고 할 수도 있다. 기술을 시연해 보이는 다른 방법은 기술에 포함되어 있는 신체적 동작을 해 보이는 것이다. 예를 들어, 치료자는 불안 문제를 가진 내담자에게 불안에 대한 생리적 경험을 조절하는 데 복식 호흡을 어떻게 사용할 것인지 교육할 때 종종 손을 배에 대고 가슴이 아닌 배로 숨을 들이쉬고 내쉴 때 어떻게 움직이는지 연습해 볼 수 있다.

모델링의 두 번째 방법으로는 기술 혹은 기술 중에 포함된 **행동 연쇄 제시하기**(demonstration of a chain of behaviors)가 포함된다. 행동 연쇄를 시연하는 몇 가지 방법이 있지만 가장 일반적인 방법은 역할 연기 상황이다. 예를 들어, 자기주장 기술을 가르치는 치료자는 보조치료자, 내담자 혹은 다른 내담자와 함께 역할 놀이를 할 수 있다. 역할 놀이는 자극이 제시되고 상황의 난이도를 조절해서 융통성을 줄 수 있다. 역할 놀이는 또한 내담자로 하여금 적극적으로 기술을 관찰하고 연습하도록 해 준다. 그렇지만 종종 대인관계 지향적이지 않은 기술(예: 분노관리 기술, 불안관리 기술)을 역할 놀이하는 것은 보다 어렵다. 행동 연쇄를 시연하는 다른 방법에는 실제 지금 일어나는 일처럼 상상 시나리오(예: 사장이 내담자를 해고하는 것)를 만들고, 치료자가 내담자가 하고 있는 행동을 묘사해 주면서(예: "지금 좋아요. 사장을 보면서 호흡에 주의를 기울이고 있습니다…….") 구체적 행동을 하는 방법(예: 분노를 줄여 주는 복식 호흡)이 있다.

세 번째로 보다 형식이 잡힌 모델링 접근으로는 Meichenbaum과 Goodman(1971)이 개발한 **자기지시 훈련**(self-instructional training: SIT)이 있다. SIT는 5단계로 구성된다. 첫 번째 단계는 **인지적 모델링**으로, 내담자로 하여금 모델이 과제를 수행하는 것을 지켜보면서 그 과제에 대해 소리 내어 진술하도록 하는 것이다. 예를 들어, 점진적 근육이완 훈련을 배운 내담자는 모델이 이 기술을 수행하는 것을 보면서 동시에 "이제 내 발 근육을 당기고 있어, 이제 발의 근육이 이완되고 있어."라고 말한다. SIT의 두 번째 단계는 **인지적 참여 모델링**으로, 내담자는 모델이 지시 사항을 말하는 동안 그 과제를 수행한다. 세 번째 단계는 **외현적 자기지시**로, 내담자는 스스로 소리 내어 지시를 작게 이야기하면서 기술을 수행한다. 네 번째 단계는 외현적 자기지시 감소인데 내담자가 속삭이듯이 작은 소리로 자기지시 기술을 수행하는 것을 말한다. 마지막으로, 다섯 번째 단계는 내담자가 스스로에게 지시하되 소리를 내지 않으면서 수행하는 것이다(내현적 자기지시).

모델링의 네 번째 방법은 **기술 사용 개방**(disclosure regarding skill use)이다. 이 방법이 집단에서 사용될 때, 치료자는 내담자가 언제 어떻게 특정 기술을 사용할지에 대한 예를 제시해 준다. 치료자가 특정 기술의 '베테랑'(집단에 초보자와 오래된 내담자가 함께 있는 경우) 내담자들을 선택해서 수행의 결과뿐 아니라 이 기술을 적용한 시기들에 대해 이야기하게 한다. 치료자나 다른 내담자들도 다른 사람들이 언제 어떻게 특정 기술을 사용하였는지 예를 제시할 수 있다. 또한 치료자가 난감하거나 힘든 상황에서 특정 기술을 사용했던 경험을 노출할 수도 있다.

모델링 효과를 증진시키는 여러 가지 방법이 있다. 예를 들어, 몇몇 연구에 의하면 모델링은 모델이 표적 대상과 성별과 나이가 유사할 때 가장 효과적이다. 또한 높은 지위나 특권층 혹은 전문가도 효과적인 모델이 될 수 있다(Baron, 1970; McCullagh, 1987; Mischel & Grusec, 1966; Paradise, Conway, & Zweig, 1986; Zimmerman & Koussa, 1979). 모델링은 모델의 행동이 긍정적 결과를 가져올 때, 내담자가 숙련 행동의 가장 중요한 부분에 관심을 둘 때 매우 효과적이다(Bandura, 1986). 몇몇 연구에서는 어려움이나 난관을 극복하는 대처 기술을 모델링하는 것이 대가나 전문가를 모델링하는 것보다 더 효과적이라고 하였다(Schunk & Hanson, 1985).

이 연구는 치료자가 모델링 과정에서 어떻게 자기 노출을 사용할 것인가에 대해 중요한 시사점을 가진다. 예를 들어, 치료자는 일반적으로 전문가로서의 높은 지위를 가지고 있기 때문에 이미 효과적인 모델이 될 좋은 위치에 있다. 이 연구에서는 또한 치료자가 자기 노출을 피하거나 기술 사용에 실패한 사례를 듣고 싶어 할 수도 있다고 하였다. 또한 치료자가 자신이 어려움에 대처하여 극복했던 시나리오를 말하는 것은 별다른 노력 없이 효과적으로 숙련 행동을 한 시나리오(예: 전문가 모델링)보다 훨씬 효과가 있을 수 있다. 그러나 치료자는 실패 경험 자체에 대한 모델링을 피해야 한다. 역경을 효과적으로 극복한 기술을 모델링하는 것이 도움이 되기는 하지만, 때때로 치료자는 자신이 역경을 경험했고 투쟁했다는 사실만을 모델링하고 효과적으로 대처한 것에 대해서는 모델링하지 않는 실수를 범한다. 자기 개방이나 다른 형태의 모델링을 사용할 때는 '내가 무엇을 제시하고 있는 것인가?'라는 생각을 하는 것이 중요하다. 정답은 효과적인 행동이다.

강화와 조형 사용

효과적인 교육과 모델링에 덧붙여, 기술훈련에는 강화, 특히 조형과 같은 기초 행동 기법이 적용된다. 이 기법들의 대부분은 5장에서 설명했지만, 그럼에도 조형의 중요성에 대해서는 간략하게 강조하겠다. 조형은 기대 행동에 대해 점차적으로 접근해 가는 것을 강화하는 것이다. 기술훈련에서는 여러 가지 중 감정을 관리하는 대처 행동, 약물을 하고 싶은 욕구를 감내하거나 약물을 거절하는 행동을 하는 것 등 효과적인 자기주장의 어떤 것이 기대 행동이 될 수 있다.

새로운 기술교육의 첫 단계에서 내담자는 새로운 기술을 학습하는 단계에 익숙하지 않을 수 있다. 조형에는 복잡한 기술을 작은 하위 기술들로 나누고, 하위 기술을 가르쳐서 기대 행동에 근접하거나 작은 단계들에 대한 강화를 주는 것이 포함된다. 치료자는 내담자에게 강화를 제공하기에 앞서 기대 행동을 점점 더 많이 하거나 지속적으로 무언가를 하지 않도록 한다. 예를 들어, 약물을 하지 않고 있는 내담자와 작업할 때는 치료자가 약물을 하지 않은 일주일에 대해 먼저 강화를 준다. 그러나 일단 내담자가 약물 없이 일주일을 지낸다면 치료자는 2주를 연이어 해야 강화를 주겠다고 할 수 있다. 일단 내담자가 궁극적인 기대 행동(예: 6개월 동안 약물 끊기)을 향해 특정 수준까지 근접했다면 그 특정 수준은 더 이상 강화를 받을 만한 충분한 조건이 아니다. 결과적으로 내담자는 치료자가 강화를 주기 전에 전체 기대 행동이나 행동 순서를 수행해야 한다. 5장에서 이미 언급한 바와 같이, 치료자는 이 시점에 행동을 유지시켜 줄 수 있는 개입으로 초점을 바꾸게 된다.

'헤더'는 다른 사람에게 '싫다'고 말하는 데 어려움이 있는 내담자였다. 결과적으로 그녀는 부지불식간에 혹은 준비 시간도 없이 엄청난 일을 떠맡게 되었다. 헤더는 직장에서 잘하고 싶은(좋은 업무평가를 받는 것) 욕구와 엄청난 일을 맡게 되는 상황을 회피하고 싶은 욕구 간에 어떻게 균형을 맞추어야 하는지 배우고 싶었다. 기술훈련 초반에 그녀는 윗사람의 부탁을 적절하게 거절할 상태가 못되었다. 헤더의 치료에 조형 기법이 사용되었는데, 이 경우 엄청난 일을 피하는 것과 업무를 수행하는 것 간의 균형과 관련된 행동을 보다 작은 하위 요소로 나누었다. 첫 번째는 단지 "제게 생각할 시간을 좀 주세요."라고 말하는 것이었다. 처음에 치료자는 이 행동을 강화하였다(온정적이고 열의를 다해 칭찬함). 다음 과제는 다른 사람이 부탁을 하면 그렇게 하는 것이 합리적이지 않고 효율적이 아니라면 '아니요'라고 이야기하는 것이었다. 다음번에는 누군가 헤더에게 하고 싶지 않은 일을 맡겼을 때 "제게 생각할 시간을……."이라고 말해도 치료자는 그녀가 실제 요구를 감소시켰을 때까지 강화를 보류하였다. 결과적으로 헤더는 불합리하거나 과도한 요구를 거절하거나 지연시킬 수 있게 되었다.

연습, 피드백과 코칭을 통해 내담자의 기술을 강화하도록 돕기

새로운 기술교육의 처음 단계에서 치료자의 임무는 효과적인 교육방법을 통해 기술의 핵심이 무엇인지 알려 주기, 기술을 모델링하기, 조형과 강화 책략을 사용해서 내담자의 레퍼토리 안에 기술을 형성해 주기 등이라고 할 수 있다. 그렇지만 일단 내담자가 기술을 수행할 수 있게 되면 기술을 연마하고 다듬기 시작할 시점에 이르게 된다. 이를 위한 책략에는 보통 다음 범주의 것들이 포함된다. (1) 내담자가 기술을 연습하도록 돕기, (2) 기술에 대해 코치해 주고 피드백 주기. 치료자는 또한 효과적인 행동을 강화하고 효과적인 행동이 일어날 가능성을 높여 주거나 혹은 새롭게 개발한 기술의 적용을 방해하는 행동을 소거하는 데 수반성관리 책략을 사용할 수도 있다. 여기에서는 기술연습 책략, 코칭과 피드백에 초점을 두었지만, 5장에 기술된 행동을 강화하기 위한 수반성관리 절차의 적용에 대해 살펴보면 도움이 될 것이다.

회기 중 연습 책략

기술을 강화시키는 일차적 책략 중 하나는 연습이다. 기술 연습은 내담자가 효과적인 새로운 행동에 보다 유연하고 익숙하게 되도록 도와줄 수 있으며 적절한 맥락에서 자동적으로 내담자가 이 행동을 할 가능성을 높여 줄 수 있다. 치료자들은 (1) 회기 중 기술 연습을 통하는 방법과 (2) 과제물을 통하는 방법의 두 가지로 기술훈련을 격려한다.

회기 중 기술훈련을 촉진하는 몇 가지 방법이 있다. 그 방법으로는 (1) 치료자가 내담자로 하여금 개별적으로 혹은 집단으로 그 기술이나 그와 유사한 것을 해 보도록 하는 것, (2) 치료자와 내담자가 다양한 기술을 역할 연기하는 것, (3) 내담자가 그 행동을 반복해서 효과적인 행동을 '과학습(over learning)'하게 하는 것이 있다. 회기 중 연습의 다른 책략으로는 내담자로 하여금 여러 가지 다른 상황 속에서 효과적인 행동을 하는 것을 상상하게 하는 것이다. 이러한 '내재적' 혹은 '연상' 연습은 어떤 내담자에게 아주 효과적일 수 있다. 다른 연상 책략에서처럼 내담자가 힘든 상황에서 일어날 수 있는 상세한 부분을 생생하게 상상하도록 돕는 것이 중요하다는 것을 우리는 발견하였다.

치료자는 또한 고의로 내담자가 투쟁하고 있는 상황과 관련된 단서나 행동을 제시하거나 우연히 일어나는 단서를 없애지 않는 방식으로 회기 중 연습을 촉진할 수도 있다. '마리아'는 자신이 결혼하였다는 사실을 받아들이기를 거부하는 내담자였다. 마리아는 아버지가 어머니를 학대하는 것을 목격하였고 부모의 결혼이 서로 고통스럽게 깨져 가는 것을 지켜본 과거를 가지고 있었다. 또한 독립적이어야 하며 남자에게 의지해서는 안 된다는 신념을 강하게 가지고 있었다. 치료 초반에 마리아는 남편과 별거 중이었다. 남편은 그녀를 자주 신체적으로 폭행하였으며 매우 강압적인 행동을 보였다(예: 자신을 떠나면 죽이겠다고 함). 마리아는 자신이 '결혼한 몸'이며 여전히 자신을 학대하는 이 남자와 함께 있다는 사실을 받아들이기 어려워했다. 그 당시 치료는 내담자에게 근본적 수용(radical acceptance) 기술(10장에서 논의됨)을 가르치는 것이었는데, 단순히 현재 이 사람과 결혼한 상태이지만 이혼하거나 결혼을 무효화할 수 있는 선택권도 있다는 것을 받아들이는 것이었다. 내담자와 함께 수용 기술이 이 부분에서 도움이 되는 기술이라고 결정한 후, 치료자는 의도적으로 그녀가 이 남자와 결혼했다는 것을 사무적인 어조로 말하였다. 반복적으로 수용 기술을 훈련한 후에 마리아는 자신이 헤어지기를 강력히 원하지만 (심정적으로는 아닐지라도) 서류상으로는 결혼했다는 점을 인식할 수 있게 되었다.

치료 과제물 책략

과제물 부과는 특히 내담자의 일상 속에서 기술훈련을 하도록 하는 데 도움이 될 수 있다. Lindenboim, Chapman과 Linehan(2006)이 기술한 바와 같이, 행동치료에는 여러 가지 유형의 과제물이 있다. 이 과제물의 많은 부분은 다음의 네 가지 범주에 포함된다. (1) 개별 숙제, (2) 자기 점검 숙제, (3) 기술 연습 숙제, (4) 조건부 숙제. 개별 숙제는 개별 과제를 내담자에게 부과하는 것인데 때때로 일정 기간을 정하기도 한다. 예를 들어, 치료자는 천천히 마음을 챙겨 가며 음식을 먹는 기술을 배우는 폭식 내담자에게 다음 주 동안 일주일에 3번 마음을 챙기면서 식사를 하는 개별 숙제를 줄 수 있다. 헤로인 의존 내담자에게는 가까운 친구나 배우자와 약물 거절 기술(예: 약물 거절하기; Higgins et al., 2001; McCrady, 2001)을 연습하는 개별 숙제를 줄 수 있다. 다른 예로 공황장애 내담자에게 그다음 주 동안 매일 10분씩 신체 단서에 대한 신체 내부수용 노출(interoceptive exposure)을 연습하게 할 수도 있다. 종종 구조화된 기술훈련 프로그램의 개별 숙제에는 숙제하기, 유인물 읽거나 완성하기 혹은 다른 활동하기 등이 포함된다.

다른 과제물 형태로는 자기 점검 기술이 있다. 자기 점검 과제에는 내담자가 실제에 기반해서 보통은 매일 일어나는 다양한 행동을 관찰하고 기록하는 것이다. 예를 들어, 자기 점검 형식에서는 훈련하는 구체적 기술을 적어 언제 연습하였으며, 얼마나 자주 그리고 얼마나 오래 연습하였으며, 숙달하기까지는 얼마나 오래 걸렸는지를 기록한다. 이런 유형의 숙제의 장점은 치료자가 기술훈련을 독려하고 강화할 때 내담자로 하여금 기술을 정기적으로 훈련할 수 있게 해 준다는 점이다.

세 번째 유형의 숙제는 지속적인 기술훈련을 독려하는 내담자 편에서 하는 기술 연습 숙제이다. 이 유형의 숙제는 과잉 학습되어 위기 순간과 같이 가장 필요로 하는 경우에 그다지 노력을 들이지 않고서도 발휘될 수 있는 수준까지 기술을 강화시키도록 고안되었다. 실제 기술을 학습하고 강화하는 데는 시간이 필요하고 새로운 학습을 지지하는 환경 속에서 반복 연습하는 것이 요구된다. 일부 내담자는 대인관계 갈등, 구직의 어려움, 자살 위기와 기타 어려움 등 일상 환경에서 반복적으로 위기와 혼동을 경험한다. 위기에 빠져 있을 때 새로운 기술을 학습하는 것은 폐렴을 앓으면서 마라톤을 뛰는 것과 유사하다. 따라서 현재 하고 있는 연습을 강화하는 숙제를 내주는 것의 주요 이점은 내담자가 가장 도전적인 상황을 숙련되고 효과적으로 다루어야 하는 시점에 치료자가 내담자로 하여금 새로운 행동의 숙련된 전문가가 되도록 보조해 준다는 점이다.

마지막으로 네 번째 유형의 숙제는 조건적 형태다. 조건부 숙제는 내담자가 특정 사건이 일어날 때만 수행하는 숙제다. 조건부 숙제에는 숙제를 수행할 때 예를 들어, "불안하고 공포스럽게 느껴진다면 복식호흡 기술을 훈련하라."와 같이 '만약, 그렇다면(if, then)'의 규칙이 포함된다. 조건부 숙제의 예는 DBT에서 찾아볼 수 있다(Linehan, 1993a). DBT는 자살 시도를 하는 경계선 성격장애를 가진 내담자에게 보통 적용되므로, 주요 표적 행동의 일부로 자살 시도, 자살 위기와 자해가 포함된다. 치료자와 내담자는 가장 높은 위계의 행동을 선택하고 기능적 분석을 시행한다. 기능적 분석은 단일한 역기능적 행동 발생 사례와 관련된 사건들을 상세하게 논의하여 행동의 결과뿐 아니라 행동에 대한 확립조작, 취약 요소들과 촉발 사건을 결정하게 된다.

기능적 분석을 한 후에 치료자와 내담자는 종종 새로운 행동이나 기술을 시행할 방법을 고안해 낸다. 이어서 치료자와 내담자는 필요시 기술들을 시행하는 조건부 숙제에 동의한다(예: "자살생각이 들면 스트레스 감내 기술을 사용해 봐라."). 예를 들면, '제이콥'은 간간이 떠오르는 자살사고와 격렬히 싸우고 있는데, 부적절감이나 종교적 죄책감이 들면서 수치심이 느껴질 때 주로 그렇다. 그의 수치심은 보통 상황에 적절하지 않기 때문에 치료자가 가르쳐 준 기술 중 하나는 반대로 행동하기 혹은 수치심과 관련된 행동 경향과 반대되는 방식으로 행동하기였다(9장 참조). 이러한 방식으로 과제는 내담자로 하여금 0점(전혀 수치스럽지 않음)에서 5점(최대로 수치스러움)까지 가운데 2점 이상이 되는 (적절하지 않은) 수치심이 느껴질 때마다 반대 행동을 하도록 하는 것이었다. 이는 지시가 내담자로 하여금 정서적 경험 발생과 수반하여 책략을 사용하도록 하기 때문에 조건부 숙제의 한 예가 된다.

코칭과 피드백 주기

기술을 강화하는 다른 방법은 코칭과 피드백을 주는 것이다. 치료자는 내담자로 하여금 특정 기술과 관련된 행동을 하도록 요구하는 것으로 시작한다. 이후에 치료자가 행동의 다양한 측면에 대해 피드백을 제공하는데, 여기에는 (1) 그 행동이 얼마나 바람직한 행동과 유사한지, (2) 내담자가 한 행동이 환경 속에서 얼마나 효과가 있는지(즉, 행동의 효과성), 그리고 (3) 빈도, 기간, 강도, 목소리 톤, 자세나 언어(언어 기술이라면) 혹은 다른 유사한 특징들을 포함하는 행동의 다양한 측면의 지형도가 포함된다. 이러한 피드백과 관련하여 코칭에는 치료자가 제안을 하고, 지시를 하거나 내담자로 하여금 숙련 행동을 어떻게 향상할 수 있는지 조언을 주는 것 등이 포함된다. 코칭을 제공하는 많은 방법이 있지만 그 중 유용한 세 가지 방법이 (1) 시기, (2) 밀도, (3) 특수성이다. 시기와 관련해서는 행동이 발생된 시점과 가능한 한 가장 가까운 시기에 치료자가 코칭을 제공하는 것이 가장 유용하다. 5장에서 강화는 행동이 일어난 시점과 가까울 때 가장 효과적이라고 한 점을 상기해 보라. 코칭의 밀도와 관련해서는 내담자가 압도되거나 잊어버릴 것 같은 수많은 제안보다는 내담자 행동을 향상할 수 있는 한두 가지 제안을 치료자가 주는 것이 보통 가장 효과적이다.

특수성과 관련해서는 그 행동에 매우 특수한 피드백이나 코칭을 주는 것이 보다 효과적인지, 아니면 그 행동이 효과적인지 아닌지만을 알려 주는 단순한 피드백이 효과적인지에 대해서는 문헌들에서 일부 논쟁이 되고 있다(치료자 훈련에서 특수한 대 일반적 피드백과 관련된 문제는 Follette & Callaghan, 1995를 참조하라). 매우 특수한 코칭에서 있을 수 있는 함정 중 하나는 내담자로 하여금 맥락 요구에 따라 유연하게 조절하지 못하게 하는 경직되고 규칙 지배적인 행동을 격려하는 것이다. 그러나 효과적인 규칙 지배 행동이 특별한 상황에서 해야 할 행동을 정하는 로드맵을 제공한다는 면에서는 내담자에게 유용할 수 있다.

요 약

요약하면, 기술훈련을 사용할 때는 다음의 책략들이 제안될 수 있다.

- 내담자가 학습할 필요가 있는 기술이나 기술 세트를 명확하게 정의하라.
- 기술훈련에 효과적인 구조와 형식을 결정하라. 기술을 가르치는 데 있어서 집단이 효과적인지 혹은 개인적으로 하는 것이 효과적인지, 그리고 얼마나 자주, 어디에서, 누구와 기술훈련을 하면 가장 효과적인지 고려하라.
- 내담자에게 기술훈련의 목표, 논리적 근거, 구조, 기대와 동시에 그들이 배울 기술의 속성에 대해 알려 주라.
- 내담자가 기술을 습득하도록 돕기 위해 다양한 변증법적 책략을 사용하고 기술을 시연하거나 시범을 보이고(혹은 다른 내담자가 그렇게 하는 것을 보게 하고) 조형에 강조점을 둔 강화 원칙을 사용하라.
- 기술을 강화하기 위해 정기적으로 기술을 훈련하도록 숙제를 주고 내담자가 새로운 기술을 정교화할 수 있도록 적절한 피드백과 코칭을 제공하라.
- 내담자가 치료 회기 안과 밖, 가능한 한 많은 적절한 맥락에서 기술을 훈련하도록 하라.

CHAPTER 08

행동 활성화하기: 우울증 사례

Behavioral Interventions in Cognitive Behavior Therapy

우울증 치료에서 행동 활성화(behavioral activation) 개입이 새로운 것은 아니지만(예: Lewinsohn, Biglan, & Zeiss, 1976), 최근 몇 년 들어 다시 조명을 받으면서(예: Addis & Martell, 2004; Martell, Addis, & Jacobson, 2001) 경험적인 지지 증거들이 쌓이고 있다(예: Cuijpers, van Straten, & Warmerdam, 2007; Dimidjian et al., 2006). 몇 가지 심리 상태에 대한 행동 활성화 기법이 개발되었지만(예: Hopko, Lejuez, & Hopko, 2004; Hopko, Sanchez, Hopko, Dvir, & Lejuez, 2003) 아직까지 우울장애에 대한 효과는 제한적으로만 보고되고 있다.

전체 인구 중 평생 어느 시점에서든 주요우울장애를 경험하는 비율이 17%까지 추정되는 등 우울 삽화는 일반적이고(Kessler et al., 1994), 치료받기를 원하는 사람 중 상당수가 우울증을 호소하기 때문에, 이 장에서는 행동 활성화 치료의 가장 최근 문헌들을 기술하고자 한다. 행동 활성화는 그 자체만으로 우울에 작용하는 상대적으로 쉽고 경제적인 치료 접근이다. 최근 행동 활성화의 통합 패키지 안에 있는 치료 요소의 독특한 조합은 회피 행동 감소를 강조하고 상대적으로 기술훈련이나 사고 내용 수정은 덜 강조하는 방식으로서 본질적으로 이전과는 많이 달라진 형태다.

우울증 행동 활성화 치료의 이론적 토대와 역사

우울증 인지치료 요인 분석에서 Jacobson 등(1996)은 행동을 보다 활성화하는 데 도움이 되는 치료 요소를 밝혔다. 이 요소에는 우울한 사람이 불쾌하고 처벌이 되는 사건을 피하는 것과 동시에 정적 강화가 될 만한 자원에 가까이 접근하도록 도모하는 방법이 포함된다. 또한 치료자는 행동 활성화의 장애물을 찾아내는데, 이에는 철회, 비활성화, 사회적 고립과 반추와 같이 내담자가 사용하는 회피 대처 책략이 포함된다. 행동 활성화 치료는 회피적 대처를 찾아내고 정적으로 강화가 될 수 있는 행동에 참여하게 함으로써 이러한 회피 행동을 차단하는 데 초점을 둔다. 이러한 틀 안에서 정적 강화에 접근하는 행동은 자연적인 항우울 기능으로 간주된다(Jacobson, Martell, & Dimidjian, 2001). Jacobson 등(1996)이 요소들을 분석해서 결과를 보고한 이후에 행동 활성화는 우울증의 단일 치료법으로 발달되었고, Martell 등(2001), Addis와 Martell(2004)이 종합적인 윤곽을 잡았다. 행동 활성화의 뿌리는 몇 가지 우울 이론에서 찾을 수 있다. Charles Ferster (1973)의 우울에 대한 기능적 분석은 영향을 미친 이론 중 하나다. Ferster 모델은 인과적으로 우울과 환경적 요소들을 연결시키면서 우울을 지속시키고 발달시키는 데 수동적 반응, 회피, 도피와 철회의 역할을 강조하였다. 다른 이론적 영향은 Peter Lewinsohn(1974; Lewinsohn & Libet, 1972; Lewinsohn, Biglan, & Zeiss, 1976)의 우울에 대한 행동 이론에서 받았는데 이 이론에서는 우울 증상을 발달시키고 유지하는 데 낮은 빈도의 정적 강화 수반성 반응(response contingent positive reinforcement: RCPR)을 강조하였다. Lewinsohn과 동료들은 낮은 비율의 RCPR이 낮은 행동 비율로 이어지며 이로 인해 정적 강화를 받을 기회는 줄어들게 된다고 가정하였다. 결과적으로 취약한 개인의 행동은 일련의 행동을 소거시키면서 행동 레퍼토리가 협소하게 되는 강화 계획에 있게 된다. 소거과정의 한 가지 결과가 우울 증상이 되는 것이다.

MacPhillamy와 Lewinsohn(1974)은 즐거운 활동 참여를 평가하는 임상적 측정치('즐거운 사건 계획')를 개발하였고, 환경으로부터 정적 강화를 받을 수 있는 대안 행동을 촉진하는 치료 책략(우울과정 대처)을 다양화하였다(Lewinsohn, Antonuccio, Steinmetz-Breckenridge, & Teri, 1984). 그러나 우울 치료에 대한 Lewinsohn 등(1984)의 프로토콜 기반 접근과 비교했을 때, 행동 활성화 접근은 보다 개별 사례적이다(Jacobson et al., 2001). 활성과 회피에 대한 개별화된 평가가 행동 활성화의 가장 중요한 부분이며, 이러한 평가에서 얻어진 정보가 치료 작업에 정보를 제공한다. Lewinsohn 식의 방법은 어떤 사건이나 활동은 생래적으로 즐거운 것으로 모든 사람에게 강화가 된다고 가정하는 반면, 행동 활성화 방법은 개인 행동에 분명하게 영향을 미쳤을 때만(예: 행동 빈도를 증가시키거나 기분을 좋게 만드는 등으로) 강화 사건으로 분류한다.

문제 해결에 근거한 치료 형식과 방법(D'Zurilla & Nezu, 2001; Nezu, 1989; Nezu & Perri, 1989)은 행동 활성화 발달에 기여하였다. 정신병리에 대한 행동 이론과 마찬가지로, 행동 활성화는 우울증이 일차적으로 그 사람 안에 있는 결함이나 역기능의 결과가 아니고 생활 사건과 환경 문제의 결과라고 가정한다(Jacobson et al., 2001).

우울증 치료에서 행동 활성화의 효과에 대한 지지 증거

최근 치료 연구 결과에 따르면, 행동 활성화는 우울증에 대한 인지행동치료 요소 중에서 가장 중요한 요소라고 할 수 있다. 우울증 인지치료에서 처음 몇 회기는 행동적 개입이 주가 된다. 우울증의 인지치료와 관련된 치료 효과의 요인 분석에서 대부분의 기분 변화는 인지적 재구조화 기법이 구체적으로 적용되기 이전인 처음 3~4회기에서 나타나는 것으로 드러났다(Ilardi & Craighead, 1994). 이러한 사실에서 우울증의 인지행동치료에서 '적극적인 요소'가 무엇인가라는 의문이 제기되었다. 예를 들어, 이러한 분석을 따른다면 우울증 인지행동치료에서 핵심 신념—인지치료의 몇몇 형태에서 변화를 일으키는 주요 요인이라고 가정되는(예: Young, Weinberger, & Beck, 2001)—을 수정하거나 도식을 변화시키는 것이 행동적 개입 이외에 치료에 주는 효과는 거의 없다고 할 수 있다.

추가적인 연구를 통해 인지행동치료(CBT)의 행동 활성화 요소는 일차적으로는 치료적 변화 촉진에 있다고 주장되었다. 예를 들어, Jacobson 등(1996)은 우울증의 CBT와 관련된 행동 요소는 행동개입과 인지개입 모두를 아우르는 치료 패키지에 버금가는 치료적 효과를 가진다고 보고하였다. 행동 요소들이 대부분 행동 활성화를 포함하는데, 행동 활성화 기법에 인지치료 요소를 덧붙이는 것이 치료에 의미 있는 이득을 거의 가져다주지 않았다. 더욱이 치료 종료 2년 후 추적 조사에서 행동 활성화 개입의 재발률은 전체 CBT 패키지와 유사한 수준이었다(Gortner, Gollan, Dobson, & Jacobson, 1997).

Dimidjian 등(2006)은 성인 우울증 치료에 대한 무선 위약 통제 연구에서 행동 활성화, 인지치료와 항우울제(paroxetine)의 효능을 평가하였다. 중증 이상의 우울을 경험하는 성인에게 행동 활성화와 관련된 효과는 항우울제와 유사하였고 두 개입이 인지치료보다 우세하였다. 그러나 세 가지 치료법 모두 시간에 따라 우울이 감소하는 효과를 보였다. 경도 우울의 경우 모든 치료법에서 우울이 감소되었으며 치료법 간에 전반적인 효능의 차이는 드러나지 않았다. 행동 활성화(16.3%)나 인지치료(13.3%)에 비해 항우울제의 전반적인 감소율이 가장 컸으나(44%), 경도 우울에서 위약 효과와 비교할 때 약물 효과는 유의하지 않았다.

일반적인 지지치료와 비교할 때, 입원 환자에 대한 행동 활성화가 우울 감소에 효과적이라는 증거들도 있다(Hopko, Lejuez, LePage, Hopko, & McNeil, 2003). 이 밖에도 연구자들은 불안장애를 동반한 우울증 환자(Hopko et al., 2004)와 경계선 성격장애를 동반한 우울증 환자(Hopko, Sanchez et al., 2003)와 같이 서로 다른 집단에 대해서는 행동개입을 수정해서 사용할 것을 제안하였다.

행동 활성화 접근의 중심 가정

우울의 행동 활성화 이론의 중심 가정에 따르면 우울의 발달과 유지에 기여하는 요소들은 그 사람 안에 있는 것이 아니고 환경 속에 있으며 그 사람의 행동 결과와 관련된다는 것이다. 특히 한 개인의 행동이 정적으로 강화되기 보다는 자주 처벌되었을 때, 혹은 회피 행동으로 인해 정적 강화를 받을 기회가 감소되었을 때 우울이 발생한다는 것이다(Martell et al., 2001). 이러한 관점에서 보았을 때, 우울은 사람과 환경 간 상호작용으로 경험하게 된다고 할 수 있다. 따라서 행동 활성화에서 초점은 생활 맥락에 있는 것이지 내적인 원인, 상처나 결함에 있는 것은 아니다.

행동 활성화에서 강조되는 우울과 관련된 위험 요소는 **맥락 변화**인데(Addis & Martell, 2004), 이는 한 개인으로 하여금 우울에 빠질 위험을 더 크게 만드는 상황 속에 있게 한다. 맥락 변화에는 이혼, 이직 혹은 신체적 질병과 같은 생활 스트레스가 포함된다. 이들 변화는 때로 매우 점진적으로 일어나기도 하고(예: 직무 시간이 길어지면서 가족과 친구들과 어울릴 시간이 줄어드는 것 등), 때로는 매우 급격하게 일어나기도 한다(예: 실직이나 짧은 기간에 다른 도시로 이주하는 것 등). 많은 경우에 우울은 몇 가지 맥락적 변화나 삶의 변화 등이 합쳐진 결과이며 그 사람으로 하여금 부정적 기분과 관련된 활동에는 더 많이 관여하고 긍정적 기분과 관련된 활동에는 덜 참여하게 만든다.

이러한 중심 가정에 기초해서 우울에 대한 행동 활성화는 그 사람으로 하여금 더 많이 활동하고 회피 행동을 제거하여 정적 강화에 접근할 기회를 늘려 주는 것을 목적으로 한다(Martell et al., 2001). 활성화 책략들은 정교한 과정을 통해 목표로 정해지는데, 내담자가 경험하는 우울 맥락에 대한 기능 분석에 의해 영향을 받는다. 내담자의 사고 패턴도 행동 활성화 치료에 관여된다. 그러나 내담자의 사고 내용은 그와 연관된 맥락과 결과보다는 덜 중요하다(Martell et al., 2001). 즉, 초점은 사고가 언제 어디에서 일어나며, 내담자가 어떻게 느끼며, 이후 행동이 어떠할지에 미치는 효과에 일차적으로 맞추어 진다.

우울증 치료의 행동 활성화 접근

행동 활성화의 일차 목표는 강화를 주고 기분을 상승시키거나 한 개인의 장기 목표나 가치와 부합되는 맥락에 들어가거나 활동에 참여하도록 촉진하는 것이다. 이런 행동에는 삶의 문제를 해결할 기회를 없애거나 역설적으로 우울감에 보다 취약하게 만드는 회피 대처 패턴을 차단하는 것이 포함된다.

우울증에 대한 행동 활성화 치료는 보통 16~24주 정도 지속된다. Dimidjian 등(2006)의 연구에서 내담자들은 처음 8주 동안에는 매주 2회씩 50분 회기에 참여하였고, 나중 8주 동안에는 매주 1회씩 50분 회기에 참여하였다. 치료자는 일차적으로 내담자들이 행동과 결과 사이의 관계에 대한 숙련된 관찰자가 되도록 돕는 자문 역할을 하였다. 또한 내담자들이 삶을 향상시키는 활동에 참여할 수 없다는 생각을 하거나 자신의 행동에서 기쁨을 얻을 수 없다고 예상하는 상황일지라도 내담자를 격려해 주는 코치 역할도 한다. 치료자는 또한 장기 목표와 가치에 부합하는 행동을 유지하는 삶의 방식을 발달시키도록 내담자를 돕는다.

아래에서는 우울증의 행동 활성화 치료 요소들이 요약되어 있다. 치료적 틀 안에서 치료 요소들은 연속적인 형식을 따르는 것이 일반적이다. 그러나 치료의 개별적 특성을 감안하여 치료자들이 융통성을 발휘할 여지는 있다. 행동 활성화에 대한 요약은 Jacobson 등(2001), Martell 등(2001) 그리고 Addis와 Martell(2004)에 기초하고 있다.

단계 1: 자신의 활동과 기분 및 이 둘 간의 관련에 대해 자기 점검하기

행동활성 모델에서 자신을 알게 되는 것은 단지 내부에서 일어나는 일을 알아채는 것 이상을 포함한다. 자기 지식 습득에는 또한 외부에서 일어나는 일에 대한 상세하고 사려 깊은 분석이 포함된다. 어떤 상황에서 그 사람이 어떻게 행동하는지를 아는 것(예: 직장에서 어떻게 지내는지, 가정에서는 무엇을 하는지, 지루하고 불쾌한 일에 직면했을 때 어떻게 행동하는지 등)은 그 사람의 행동이 정서적 환경적 결과와 연관되기 때문에 매우 중요하다. 한 사람의 성격이나 유전적 성향을 바꾸는 것이 불가능하지는 않더라도 매우 어렵기 때문에, 이 치료에서 일차적인 강조점은 한 사람이 어떤 상황에서 나타내는 행동에 맞추어져 있다. 한 사람이 생각하고 느끼는 방식에 직접적으로 영향을 미치는 행동을 바꾸는 것은 상대적으로 더 쉽다.

행동 활성화에서 우울한 기분과 관련된 행동 패턴 규명은 이러한 패턴을 바꾸는 준비다. 이 과정에는 치료자와 내담자가 구조화되고 체계적인 방법으로 무엇을 바꿀 것인지 함께 찾아내는 작업이 포함된다. 이를 위해 치료자와 내담자는 현재 삶에서 긍정적인 사건과 부정적인 사건을 면밀히 조사하는데, 이때 강조점은 우울한 기분이 들지 않을 때와 비교해서 우울할 때 내담자의 삶이 어떻게 다른지를 이해하는 데 둔다. 내담자가 후자에 대한 대답을 얻기 위해 하는 질문의 예로는 "우울하지 않을 때 당신의 삶은 어떠합니까?" 혹은 "우울하지 않다면 할 것 같은데 지금은 하지 않은 일들이 있습니까?" 등이 포함된다.

상세한 자기 점검은 우울한 기분과 연관된 행동 패턴을 규명하는 데 중요한 부분이다. 행동 활성화에서 주요 평가도구로는 활동 점검 양식, 자기 점검 양식이 있는데, 최소 일주일 동안 매일 시간 단위로 자신의 활동과 관련된 기분을 기록하는 것이다. 일반적으로 자신의 활동과 관련하여 내담자가 정확하게 보고하면 할수록 더 좋다. 예를 들어, '집에 있는 동안 직장에서 하루를 반추한다'가 '집에 혼자 있다' 혹은 '반추한다'라고 기록하는 것보다 정보를 더 많이 준다. 활동 점검 양식에 기록된 정보를 통해 내담자의 현재 활동 수준, 활동 수준과 기분 간의 연관성 및 회피 행동 수준 등이 드러난다.

활동과 연관된 기분을 기록한 다음 단계는 패턴을 살펴보는 것이다. 내담자가 기록한 일지를 통해 내담자 활동에 따라 기분이 달라진다는 표시가 나타나는가? 자주 일어나는 사건들과 부정적 기분이 관련된다는 증거가 있는가? 내담자의 긍정적 기분과 연관된 사건이 있는가? 하루 중 특히 내담자의 저조한 기분과 관련되는 때가 있는가? 그렇다면 그 시간에 일어나는 활동과 저조한 기분이 상응되는가 혹은 내담자의 저조한 기분은 내담자의 활동과 무관하게 나타나는가?

상세한 수준에서 내담자의 활동을 관찰하여 최소 일주일에 걸친 패턴을 찾아내는 것은 일부 우울한 사람으로 하여금 자신들이 하루 종일 우울한 기분을 경험하고 있다는 믿음을 없애 버리는 데 도움이 된다. 이러한 점검을 통해 **우울의 순환고리** 혹은 우울하거나 부정적인 기분에 대처하고자 하는 노력이 실제로는 기분을 더 나쁘게 만드는 것이라는 것이 드러날 수도 있다. 예를 들어, 어떤 사람은 음주를 통해 우울한 기분이나 스트레스에 대처한다. 많은 사람에게 알코올 섭취는 즉각적으로는 이완되고 들뜬 기분으로 전환해 줄지도 모른다. 그러나 즉각적인 정신 반응 효과가 가시고 나면 실제로 기분은 음주 이전보다도 더 나빠질 수 있다. 많은 내담자들도 음주가 스트레스를 일으킨 문제를 해결하는 데 우선적인 도움이 되지 않는다고 보고한다. 이러한 사례들을 통해 우울 고리가 어떻게 드러나는지, 그리고 현재 대처 노력이 실제로는 도움이 되지 않는다는 사실을 알 수 있다.

내담자 사례: 다이앤

42세인 '다이앤'은 7세와 9세 된 두 아이의 엄마로 최근에 이혼하였고 지속적으로 기분이 저하되는 것을 염려한 동료에 의해 의뢰되었다. 임상 면담 동안 다이앤은 자신이 "지난해 동안 지속적으로 우울했다."고 하였으며 자신의 상황 때문에 거의 매일 울었다는 말을 덧붙였다. "내 인생은 어긋나 버렸고 어떻게 사태를 수습해야 될지 모르겠다."면서 "지금은 시종일관 걱정만 하고 있는 것 같다."고 하였다.

다이앤은 지난 3년 동안 점차 우울이 심해졌다고 하였다. 자신이 더 이상 남편을 사랑할 수 없고 "아이와 나에 대한 그의 무관심이 점점 더 표면화되는 것을 깨닫게 되면서 우울 증상이 시작되었고 악화되었다."고 하였다. 그리고 "지난 일 년 동안 슬픔이 지속되었고 시간이 지나면서 우울 증상은 점점 더 심해졌다."고 하였다. 다이앤과 남편은 작년에 이혼에 합의하였고 9개월 전에 최종 판결이 내려졌다. 그녀는 이혼과 관련된 과정은 '전반적으로 우호적'이었다고 하였다.

이혼 선고가 내려지고 난 후 다이앤의 남편이 17년 동안 살던 곳에서 다른 주로 이주하였고, 이에 일차적인 자녀 양육은 그녀에게 떠맡겨졌다. 다이앤은 자신과 아이들이 자신들에게 일어난 변화에 대해 서로 자주 이야기하였고 새로운 상황에 적응하려고 노력하였다고 하였다. 덧붙여 그녀는 자녀들과 대화할 때 개인적으로는 미래가 불확실했음에도 낙관적이고 긍정적인 태도를 유지하였다고 말하였다.

다이앤은 결혼생활의 어려움과 우울한 기분은 은행원으로서 자신의 업무에 영향을 미쳤다고 하였다. 일에 집중하기가 어려웠고 종종 현재 상황이 얼마나 나쁜가에 생각의 초점이 맞추어진다고 하였다. 지난주에서야 다이앤은 '너무 심해져서 이제는 정말 무언가 해야만 했기' 때문에 치료를 받기로 결심했다고 이야기하였다.

첫 회기 후 실시된 설문평가는 다이앤의 보고와 일치하였다. 벡 우울검사 II(Beck Depression Inventory–II, BDI–II; A. T. Beck, Steer, & Brown, 1996) 결과 중간에서 심한 수준의 우울한 기분을 나타냈다(28점). 펜실베이니아 상태 걱정 질문지(Penn State Worry Questionnaire, PSWQ; Meyer, Miller, Metzger, & Borkovec, 1990)에서 52점을 나타냈는데 반추 증상을 특징적으로 보이는 불안장애 환자들에게서 흔히 나타나는 수준과 유사하였다(Fresco, Mennin, Heimberg, & Turk, 2003). 대인관계 지지 평가 목록 단축형(Interpersonal Support Evaluation List, ISEL; Brummett et al., 2006; Cohen, Mermelstein, Kamarck, & Hoberman, 1985)에서는 21점이었는데 일반적으로 매우 낮은 점수에 해당된다(Brummett et al., 2006).

다이앤이 보고한 다른 손상 지표를 보면 더 이상 제대로 기능할 수 없어 치료를 받아야 된다고 생각하게 된 시점에서는 기분 저하로 인해 직무 수행이 점점 더 심하게 영향을 받고 있었다. 또한 직장에서 점점 동떨어지고 고립되면서 자기 전 '긴장을 풀기 위해' 밤마다 몇 잔의 와인을 마시는 습관이 생겼다. 몇 가지 다른 사례를 통해 다이앤이 주로 회피대처 책략을 사용해 왔음이 드러났다.

어떤 우울 치료방법이 가능할지 상의하기에 앞서, 다이앤의 치료자는 활동 점검 양식에 깨어 있는 시간마다 활동과 연관된 기분을 기록하면서 매일 자기 점검을 하도록 요청하였다. 이 사건 기록에는 활동 자체뿐 아니라 활동이 일어난 맥락, 활동이 일어난 날짜와 활동이 수행된 시간대에 대한 간략한 기술도 포함되었다. 첫 번째 회기와 두 번째 회기 동안 그녀가 참여한 활동, 관련된 기분(1=매우 저조하거나 부정적인, 10=매우 긍정적인)과 그 활동에 참여하면서 파생되는 기쁨 정도(1=매우 혐오적이거나 불쾌한, 10=매우 즐겁거나 기쁜)가 〈표 8–1〉에 기술되어 있다.

다이앤과 치료자는 이 양식을 함께 살펴보았고, 다이앤은 자신에게 하루 동안 너무도 많은 기분 변화가 있다는 것을 보고 놀랐다고 이야기하였다. 이러한 깨달음은 자신이 하루 종일 우울하다는 자신의 이전 관점과 대조되

〈표 8-1〉 1회기와 2회기 사이 다이앤의 활동 점검 양식

시간	월요일	화요일	수요일
오전 7시	기상, 아침 준비, 딸들과 아침 식사 기분: 3점 즐거움: 4점	기상, 아침 준비, 딸들과 아침 식사 기분: 4점 즐거움: 4점	기상, 아침 준비, 딸들과 아침 식사 기분: 2점 즐거움: 2점
오전 8시	옷 입기, 학교에 딸 데려다 줌 기분: 3점 즐거움: 4점	샤워, 옷 입기, 학교에 딸 데려다 줌 기분: 4점 즐거움: 4점	옷 갈아입기, 학교에 딸 데려다 줌 기분: 2점 즐거움: 2점
오전 9시	주방 정리 기분: 3점 즐거움: 4점	텔레비전 시청(옛날 영화) 기분: 3점 즐거움: 2점	공원 산책 기분: 5점 즐거움: 4점
오전 10시	낮잠 기분: (잠) 즐거움: (잠)	텔레비전 시청(옛날 영화) 기분: 3점 즐거움: 2점	집에서 청구서 살펴봄(수납하지는 않음) 기분: 3점 즐거움: 1점
오전 11시	집청소, 세탁 기분: 4점 즐거움: 2점	텔레비전 시청(토크쇼) 기분: 3점 즐거움: 2점	신문 읽음, 차 마심 기분: 5점 즐거움: 4점
오후 12시	점심 준비해서 먹음, 마당에 앉아서 라디오 들음 기분: 6점 즐거움: 7점	피자 주문함, 집청소, 점심 먹음 기분: 4점 즐거움: 3점	점심 먹음(저녁 식사 때 남은 음식), 텔레비전 시청(뉴스) 기분: 3점 즐거움: 3점
오후 1시	식료품점에 감 기분: 4점 즐거움: 4점	낮잠 기분: (잠) 즐거움: (잠)	직장에 전화함/신문 읽음 기분: 5점 즐거움: 2점
오후 2시	식료품점에 감, 집에 와서 식료품들을 풀고 정리함 기분: 4점 즐거움: 3점	낮잠 기분: (잠) 즐거움: (잠)	컴퓨터 게임 함(카드 게임) 기분: 4점 즐거움: 3점
오후 3시	딸들과 백화점에 감 기분: 6점 즐거움: 6점	텔레비전 시청(토크쇼) 기분: 3점 즐거움: 2점	딸들이 뒤뜰에서 노는 것 바라봄 기분: 5점 즐거움: 4점
오후 4시	딸들과 백화점에 가서 쇼핑함 기분: 6점 즐거움: 7점	텔레비전 시청(스포츠)/잠깐 잠이 듦 기분: 3점 즐거움: 2점	딸들과 쿠키 만듦 기분: 7점 즐거움: 8점

오후 5시	백화점에서 식사 기분: 5점 즐거움: 5점	딸들과 보드 게임 기분: 4점 즐거움: 5점	저녁 준비 기분: 5점 즐거움: 5점
오후 6시	집으로 운전해서 옴/세탁물 찾아옴 기분: 5점 즐거움: 4점	저녁 준비/저녁 식사 기분: 4점 즐거움: 4점	저녁 식사/딸들과 산책 기분: 6점 즐거움: 6점
오후 7시	딸들 숙제 봐줌/딸들이 내일 입을 옷 챙겨 줌/딸들 점심 도시락 준비 기분: 5점 즐거움: 7점	컴퓨터 작업함/딸들 내일 입을 옷 챙겨 줌/딸들 점심 도시락 준비 기분: 4점 즐거움: 3점	딸들과 텔레비전 시청/딸들 내일 입을 옷 챙겨줌/딸들 점심 도시락 준비 기분: 5점 즐거움: 3점
오후 8시	친정 엄마와 전화 통화 기분: 5점 즐거움: 6점	텔레비전 시청(뉴스)/와인 홀짝거림 기분: 3점 즐거움: 3점	텔레비전 시청(뉴스)/와인 홀짝거림 기분: 4점 즐거움: 3점
오후 9시	텔레비전 시청(뉴스)/와인 홀짝거림 기분: 3점 즐거움: 3점	텔레비전 시청(뉴스)/와인 홀짝거림 기분: 3점 즐거움: 2점	텔레비전 시청(뉴스)/와인 홀짝거림 기분: 2점 즐거움: 2점
오후 10시	잘 준비/침대에서 독서/취침 기분: 3점 즐거움: 3점	잘 준비/취침 기분: 2점 즐거움: 2점	잘 준비/취침 기분: 3점 즐거움: 2점

는 것이었다. 그녀와 치료자가 논의한 다른 패턴은 기분과 즐거움 평정이 동시에 오르내린다는 것이었다. 치료자는 즐거운 활동에 참여하는 것이 그녀의 기분을 향상할 수 있다는 것을 발견하였고, 치료를 지속하면서 이 부분에 대해 지속적으로 탐색해 가기로 하였다. 그들은 저녁에 텔레비전을 보면서 와인을 홀짝거릴 때는 다이앤의 기분이 항상 나쁘다는 것을 알아냈다. 다이앤은 세상 모든 일이 자신을 끌어내리고 있으며 자신이 다른 사람의 슬픔에 과도하게 동일시하는 것 같다고 하였다. 또한 하루 중 어느 때는 자신의 삶에 대해 심하게 반추하는 경향이 있고, 텔레비전을 보는 동안에도 "내 생각은 보통 다른 곳에 가 있다."고 하였다.

다이앤의 삶에 대해 알게 되면서 치료자는 그녀의 현재 우울 삽화가 10년

전 새로운 고장으로 이사하면서 중요한 관계들을 연이어 상실한 것과 같은 삶의 여러 가지 맥락 변화와 깊이 관련되었다는 생각을 나누었다. 직장 동료 외 새로운 관계를 만들지 않았고 주로 집에서 가족을 돌보는 일에만 전념하였다.

10년 전 현재 집으로 이사온 이래로 다이앤은 많은 친구를 사귀지 않았다는 것을 깨달았다. 직장 밖에서의 시간은 아이를 돌보는 데 전념하였고 다른 일을 할 에너지가 더 이상 남아 있지 않다고 하였다. 직장 동료 말고는 가족 외 어느 누구와도 정기적인 관계를 가지지 않았다. 직장에서 가깝게 느껴지는 몇몇 사람이 있음에도 불구하고 다이앤은 직장 밖에서는 그들과 어떤 활동도 함께 하지 않았다.

다이앤의 치료자는 또한 보다 근본적으로 그녀의 이혼과 늘어난 자녀 양육 책임이 그녀로 하여금 우울한 기분에 보다 취약하도록 다른 맥락들을 전환시켜 놓았음을 이야기하였다. 이러한 맥락 전환이 회피대처 책략들에 과도하게 의존하는 그녀의 특성과 맞물려 현재 삶의 문제들이 대부분 해결되고 있지 않는 상태에서 우울한 기분을 유지시키는 것 같았다.

2회기와 3회기 사이에서 다이앤은 목요일과 일요일 활동 점검 양식을 완성하였다. 이 기간의 패턴은 월요일과 수요일에 관찰한 것과 거의 일치하였다. 활동 점검 양식에서 얻은 정보를 바탕으로 설문평가, 임상 면접이 처음 3회기 동안 행해졌고, 다이앤의 치료자는 다음의 문제 목록을 만들었다.

1. 슬픈 기분: 그녀의 기분은 저녁에 주로 나빠지며, 와인 마시는 것과 종종 동반된다.
2. 지속적임 걱정과 반추: 사고 내용은 보통 과거 부정적인 일, 미래에 일어날 것 같은 부정적 사건 혹은 현 상황에 관련된 부정적 평가에 초점이 맞추어져 있다. 반추하는 시간은 보통 저녁에 집중되어 있으며 회피 기능과 연관되어 있는 것 같다.

3. 제한된 사회적 지지망: 그녀의 사회적 네트워크는 크게 가족과 직장 동료(직장에서만)로 이루어져 있으며 가족 외의 사람과 여가 활동을 하는 일은 거의 없다.
4. 야간 와인 마시기: 텔레비전을 보면서 2~3시간 거의 매일 밤 2~3잔의 와인을 마신다.
5. 회피 양상: 이에는 하기 싫지만 필요한 활동들(수납하기 등)을 회피하기 위해서 하는 잦은 텔레비전 시청, 빈번한 낮잠, 반추와 컴퓨터로 비디오 게임 하기 등이 포함된다.

단계 2: 긍정적 기분과 관련된 활동을 찾기 위해 문제 해결과 행동 실험 사용하기

자기 점검을 한 주 이상 한 후에 내담자와 치료자는 다양한 기분과 관련된 활동들을 함께 찾아보았다. 일단 우울한 기분과 관련된 활동을 찾아내서 치료자는 내담자와 문제해결 접근을 통해 긍정적 기분과 관련되거나 보다 즐거운 한두 가지 대안을 모색할 수 있다.

대안 행동이나 활동을 찾아내거나 이에 접근하는 첫 번째 단계는 브레인스토밍이다. 비판, 편집이나 평가 없이 머릿속에 떠오른 모든 대안을 다 적는다. 일단 이 과정이 끝나면 다음 단계에서 그 활동이 긍정적 기분과 연관될 수 있는지, 내담자가 그 활동을 하는 것이 가능하고 바람직한 것인지 평가한다(예: 경제적으로 넉넉하지 않은 내담자의 경우 비싼 저녁 식사하기와 같은 어떤 활동은 하기 어려울 수 있다). 이러한 과정에서 목록이 좁혀지게 된다. 남겨진 사항들 중에서 선택하기에 앞서, 치료자는 조합되거나 통합될 수 있는 사항들이 있는지 고려해 보는 것이 좋을 것이다. 이 외에도 대안을 선택할 때 치료자는 우울의 순환고리에 특히 주의를 기울여야 한다. 대안 활동을 통해 이를 차단하는 것은 내담자로 하여금 대안적인 대처 행동을 실험해 볼 기회를 줌으로써 깊은 우울에 빠질 가능성을 줄여 줄 것이다. 이러한 문제들을 고려한 후에 한두 가지 대안을 치료자가 선택해 주고, 내담자는 이전에 다른 행동이 일어났던 시간에 이를 시험해 보게 된다.

새로운 행동이 실제로 보다 효과적인지(예: 우울한 기분이 아니고 보다 긍정적 기분과 연관되는지)를 결정하는 데 행동 실험이 필요하다. 이 과정에는 우울한 기분과 연관된 행동 대신에 새롭거나 대안적인 행동을 시도해 보고 새로운 행동과 어떤 결과가 관련되는지 살펴보는 것이 포함된다(행동 실험에 대한 보다 상세한 기술은 6장을 참조하라). 실험을 하면서 내담자의 목적은 단순히 어떤 조작의 결과로 어떤 일이 일어나는지 관찰하는 것이다. 이 안에는 어떤 다른 활동을 할 때 자신의 기분이 어떻게 되는지를 관찰하는 것이 포함된다. 전반적인 목적은 내담자로 하여금 x 대신에 y가 행해졌을 때 어떤 일이 일어나는지, 그리고 x와 비교했을 때 y가 기분에 어떤 영향을 미치며 어떤 결과를 가져오는지를 배우는 것이다. 여기에는 어떤 특별한 결과를 얻기 위해 전적으로 매진하는 것보다는 내담자가 실험자로서의 태도를 가지는 것, 자신이 발견하는 것에 대해 객관성을 가지는 것, 그리고 드러난 결과 자체를 진실로 기꺼이 받아들이는 것이 포함된다.

내담자가 어떤 한 가지 행동 실험을 마쳤다고 해서 이 과정이 끝나는 것이 아니다. 그보다 실험은 지속적으로 이어지는 것이다. 예를 들어, 한 가지 활동을 바꾸는 것이 본질적이고 지속적으로 기분 변화를 가져오는 것이 아니라는 인식과 같은 것이다. 이보다는 점진적이고 체계적인 방법으로 몇 가지 맥락적 변화나 전환을 일으켜서 충분치는 않더라도 바람직한 방향으로(혹은 보다 유리한 방향으로) 지속적으로 단계를 밟아가는 것이 목적이다.

다이앤의 활동 점검 양식에서 얻은 아이디어를 시험해 보는 계획 세우기

치료 첫 단계 동안 자기 점검과정의 결과로 다이앤은 저녁 8시부터 10시 사이에 와인을 홀짝거리면서 우울한 기분으로 텔레비전 24시간 뉴스 채널을 본다는 것을 발견하였다. 또한 자신이 저녁에 마시는 와인이 깊은 잠을 자지 못하게 하면서 다음 날 피로감과 불안정감을 증가시킨다는 것도 알게 되었다. 아마도 그 결과로 일할 에너지가 그다지 많지 않은 상태로 하루를 시작하게 되었음을 다이앤은 인지하게 되었다.

다이앤의 치료자는 뉴스를 보면서 와인을 마시는 것은 기분을 악화시킬 뿐 아니라 우울 연쇄를 형성하면서 점점 더 기분을 나빠지게 하는 것 같기 때문에 그녀의 저녁 활동에 먼저 중점을 두자고 하였다. 이어서 치료자는 저녁에 텔레비전을 보는 것, 와인을 마시는 것과 반추하는 것의 기능적 속성에 대한 자신의 관점을 묘사한 도식을 작성하였다([그림 8-1] 참조).

다이앤과 도식을 살펴보면서 치료자는 이 활동들이 그녀의 삶에 그다지 도움이 되지 못한다는 것을 찾아냈다. 그녀가 했던 말들에 기초해서 치료자는 다른 사람의 고통을 보는 것이 자신의 고통에 대해 균형 잡힌 시각을 가지는 데 도움이 되기는 했지만(즉, 그녀는 자신의 상황이 다른 사람과 비교할 때 그렇게 나쁘지는 않다고 생각하였다), 이것이 상황에 압도되는 느낌을 줄이는 데는 그다지 보탬이 되지 않다는 점을 주지시켜 주었다. 뉴스를 보면서 자주 스스로의 삶에 대해 염려했기 때문에, 처음에 다이앤은 반추하는 것이 자신의 문제를 해결하는 데 도움이 된다고 믿었다. 이러한 관점에서 다이앤은 자신의 걱정과 반추를 효과적인 대처 행동으로 여겼다. 치료자는 텔레비전을 보면서 마시는 와인이 많은 즉각적인 보상(예: 스트레스 감소, 약간의 행복감)을 준다는 점도 언급하였다. 전체적으로 이러한 행동 패턴은 많은 즉각적인 보상을 주기 때문에 반드시 지속되게 된다.

치료자는 다이앤과 함께 이 행동 패턴의 즉각적이지 않은 효과를 탐색해 갔다. 그녀와 치료자가 그녀의 반추 경향에 대해 보다 깊이 살펴보았을 때, 다이앤은 자신의 반추가 우울감을 오히려 가중시키고 자신의 삶 문제를 해결하는 데는 거의 도움이 되지 않는다는 결론을 내리게 되었다. 또한 다른 사람의 고통에 자주 노출되는 것이 자신의 기분을 더 나쁘게 하여, 그녀로

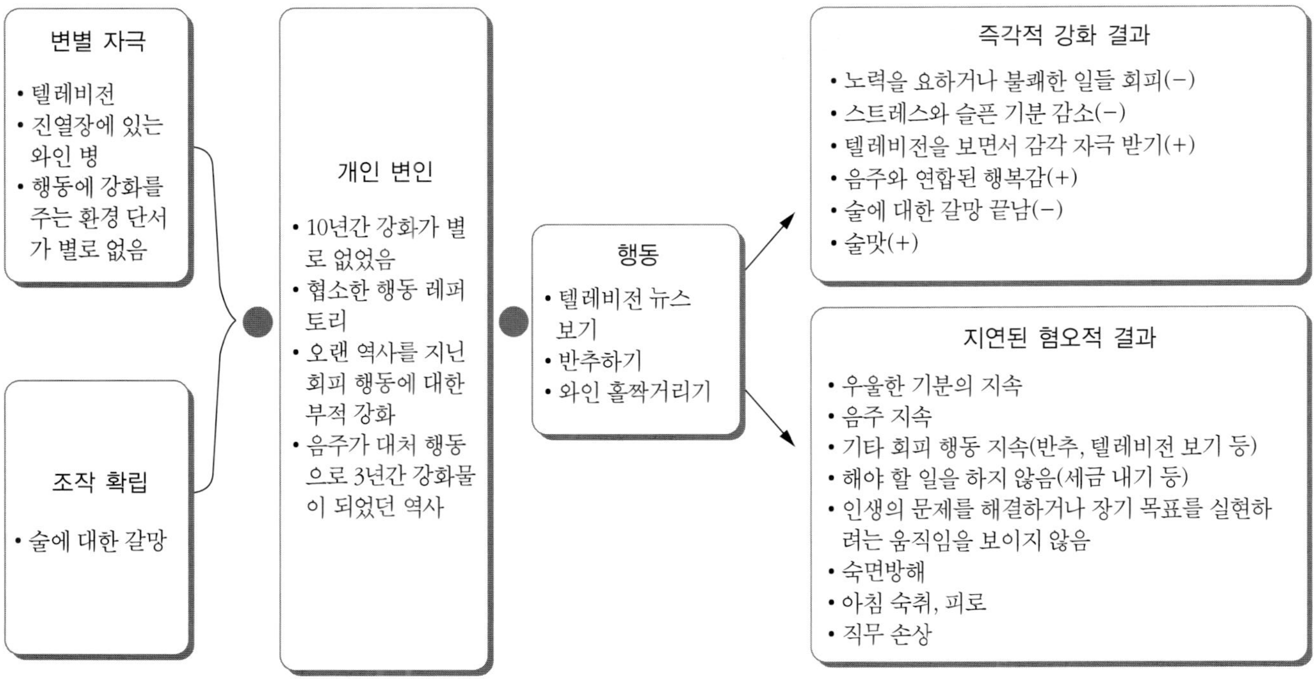

[그림 8-1] **다이앤의 저녁에 텔레비전 보기와 와인 마시기에 대한 기능 분석**

반응 연쇄 요소들 간의 점은 가능한 기능을 가르치는 데 선행 요소가 다음 요소에 영향을 미칠 가능성을 의미한다. 즉각적 강화의 결과 요소 안에 있는 항목들 중 (+) 표시가 된 것은 정적 강화된 결과를 의미하고, 반대로 (−) 표시가 된 것은 부적 강화된 결과를 의미하는데, 이 모두는 선행 행동을 유지 혹은 강화시켜 주는 역할을 한다.

하여금 비관적이고 무력한 태도를 취하게 하여(예: "세상은 지긋지긋하고 내가 할 수 있는 것은 아무것도 없어.") 기분이 향상될 수 있는 일들을 할 시간을 줄어들게 한다는 점을 이해하게 되었다. 이 밖에도 와인 마시는 것이 즉각적으로는 이완시켜 주지만 궁극적으로는 상황을 더욱 어렵게 만든다는 것도 알게 되었다(예: 숙면 방해, 약간의 아침 숙취, 다음 날 피로).

다이앤은 치료자에게 이 행동 패턴에 주의를 기울일 것을 약속하였다. 이 시간에 뉴스 보는 것을 대신할 대안 활동 목록을 함께 작성하였다. 그 안에는 보모를 고용해서 친구나 가족과 영화 보러 가기, 딸의 도움을 받아 앨범 정리하기와 오랫동안 통화하지 않았던 친구에게 전화하기 등이 포함되었다. 다이앤은 과거 몇 년 동안 자신이 사회적으로 고립되어 있었다고 느꼈으며, 다른 사람과 함께 무엇을 할 때 기분이 보다 긍정적이 된다는 것을 활동 점검 양식을 통해 알게 되었기 때문에 다른 사람들과 함께 하는 활동에 관심을 보였다. 이어서 치료자는 다이앤과 함께 누구와 영화를 보러 갈 것인지, 보모로 생각해 둔 사람이 있는지, 어떤 영화를 보고 싶은지를 탐색하였다. 다이앤은 다음 날 할 활동을 정리할 것이며 내일 저녁에는 뉴스를 보기보다는 한동안 연락하지 않았던 친구에게 전화하겠다고 하였다.

활동 점검 양식에서 다이앤은 앞으로 3일 저녁 동안의 활동을 계획하였고 이를 실천하겠다고 치료자에게 약속하였다. 치료자는 그녀가 대안 활동에 참여하면서 그와 관련된 기분을 기록하도록 지시하였다. 그러고 나서 그녀는 저녁 시간에 뉴스를 볼 때 기분 점수와 비교하여 대안 활동이 자신에게 다른 효과를 주는지를 알아보았다.

단계 3: 회피 행동 차단하기와 접근 행동 촉진하기

치료의 세 번째 단계에서는 회피 및 도피 행동 대처 책략을 접근 책략으로 대체하는 데 초점을 맞추게 된다. 회피는 일반적인 대처 책략이다. 사람들은 일반적으로 불안, 우울 혹은 분노 감정과 연관된 상황이나 사건을 피한다. 이런 면에서 회피는 종종 즉각적으로 원하는 결과를 산출해 내는 효과가 있다(불쾌한 감정, 사고 혹은 감각의 소거 등). 그러나 회피는 종종 정서적 스트레스나 우울과 관련된 삶의 문제를 적극적으로 드러내어 해결할 기회를 사전에 배제하게 만든다. 그리고 회피가 종종 즉각적으로 안심을 주기는 하지만 종종 장기적으로 혐오적이거나 불쾌한 결과와 연합된다. 행동 활성화의 초점이 접근 행동을 촉진시켜 회피 행동을 상쇄시키는 데 있기 때문에 이 치료는 일반적인 노출기반 치료 영역 안에 포함된다(9장 참조).

회피 패턴을 개념화하는 데 도움이 되는 행동 활성화에 사용되는 머리글자는 TRAP인데, 이는 다음을 의미한다(Martell et al., 2001).

- Trigger: 촉발인자는 개인에게 영향력을 가지고 있는 어떤 형태의 환경이나 사건이다. 일련의 사건들의 시작일 수도 있고 또 내부적일 수도 있고 외부적일 수도 있다.
- Response: 반응은 일반적으로 촉발인자에 대한 정서 반응이지만 사고, 생리적 감각 혹은 행동일 수도 있다. 예를 들어, 어떤 사회적 가르침, 사회적 관습 혹은 가치에 따르면 부정적 감정은 나쁘기 때문에 없애야 한다.
- Avoidance Pattern: 회피 패턴은 촉발인자에 대한 전형적인 회피 반응이다. 이는 또한 정서 반응에 대한 반작용일 수도 있고 불쾌한 감정을 없애기 위해 동반되는 욕구일 수도 있다. 그러나 부정적 감정을 없애려는 시도는 의도하는 대로 되지 않고 종종 자신의 권리를 행사하는 데 문제를 야기한다.

사람이 어떤 경험을 피하려는 행동을 하는지 여부를 이해하려면 행동의 형태보다는 그 행동의 기능을 살펴봐야 한다. 예를 들어, 텔레비전 보기는 회피 행동이 될 수도 있고 그렇지 않을 수도 있다. 이를 결정하려면 그 행동이 그 개인에게 어떤 기능을 하는지(혹은 그 행동이 기여하는 목적)를 이해해야 한다. 회피 및 도피 행동 기능을 탐색하는 것은 이 행동이 궁극적으로 이득보다는 해가 되는 부적응 행동인지 혹은 개인에게 도움이 되는 적응 행동인지를 결정하는 데도 도움이 된다. 회피는 개인으로 하여금 중요한 문제를 능동적으로 드러낼 가능성을 낮추어 주는가? 회피나 도피 행동은 개인으로 하여금 긍정적 기분과 연관된 대안 행동을 하도록 하는 것을 방해하는가?

우울과 관련된 회피 행동의 예로는 꾸물거림, 반추, 행동 빈도가 낮은 것, 에너지가 적은 행동 등(예: 과다 수면, 소파에 앉아서 시간 보내기)이 포함된다. 이 활동들은 내담자가 회피하려는 상황을 거의 해결해 주지 못한다. 불평하는 것은 또 다른 회피 책략일 수도 있다. 많은 사람에게 "나는 비참하다."와 같은 불평은 그 말을 하는 사람이 살아오는 데 도움이 되었다. 과거에 불평하는 사람과 관계를 맺고 있는 사람들은 그러한 불평에 대한 반응으로 요구나 다른 회피 상태를 없애 주었을 수 있다. 그러한 역사 때문에 불평을 자주 하는 사람들은 종종 적극적인 문제 해결에 도움이 되는 충고, 해결책이나 제안에 특히 관심이 없다. 간단한 상황이라면 치료자가 단지 내담자의 불평에 충고로 반응하는 것만으로도 효과가 있을 것이다. 그러나 이는 물론 쉽지 않다. 그보다는 때때로 불평하는 것이 회피 행동의 하나이며, 즉각적인 결과가 주어지기 때문에 유지되는데(간헐적으로만 경험함에도 불구하고), 이는 내담자가 하는 불평 해소에는 거의 도움이 되지 않는 방법이다. 불평하기는 다른 회피대처 책략과 마찬가지로 단기적으로만 강화를 주지만 시간이 지나면서 사회적 지지를 상실하게 하기도 한다(Coyne, 1976).

반추는 기분에 해로운 효과를 자주 미치는 회피 책략의 특별한 예다. 6장에서 반추를 감소시키는 몇 가지 개입을 기술하였는데, 여기에는 확장된 행동 활성화 치료 패키지와 관련된 개입이 포함된다.

일단 TRAP이 규명되면, 치료자는 두 번째 모델인 TRAC으로 가도록 내담자를 도울 수 있다(Martell et al., 2001). TRAC과 관련된 치료적 목표는 회피 행동을 차단하고 효과적인 행동을 촉진하는 적극적인 접근 책략의 활성화다.

- Trigger: 촉발인자(TRAP과 동일)
- Response: 반응(TRAP과 동일)
- Alternative Coping: 대안적 대처는 수동적이거나 회피적인 반응보다는 적극적인 대안 반응들로, 내담자의 목적, 목표나 가치에 부합하는 행동을 지속하는 동안 당연히 있게 되는 정서적 반작용과 다른 반응들이 포함된다(예: 때때로 사람들은 "해 보려고 했지만 우울감이 느껴져서 하지 않았다."와 같은 말로 회피 이유를 댄다. "지금 나는 우울하다. 그리고 우울한 기분을 그대로 가지고 원래 하려고 계획했던 일을 할 것이다." 같은 말을 통해 정서가 더 이상 회피의 이유가 되지 않도록 수정해 줄 수 있다).

회피 대처를 규명하고 극복하는 전반적인 과정은 세 번째 머리글자 모음인 ACTION으로 요약된다(Martell et al., 2001).

- Assess: 행동과 기분에 접근하라. 현재 행동은 회피적인가? 이 행동은 내담자에게 어떻게 영향을 주는가? 이 행동을 할 때는 어떤 정서를 경험하는가?
- Choose: 대안 행동을 선택하라. 내담자가 스스로를 활성화하여 지속되고 있는 우울을 감소시키는 행동을 하는가?
- Try: 선택한 대안 행동을 시도하라.
- Integrate: 대안 행동을 일상의 규칙으로 통합하라.

- Observe: 행동의 결과를 관찰하라. 바람직한 방식으로, 효과가 있게, 상황을 좋게 만들도록 영향을 미치는가?
- Never: 절대 포기하지 말라. 새로운 행동의 시도가 의미 있는 변화로 이어지지 않을 것 같다는 생각을 내담자가 드러내는가? 우울과 회피를 극복하는 것이 많이 힘들고 패배로 이어질 것 같다고 내담자가 인식하는가? 그러한 패배에 당면해서도 내담자가 자신의 목표를 향해 여전히 나아가는가?

상황을 변화시키거나 새로운 행동을 시도할 때 한꺼번에 하기보다는 한 번에 하나씩 변화하도록 내담자를 격려한다. 가능하다면 커다란 활동이나 사건들은 부분으로 잘라서 한 번에 한 요소씩 수행할 수도 있다. **단계적 과제 할당**(graded task assignment)이란 작은 단위로 회피 행동에 접근하면서 회피 패턴을 극복하거나 목표를 향해 작지만 의미 있는 걸음을 내딛는 책략을 말한다. 행동 활성화에서 실제 과제를 수행하기에 앞서 치료 회기에서 내담자로 하여금 활동을 상상해서 마음속에서 연습하도록 한다. 이런 마음의 연습에는 자신이 할 행동을 드러내 기술하는 것, 행동을 할 장소, 그 과제를 위해 내담자가 할 행동들이 포함된다. 예를 들어, 방 청소하기는 방의 한 구석을 정해서 청소하기와 같이 작은 단위로 나누어질 수 있다. 비슷하게 고소공포증이 있는 사람이 높은 곳에 올라가는 것과 같이 이전에 회피했던 어떤 것에 접근하는 행동은 별개의 순차적인 노출 시행으로 세분화할 수 있다.

예를 들어, 치료자의 도움으로 내담자는 회피하고 있는 영역 목록을 만들어서 괴로운 순서대로 배열할 수 있다. 괴로움 수준은 주관적 불편감(subjective units of distress: SUDS) 평정에 따라 수치화되는데, 0점은 **전혀 괴롭지 않거나 회피하지 않는** 것을 의미하고 100은 **매우 괴로운 경험 혹은 어떤 상황에서도 결코 다가가고 싶지 않은** 것을 의미한다. 광장공포증을 가지고 있는 어떤 사람은 가장 낮은 점수 문항으로 3개로 된 계단에 올라가서 맨 위와 두 번째 계단에 서서 어느 정도 차분하고 이완된 상태가 될 때까지 머무르는 것(SUDS=35)으로 정할 수 있다. 어떤 내담자에게 중간 수준은 어느 정도 차분하고 이완된 상태에서 이층 베란다에 서서 내다보는 것(SUDS=55)이 될 수 있고, 가장 높은 수준은 동네에서 제일 높은 건물 꼭대기에 있는 전망대에 어느 정도 차분함과 이완된 상태를 유지하면서 서 있는 것(SUDS=90)이 될 수 있다. 일단 목록이 만들어지면, 내담자는 가장 낮은 SUDS 평정치와 연관된 활동을 시도해서 성공적으로 수행하면 다음 단계로 넘어가게 된다.

기분 의존 행동과 반대되는 것을 하는 것은 회피 행동을 차단하는 또 다른 일반적인 책략이 된다. 잦은 불안이나 우울과 같은 중대한 정서적 스트레스를 경험하는 사람은 때때로 우울이나 불안이 없었다면 현재 하지 못하고 있는 일들을 할 수 있을 것이라는 생각을 가지고 있다(예: "내가 그렇게 우울하지 않았다면 직장 동료에게 전화해서 내일 야구경기를 보러 가고 싶은지 물어볼 텐데." 혹은 "파티에 가고 싶었지만 사회 불안 때문에 갈 수가 없었다."). 기분 의존적인 사람들은 바람직한 활동을 하거나 삶을 미래 지향적으로 움직여 나가는 것을 기분이 변화된 이후로 미루어 놓는다. 기분에 대한 의존을 없애는 치료적 목표는 부정적인 기분에도 불구하고 앞으로 나아가 가치 있는 활동에 참여하는 것이다. 경험을 통해서 내담자는 급작스러운 기분과 별도로 행동하는 것이 가능하다는 것과 가치 있는 방향으로 행동하는 그 자체가 기분 변화를 가져오는 촉매제라는 것을 알게 된다.

기분 의존 행동 패턴을 바꾸는 또 다른 책략은 '마치 그런 것처럼' 행동하는 것이다. 이 책략에는 어떤 행동을 하는 데 장애물이 마치 없는 것처럼 행동해 가는 과정이 포함된다. 예를 들어, 한 내담자는 "내가 그렇게 사회적으로 불안해하지 않았다면, 그리고 내가 좀 더 매력적이었다면 오늘 밤 파티에 갈 텐데."라고 말할지 모른다. 이 경우 '마치 그런 것처럼' 행동하는 것이란 파티에 가서 자신이 매력 있고 사회 불안이 없는 것처럼 행동하고 그와 같이 행동한 결과를 말해 보는 것이다. 부정적 기분이나 자기 불신감으로 막히는 느낌이 들 때 의도적으로 다르게 행동함으로써 감정 상태와 생각에도 불구하고 목표하는 바에 도달할 수 있으며, 가치 있는 목표를 추구하는 행동이 바로 바람직한 방향으로 기분과 생각을 변화시킨다는 것을 배우게 된다.

현재 다이앤이 벌이고 있는 회피와의 투쟁

다이앤 치료 성공의 가장 큰 장애물로는 그녀의 잦은 회피대처 책략들이 될 수 있다. 사실 이 생각은 치료 계획 단계에서 다이앤과 이미 나누었다. 그 당시 논의된 바에 따르면, 치료자는 치료가 때때로 난관에 부딪힐 것임을 지적하였다. 즉, 어려운 주제가 다루어지거나 다이앤이 행동 변화가 어렵고 때때로 좌절스럽다는 것을 발견하게 될 수 있다는 것이다. 그녀의 치료자는 그녀에게 치료의 목표를 실현하기 위해 작은 걸음들을 밟아 가야 한다는 것과 치료자가 그녀와 함께 작업하여 치료를 성공적으로 실현할 가능성을 높여 줄 것이라는 점을 확인시켜 주었다.

회피 문제가 처음으로 논의될 때, 다이앤은 이것이 문제가 되는지 확신하지 못하였다. 그렇지만 회피 행동이 자신의 치료과정에 부정적인 영향을 주는지 지속적으로 살펴보는 데 동의하였고, 치료자가 이것이 치료와 관련된 주제가 될 것이라고 느낀다면 함께 이 문제를 살펴보는 데 동의하였다.

열 번째 회기가 되어서 다이앤의 회피 행동 줄이기는 어느 정도 성과가 있었다. 저녁 일상을 바꾸어서 뉴스를 보면서 와인을 마시는 것보다는 이 활동에 다른 활동들을 함께 넣어 보려는 추가적인 노력을 기울였다. 약간의 진전에도 불구하고 다이앤은 대부분의 대안 활동에 자녀들이 포함되기 때문에 어딘가 막힌 것 같은 느낌이 들었다. 다른 단계에서는 다른 영역에서 친구관계를 확장하고 만들기 시작해야겠다고 느꼈다. 그렇지만 피로감 때문에 친구관계를 확장하기 힘들다고 보고하였다. 마시는 와인의 양이 줄어둡으로 인해 이런 감정이 덜 드러나기는 했지만, 피로감은 그녀로 하여금 '밖에 나가서 사람을 만날 에너지를 갖지' 못하게 막았다.

다이앤과 치료자가 이 문제에 대해 좀 더 살펴보면서 다이앤이 사회 불안, 자기 가치감과 누군가의 친구로서 자신의 적절성에 대해 부정적인 생각을 가지고 있다는 것이 뚜렷이 드러났다. 그녀는 자신이 친한 친구를 사귈 의사가 없으며 사회적 관계에 들어가서 다시 데이트를 할 가망이 없다고 주장하였다.

다이앤의 고집과 이에 동반되는 분노에 대해 치료자는 그 회기에서 이 순간 어떤 일이 일어나고 있는지 살펴보라고 그녀에게 강하게 말하였다. 한참 생각한 후에 다이앤은 자신이 TRAP 속에 있으며 자신의 반응은 대체적으로 회피라고 하였다. 그녀는 자신이 사회적 상황과 관련하여 무언가 다르게 행동한다면 사회 불안과 자기 불신을 경험하게 될 것이라고 생각하였다. 자신이 비관주의와 실패 기대에 매달려서 무언가 다르게 행동할 때의 불안과 의심을 피하고 있음에 정확하게 주목하였다.

이전에 치료자와 TRAP, TRAC과 ACTION의 틀을 가지고 작업하면서, 다이앤은 자신에게 TRAC을 적용해 본다면 자신의 사회 불안과 자기 의심을 제일 먼저 다룰 무언가를 할 필요가 있음에 주목하였다. 그녀는 자신의 목적과 목표(예: 보다 사교적으로 사람들과 관계를 맺게 되는 것)를 현실화하기 위한 적극적 단계를 밟는 동시에 정서적 반응과 부정적 사고를 수용할 필요가 있다는 것을 깨달았다.

회기를 회상하면서 다이앤이 보다 사교적인 관계를 맺을 수 있었던 여러 단계에 대해 논하였다. 많은 아이디어가 나왔다(예: 취미 집단에 참여하기, 동료들과 직무와 관련되지 않은 활동하기, 정당 활동 위원회에 참여하기). 이들 활동 중 하나(즉, 정당 조직에 가입하기)를 여러 세부 부분으로 나누어 보았고, 다이앤은 다음 회기에 오기 전까지 처음 두 단계를 시도해 보기로 하였다. 그녀는 이 단계들을 밟는 것이 어려울지라도 일시적으로 가지는 괴로움이 스스로 가지고 있는 장기 사회적 목표가 실현되지 않는 것보다는 나쁘지 않다는 것을 인식하였다.

4단계: 미래 우울 삽화에 대한 취약성 줄이기

과거 우울했던 사람은 재발할 가능성이 높다(Hollon, Shelton, & Loosen, 1991). 이를 감안하여 행동 활성화의 전체 치료 프로그램에 재발 예방 요소들이 포함된다. 재발 감소를 위한 접근법으로 치료자가 내담자로 하여금 삶의 다른 영역, 특히 미래 우울 삽화 취약성과 보다 많이 연관되는 영역에 행동 활성화 원칙을 적용하도록 하는 것이 포함되어 있다. 이 접근법에서는 일단 적극적인 치료가 끝난 후 기술을 일반화해서 내담자가 지속적으로 만성적인 문제 영역에서 이를 사용할 가능성을 증가시켜 주게 된다.

치료가 끝나갈수록 내담자로 하여금 치료과정 속에서 배운 것들을 잘 생각해 보도록 독려해 준다. 행동 활성화 치료과정을 마친 내담자는 일반적으로 자기 행동의 기능적 측면을 더 잘 이해하게 된다. 즉, 환경 속 기분 및 다른 것들이 자신의 행동에 미치는 영향을 관찰하고 인식함과 동시에 우울한 기분과 빈번하게 연합되는 촉발인자를 더 잘 찾아낼 수 있게 된다. 또한 도피와 회피 행동이 종종 즉각적인 위안을 주지만 장기적으로는 좋지 않은 결과를 가져오며 목표를 추구하고 가치 있는 활동을 하는 데 걸림돌이 된다는 것도 알게 된다.

치료의 이 나중 단계에서 치료자는 미래 우울 삽화를 발생시킬 가능성이 있는 생활환경, 상황과 문제들을 찾아내는 것에 강조점을 둔다. 예를 들어, 우울의 일반적인 촉발인자가 있다면 내담자로 하여금 가능하면 이를 회피하게 할 것이다. 또한 어떤 중요한 삶의 영역에 주의를 기울이게 될 수 있다. 이에는 의도적으로 다른 사람들과 함께 보다 많은 활동에 참가하도록 관계를 형성해 가는 것이 포함된다. 다른 경우에 내담자는 장기 목표 혹은 가치들을 잘 살펴보고 이에 비추어 보다 많은 일상 활동을 하기로 신중히 결정을 내릴 수도 있다. 다른 내담자의 경우, 이는 삶의 유의미한 변화가 생기는 것을 의미하며 여기에는 주요한 삶의 역할이나 책임(남편이나 아내, 직업)이 다른 대안으로 바뀌는 것(이혼, 새로운 직장)이 포함된다. 우울하게 될 취약성을 감소시키는 것에는 과거 외상을 극복하여 넘기고 자신을 '피해자' 혹은 '손상 입은' 사람으로 보는 관점 대신에 자신을 수용하고 가치 있게 여기는 과정들이 포함될 수 있다. 다르게 행동한다는 것은 내담자가 과거 영향을 덜 받는 것이며, 내담자가 장기 목표와 목적에 맞추어 행동하는 것은 궁극적으로 그것을 실현할 가능성을 증가시켜 주는 것이다.

일상적인 일과를 만드는 것이 종종 재발을 예방하는 데 도움이 되는데, 특히 그러한 일상이 내담자의 장기 목표에 일치되고 즐거운 것으로 간주된다면 더욱 그러하다. 일상적인 일과를 발달시키는 것에 강조점을 두는 것은 일상이 붕괴되는 것이 종종 우울 지속과 연관된다는 관찰 연구에 기초하고 있다(Jacobson et al., 2001). 일상적인 일과는 조절 기능을 제공해 주며 그 속에 정적 강화가 되는 행동이 포함된다면 한 개인으로 하여금 행동을 유지해 주는 사건들과 정기적으로 접촉할 수 있게 해 준다.

미래 우울 가능성을 줄이고 장기 목표를 실현할 수 있는 맥락으로 이동하는 다이앤의 진행과정

22회기 동안 다이앤은 환경 속에서 회피 패턴을 차단하고 강화에 근접해 가는 놀라운 진보를 보였다. 치료 동안 꾸준히 기분이 향상되었으며(지난 회기 BDI-II=13) 자기보고 질문지에서도 걱정(PSWQ=32)과 지각된 사회적 지지(ISEL=30)가 향상되었다.

자신의 진행과정을 살펴보면서 다이앤은 자신의 활동과 기분이 서로 공유하고 있는 부분들을 보다 많이 자각하게 되었다고 하였다. 또한 대처 책략과 회피와 관련된 TRAP에 대해서도 언급하였는데, 대처 책략과 회피는 즉각적인 위안을 주지만 결국에는 기분과 전반적인 삶의 만족도에 부정적인 영향을 주는 경향이 있다고 하였다.

다이앤은 자신의 행동을 통해 삶을 개선하기 위해 여러 단계를 밟기는 했지만 우울 취약성을 감소시키기 위해 가장 필요한 두 가지 일차적인 영역을 찾아냈다. 그것은 (1) 연애관계에 대한 두려움과 회피, (2) 스스로에 대한 부정적 관점이었다. 다이앤과 치료자는 이 두 문제를 살펴보았고, 그녀 자신에 대한 부정적 견해는 데이트를 하고 친밀한 관계 형성을 기대하는 과정에서 자신에 대한 평가와 관련되었다. 사실 자신에 대한 부정적인 생각은 보다 전반적인 영향을 주었다. 그녀가 새로운 무언가를 하려고 할 때마다 이런 생각들이 종종 그녀로 하여금 앞으로 나아가는 것을 막아 다시 회피 패턴으로 돌아가게 만든다는 것을 그녀는 깨달았다.

치료자가 그녀로 하여금 치료에서 배운 어떤 것을 현재 제기된 문제에 지속적으로 적용해 볼 수 있을지 생각해 보도록 했을 때, 다이앤은 자신에게 필요한 것은 오직 자신이 성취하고자 하는 것에 일치하는 행동을 지속적으로 하는 것이며 자신이 최근에 이룬 성공이 자신에 대한 부정적 견해를 약화시켜 주었다는 말을 덧붙였다. 또한 다이앤이 인식하게 된 것은 어떤 면에서 데이트를 하지 않겠다고 하여 거절당할 가능성을 피하는 것이 더 쉽기는 하지만, 설사 거절을 경험한다고 해도 그것이 단기적으로는 자신에게 상처를 줄 수 있지만 안정적이고 만족스러운 관계를 갖지 않는 것이 장기적으로는 더 실망스러운 일이며, 나아가 자신에 대한 부정적 견해와 저조한 기분을 초래할 것이라는 점이었다. 그래서 다이앤은 삶에는 자연스럽게 위험요소가 포함되며 치료의 결과로 삶을 산다는 것이 이전에 생각했던 것만큼 두려운 것은 아니라는 것을 발견했다고 자신해서 말하였다.

요 약

행동 활성화 책략을 우울증 치료에 사용하였을 때는 다음의 것들을 치료자가 따르면 도움이 될 것이다.

- 우울은 일련의 사건 속에서 생기는 것이지 내적 결함이나 결핍의 산물이 아니라는 관점을 가지라.
- 우울한 기분과 지속적으로 연관된 환경, 상황과 사건에 특별히 관심을 두고 내담자의 전반적인 활동에 대한 기능 분석에 기초한 개별 사례 접근을 취하라.
- 우울한 기분과 관련하여 부정적 영향을 주는 특정 행동 패턴을 찾아내라.
- 우울한 기분과 연합된 상황에서 점진적이거나 작은 변화를 만들어 내고 내담자가 일상적으로 하는 행동의 결과와 비교하라.
- 우울한 기분 유지와 관련되거나 삶의 중요한 목표나 목적을 실현하는데 양립될 수 없는 회피 대처 패턴을 차단하라.
- 장기 목표와 목적을 향해 적극적인 단계를 밟아 나가거나 자기 궤도를 찾아가도록 내담자를 도와라.

CHAPTER 09

노출기반 개입

Behavioral Interventions in Cognitive Behavior Therapy

내담자가 치료를 찾는 주요 이유는 정서 관련 문제 때문이다. 내담자는 흔히 분노 통제의 어려움이나 불안 또는 우울, 사랑하는 이의 상실과 관련된 감정 등을 해결하고 싶어 한다. 이러한 정서적 갈등(특히 부적응적 회피 행동과 관련된)으로 고통받는 내담자를 도와줄 수 있는 방법 중 하나가 바로 **노출치료**(exposure therapy)이다.

현대 인지행동치료(CBT)에서 노출치료는 다양한 임상적 문제에 성공적으로 적용되고 있으며, 특히 공포와 불안이 주된 특징인 장애에 효과적이다. 예를 들어, 노출 지향적 방안은 공황장애(Barlow & Craske, 1994), 사회불안장애(Heimberg & Becker, 2002), 외상후 스트레스 장애(Foa, Keene, & Friedman, 2004), 범불안장애(Brown, O'Leary, & Barlow, 2001)의 치료에서 주된 역할을 한다. 노출치료는 공포와 불안의 문제 외에도 여러 임상적 문제에 적용되는데, 분노 통제(Brondolo, DiGiuseppe, & Tafrate, 1997), 물질의존(Conklin & Tiffany, 2002), 섭식장애(Toro et al., 2003), 면역체계 기능 손상(Ader & Cohen, 1985), 고통스러운 감정을 경험하게 하는 복잡한 임상적 문제(예: 경계선 성격장애; Linehan, 1993a) 등을 포괄하고 있다.

최근 많은 증거기반 CBT 패키지의 구성 요소 중에서 노출치료의 우수성을 확인할 수 있는데, 이 장은 CBT에서 노출 개입을 어떻게 개념화하고 시행하는가에 대한 실제적 지침을 제공하고자 한다. 이러한 측면에서 이 장은 노출치료에 대한 연구 결과의 간략한 요약과 노출 개입의 정의와 가정, 노출 개입의 적응증(권장되는 내담자의 문제), 노출치료와 관련된 변화의 기제, 노출치료를 적용하기 위한 방법 등의 주제를 다룬다.

노출 개입의 경험적 증거

노출기반 접근은 가장 강력한 행동개입 방안의 하나이며, 특히 불안을 치료하는 데 효과적이다. 실제로 임상적 문제를 다루는 여러 CBT 기반 복합치료 패키지를 개별적 구성 요소(예: 인지 재구조화, 기술훈련, 노출치료)별로 분할해 보면, 노출 요소는 전체 치료 패키지만큼이나 효능이 있다. 예를 들면, 여러 연구에서 외상후 스트레스 장애(PTSD)에 대한 개입으로 지연노출(prolonged exposure: PE) 단독시행 개입과 이에 더불어 대처 기술 및 체계적 둔감화, 인지적 개입(예: 스트레스 면역 훈련; Meichenbaum, 1985)을 포함시킨 좀 더 복합적인 치료 패키지의 효과를 비교하였다. 이들 연구에서 인지적 개입과 노출은 서로 다른 유형의 향상을 이끌어 낸 점이 있기는 했지만(Resick & Calhoun, 2001), 일반적으로 지연노출 단독 개입이 좀 더 복합적인 개입만큼이나 효과적이라는 결과가 나타났다(Foa, Rothbaum, Riggs, & Murdock, 1991; Foa et al., 1999; Marks, Lovell, Noshirvani, Livanou, & Thrasher, 1998).

PTSD 치료 이외에도 노출 지향적 치료는 공황장애와 사회불안장애에 강력한 효능을 나타냈다. 예를 들면, Barlow의 공황통제 치료(PCT; Barlow & Craske, 1994)에서는 두 가지 노출 양식—내부수용적(interoceptive) 노출 및 실제(in vivo) 노출—을 적용하여 공황장애 환자의 공황 발작 빈도를 80~100% 정도로 줄이는 데 성공했다(Foa et al., 2004; Heimberg & Becker, 2002). 여러 노출기반 치료들이 다양한 불안장애에 적용되고 있으며, 전반적으로 주목할 만한 효능성(efficacy) 및 임상적 유의성의 수준을 보여주고 있다.

언급하였듯이, 노출치료는 불안 이외의 감정(예: 분노; Brondolo, DiGiuseppe, & Tafrate, 1997) 및 물질의존(Conklin & Tiffany, 2002), 섭식장애

(Toro et al., 2003) 등 다른 조건에도 효과적으로 적용되어 왔다. 노출치료에 대한 연구 전체의 개관은 이 장의 범위를 벗어나는 것이지만, 다음에서 성공적으로 적용된 몇 가지 임상적 예시를 선택적으로 조명해 보고자 한다.

노출치료의 정의

이 절은 CBT에서 최근 사용되고 있는 노출치료의 정의를 살펴보고자 한다. 쉽게 설명하기 위해, 이 책에서 우리는 원치 않거나 또는 과도한 감정 반응을 줄이기 위한 노출치료의 적용을 강조하였다. 물론 저자들은 노출이 다양한 여러 조건화된 반응에도 성공적으로 적용되고 있는 사실 또한 주목하고 있다(예: Ader & Cohen, 1985; Toro et al., 2003).

현대 CBT에서 다양한 노출 지향적 치료가 성장하고 있지만, 각각의 개입들은 다음의 핵심적인 두 가지 구성 요소를 갖고 있다. 그것은 내담자에게 (1) 부정적 결과가 없는 상황에서 정서 반응 유발 자극에 자기 자신을 드러내도록 하기(노출), (2) 유발된 정서 반응과의 관계에서 일관적(consistent) 행동 반응(종종 회피나 도피)을 방지하기이다.

자극에 대한 노출

노출은 내담자에게 원하치 않은 정서 반응을 유발시키는 자극에 내담자를 드러냄으로써 그런 정서 반응이 경감되게끔 하는 여러 절차에 적용되는 용어다. 노출치료의 일차적 구성 요소는 감정 반응이 소멸되거나 습관화되어 그 강도가 감소될 때까지 공포 유발 자극(예: 거미, 거미 사진, 또는 거미에 대한 심상 이미지) 또는 다른 감정 반응(예: 분노, 수치심, 슬픔) 유발 자극에 내담자를 드러내는 것이다. 치료자와 내담자는 내담자의 감정 반응이 더 이상 나타나지 않거나 현저히 감소될 때까지 수차례 노출을 반복 시행한다. 이런 방식으로 노출은 특정 조건에 대한 정서 반응의 발생 가능성과 강도를 감소시키는 효과적인 방법이 되는 것이다.

정서 일관적 반응의 방지

노출 개입의 또 다른 핵심 구성 요소는 내담자가 유발된 정서 반응과는 반대되는 식으로 비일관적 행위 경향성(inconsistent action tendency)에 적극 관여하도록 요청하는 것이다. Barlow와 동료들(Barlow, 1988; Barlow, Allen, & Choate, 2004)은 정서 일관적 행위 경향성(예: 공포감의 경우 회피와 도피)을 금지하고 정서 비일관적 행위 경향성(예: 회피의 반대인 접근)을 실행할 수 있도록 만드는 것이 우울 및 불안 같은 정서장애의 치료에서 가장 중요한 점이라고 주장하였다. 사람 앞에서 말하는 것을 두려워하는 내담자의 경우, 노출치료에서는 내담자에게 몇몇 사람들 앞에서 말할 기회(두려운 자극에 대한 노출)를 주면서 그 상황에서 불안에 대해 비일관적 행위를 시도해 보도록 한다. 그런 행동에는 청중과 시선 맞추기, 자신 있는 태도를 취하기, 연설의 주제에 대한 열정을 표현해 보기 등이 포함될 것이며, 고개를 숙이고 안절부절못해 하거나 청중이 아닌 먼 곳을 보기와 같은 불안에 대해 일관적인 행위는 금지하는 것이 포함되어야 한다.

치료자는 언제 노출 개입을 사용하는가

이 절에서는 노출 개입의 기저에 있는 가정과 치료자가 이 개입을 선택할 수 있는 조건에 대해 이야기하고자 한다. 노출은 일반적으로 원치 않으며 역기능적이거나 정당하지 않은 정서적 반응을 경험한 내담자에게 가장 적절한 방법이다. 언뜻 보기에 노출은 거의 대부분의 내담자에게 적용될 수 있는 것처럼 보이기도 한다. 하지만 상대적으로 최근까지 노출기반 방안들은 대부분 불안 및 공포와 관련된 임상적 문제와 장애를 표적삼아 거의 독점적으로 적용되어 왔다. 언급한 것처럼, 노출 지향적 기술은 분노나 수치심, 슬픔과 같은 다른 범위의 정서 경험에도 적용되기 시작하였으며, 이러한 접근이 성과가 있다는 연구 결과가 제시되고 있다.

노출기반 치료를 사용하기 전에 명확한 행동평가의 실시가 중요하다. 예를 들어, 부정적 정서 반응에 대해 노출치료를 고려한다면, 평가자는 질문을 통해 정서적 경험이 정당한 것인지 또한 적응적인지의 여부를 결정할 수 있어야 한다.

정당하지 않은 정서적 반응

정당하지 않은(unjustified) 또는 부당한 정서적 반응이란 상황에 적합하지 못한 정서적 반응(emotional reaction)을 말하는 것이다(Linehan, 1993b). 노출치료를 시도하기 전에 치료자는 내담자의 정당하지 않은 정서적 반응을 확인하는 것이 중요하다. 예를 들어, 대중 연설을 두려워하는 내담자의 경우를 고려해 보자. 만일 청중의 비판과 야유 또는 평론에 대한 내담자의 두려움이 현실적이거나 정당한 것이라면, 내담자를 대중 연설 장면에 노출시키는 것은 두려움을 약화시키기보다 오히려 심화시킬 것이다. 하지만 두려움이 정당하지 않은 것이라면, 두려움을 느끼게 될 결과(예: 청중들의 비판이나 야유)가 나타나지 않을 만한 상황에서 대중 연설 노출을 시행하는 것이 중요하다. 이와는 반대로 주변 사람들의 사소한 비판이나 야유는 대중 연설 맥락과 일관적 정서 반응인 내담자의 불안을 심화시킬 수 있다.

부적응적 정서 반응

정서와 관련하여 고려해야 할 또 다른 사항은 반응 양상이 적응적인가 또는 부적응적인가를 따져보는 것이다. 부적응적 정서(maladaptive emotion)라는 개념은 Foa와 Kozak(1986)이 개념화한 '병리적 공포(pathological fear)'와 비슷하다. 병리적 공포는 강도(intense)가 과도하며, 문제가 되는 반응(예: 회피)과 연관되고, 수정 또는 개선 시도에 저항적이다. 이러한 일반적 관점에서 우리는 **병리적**보다는 **부적응적**이라는 용어를 채택했는데, 행동적 접근은 정서 반응이 어떤 종류의 병리에 해당되는가를 알기보다는 특정 목적이나 기능에 적응적이냐 또는 유용하느냐에 초점을 두기 때문이다. 이 책에서 **부적응적**이란 용어는 내담자의 감정이 과도하고 문제 행위 경향성(problematic action tendency)과 관련된 특정한 경우를 기술하는 것임을 강조하고자 한다. 물론 모든 정서적 반응 및 관련된 행위는 어떤 수준까지는 적응적일 수 있다. 공공 장소에 대한 공포와 회피는 환자가 공황 발작을 피할 수 있도록 해 준다는 면에 한해서는 '적응적'일 수 있는 것이다.

공포 이외의 다른 정서까지 넓혀 보면, 부적응적 정서는 강도가 과도하고 반응 경향성과 연관되며 경직되고 효과가 없으며 변화에 저항적이다. 예를 들면, 분노조절에 심각한 어려움을 보이는 '토니'를 생각해 보자. 그는 화가 나는 주요한 장면으로 고속도로에서 느리게 달리는 차량 뒤에서 꼼짝할 수 없는 상황을 설명했다. 토니는 이 상황을 10점 만점에 10점 강도라고 했으며, 팔을 차창 밖으로 흔들며 욕을 하고 무례한 행동을 하며 급기야 추월하여 그 차를 가로막는 반응을 보였다. 저속 운전으로 A에서 B 지점으로 가는 것을 막고 시간이 걸리게 했다는 면에서 그 운전자에 대한 토니의 분노 수준이 그 상황에서 어느 정도 정당할 수 있겠지만, 분명히 강도는 과도하며(100%의 강도) 분노 관련 문제 행동이 동반된 부적응적 분노 반응이라 할 수 있다.

노출개입 사용 여부의 결정

노출이 효과적 개입이 될 수 있을지를 결정하기 위해서 치료자는 내담자의 반응에 대해 정당성 및 적응성 여부를 고려해야 한다. 노출을 사용해야 하는 가장 명확한 경우는 감정이 정당하지 않고 부적응적일 때와 정서적 반응을 유발시키는 자극으로부터 내담자가 회피나 도피 같은 부적응적 행동을 나타낼 때이다.

내담자가 보이는 공포가 정당화될 수 있을 때는 노출이 권장되지 않음을 명심하는 것이 중요하다. '조'는 14세로 방과 후 선생님과 숙제를 복습하는 데 공포를 가지고 있었다. 그가 보인 초기의 반응은 다소 모호했는데(예: "선생님은 나를 소름끼치게 만들어요!"), 조의 선생님은 학생들을 신체적으로 학대하여 왔다는 것이 밝혀졌다. 조는 맞을까 봐 염려스러웠고, 이러한 그의 공포는 정당화될 수 있는 것이었다. 치료자가 그 교사에 대한 노출을 격려했다면 그 결과는 끔찍했을지도 모른다. 비슷하게 어떤 내담자가 코브라나 독사 또는 생명 위협 상황, 무서운 결과를 초래할 수 있는 행동을 해야만 하는 경우(예: 회색곰을 껴안는 것) 등을 두려워한다면, 노출은 권장되지 않는다.

또 다른 고려 사항은 내담자가 힘들게 겪고 있는 정서적 반응의 유형과 관련된 것이다. 노출 지향적 개입에 대한 대부분의 연구는 공포와 불안에 초점을 맞추고 있으며, 노출을 적용하는 것은 분명히 정당화되지 않거나 부적응적인 공포 반응이다. 이후 언급하겠지만 몇몇 다른 접근에서는 노출 지향적 개입을 공포 외의 다른 여러 정서적 경험에 적용하기도 한다.

정당화되지 못하고 부적응적인 공포의 분명한 일례로 '모리스'를 들 수 있다. 그는 극심한 고소공포증을 가지고 있다. 그는 시내의 스카이라운지 꼭대기 레스토랑에서 식사하기를 간절히 원하고 있었지만 고소공포증 때문에 높은 장소를 피하게 되었다. 높이와 관련된 자극이 두드러지는 상황(예: 고층 빌딩의 최상층에 있을 때, 고가도로 위에서 운전할 때, 유리로 된 엘리베이터를 타고 올라갈 때)에 처하게 될 때마다, 그는 과도한 공포를 느꼈다. 그의 공포 수준은 100점 기준(0=전혀 공포감이 없음, 100=가장 강렬한 공포감)으로 65~95점 범위였다. 결국 그는 고가도로는 피해 다녔으며, 고층 주차건물에서는 항상 지상층에만 주차를 하였고, 1층이 아닌 레스토랑에서는 절대 식사를 하지 않았다. 그의 공포는 상황에 의해 정당화될 수 없으며, 공포 때문에 그가 사망하게 될 가능성은 없었다. 또한 그의 공포감은 부적응적인 것으로 과도하며 상당한 불편을 초래하고 있었고, 대개 즐길 수 있고 원하는 활동들을 회피하게끔 하는 행동과 연관됨으로써 생활을 제약하고 있었다. 바로 이런 경우 처치는 노출치료를 포함시킬 수 있는 것이다.

노출 개입의 작동 원리: 변화의 기제

노출치료의 작동 방식에 대한 몇 가지 이론적 주장이 있다. 여러 이론에서 치료적 효과를 갖는 노출치료의 특징으로서 전반적인 합의를 보인 내용은 다음과 같다. 내담자에게 정서 유발 자극을 계속 노출하고, 정서 일관적 반응(예: 회피나 도피 행동)은 금지시키며, 노출과정 동안에 부정적 결과가 나타나지 않도록 한다. 이에 비해 이런 노출이 어떤 방식으로, 또한 어떤 이유로 치료적 변화를 일으키는지에 대한 의견의 합의는 빈약하다. 아래에서는 노출 개입과 관련된 변화의 기제에 대한 가설들을 다뤄 보고자 한다. 이에는 역조건화, 반응의 소거와 습관화, 새로운 반응의 학습, 회피 행동에 영향을 주는 규칙의 수정, 정서적 처리과정의 촉진 등이 포함된다.

역조건화

노출치료를 포함하여 변화의 절차를 설명하는 한 가지 이론적 내용은 **역조건화**(counterconditioning)의 개념이다. 역조건화는 부적응적 반응(예: 지나치거나 정당하지 않은 불안)을 적응적 대안 반응(예: 이완)으로 대체하는 것이다. 이러한 이론적 설명은 Joseph Wolpe(1958)가 조건화된 공포 반응을 줄이기 위한 체계적 둔감화 접근의 효과를 설명하려고 사용한 것이다(예: Davison, 1968). **체계적 둔감화**(systematic desensitization)는 내담자가 이완된 상황에서(불안과 관련된 자극에 노출하기 전에 점진적 근육 이완을 연습한 결과) 상상을 통해서 불안 유발 자극의 강도를 점진적으로 상승시키는 것을 말한다. 상호 억제(reciprocal inhibition)라는 Wolpe의 이론에 따르면, 불안 유발 자극과 이에 대해 길항 작용을 하는 자극(예: 이완)이 동시에 주어지면 공포는 감소되고 결국 제거된다. 역조건화의 관점에서 체계적 둔감화는 내담자가 불안(예: 신체적 반응)의 출현을 대체 행동(예: 이완과 관련된 것)의 전환 단서로 삼아 이용하게끔 가르치게 된다.

하지만 연구실 실험에 기반한 여러 관찰 연구에서 체계적 둔감화의 역조건화 개념은 공포를 감소시키는 데 일관적이지 못했다(Wilson & Davison, 1971). 여러 연구에서는 공포 자극에 대한 불안 반응을 감소시키기 위해 양립할 수 없는 반응(예: 이완)과 공포 자극에 대한 노출을 짝짓는 것은 필수적이지 않다고 지적되었다(예: Cooke, 1968).

소거와 습관화

노출 효과의 기저과정에 대한 대부분의 설명은 고전적 조건형성과 조작적 조건형성의 두 요인을 포함한다. 예를 들어, Mowrer(1947, 1960)의 2요인 이론은 사람들이 공포감을 갖게 되는 과정을 고전적 조건형성으로 설명하고, 이를 유지하는 과정을 조작적 조건형성으로 설명한다. 이 모형에 따르면, 어떤 사람에게 이전에는 중성적이었던 단서가 무조건 자극(UCS)과 연합하게 되는 고전적 조건형성을 통해 특정한 공포를 만드는 조건 자극(CS)이 된다. 일단 UCS와 이전에 중성적이었던 단서가 결합 또는 연합되면, 중성적 단서는 조건 자극(CS)이 된다. 연합과정을 통해 CS는 UCS처럼 다양한 자극 속성을 획득하기 때문에 무조건 정서 반응(UCRs)과 아주 유사한 형태의 조건화된 정서 반응(CRs)을 유발시킬 것이다.

놀이터에서 사다리를 타고 높은 곳에 올라가기를 두려워하는 '로저'의 예를 보면, 그는 어렸을 때 미끄러져 떨어진 경험이 있으며 다리뼈가 골절된 적이 있었다. 이런 경우 미끄러져 땅에 떨어진 충격은 UCS가 된다. 이 예에서 UCR은 아프고 두려우며 그 밖의 불쾌한 정서적 반응 및 생리적 감각이 될 것이다. UCS가 사다리나 높은 장소에 있는 것과 짝지어져 조건 자극(CS)이 된다면, 그 이후에는 CS만 나타나도 여러 가지 불쾌한 감정과 생리적 감각이 생기게 된다. 시간 경과에 따라 자극 일반화를 통해 높이와 관련된 아주 다양한 자극(놀이터 자극을 넘어)이 공포감을 불러올 수 있게 된다. 로저의 예에서 높은 장소와 사다리 비슷한 것(예: 계단식 받침대, 매달린 형태의 계단)을 회피하는 행동은 불안의 회피와 감소를 이끌어 냄으로써 부적 강화의 조작적 조건형성 학습이 되는 것이다. 결국 이러한 자극들은 변별 자극(S^D)이 되며, 부적 강화(즉, 공포감의 중단)를 이끌게되는 회피 행동의 신호가 된다.

이 같은 설명에 따르면, 노출치료는 조작적 그리고 고전적 소거의 과정을 통해서 작동하게 된다. Mowrer(1947, 1960)의 개념에 의하면 높은 곳 및 사다리와 관련된 자극을 회피(조작적 반응)하면 CS(예: 높은 곳, 사다리)와 땅에 떨어져 충격을 받게 되는 것과 관련된 UCS 간의 연합을 약화시키는 경험을 하지 못하게 된다. 이런 이유로 이러한 연합을 약화시키기 위해서는 UCS(예: 땅에 떨어지고 충격을 받음)를 경험하지 않는 상황에서 CS에 노출되는 경험을 계속해야 한다. CS를 완전히 회피해 버린다면 이런 유형의 학습은 일어날 수 없게 된다. 노출은 내담자에게 위험(즉, UCS)이 없는 상황에서 높은 곳과 관련된 자극을 계속 경험하게 하고 고전적 소거의 과정을 막는 회피 행동을 금지시키는 지름길이 될 수 있다. 위험이 없는 상황에서 높은 곳 및 사다리와 관련된 자극에 계속 노출하게 되면 조건화된 공포 반응(CR)은 자연스럽게 소거된다. 여러 회기에 걸친 지속적 노출과정에서 상황 단서(예: 높은 곳, 사다리)는 정서적 반응 강도의 감소와 연합되게 되며, 이는 정당하지 않은 부적응적 정서 반응이 더 이상 유발되지 않을 때까지 계속된다.

부분적으로 노출치료는 고전적 소거과정을 포함한다. 이러한 관점에서 노출치료는 노출 중에 조건화된 공포 자극(CS)이 무조건적 공포 자극(UCS)과 짝지어지지 않기에, 즉 이 두 자극의 연합이 약화되거나 소멸되기에 조건화된 불안이나 공포가 감소되는 결과를 가져올 수 있다. 더욱이 UCS-CS 연합의 약화는 오로지 회피 행동을 금지하는 것(반응 방지라고 부름)으로만 일어날 수 있기 때문에 CR이 점점 줄어들거나 사라질 때까지 CS와의 접촉을 유지해야만 한다.

노출치료가 앞서 기술한 학습 모형을 바탕으로 개발된 것이지만, 연구자들은 공포의 획득과 유지에 관한 전통적인 고전적 조건형성 및 2요인 이론과 같은 학습 이론에 대해 몇 가지 비판점을 제시하기도 한다(예: Foa & Rothbaum, 1998, pp. 68-70). 비판의 내용에는 자연적 환경에서는 UCS와 CS의 구별이 어렵다는 것, CS-UCS 연합과 CS-CR 짝짓기가 확립된다는 자동적 연합과정 가설의 거부 등이 포함된다. 이런 이유로 노출 결과 불안 관련 단서가 존재함에도 불안이 감소하는 것을 경우에 따라 '소거'보다는 '습관화'라는 개념으로 대체하여 설명하기도 한다(예: Jaycox, Foa, & Morral, 1998).

새로운 반응의 학습

노출치료의 또 다른 작동 기제로 가능한 것은 이전에는 바람직하지 못한 정서적 반응을 유발시켜 온 조건 자극(CS)과 관련하여 내담자가 새로운 반응을 학습한다는 것이다(예: Bouton, 2004). 이러한 주장의 기저에는 노출치료가 이전 학습을 없애기보다는 새로운 학습을 증진시킨다는 전제가 깔려 있다. 새로운 학습 결과 CS는 UCS와 다중의 연합을 형성할 수 있다고 가정되며, 그 결과로서 CR은 맥락에 따라 변화될 수 있음을 보여 주게 된다.

예를 들어, 거미를 무서워하는 내담자가 거미와 관련된 자극에 반복적으로 노출되는 것을 고려해 보자. 노출치료의 결과, 내담자는 거미에 대한 새로운 반응을 습득할 수 있다. 뿌리 깊은 공포 반응과 관련된 모든 상황에 대한 회피 대신, 내담자는 호기심 및 미미한 공포, 접근 행동, 또는 적어도 회피 행동의 소거를 학습할 수 있을 것이다. 하지만 거미에 대해 상당한 공포감을 경험했던 맥락에서는 여전히 거미에 대한 강렬한 공포감이 분명히 지속될 수도 있다(노출 동안 이러한 맥락이 표적이 되지 못했거나, 맥락 단서가 존재하는 상황에서 공포의 소거가 이루어지지 못한 경우일 것이다).

이 관점은 실제 노출과 심상 노출을 어떻게 실행할 것인가에 대해 여러 실용적 함의를 내포한다. 가장 중요한 함의는 내담자가 치료 회기 동안에 노출되는 사건과 관련된 것이다. 공포가 조건화를 통해 습득되고 소거되는 과정에서 맥락적 특수성(contextual specificity)에 대한 증거가 있기 때문에(Bouton, 2004), 치료자는 자연적 환경에서 내담자의 지나친 공포 반응을 일으키는 특수한 맥락과 사건을 아는 것이 중요하다. 실제로 노출 장면은 이러한 맥락과 사건의 특징을 가능한 한 많이 포함하고 있어야만 한다.

회피 행동에 영향을 주는 규칙의 수정

규칙 지배 행동(6장 참조) 개념에 근거한 변화과정에 대한 다른 관점은 노출치료가 선행 사건-행동-결과의 관계에 대하여 보다 정확한 규칙을 채택하고 부정확한 규칙을 기각하는 결과를 낳는다는 것이다. 즉, 노출이 제공한 경험에 기초하여 노출과정은 규칙의 수정을 낳을 수 있다. 예를 들어, 오염에 대한 두려움을 가진 내담자는 노출 전에는 "더러운 것을 만지면 오염되고 심각한 병에 걸릴지도 모른다." "씻지 않으면 주변 사람들에게 오염이 퍼지고 사람들이 아프게 될지도 모른다."는 견해를 가진다고 할 수 있다. (더러운 것에 대한) 노출과 반응 방지(씻기라는 회피 반응의 금지)의 결과로, 내담자는 경험상 더러운 것을 만지는 것을 통해 대개는 병이 생기지 않는다는 사실을 발견할 수 있다. 노출과정의 결과가 내담자의 예전 규칙과는 관련이 없다는 것을 직면하게 될 때, 그들은 "더러운 물건을 만져도 병에 걸릴 확률은 아주 낮다." "오염된 것 같은 물건을 만졌다고 해서 주변 사람들의 건강에 영향을 준다는 명백한 증거는 없다."와 같은 새롭고도 좀 더 정확한 규칙을 만들 수 있게 된다(치료자의 도움을 통해).

외상후 스트레스 장애(PTSD)의 경우 노출치료는 흔히 내담자가 경험한 외상적 사건과 관련하여 반복된 심상적 재체험(repeated imaginal reliving)을 포함하고 있다. 이 과정은 외상과 관련된 불안을 줄일 수 있는데, 그들이 경험한 외상적 기억 및 관련 증상 경험의 위험 수준에 대한 생각을 변화시킬 수 있기 때문이다(Foa & Jaycox, 1999). 규칙을 수정한다는 관점에서 설명해 본다면, 노출은 외상과 관련된 단서(예: 기억, PTSD 관련 증상)에 대해 이전에 가졌던 규칙에 대해 비일관적인 정보를 제공하는 것이 된다. 노출과정 및 단서 자체만으로는 위험하지 않다는 잇따른 학습의 결과로 내담자는 선행 사건-행동-결과 관계를 설명할 수 있는 좀 더 정확한 새로운 규칙을 발전시킬 수 있게 된다(예: "내가 외상적 사건에 대해 생각하게 된다면 불편감을 느낄 수 있지만, 그것이 해가 되거나 위협적인 것은 아니다.”).

정서적 처리과정

Foa와 Kozak(1986)은 노출치료의 효과와 관련하여 인지 지향적 이론인 **정서처리 이론**(emotional processing theory: EPT)을 강조해 왔다. EPT에 따르면, 공포는 자극 요소(예: 높은 곳, 고층 빌딩, 대형 교량), 반응 요소(예: 회피, 얼어 버림, 떨림), 인지적 '의미(meaning)' 요소(예: 위험)를 포함한 기억 구조로 표상되어 있다. 이런 틀 내에서 기억 구조는 내담자가 위험을 도피하게끔 만들며 결과적으로 특정 자극이 위험하다는 정보를 포함시키게 된다는 것이다. EPT 관점에서 노출치료는 관련된 자극 요소의 제시 및 기억 구조의 활성화, 공포 구조(fear structure)와 양립불가한 정보라는 세 가지 요소의 결합이 포함되어야만 한다. 예전에는 공포감을 일으켰을 맥락에서 내담자가 정서 반응에 습관화됨으로써 회피나 도피가 공포감을 줄이는 데 필수적이지 않음을 학습하게 되면, 공포 자극(예: 고소 관련 자극)과 회피/도피 반응의 연계는 약화되게 된다. 약화된 각성과 공포는 내담자에게 이전 공포 자극이 더이상 위험하지 않다는 교정적 정보를 결합시킬 수 있게 해 준다.

노출은 이전에 공포를 유발시켜 온 자극과 정서반응 간의 관계를 분리시킴으로써 시간 경과에 따라 공포와 무관한 본질적으로 새로운 기억 및 의미 요소를 내담자의 정서반응(이전의 공포)에 통합시킬 수 있도록 해준다(Foa & Kozak, 1986). 행동 이론과 치료가 분명히 '인지 구조'를 강조하지 않는다는 점에서 다소 비일관적이지만 이러한 주장은 PTSD와 관련된 공포의 치료 영역에서 경험적으로 지지된 접근인 **인지처리 치료**(cognitive processing therapy: CPT)의 기초를 이루고 있다(Resick & Schnicke, 1993). 그 외 EPT에 내포된 내용(즉, 치료자는 내담자를 공포와 연관된 자극에 노출시키고 회피 반응을 방지해야 한다)은 이 장의 앞에서 논의하였던 다른 변화 기제의 경우와 유사하다.

노출 개입을 적용하기

이 절에서는 노출치료를 실제로 이해하기 위한 정보와 지시 사항을 제시하고자 한다. 노출의 핵심 구성 요소들은 때로는 상이한 치료환경과 내담자에게 최적화될 수 있도록 치료자에 의해 수정되는 것이 중요하다. 하지만 노출은 일반적으로 논의되었던 모든 절차를 포함하여 〈표 9-1〉에 제시한 것과 같은 절차로 진행되는 것이 바람직할 것이다. 이 절차는 (1) 내담자를 위한 적절한 노출의 유형을 선택하기, (2) 내담자에게 노출을 소개

〈표 9-1〉 원하지 않은 부정적 정서에 대한 노출 개입의 단계

1. 내담자와 함께 표적으로 삼을 정서를 정하라.
2. 표적 정서 반응이 정당한지 혹은 적응적인지의 여부를 결정하라.
3. 시행할 노출의 유형을 정하라.
4. 내담자에게 노출치료를 소개하라.
5. 자극의 범위와 그로 인한 정서적 반응의 강도를 평가하라(아직 그렇게 하지 않았다면).
6. 점진적 노출법과 홍수법 중에서 선택하라.
7. 회기 일정을 어떻게 할 것인지 정하라.
8. 노출 시행 시 핵심 지침에 따라 실시하라.
   - 비강화 노출을 실시하라.
   - 정서 일관적 행위를 방지하라.
   - 정기적으로 주관적 불편감 평정척도를 실시하라(예: 5~10분 마다).
   - 습관화를 촉진하라(즉, 내담자에게 노출된 자극을 조급하게 제거하지 말라).
   - 내담자에게 노출에 대한 통제권을 주라.
   - 회기마다 반복하고, 가능한 대로 노출과 관련된 숙제를 내라.

출처: Linehan(1993a)이 노출 개입에 대해 기술한 다른 치료 매뉴얼을 참고한 것이다.

하기, (3) 노출 장면을 개발할 수 있는 요인들을 평가하기, (4) 내담자를 위한 효과적인 노출치료의 형태와 빈도, 일정을 선택하기, (5) 핵심적 시행 지침을 따르기로서, 이에는 내담자에게 비강화 노출을 시행하기, 내담자가 정서 일관적 행위를 하지 못하게 하기, 내담자의 정서적 반응을 감찰(점검)하기, 내담자의 정서적 반응이 감소될 때까지 노출을 지속하기, 내담자에게 노출에 대한 통제력을 제공하기 등이 포함된다.

적절한 유형의 노출방법 선택하기

치료자가 특정 내담자에게 노출이 유용한 개입이 될 수 있다고 결정하였다면 다음 단계로 어떤 유형의 노출방법을 사용할 것인지 결정해야 한다. 여러 유형의 노출방법이 있다. 치료자의 주요 과제는 내담자 개인의 특이사항(idiosyncrasies)에 따라 가장 효과적인 유형과 방식으로 내담자에게 노출을 적용하는 것이다. 통상적으로 사용하는 노출의 유형은 (1) 심상 노출, (2) 실제 노출, (3) 비공식적 노출, (4) 내부수용적(interoceptive) 노출, (5) 정반대 행위, (6) 단서 노출 등이다. 〈표 9-2〉에는 특정 임상적 문제에 적합한 노출 유형을 선택하기 위한 의사결정 지침이 제시되어 있다.

심상 노출

심상 노출은 내담자에게 정서 유발 자극을 상상하게 함으로써 드러내도록 하는 것이다. 이 유형의 노출은 (1) 실생활에서 관련된 자극에 내담자를 노출하는 것이 어렵거나 불가능할 때, (2) 정서적 반응을 촉발하는 효과적 각본을 만들어 낼 만큼 내담자(및 치료자)의 융통성 있는 상상력을 활용할 수 있을 때, (3) 실제 노출 이전의 선행 단계 등 여러 상이한 조건에서 사용된다. 예를 들어, PTSD 치료에 자주 사용되는 심상 노출에서는 치료자는 내담자에게 특정한 외상 사건을 상당히 자세하게(장면, 소리, 냄새, 촉각) 떠

〈표 9-2〉 노출 유형을 선택하기 위한 지침

임상적 문제	사용할 노출 유형	방지할 행동
특정한 사건, 사람, 장소, 동물 또는 물건에 대한 공포로 흔히 PTSD, OCD, 특정공포증, 사회불안장애 및 다른 문제에도 관련됨	**실제 노출**: 두려워하거나 피하게 되는 사건 및 사람, 장소, 동물 또는 물건, 또한 회피 반응의 방지를 위함	상황 및 물건, 사람, 동물, 사건에 대한 회피 및 주의 분산, 도피
'현실 세계'에서 쉽게 재현될 수 없는 상황에 대한 공포나 또 다른 정서적 반응 또는 외상적 기억에 대한 공포(예: PTSD)	**심상 노출**: 내담자의 상상 속에서 그 상황이나 기억에 노출시킴	자극 노출에 반대되는 회피 및 주의 분산, 상상
회기에서 정서적 반응을 억누르거나 회피하는 내담자	**비공식적 노출**: 회피나 억제하는 정서나 주제를 다룸	정서적 반응과 일관적인 모든 행동, 특히 회피 및 주의 분산, 억제
공포나 불안, 그 외의 정당화될 수 없는 정서적 반응(예: 수치심, 부러움, 분노, 성마름, 슬픔)	**정반대 행위**: 정서와 관련된 행위 충동과는 정반대의 방식으로 유발 자극에 대응하는 노출(예: 수줍을 때 반대로 자신감 있게 행동하기)	문제가 되는 정서와 연합된 행위 충동과 일관적인 모든 행동 및 회피, 주의 분산, 도피
약물이나 알코올 사용 또는 그러한 강한 충동	**단서 노출**: 알코올이나 약물과 관련된 장면, 냄새 또는 다른 단서(예: 관련 도구 일체)를 포함	회피, 주의 분산, 도피 및 약물과 술 복용; 약물과 알코올 복용에 대한 상상과 환상
특정 신체 감각에 대한 공포와 회피	**내부수용적 노출**: 체내 감각을 만들어 내는 활동에 참여하게 함(예: 어지럼증, 공포를 느끼기 위한 회전 운동, 심장박동 증가 및 발한을 위한 운동, 이인화를 위한 거울 응시하기, 과호흡을 위한 빠른 숨쉬기)	공포 감각으로부터 회피 및 주의 분산, 도피

주: PTSD=posttraumatic stress disorder; OCD=obsessive-compulsive disorder.

올려 볼 것을 요구한다. 치료자는 내담자가 외상적 사건의 기억에 대한 공포를 경감시키도록 돕는 것이다(Resick & Calhoun, 2001). 하지만 실제 외상적 사건에 대한 반응으로서의 공포는 아주 적응적이고 정당한 것이다. 따라서 사실적 외상 사건(기억의 일종이 아닌)에 대한 실제 노출은 의미가 없으며 심지어 위험할 수도 있다. 치료자는 내담자가 자신의 심상 속에서 외상적 기억에 노출될 수 있도록 시작할 수 있으며, 이후 내담자가 회피하거나 두려워하는 장소나 사람에 대한 실제 노출을 진행함으로써 이러한 공포가 부적응적이고 정당하지 않다는 것을 제공하게 된다.

'앤'은 남편이 목소리를 높일 때마다 강한 공포를 느꼈던 내담자다. 이런 공포는 그녀가 어린 시절 신체적 학대를 통해 학습했던 것과 관련된 것이었다. 현재 그녀의 남편은 신체적 공격을 하지 않음(그는 그렇게 한 적이 없으며 어떠한 신체적 대응 행위도 아주 혐오했다)을 확인한 후, 치료자는 앤에게 남편이 목소리를 높이는 다양한 상황을 떠올려 보게 하며 심상 노출을 실시했다. 심상 노출에서 앤은 남편이 목소리를 점점 높히고 더욱 흥분을 심하게 하는 단계들을 거쳐 최종적으로 가장 두려운 장면을 마음속에 떠올릴 수 있게 되었다. 시간이 지나면서 갈등 상황에서 남편의 특정 행동에 대한 앤의 공포는 줄어들었다(지나친 공포에 더 이상 억제당하지 않았기 때문이다).

실제 노출

실제 노출은 정서 반응이 유발되는 실제 상황에 내담자를 드러내도록 하는 것이다. 이는 내담자의 가정이나 치료자의 사무실, 내담자의 자연스러운 환경 내에 있는 다양한 장소를 포함해 여러 상황에서 시행할 수 있다. 앞에서 광장공포증을 가진 내담자로 언급한 바 있는 모리스의 경우 고층 주차장 및 고층 레스토랑의 창가 자리, 높은 다리나 고가도로에서 운전하기 순으로 수준을 높여 가며 실제 노출을 실시할 수 있다.

실제 노출은 다양한 장애를 가진 내담자에게 유용하다. 예를 들어, 강박장애를 가진 어떤 내담자들은 질병에 걸리지는 않는다 하더라도 더러운 것과 세균에 노출되는 활동에 관여하는 것을 두려워한다. 실제 노출에서 치료자는 내담자에게 문 손잡이를 만지거나, 자국이 나 있는 바닥에 손을 올려두게 하거나, 공중 화장실 변기에 앉게 하거나, 이와 유사한 활동을 하도록 하면서 강박적 청결 행동(예: 씻기 등)은 하지 않도록 시킨다. 사회적 불안을 가진 사람들에게는 어떤 집단에서 다른 사람과 상호작용하기, 공공연설하기, 파티나 사람들로 뒤엉킨 곳에 가기, 또는 그런 두려움을 야기하는 다른 활동하기에 노출하게끔 시킨다. 앞서 언급했듯이, PTSD를 가진 사람들에게 공포나 외상 기억을 촉발하는 단서, 상황, 장소 또는 인물에게 실제 노출하도록 할 수도 있다.

비공식적 노출

비공식적 노출(informal exposure)은 치료자가 치료 회기 동안 임의적인 방식으로 정서적 반응을 야기시키는 자극에 내담자를 드러내도록 하는 것이다. 표준적인 실제 노출이나 심상 노출이 구조화된 형식으로 자극의 구성을 공식적으로 정의하여 실시되는 반면, 비공식적 노출은 덜 구조화되어 있다. 비공식적 노출은 DBT에서 빈번하게 사용되는데, 치료자의 판단으로 내담자가 정서적 반응을 회피 또는 억제하여 그로 인해 더욱 심한 고통이 야기되거나 지속적인 부적응적 회피 양식이 강화될 것이라고 판단되는 상황에서 흔히 적용된다(Linehan, 1993a).

치료자는 우선 내담자에게 어떻게 비공식적 노출이 내담자의 목표 달성에 도움이 될 수 있는지에 대한 근거를 설명해야 한다. 이후 치료자는 어떤 식으로 그리고 어떤 환경에서 비공식적 노출이 적용될 것인지에 대해 설명해야 한다. 예를 들어, 일련의 치료 회기에서 내담자가 정서적 어려움과 관련된 논의를 회피하는 것 같은 관찰을 했다면, 치료자는 실제로 회피 반응이 일어난 것인지를 명확하게 밝혀야 한다. 내담자가 어떤 주제나 정서에 대해서 회피한다는 것이 확실하다면, 치료자는 내담자가 그렇게 함으로써 피하거나 막으려고 했던 경험이나 기억을 자세하게 설명해 보도록 격려할 수 있다.

일례로 '제임스'는 종종 치료자가 숙제를 다 해 오지 못한 사실을 지적할 때 심한 수치심을 느꼈다. 그는 또한 특징적으로 그런 경우에 시선을 피하고 고개를 숙였으며 회기에서 숙제 미완성과 관련하여 문제 해결 노력을 모두 포기하는 것 같았다. 수치심은 숙제 미완성과 관련하여 주어진 피드백에 대한 반응으로는 정당하지 않은 것이다. 오히려 수치심은 일반적으로 공공 장소에서 어떤 특정 행동을 보이고 난 뒤에 어떤 사람이나 중요한 집단에게 거절당했을 때에 정당화되는 반응이다. 이 상황에서 치료자는 제임스를 거부하지 않았고 숙제 미완성을 이유로 치료를 종결하지도 않았다. 오히려 치료자는 제임스에게 "내가 당신의 숙제에 대한 얘기를 꺼낼 때마다 당신은 부끄러워하는군요. 만약 우리가 당신이 숙제를 완성할 수 있는 방법을 찾는 데에만 사로잡혀 있게 된다면 우리는 더 이상 앞으로 나갈 수 없을 것입니다."라고 문제에 대한 해결 방향을 소개하였다. 그 후 치료자는 제임스를 그 자극(즉, 숙제에 대한 피드백)에 계속 노출시켰고, 수치심에 일관적인 모든 행동을 방지했다(즉, 눈을 맞추고 토론에 적극적으로 참여하도록 요구했다). 시간이 지난 후 제임스는 숙제를 다 하지 못했더라도 문제 해결을 위한 토론에 효과적으로 참여할 수 있는 방법을 학습했다.

내부수용(또는 체내감각) 노출

내부수용적 노출은 내담자를 특정한 신체적 감각에 드러내도록 하는 것이다. 공황장애 치료에 가장 흔하게 사용되는 방법으로 내부수용적 노출은 내담자가 공포를 느낄 때 경험하는 신체 감각의 특출성이 부각되게끔 만드는 활동을 하도록 한다. 어떤 내담자들(예: 공황장애가 있는 사람)은 현기증에 두려움을 느끼는데 이런 경우 내부수용적 노출에서는 내담자에게 회전운동을 시킨다. 또한 내담자들이 심장이 빠르게 뛰는 것에 두려움을 느낀다면 노출치료에서는 잠깐 동안 내담자에게 격렬한 운동을 하게끔 한다.

내부수용적 노출은 내담자가 특정한 신체적 감각에 대한 강렬한 공포감을 가지고 있을 때 아주 빈번하게 적용된다. 하지만 Linehan(1993a)이 지적했듯이, 어떤 내담자들은 보다 일반적인 감정에 대한 공포감을 나타낸다. 일군의 정신건강 전문가는 경계선 성격장애 내담자들을 '정서 공포증적(emotion phobic)'이라고 설명하는데, 그들은 자신의 감정을 회피하거나 도피하기 위해서라면 무슨 일이든 한다는 것이다. 이런 유형의 내담자에게 치료자는 감정 및 생각, 감각 전체에 대한 충분한 노출 시행을 채택하거나 보다 특정적으로 내담자가 느끼는 감정의 신체적 감각에만 주의를 집중하는 내부수용적 노출을 선택할 수 있다. 정서적 반응과 그에 동반되는 모든 경험에 대해 일시에 주의집중하기란 내담자에게 너무 도전적이고 압도적일 수 있다. 더불어 고통스러운 정서를 동반하는 생각은 노출 경험으로부터 내담자를 주의 분산시킬 수 있다. 이런 이유로 감정이나 생각 등 다른 경험에 주의를 두지 않고 내담자에게 감정의 신체적 감각에만 특정적으로 집중하게끔 하는 것이 효과적이다.

정반대 행위 및 정서 연계 행위 경향성 반전시키기

보다 최근에 개발된 노출치료의 유형은 특정한 정서에 동반되는 충동과 정반대되는 방식으로 행동하는 것을 포함하고 있다. Linehan(1993a)과 다른 연구자들(Gross, 1998)의 설명에 의하면 정서는 특정한 행위에 깊이 관여된 충동을 동반하게 된다. 예를 들어, 공포는 상황에서 도피하거나 달아나고 싶은 충동, 분노는 소리 지르거나 싸우고 싶은 충동, 수치심은 숨거나 물러서고 싶은 충동을 동반한다는 것이다.

정반대 행위(opposite action)에서는 정서 유발 사건에 내담자를 노출시키는 동안에 정서적 반응에 동반되는 행위 충동(action urge)과 정반대되는 방식으로 행동하게 한다. 예를 들어, 사회적 불안을 가진 내담자는 형제의 졸업 파티에 참석하는 것이 두려울 수 있다. 그의 공포는 다른 참석자들로부터 창피당하고 경멸당할 것이라는 그의 예상과 관련된 것이다. 이러한 상황과 정반대되는 행위는 내담자가 파티에 참석해 가능한 한 많은 사람과 이야기를 나누도록 격려하는 것이다. 비슷하게 대중 연설을 두려워하는 사람에게는 실제로 대중 앞에서 연설할 기회를 찾도록 격려할 수 있다. 표준적인 노출 절차와는 다르게, 정반대 행위는 일반적으로 공포와 불안만이 아니라 모든 정당하지 않는 정서(예: 슬픔, 수치심, 분노, 부러움)에 적용될 수 있다. 〈표 9-3〉에는 이를 실행하는 필수적 5단계가 제시되어 있다.

내담자가 주변 환경에 주의 집중하면서 철저하게 정반대되는 행위를 하고 있음을 치료자가 확인하는 것이 중요하다. 사회적 불안으로 고통받고 있는 사람은 청중에게 주목하지 않으면서 연설하는 것을 정반대 행위라고 여길 수도 있을 것이다. 반면, 세균을 두려워하는 사람의 경우 공중화장실에서 장갑을 낀 채로 수도꼭지를 만지는 것은 세균이 두렵지 않다는 것을 학습하도록 돕는 것이 아님을 또한 알 수 있을 것이다. 이와 더불어 정반대 행위를 하는 동안 내담자가 그것의 결과를 알 수 있게 하는 것이 중요하다(모든 노출 개입에서 그렇지만). 연설을 하는 예에서와 같이 내담자가 청중에게 집중하지 않는다면, 그들은 결코 청중들이 위협적인 존재가 아니라는 것을 배울 수 없게 된다. 그러므로 임상가들은 정반대 행위를 하는 동안에 내담자가 철저하게 수행하는지 확인해야 하며, 그들이 환경에도 주의를 기울이는지 확인해야 한다.

〈표 9-3〉 원하지 않은 부정적 정서를 감소시키기 위한 정반대 행위 수행의 필수적 단계

1. 정서적 경험(예: 불안, 슬픔, 수치심, 분노)을 정의하고 명명하라.
2. 정서적 경험이 상황에 정당한 것인지, 그리고 내담자가 정서적 반응의 경감을 원하는지의 여부를 결정하라.
3. 정서적 경험과 관련된 행위 충동을 결정하라.
4. 정서적 경험이 정당하지 않으면 그 행위 충동과 반대되는 행위는 무엇인지를 분명히 하라.
5. 내담자가 철저하고도 반복적으로 정반대 행위를 실행하도록 시켜라.

출처: Linehan(1993b).

단서 노출

단서 노출(cue exposure)은 주로 물질 사용 문제의 치료에 적용되었던 행동적 기법이며, 폭식증에도 적용되었다는 보고가 있다(예: Toro et al., 2003). 물질남용 치료에 적용할 때 단서 노출에서는 내담자에게 물질과 관련된 단서(예: 파이프 같은 관련 기구, 좋아하는 주류의 냄새, 시각적 자극 등)를 제시한다. 하지만 내담자가 물질을 사용하는 것은 차단한다. 따라서 약물과 관련된 단서(CS)에 노출된 내담자는 강화를 받지 못하게 되고, CS와 UCS(약물)의 연합이 약화된다. 즉, 단서 노출은 내담자의 조건화된 정서적 · 생리적 반응(예: 갈망과 사용 충동)이 점진적으로 감소하는 결과를 낳는 식으로 소거에 근거한 접근이 된다.

단서 노출은 다양한 약물(예: 담배, 알코올, 코카인, 아편)의존의 문제를 가진 사람들의 치료에 사용되어 왔는데 입원 및 외래 상황 뿐만 아니라 가상적 환경에서도 실시되었다(Lee et al., 2004). 이러한 조사 연구에서 연구방법이나 절차의 제한점이 영향을 미쳤을 수 있으나, 단서 노출은 일반적으로 미약한(modest) 치료 효과를 갖는 것으로 밝혀졌다(Conklin & Tiffany, 2002; Havermans & Jansen, 2003). 이러한 제한점이 만족할 만한 수준으로 개선되고 해결될 때까지는 단서 노출은 기껏해야 보다 규모가 큰 치료 패키지의 요소로 간주되는 정도일 것이다(예: Rohsenow et al., 2001; Sitharthan, Sitharthan, Hough, & Kavanagh, 1997).

내담자에게 노출을 소개하기

노출치료는 일반적으로 효과적이기는 하지만 내담자에게 아주 고통스러울 수 있다. 이런 이유로 치료자는 내담자에게 노출치료에는 어떤 내용이 포함되며, 왜 그들이 그런 치료를 받아야 하는지에 대한 명확한 주장을 전달하는 것이 특히 중요하다. 치료자가 제시해야 하는 명확한 소개의 핵심적 요소는 (1) 왜 노출이라는 방법을 선택했는가에 대한 정보와 그와 관련된 일부 연구의 자세한 내용, (2) 노출방법이 어떻게 작용하는가에 대한 설명, (3) 노출에 포함되는 구체적 과제의 대략적 개요 등이다. 치료자가 거미 공포증을 가진 내담자에게 노출 방법을 소개하는 예가 다음에 제시되어 있다.

> 당신은 거미에 대한 공포감 다루기를 정말 원한다고 말했습니다. 우리는 이것을 '정당하지 않은 공포'라고 말할 수 있습니다. 이는 상황에 적합하지 못한 공포를 의미하는 것입니다. 예를 들어, 거미가 뛰어올라 당신을 공격하면 어쩌나 걱정한다고 합시다. 거미에 대해 우리가 알고 있는 사실에 비추어 보면, 거미는 보통 사람을 아주 무서워하고 절박한 위험 상황(예: 그것들이 당신의 옷 안에서 바스러지거나 부서지고 잡히는 것)에서만 사람을 문다고 합니다.
>
> 이런 공포를 다루기 위한 한 가지 방법이 노출치료를 실시하는 것입니다. 노출치료는 여러 연구에서 거미 공포증을 가진 사람에게 효과적이었습니다. 사실 많은 내담자가 노출치료가 끝난 후 더 이상 거미를 무서워하지 않는다고 말합니다. 노출치료의 기본적 주장은 다음과 같습니다. 만약 당신이 자기 자신을 무서워하는 것에 여러 번 노출시켰는데 끔찍한 일이 전혀 일어나지 않았다면 당신의 공포는 결국 사라질 것입니다. 당신은 거미가 두려운 것이 아님을 배우게 될 것입니다. 보통 당신 주변에 거미가 있을 때면 당신은 100점 만점에 80점 정도의 공포감을 느낍니다. 노출치료에서 당신은 거미와 함께하면서 관찰하는 등의 시간을 보내게 될 것인데, 시작할 때는 당신의 공포가 아주 높을 것입니다. 하지만 당신이 도망가지 않고 거미와 함께 머무르는 시간이 점점 더 길어지면서 어떠한 끔찍한 일도 일어나지 않는다는 것을 배우게 되면 당신의 공포감은 점점 줄어들 것입니다. 거미에 대한 노출을 경험한 다음에는 당신의 공

포가 100점 만점에 60점 정도의 수준에서 시작할 수 있을 것이며, 그다음은 50점, 40점 등으로 낮아질 것입니다. 자, 이것이 노출이 작동하는 방식입니다. 어떻게 생각하십니까?

범위와 강도 측정하기

일반적으로 치료자가 노출 유형의 선택과 소개 이후 시행할 단계는 (1) 내담자가 정당하지 않은 정서 반응을 보이는 자극의 범위와 (2) 이 자극과 연합된 내담자의 정서적 반응의 강도에 대해 엄밀한 평가를 하는 것이다. 먼저 치료자는 내담자가 정당하지 않은 정서를 경험하는 상황의 범위를 아는 것이 중요하다. 사회적 불안을 가진 내담자의 경우 단지 공공 장소에서 표현해야 할 때만 공포나 불안을 느끼는 것인지, 아니면 사무실에서 회의할 때, 파티에 갔을 때, 잡담을 할 때, 누군가와 데이트를 위해 통화를 할 때 등에도 불안해지는 것인지? 오염에 대한 공포를 가진 내담자는 문 손잡이를 만질 때가 두려운지, 아니면 공중화장실, 놀이터, 버스, 타인과의 악수 혹은 또 다른 상황에서도 두려움을 느끼는지? 만약 치료자가 하나의 특정 상황만을 치료 목표로 하여 공포 및 불안, 그 외 정당하지 않은 정서와 관련된 여러 상황을 놓쳤다면, 다른 여러 상황에서 내담자의 정서는 계속 지속될 것이다. 이런 면에서 Foa와 Kozak(1986)은 치료자가 노출 시에 내담자에게 공포를 야기하는 모든 핵심 자극 요소들이 포함되었는지 확신할 수 있어야만 한다고 중요성을 강조했다.

강도(intensity)와 관련하여 치료자는 내담자의 감정이 다양한 상황적 촉발 요인에 얼마나 강렬하게 반응하는가를 알아야 한다. 많은 치료 접근에서 치료자들은 0=**전혀 고통스럽지 않다**, 100=**가장 고통스럽다**는 것을 나타내는 주관적 불편감 평정척도(SUDS)를 사용한다. 노출 시작 전, 치료자는 내담자에게 부당한 정서적 반응이 발생하는 각각의 상황에 대해 SUDS로 평정하도록 한다. 각각의 상황에 대해 낮은 수준부터 높은 수준까지 위계를 설정할 수 있다. 치료자와 내담자는 이 위계에 따라 노출 회기를 구성할 수 있으며, SUDS로 낮게 평정된 수준부터 시작할 수 있다. 홍수법을 사용할 때는 SUDS로 가장 높게 평정된 수준에서 시작할 수 있다. 홍수법과 단계적 노출법은 다음에서 구별해 보겠다.

단계적 노출법과 홍수법 중에서 선택하기

다음 단계에서 치료자는 단계적(graduated) 노출법과 홍수법(flooding) 중 어느 형식(format)을 사용할 것인지를 결정하게 된다. **단계적 노출법**은 치료자와 내담자가 낮은 수준부터 가장 높은 수준까지 SUDS 평정으로 위계를 만든다. 예를 들어, 광장공포증을 가진 모리스는 다음과 같이 평정했다. 등반하는 사람을 텔레비전 장면으로 보는 것(SUDS=20), 창문이 닫힌 안전한 빌딩의 2층에서 밖을 내다보는 것(SUDS=45), 높은 다리나 고가도로 위를 운전하는 것(SUDS=65), 높은 다리나 고가도로 위를 걷는 것(SUDS=85), 고층 건물의 최고층 주차장에 서서 아래를 내려다보는 것(SUDS=95). 치료자와 내담자가 노출 위계를 구성한 후, 내담자는 먼저 낮은 위계에서 노출을 경험하고 이후 단계적으로 높은 위계에서 시행한다. 반면에 **홍수법**은 가장 높은 수준의 단계에 바로 내담자를 노출시킨다.

단계적 노출법과 홍수법 중에서 하나를 결정하기 위해 치료자가 고려할 몇 가지 사항이 있다. 첫째, 내담자는 홍수법과 같은 강력한 노출을 시행할 준비가 되었는가? 몇몇 내담자는 너무 두려워서 홍수법을 시행하는 것을 동의하지 못할 것이다(예: Horne & Matson, 1977). 치료자 입장에서 내담자가 홍수법을 수용할 수 있을 것인지의 여부를 결정하는 것이 중요하다. 반면 어떤 내담자들은 두려운 자극을 마주하는 것이 너무 무섭기 때문에 어떠한 유형의 노출법(홍수법인지 혹은 단계적 노출법인지)을 선택하라는 제안에도 부정적으로 반응할 수 있다. 저자들의 경험에 의하면 이런 경우에 내담자에게 노출 개입에서 처음에는 높은 수준의 고통을 느낄 수 있지만 결국에는 감소할 것이라는 기대 및 노출의 합리적 근거를 반복해서 설명해 주고, 노출치료를 도입하는 것에 대한 장단점을 따져보게 하며, 원할 경우에는 노출을 중단할 수 있다는 분명한 메시지를 전달해 주는 것이 유용하였다.

두 번째 고려 사항은 홍수법과 단계적 노출법의 효능성(efficacy)에 관한 것이다. 일반적으로 연구들은 홍수법이 내담자에게 유해하거나 위험하지 않으며(Shipley & Boudewyns, 1980), 특히 집약적 형식(massed format)으로 실시했을 때 단계적 노출법에 비해 효과가 더 오래 지속되는 것 같다고 한다(Feigenbaum, 1988). 결론적으로 홍수법은 그 절차에 기꺼이 참여하고자 하는 내담자에게 더욱 선호되는 선택사항이 될 수 있다.

세 번째 고려 사항은 시행 회기의 길이에 관한 것이다. 홍수법에서 치료자는 치료 회기를 마치기 전에 내담자가 높은 수준의 공포나 불안을 느끼는 상황에서 충분히 '차분해지는' 경험을 할 수 있도록 시간을 좀 더 길게 조정해야 할 수도 있다. 충분히 길게 시행될 수 있는 회기가 아니라면, 치료자는 단계적 접근을 고려해 볼 수 있다.

노출 회기 일정을 계획하기

특정한 임상적 문제에 대한 치료 지침서에는 노출치료에 적용할 전형적인 일정의 개요가 제시된다. 하지만 몇 가지 일반적 고려 사항이 있다. 특히 치료자(그리고 내담자)는 노출을 **집약적 형식**(massed format)으로 할지 **간헐적 형식**(spaced format)으로 할지를 결정해야 한다. 노출의 형식은 하루 3~4시간 또는 일주일에 5~6일(집약적 형식)을 시행하거나 매주 1회씩 30~120분(간헐적 형식)을 시행하는 식이다. 어떤 연구에서는 집약적 형식이 단기간의 효과가 더 뛰어나다고 보고하고 있다(Foa, Jameson, & Turner, 1980). 하지만 두 가지 형식 모두 일반적으로 동등한 효과를 갖는다. 공식적 노출을 실시하는 치료자들은 표준적인 1회기 50분의 형식보다 더 길게 시간을 갖는 것을 고려할 수도 있다. 어떤 내담자들은 노출이 너무 압도적이어서 표준적인 회기의 종료시간에 맞춰 정서적으로 차분해지기가 어렵기 때문이다. 또한 이후에 논의하겠지만, 노출회기를 마치기 전에 내담자의 정서적 각성이 습관화될 수 있도록 충분한 시간을 갖는 것이 중요하기 때문이다.

노출치료를 시행하기 위한 핵심 지침

내담자에게 노출을 소개했다면, 치료자와 내담자는 상호 협력적으로 노출의 형식, 일정, 유형을 결정해야 하고, 그다음 노출을 시행해야 한다. 노출 시행 시 명심해야 할 4가지 사항은 (1) 비강화 노출을 시행하기, (2) 정서 일관적 반응을 방지하기, (3) 내담자의 정서적 반응이 습관화될 때까지 노출시행을 지속하기, (4) 내담자에게 노출에 대한 통제권을 부여하기이다.

비강화 노출을 시행하기

비강화 노출은 두려워하던 결과나 문제가 되는 정서적 반응이 정당화되는 결과가 부재된 상황에서 노출된다는 것을 의미한다. 예를 들어, 대중 연설을 두려워하는 사람들은 자신의 행동, 태도, 목소리, 능숙함의 부족 또는 외모로 인해 모욕을 당할 것이라는 두려움을 가지고 있다. 하지만 대부분 모욕을 겪을 일은 잘 일어나지 않으므로, 결과적으로 사람들 앞에서 말하는 것에 대한 두려움은 정당하지 않은 것이다. 반면 치료자가 내담자를 대중 연설에 노출시켰고 청중들이 내담자에게 모욕감을 준다면, 그 두려움은 정당한 것이 되고 강화받게 된다. 대중 연설하기와 모욕감 사이의 연합은 약화되기보다는 오히려 강화될 것이다.

적어도 PTSD 노출치료에 대한 한 가지 지침은 외상관련 자극에 대한 내담자의 깊은 정서적 관여를 다루는 것이 치료성공에 결정적으로 중요하다는 점이다(Jaycox et al., 1998). 그러므로 노출치료를 구성할 때 치료자는 내담자가 어떤 상황(또는 심상)에 노출될 때 두려운 결과(즉, 정서가 강화되거나 정당화되는)가 일어나지 않는다는 것을 분명히 해야만 한다.

정서 일관적 반응을 방지하기

반응 방지는 내담자의 정서 일관적 행동 및 회피/도피 행동을 방지하는 것이다. 예를 들어, 사람들 앞에서 말하는 것을 두려워하는 내담자가 수업에 발표한다고 했다가 (두려움 때문에) 그 발표를 건너뛰게 된다면 사람들 앞에서 말하는 것이 비교적 안전하다는 경험은 결코 할 수 없을 것이다. 사람들 앞에서 말하는 것에 대한 공포는 필연적으로 계속 지속될 것이다. 비슷하게 내담자가 발표를 시작했지만 절반 정도밖에 하지 못했다면 역시 사람들 앞에서 말하는 것에 대한 공포는 계속 유지될 것이다.

위의 두 사례에서 내담자는 대중 연설에 대해 생각하거나 관여하게 될 경우 또다시 공포를 경험할 확률이 높다. 정서 유발 자극이 있지만 공포나 다른 정서적 반응의 강도가 점점 낮아지거나 없어지는 것을 내담자가 경험해야만 노출은 제대로 작동할 것이다. 시간이 지나면서 그 상황은 공포나 다른 정서의 수준이 점점 더 낮아지는 조건과 연합될 것이다. 회피나 도피 행동 또는 정서 일관적 경험(예: 화나면 고함치기, 수치심을 느끼면 숨기)은 차단되고 방지되어야만 한다.

SUDS 평정을 통해 점검하기

노출을 실시하는 데 있어 치료자는 자극 노출의 반응으로 내담자가 느끼는 고통 수준이 변동하는가를 알아야 한다. 그러기 위해서 치료자는 노출하는 동안 내담자가 계속해서 SUDS를 평정하도록 해야 한다. 하지만 SUDS를 평정하는 것이 내담자의 주의를 분산시킬 수도 있다는 것을 기억하는 것이 중요하다. 치료자는 내담자가 어떻게 하고 있는가를 알기 위해 SUDS 평정을 빈번하게 실시해야 하지만, 너무 자주 실시하는 것은 내담자의 주의를 분산시킬 수 있다. 노출 기간에 얼마나 자주 실시해야 하는가에 대해 정해진 규칙은 없지만, 몇몇 연구자는 치료자가 매 5~10분마다 SUDS 평정을 실시해야 한다고 제안하기도 했다(예: Steketee, 1993).

내담자의 정서적 반응이 습관화될 때까지 노출 시행을 지속하기

노출치료의 중요한 목표 중 하나는 내담자가 이전에 경험했던 공포감이나 정서적 반응이 야기되는 상황에서 더 낮은 수준의 강도로 반응할 수 있도록 돕는 것이다. 이를 달성하기 위해 치료자는 내담자의 SUDS 평정치가 낮아질 때까지 정서적 반응을 야기하는 자극에 지속적으로 내담자를 노출시켜야 한다(실제 노출 및 심상 노출 모두). 내담자의 SUDS 평정치가 노출 회기 초기에 실시한 것보다 거의 50% 수준으로 낮아질 때까지 노출을 지속하는 것이 일반적 규칙이다. 만약 내담자가 처음에 거미에 대한 공포감을 100점 기준에 80점으로 평정했다면 40점 정도로 낮아질 때까지 노출을 지속해야 한다. 또한 이러한 감소는 적어도 10분 정도는 유지되어야 한다. 어떤 내담자는 이런 감소가 아주 빠르게 일어나는 반면, 또 다른 내담자는 많은 시간이 걸린다. 어떤 내담자는 몇 분 동안은 SUDS 평정치의 감소를 보이지만 그 후에 갑작스러운 상승을 보이기도 한다. 노출 회기의 시행시간을 보통 회기보다 더 길게 계획해야 하는 이유가 바로 여기에 있다.

내담자에게 노출에 대한 통제권을 부여하기

공포감이나 정서적 반응을 야기하는 자극을 회피하거나 도피하는 것은 노출을 방해하는 요인이기는 하지만, 치료자는 내담자가 언제든지 노출을 중단할 수도 있음을 알고 있어야 한다. 노출을 소개하는 회기에서 자극에 계속해서 노출하고, 회피 방지 및 주의 분산 방지, 도피 방지가 얼마나 중요한가를 내담자들에게 말해 주는 것이 유용하다. 동시에 내담자에게 노출을 중단할 수 있다는 것을 알려 주는 것도 중요하다.

요 약

- 내담자의 정서적 반응이 정당하지 않다면 노출 개입을 시행하라.
- 노출 개입에는 여러 유형이 있다. 특정한 문제에 가장 잘 적용될 수 있는 노출 개입의 유형을 선택하려면 〈표 9-2〉의 지침을 참조하라.
- 내담자에게 노출의 목적을 알려 주고 어떻게 작동하는가에 대한 정보를 제공하라. 처음에는 고통스러울 수 있으나, 노출을 반복할수록 내담자의 정서적 반응의 강도가 감소한다는 것을 내담자에게 확실히 말해 주라.
- 노출 개입에서 표적으로 삼고자 하는 정서적 반응의 범위와 강도를 평가하라.
- 홍수법과 단계적 노출법 중에서 결정하기 위해서는 다음의 사항을 고려하라. (1) 연구 결과, (2) 내담자가 선호하는 것과 염려하는 것, (3) 치료 회기 시행시간을 길게 가져갈 수 있는 가능성.
- 노출 개입의 일정을 계획할 때 집약적 형식으로 할 것인지 간헐적 형식으로 할 것인지 결정하라.
- 내담자의 원하지 않은 정서적 반응이 정당화되거나 강화되는 사건이 절대 일어나지 않도록 비강화 노출을 시행하라.
- 원하지 않은 정서적 반응에 일관적인 행동 경향성(예: 공포의 경우 도피 행동)을 방지하라.

- 내담자의 고통 수준을 노출 시도의 단계에서 반복하여 점검하라.
- 내담자의 정서적 반응이 습관화될 때까지 노출을 지속하라.
- 필요하다면 내담자가 노출 회기를 중단할 수 있도록 하라.

CHAPTER 10

수용과 마음챙김에 근거한 개입

이 책에 제시되었듯이, 행동적이고 인지적인 개입들은 전통적으로 내담자의 행동 및 생각, 환경의 측면을 변화시키는 데 초점을 두어 왔다. 그러나 1970년대 후반에 치료 개발자들은 다양한 수용 지향적 수련(acceptance-oriented practice)을 인지행동치료(CBT)에 통합하기 시작했다. 그 결과, 현대의 여러 CBT 유형은 내담자가 자기 자신과 경험, 세계, 다른 사람들의 다양한 양상을 수용하게끔 하는 개입을 포함하고 있다. 이렇게 내담자가 지금 여기에서 자신의 경험을 주목하고 관찰하게끔 한다든지 자신의 생각과 감정, 생활 경험을 수용하게끔 돕는 개입은 본래의 행동주의 이론 및 치료의 범위를 벗어난 것으로 간주된 적이 있다. 행동치료와 CBT의 이러한 동향을 반영하여, 현대의 몇몇 행동치료 유형은 '수용(acceptance)' 또는 '마음챙김(mindfulness)'을 그들의 명칭에 포함시켰다(예: 수용전념치료[ACT]; Hayes, Strosahl, & Wilson, 1999; 마음챙김에 근거한 스트레스 감소[MBSR]; Kabat-Zinn, 1990; 마음챙김에 근거한 인지치료[MBCT]; Segal, Williams, & Teasdale, 2002). ACT 개발자 중 한 명인 Steven Hayes는 이러한 유형의 치료들은 행동치료의 질적으로 독특한 진화 단계에 해당되는 '제3세대'라고 일컬었다(Hayes, 2004b). 사실의 유무를 떠나 수용 및 마음챙김에 근거한 개입들이 급속하게 현대의 행동치료와 인지행동치료의 핵심 요소가 되고 있는 것은 분명한 일이다.

이 장에서 우리는 CBT에서 사용되는 수용과 마음챙김 개입의 개요를 제공하며, 배경 및 간략한 역사와 실증적 상태(empirical status), 언제 사용되는지, 어떻게 작용하는지, 구체적인 수용 및 마음챙김 개입은 무엇이며 어떻게 적용하는지, 치료에서 수용과 변화의 균형 맞추기 등의 주제들을 다룰 것이다.

수용과 마음챙김의 정의

마음챙김 개입은 한편으로는 수용 개입의 부분집합이라고 할 수도 있다. 이러한 관점이라면, 수용은 마음챙김을 위한 전제조건이 된다. 예를 들어, 내담자가 자신이 당면한 불안의 감각을 수용하지 않는다면 그에 대해 마음을 챙기는 것은 어려울 것이다. 이러한 방식으로 마음챙김은 일정 수준의 수용을 필요로 한다.

반대로, 마음챙김은 내담자의 현재 순간의 경험에 대한 자각 또는 알아차림(awareness)과 각성 또는 깨어있음(awakeness)을 포함하고 있으므로, 여러 면에서 수용에 필수적이다. 이러한 관점에서 봤을 때, 수용은 마음챙김 개입의 부분집합으로 간주될 수 있고, 여기서 마음챙김의 한 양상은 내담자가 현재의 경험이 드러나도록 판단하지 않고 수용하거나 허용하는 것을 포함한다. 어쨌거나 수용과 마음챙김은 손에 손을 잡고 있으며, 우리가 이 책에서 논의해 온 다른 개입들과는 상당히 다르다.

수용의 정의

Merriam-Webster의 대학생용 신사전(New Collegiate Dictionary, 1985, p. 48)에서는 **수용**을 "기꺼이 받아들이고…… (적용되거나 추가된 무엇인가를) 취하거나 유지하도록 또는 계획할 수 있도록 허용이나 승인하고…… 저항이나 반작용 없이 감수하는 것……"으로 정의된다. 행동치료에서 수용은 그 핵심에 내담자가 기꺼이 현재 경험(예: 사고, 감정, 신체 감각 혹은 상황) 또는 과거 경험(예: 삶에서 외상이나 상실과 같은 혐오적인 사건)을 있는 그대로 인정하는 것을 포함하고 있다. 수용은 내담자가 적극적으로 환영하는 특별한 경험을 포함할 수 있다. 일어나고 있는 또는 이미 일어났던 일들에 대한 승인이며, 자신이나 다른 사람, 특별한 사건, 사고, 감정, 경험을 그대로 인정하는 것이다. 이런 정의들이 제안하듯이, 행동치료에서 수용은 치료자가 완수해야 하는 두 가지 과제를 포함한다.

- 내담자가 특별한 행동이나 경험, 다른 사람, 환경을 변화시키려는 과도한 노력(struggle)을 멈추도록 (기꺼이 받아들이도록……) 만들기
- 내담자가 그에 대한 반응으로 자신의 생활을 제약하지 않고서 ('저항이나 반작용 없이 감수하여') 이러한 경험이 생기는 것을 ('허용 또는 승인하고') '인정'하도록 만들기

마음챙김의 정의

마음챙김은 지금 현재 경험하는 현실(reality)을 포함하고 있기 때문에 수용기반 전략의 부류에 속한다. Hanh(1976)이 언급했듯이, 마음챙김은 "지금의 현실에 자신의 의식을 생생하게 유지하는 것"을 본질적으로 포함하고 있다. 많은 경우, 치료자들은 세속의 과학적 뿌리를 갖는 다른 행동적 개입과 비교하면 매우 특이하다고 할 수 있는 선 수행(Zen practice)과 묵상 기도, 여타의 영성적 전통을 편입시킴으로써 마음챙김을 행동치료에 일부 흡수시켰다. 그러나 치료 개발자들은 이러한 고대의 전통과 수련의 양상들을 내담자를 위해(어떤 경우는 치료자를 위해) 구체적이며 조작적으로 정의된 행동과 행동 기술로 정제하였다. 이런 식으로 행동치료에서의 마음챙김은 사상의 체계나 영성적 수련이라기보다는 내담자와 치료자를 위한 또 다른 일군의 도구로 간주된다. 대개 마음챙김의 적용에서 치료자는 내담자가 주의를 기울이고, 자각과 현재 순간의 경험에 깨어 있는 것을 유지하며, 많은 경우 한발 물러나서 지금 여기의 경험을 관찰하는 것을 강조하였다.

다음은 Linehan(1993b)에 의해 설명된 마음챙김의 몇 가지 핵심 요소의

목록이다.

- 현재의 정서 반응, 신체 감각, 생각 또는 다른 경험을 단지 주목함으로써 현재 순간의 경험을 **관찰하기**(observing)
- 구성, 명명, 판단 또는 추리하지 않고 상황이나 경험의 사실을 설명함으로써 현재 순간의 경험을 **기술하기**(describing)
- 자기 의식(self-conscious)을 버리고 없앤 채로 순간의 활동에 자신을 던짐으로써 현재 순간의 경험에 **참여하기**(participating)

이러한 요소들은 마음챙김의 표준 행동들이지만, 내담자(그리고 치료자)는 특정한 방식으로 이러한 행동들에 참여하게 된다. 예를 들면, 판단하지 않고(예: 좋거나 나쁘다든지 또는 옳거나 그르다든지) 개방적으로 지금 이 순간을 경험하기로써 마음챙김적(mindful) 행동을 시도한다. 또한 한 순간에는 한 가지에만 집중하기와 효과적인 태도로써 현재 경험의 사실(fact)에만 반응하는 것 등이 마음챙김에 포함된다(Linehan, 1993b). 다른 연구자들(예: Kabat-Zinn, 1990)은 각각의 경험을 독특하고 신선하며 새로운 것처럼 접근하는 식의 '초심(beginner mind)'의 중요성을 강조하였다.

수용과 마음챙김 대 노출

이후에 논의될 수용과 마음챙김에 근거한 개입들은 노출 개입과 유사한 기제를 통해 작동될 수도 있지만, 핵심 방식에서 상이하다고 할 수 있다. 아마도 가장 현저하다면 노출 개입은 개인의 부정적 감정 반응을 변화시키는 방향으로 작업하는 데 비해, 수용과 마음챙김 개입은 대부분 개인의 감정, 사고 혹은 다른 내적 경험의 변화 시도를 포함하지 않는다. 대조적으로 수용과 마음챙김 개입은 경험 자체보다는 보통 경험에 대한 내담자의 관계

성과 반응을 변화시키는 작업을 한다. 노출치료에서도 내담자가 현재 경험에 주의를 기울이는 만큼은 마음챙김을 필요로 한다. 만약 내담자가 혐오적 상황이나 자신의 생리적 각성과 관련된 부분에 주의를 기울이지 못한다면 노출은 효과가 없을 것이다. 또한 노출치료도 개인이 현재의 정서적 고통을 장기적으로 완화시키거나 제거하기 위해서는 이를 먼저 수용할 것을 요구한다. 하지만 이에 대비하여 수용 지향적 접근법(예: ACT; Hayes, Strosahl et al., 1999)에서 수용은 정서적 고통이나 원하지 않은 경험들을 보다 적게 경험하게 하는 수단이기보다는 치료자와 내담자가 끊임없이 추구하는 일종의 과정인 것이다.

수용과 마음챙김 대 변화

수용과 마음챙김 개입은 표면적으로는 변화(change)와 정반대인 것처럼 보이며, 지난 수십 년간 행동치료에서 내담자에게 행해 왔던 것과 비교하면 명백하게 이탈된 것처럼 보인다. 그러나 우리는 마음챙김과 수용 전략 모두 변화를 포함하고 있음을 지적하고자 한다. 단, 이러한 변화의 표적은 전통적인 CBT와는 상이하다. 전통적인 CBT에서 사고의 내용, 다양한 행동의 형태 또는 환경의 양상을 변화시키는 것이 표적이라면, 수용과 마음챙김 지향적인 접근법에서는 내담자가 자신의 사고와 감정, 행동, 환경에 대한 접근 방식을 변화시키도록 돕는다. 비슷한 방식으로 전통적인 CBT 개입(이 책에서 우리가 논의하는 전략의 대부분)도 일정 부분 수용을 포함하고 있다. 즉, 내담자는 현재 자신에게 존재하는 문제를 있는 그대로 수용해야만 한다. 만약 문제가 있다는 것을 내담자 및 치료자가 받아들이지 않거나 인정하지 않는다면(예: 양쪽 모두 내담자가 알코올 의존 때문에 분투한다는 사실에 대해 생각해 보기를 무시하거나 회피한다면) 이런 문제를 변화시키는 치료는 불가능할 것이다. 그러므로 수용과 마음챙김 개입 또한 표준적인 행동적 및 인지적 개입은 양자 모두 일정 수준으로 수용과 변화를 포함하고 있는 것이다.

배 경

수용은 오랫동안 심리치료의 일부였다. 초창기 Freud 학파의 정신분석에서부터 이론가들은 치료적 변화의 한 가지 핵심 기제가 의식에서 억압된 무의식의 갈등을 자각하도록 인정하는 것(Freud, 1936)이거나 또는 본질적으로 이러한 갈등을 의식적 자각의 범위로 받아들이고 초대하는 것이라고 주장했다. 이와 유사하게 게슈탈트 이론가들(Wolt & Toman, 2005)은 경험에 대한 개방성과 자각의 중요성을 강조했다. 게다가 Rogers(1995)의 인간중심 치료를 위시하여 인본주의 심리학자들도 치료자가 내담자를 수용하는 것의 중요성을 강조했다. 사실 치료자가 내담자에게 수용을 전달하는 것은 어떠한 형식이든 대부분의 심리치료에서 볼 수 있는 특징인 것이다.

1970년대 후반부터 80년대 초반 즈음에 몇몇 치료 개발자는 행동적 및 인지행동 지향적 치료법에 수용과 마음챙김에 근거한 수련을 편입시키기 시작했다. Jon Kabat-Zinn(1990)은 자신이 체험한 마음챙김 및 선 명상 수련경험과 만성 통증 및 스트레스에 대한 마음챙김 수련의 효과 연구 결과로부터 마음챙김에 근거한 스트레스 감소법(MBSR)을 개발했고, 다양한 임상적 문제에 대한 이의 효과를 평가하는 연구센터(Center for Stress Reduction at the University of Massachusetts)를 설립했다.

1970년대 후반기에는 Alan Marlatt과 동료들이 음주 문제를 지닌 대학생을 치료하는 데 초월 명상(transcendental meditation)에서 부분적으로 분파된 명상 수련을 포함시키기 시작했다(Marlatt & Marques, 1977; Witkiewitz, Marlatt, & Walker, 2005). 초창기 연구에서는 명상 수련이 알코올 소비 감소에 유망한 것으로 나타났다(Marlatt, Pagano, Rose, & Marques, 1984). Marlatt과 동료들은 그 후 **재발 방지**(relapse prevention)로 불리우는 약물 및 알코올 문제의 재발을 예방하는 데 포괄적이고 광범위하게 이용할 수 있는 접근으로 명상 수련을 다듬고 정립했다(Marlatt & Donovan, 2005; Marlatt & Gordon, 1985). Marlatt과 동료들은 현재 마음챙김 기법을 더 많이 강조하는 지속적인 재발 방지 방안을 개발하고 있다(Witkiewitz et al., 2005).

이 시기 즈음에 다른 치료 개발자들도 수용과 마음챙김 지향적 개입을 사용하는 것의 가치를 보기 시작했다. 하지만 그들은 다른 길을 선택했다. 만성적으로 자살을 시도하는 여성을 위한 증거에 근거한 치료를 개발 중이던 Marsha Linehan(1993a)은 순전히 변화 지향적인 CBT의 방식은 심각한 제한점이 있다는 것을 발견했다. 본질적으로 내담자들은 그들의 사고와 행동을 변화시키도록 너무 심하게 강요당한다고 느꼈고 자주 치료에 순응하지 않았으며 중도 탈락되었다. 그래서 Linehan은 자신이 광범위하게 경험했던 선 수련과 기독교의 묵상 기도에서 파생된 마음챙김을 결합시켰다. 또한 그녀는 자신의 치료법에 내담자에게 수용을 전달하고, 내담자의 자기수용을 촉진시키며 세상과 다른 사람들을 수용하는 것뿐만 아니라 관련된 다른 치료(예: 내담자중심 및 정서중심 치료)의 다양한 개입을 통합했다. 결론적으로 Linehan(1993a)은 이 치료를 **변증법적 행동치료**(DBT)로 이름 지었는데, 이는 이후 광범위하게 보급되기 시작했으며 경계선 성격장애(BPD)와 관련된 문제들을 치료하는 데 상당한 효능성을 입증했다(C. J. Robins & Chapman, 2004 참조).

Steven Hayes는 인간의 언어와 인지에 대한 행동적으로 지향된 그의 연구들을 결합함으로써 수용과 마음챙김 원리에 기초한 치료를 구성하기 시작했다. Hayes는 우리의 언어와 인지의 특정 부분이 원하지 않은 생각과 감정 그리고 다른 내적 경험에 대해 회피 또는 도피하게끔 만드는 함정으로 우리 자신을 빠뜨릴 수 있으며, 그러한 경험적 회피는 치료자들이 '정신병리'라고 일컫는 대부분에 깔려 있다고 설명했다(Hayes, Strosahl et al., 1999; Hayes, Wilson, Gifford, Follette, & Strosahl, 1996). 그래서 Hayes, Strosahl 등(1999)은 내담자가 가치 있는 방향으로 인생을 살아가면서 그들의 경험을 수용하는 것을 배우도록 도와줄 수 있는 치료를 개발하기 시작했다. 이 치료는 **수용전념치료**(acceptance and commitment therapy: ACT)로 불렸으며, 다양한 임상적 문제에 성공적으로 적용되어 왔다(Hayes, Luoma, Bond, Masuda, & Lillis, 2005).

그 외에도 여러 행동적 또는 인지행동적으로 지향된 치료들이 마음챙김과 수용 지향적인 개입들을 채택했다. Neil Jacobson과 Andrew Christensen(1996b)에 의해 개발된 **통합적인 행동적 부부치료**(integrative behavioral couple therapy: IBCT)는 부부가 서로의 차이를 수용하도록 돕는 데 맞추어진 개입들을 포함시켰다. 그 외 John Teasdale, Zindel Segal과 동료들은 우울의 재발 방지를 위한 혁신적인 접근으로 마음챙김을 핵심 치료 전략으로 사용하는 **마음챙김에 근거한 인지치료**(mindfulness-based cognitive therapy: MBCT)를 개발하였다(Teasdale et al., 2000).

수용과 마음챙김 지향적인 치료들은 유망한 실증적 성과를 보여 주었다. 여러 연구는 다양한 심리적 어려움, 그중에서도 특히 만성 통증과 불안장애의 치료에서 MBSR의 효능성을 입증하였다(Baer, 2003; Bishop, 2002; Grossman, Niemann, Schmidt, & Walach, 2004; Kabat-Zinn, Lipworth, Burney, & Sellers, 1986; Kabat-Zinn, et al., 1992). 현재까지 연구자들은 ACT 지향적인 치료와 적극적인 대안적 치료(active alternative treatment)(예: 인지치료, CBT, 직장 스트레스 관리, 체계적 둔감화, 니코틴 대체치료) 및 일반 통제 조건의 치료(treatment as ussual: TAU)를 비교하는 임상 실험을 20개 넘게 시행하였다. 통제 조건과 비교하였을 때, ACT 지향적인 접근은 여러 관련된 결과 측정에서 유사하거나 보다 나은 효능성을 입증하였다(Hayes et al., 2005 참조). 8개의 잘 통제된 무선적 임상 실험(예: Linehan et al., 2006)에서, DBT는 여러 적극적인 통제 조건에 비해 경계선 성격장애(BPD)를 지닌 개인의 특징적인 여러 문제와 유사자살(parasuicidal)을 감소시키는 데 우수한 효능성을 입증하였다(Robins & Chapman, 2004 참조; DBT에서의 변화 기제에 관한 논의는 Lynch, Chapman, Rosenthal, Kuo, & Linehan, 2006 참조).

이상의 치료들과 비교할 때 MBCT와 IBCT의 연구성과는 상대적으로 잠정적이지만 몇몇 유망한 발견이 있다. 항우울제를 복용했던 예전(현재는 증상이 없는) 우울환자들의 재발을 감소시키기 위한 TAU 적용 집단과 TAU와 MBCT를 동시에 적용한 집단 간의 대규모 무선적 임상 비교실험이 있었다(Ma & Teasdale, 2004; Teasdale et al., 2000). 연구 결과는 MBCT+TAU 집단이 TAU만 처치받은 집단보다 주요우울증의 재발률이 상당히 낮게 나타났다. 그러나 이러한 결과는 이전의 세 번 또는 그 이상의 우울 삽화를 보고했던 환자에게만 나타났다. 단지 두 번 이하의 삽화를 보고한 환자들의 경우, MBCT+TAU 집단이 TAU 집단보다 예상과 달리 높은 재발률을 보였다(Ma & Teasdale, 2004; Teasdale et al., 2000). Ma와 Teasdale(2004)은 MBCT가 여러 우울 삽화를 겪었던 환자에게는 이를 촉발시킨 우울 유발적(depressogenic) 사고와 반추로부터 벗어나도록 돕는 데 성공적으로 작용한 것 같다고 제안하였다. 반대로 우울 유발적 사고와 반추는 두 번 이하의 우울 삽화를 겪었던 환자에게는 재발의 주요 유발원이 아닌 것 같으며, 이러한 환자에게는 생활 스트레스 요인이 우울 재발에 가장 큰 역할을 했을 것이라고 제안하였다.

IBCT 또한 유망한 예비 결과와 연관되어 있다. Christensen, Atkins와 Berns(2004)는 대규모 임상 실험에서 만성적 문제가 있는 부부들을 IBCT 및 전통적인 행동적 부부치료(TBCT)에 무선적으로 할당하였다. 수용 지향적인 개입을 포함하지 않은 TBCT도 부부의 불화를 다루기 위해 잘 확립된 효율적인 치료였다(Jacobson & Margolin, 1979). 연구자들은 IBCT와 TBCT가 부부 불화와 불만족을 감소시키는 효과가 유사함을 발견했다. 비록 TBCT를 받은 부부들이 치료 초기에 더 빨리 좋아졌지만, 이러한 개선은 치료 후기에는 정체되는 경향을 보였다. 이와는 대조적으로, IBCT를 받은 커플들은 치료기간 내내 지속적이고 꾸준한 개선을 보여 주었다(Christensen et al., 2004).

요약하면, 수용과 마음챙김 지향적인 치료들의 효능성 연구는 희망적이며, 이러한 개입을 임상 현장에서 사용하는 것은 경우에 따라 유익할 것이라고 제안되었다. 반면 수용과 마음챙김은 대개 다른 핵심적 CBT나 행동치료 개입들을 포함하는 보다 규모가 큰 치료의 일부 구성 요소가 된다는 것을 명심하는 것이 중요하다. 이는 특히 DBT와 재발 방지 개입에서 그러하며 IBCT 및 MBCT, 다른 유사한 접근 방안에서도 또한 관심사가 된다. 이 같은 이유로 연구자들이 이들 치료에서 수용과 마음챙김이 필수적 요소인지를 확인하는 것은 어려운 일이다.

치료자는 언제 수용과 마음챙김에 근거한 개입을 사용할 것인가

치료자가 직면하는 도전 중 하나는 언제 변화 지향적 개입을 사용하고 언제 수용 개입을 사용할지에 대해 결정하는 것이다. 일반적으로 우리는 치료자들이 개별 내담자의 특성과 문제 그리고 치료 회기 내 상황에 따라 이러한 개입들을 융통성 있게 사용할 것을 권장한다. 우리는 수용과 마음챙김 또는 변화 지향적인 방법 중 어느 것의 사용을 결정할 때 고려해야 할 세 가지 핵심 원칙으로 (1) 정당한 반응 대 정당하지 않은 반응, (2) 변화 가능성 대 변화 불가능성, (3) 효과성 대 비효과성을 제시하고자 한다. 이러한 원칙들과 특히 관련되어 있는 특정 영역에서의 수용의 예시와 함께 수용 또는 변화 지향적인 개입을 언제 사용할 것인지에 관련된 실용적 지침을 제공할 것이다. 그 외에 우리는 치료자가 내담자에게 수용을 전달하는 것에 대한 관심사를 다룰 것이다.

정당한 반응 대 정당하지 않은 반응

수용과 마음챙김 개입을 시행하는 치료자에게는 내담자의 경험이나 반응이 정당한 것인지 혹은 정당하지 않은 것인지가 일반적인 고려 사항 중 하나다. 이는 Linehan(1993b)의 DBT에서 정서조절 기술 작업을 할 때 직결되는 사항이다. 노출 개입에 대한 9장의 논의와 유사하게, 정당한 반응은 최근 상황에 근거가 있는 것이며(예: 실제 공포), 반면 정당하지 않은(unjustified) 반응은 근거가 되는 상황이 없는 것이다. 내담자의 반응이 정당할 때 가장 효과적인 접근은 치료자가 (1) 내담자에게 일어나는 반응을 수용하고, (2) 이러한 반응을 조장하는 문제나 상황을 변화시키거나 해결할 수 있도록 내담자를 돕는 것이 될 것이다. 반대로 내담자의 반응이 정당하지 않을 때 치료자가 가장 효과적으로 접근하는 방안은 (1) 내담자가 반응을 수정하도록 돕고 반응에 대해 타당화(validation)하는 것을 피해야 하며, (2) 내담자가 반응을 수용하면서도 반응 일관적 방식으로 행동하지 않는 방법을 찾도록 돕는 것이다. 다음에서는 이러한 원칙을 정서와 사고에 어떻게 적용하는지 또한 치료자가 내담자에게 수용을 전달하는 방법과 시기를 결정하는 데 필요한 지침을 예시를 통해 제공할 것이다.

정서와 사고의 예

수용 개입이 잠재적으로 유용한 대상으로서 정서적 반응과 사고 영역을 꼽을 수 있다. 내담자는 흔히 정서 경험의 다양한 측면을 변화시키려는 목적으로 치료를 찾는다. 즉, 내담자는 부정적 정서를 좀 더 약하게 또는 좀 더 적게 경험하기를 원하며, 긍정적 정서는 더 강하게 또는 더 자주 경험하기를 원한다. 비슷하게 내담자는 걱정을 비롯하여 자신 또는 타인에 대한 부정적이거나 판단적 사고, 반추적 사고, 다른 고통스러운 사고방식 등과 같은 특정 사고 유형을 다루는 데 어려움을 나타낼 것이다. 치료자와 내담자는 고통스럽고 원하지 않은 정서와 사고를 다루는 효과적인 방법을 찾아야만 하는데, 한 가지 핵심적인 사항은 변화와 수용 중에서 무엇을 선택할 것인가의 문제다.

사고와 정서가 정당한지 아니면 정당하지 않은지에 대한 치료자의 판단은 수용 또는 변화 지향적 개입 중 하나를 선택하는 데 도움이 되는 실용적이고 발견적인 가치를 갖고 있다(〈표 10-1〉 참조). 예를 들어, 사고나 정서가 정당하다면 상황을 통해 증명된다. 이 경우에 가장 효과적인 치료 전략은 이를 변화시키기보다 생각 또는 정서, 상황, 현재 순간에 일어나는 이들의 조합(combination)을 수용하는 것이다. 이후 사고와 정서가 더 이상 나타나지 않도록 치료자와 내담자는 상황을 변화시키는 작업을 할 수도 있다. 예를 들어, 176cm 키에 127kg의 몸무게가 나가는 내담자가 '나는 너무 뚱뚱해. 나는 날씬해지고 싶어.'라는 생각을 한다면, 이는 아마 정당한 생각일 것이다. 치료자에게 가장 효과적인 전략은 내담자 자신이 현재 너무 뚱뚱하며, 이에 대해 괴로운 생각을 갖는 것을 수용하도록 돕는 것이다.

〈표 10-1〉 수용 또는 변화 지향적인 방법의 결정을 위한 고려 사항

		정당한가?	
		예	아니요
변화 가능한가?	예	정서, 사고 또는 사건의 수용 추구 문제 해결 또는 사건의 변화 추구	정서 또는 사고의 변화 추구 정서 또는 사고가 정당하지 않으므로 사건이 변화될 필요 없음
	아니요	정서, 사고 및 사건의 수용 추구	정서, 사고 및 사건의 수용 추구

치료는 또한 내담자가 체중을 줄이거나 건강한 생활 방식(아마 더욱 유용하고 성취할 수 있는 목표)을 유지하도록 돕기 위해 행동 양상의 변화를 조언하는 것을 포함시키게 할 것이다. 내담자는 또한 수치심과 같이 뚱뚱한 것에 대한 정서 반응을 갖고 있을 것이다. 이 경우 치료자와 내담자는 수치심이 뚱뚱한 것에 대한 정당한 반응인지를 고려하고 난 후 수용 또는 변화 전략을 사용하기 위한 방법을 찾는다.

만약 정서나 사고가 정당하지 않다면, 치료는 다른 접근을 사용할 것이다. 정당하지 않은 정서나 사고는 상황의 사실에 부합되지 않아 해결할 문제가 없기 때문에(예: 첫 회기 당시 내담자가 뚱뚱하지 않을 때) 문제 해결(예: 상황의 수정)에 도움이 될 가능성이 없다. 만약 똑같은 176cm의 키에 39kg의 내담자가 똑같이 '나는 너무 뚱뚱해. 나는 더 날씬해지고 싶어.'라는 생각을 한다면, 치료자는 내담자가 체중을 줄이는 데 도움을 주지 않을 것이다. 이 경우 치료는 정서 반응이나 사고(예: 과체중에 대한 수치심과 고통스러운 생각)를 변화시키고, 정반대 행위나 다른 정서조절 전략들(9장 참조) 또는 규칙을 수정하는 전략(6장 참조)을 포함할 것이다. 대안적으로 치료자는 내담자의 생각이나 정서가 발생했지만 내담자가 그에 반드시 반응할 필요가 없다는 사실을 수용하도록 도울 수 있다.

내담자에게 수용을 전달하기

심리치료가 시작된 이후 내담자를 수용하는 것은 치료의 일부분이었고, 이는 행동치료와 CBT에서도 전반적으로 치료를 매우 촉진시켜 주는 중요 요소다. 이 장의 뒷부분에 논의된 것과 같이, 내담자를 수용하는 일차적 전략은 내담자의 경험에 대한 치료자의 타당화하기(수인화)를 포함한다. 내담자의 경험을 치료자가 그럴 만하다고 인정하는 것이 도움이 되는 여러 상황이 있겠지만(구체적인 것은 이 장의 후반부에 제시됨), 타당하거나 정당한 내담자의 반응과 행동은 수긍하며 그렇지 않은 경우에는 내담자의 반응과 행동에 대해 수긍하지 않는 것이 가장 효과적이라는 것을 치료자는 반드시 마음속에 새겨 두어야 할 것이다.

'샌드라'는 자신의 치료자가 출장을 가야만 했을 때 어떻게 연락을 하면 되는지 분명히 알려줬음에도 불구하고 치료자가 치료 회기를 비울 때마다 분노를 느끼는 내담자였다. 그녀는 자신의 어려움에 스스로 대처할 수 없다는 것이 두려웠으며, 치료자에게 버림받았다고 느꼈다. 또한 치료자가 다른 곳에 간다는 것은 내담자인 자신을 돌보지 않는 것이라고 생각했으며, 그 결과 치료자에게 분노를 느꼈다. 내담자를 수용할 때, 치료자의 과제는 근거가 없거나 정당하지 않은 반응에 대해서는 수긍하지 않는 것이며, 근거가 있거나 정당한 반응에 대해서는 수긍하는 것이다. 일반적인 수준에서 치료자는 내담자를 한 개인으로서 수용하는 것이며, 실제 자신에게 반응하는 내담자를 수용하는 것이다. 좀 더 구체적으로 치료자는 자신의 부재 시에 내담자가 상당한 어려움을 가졌던 과거가 있었고 그에 따라 스스로 대처할 수 없다는 내담자의 두려움을 수긍할 수 있다. 그러나 치료자는 자신을 향한 분노의 정서 반응(내담자가 화가 났다는 사실은 인정하겠지만 그 이상으로)이나 자신을 돌보지 않았다는 내담자의 생각을 수긍해서는 안 된다. 대신 치료자는 내담자가 이러한 반응을 변화시키는 방법을 찾도록 도와야 한다.

변화 가능성 대 변화 불가능성

다른 원칙은 내담자의 반응이나 상황 또는 문제들의 변화 가능성 여부이다. 변화 가능한 문제들은 내담자의 반응이나 생활환경 양상을 바꾸기 위한 내담자와 치료자의 협력 작업을 통해 쉽게 수정 가능하다. 이와 대조적으로, 변화가 불가능한 문제들은 쉽게 바꿀 수 없으며 바꾸려는 노력은 어려움을 가중시킬 가능성이 크다. 따라서 우리는 변화 불가능한 문제나 반응에는 수용 전략이 가장 효과적인 개입이라고 제안한다. 다음에서 우리는 바꿀 수 없는 생활 사건에 변화 가능성의 개념을 어떻게 적용할 수 있겠는지 예시를 제공하고자 한다.

많은 내담자가 과거의 외상이나 학대, 사별 및 관계 변화로 인한 상실, 실직, 기타 충격적 사건 등의 고통스러운 생활 사건과 연관된 문제로 인해 치료를 찾는다. 당연하게도 이러한 사건들은 이미 생긴 일로 내담자에게 얼마나 무서웠거나 괴로웠는지에 상관없이 변화가 불가능하며 '되돌릴' 수 없다. 개인이 과거사를 변화시킬 수 없을 경우, 특정한 과거 사건이 있었다는 사실의 수용 여부에 대한 결정에서 수용 지향적 전략의 활용이 흔히 효과적이다. 예를 들어, '바비'는 오토바이 사고로 다리를 잃었다. 그는 1년이 넘게 사고를 인정하지 못했다. 그는 거울 속 자신을 보지 않았고, 다른 사람들과 사건에 대한 대화도 거부했다. 물리치료를 받고는 있었지만, 물리치료사는 하지 절단과 관련된 반응을 다루기 위해 그에게 심리치료를 권고했다. 바비는 자신의 장애와 관련된 내용이나 개인적인 어떤 다른 영역에 대해서도 말하려 하지 않았고, 치료는 더 이상 진전되지 않았다. 바비의 장애에 대한 수용의 결여는 치료에서 장애물이 되었으며, 그는 자신의 하지 절단을 있는 그대로 수용하는 것을 배움으로써 분명히 이득을 얻을 수 있을 것이다.

수용은 또한 사별과 비탄에 대한 치료의 공통 요소이며(Humphrey & Zimpfer, 1996), 고통스럽거나 받아들이기 어려운 관계의 상실(사망 이외의), 직업 상실 또는 인생에서 다른 중요한 상실을 경험한 내담자에게 도움이 된다. 사별이나 상실을 위한 수용지향적 전략에 대해서는 많은 연구가 없지만, 우리는 임상사례를 통해 치료자는 내담자에게 상당 기간 동안 슬픔과 비탄을 씻어내는 것을 허용하고, 그런 다음 지나가게 놔두며, 현재 상황에서 효과적인 것은 무엇이든지 하도록 만드는 것(예: 일, 요리, 산책, 목표 지향적 활동에의 몰두)이 강력하고 효과적인 개입이라는 것을 알게 되었다.

그 외에도 수용은 외상 또는 학대 경험을 가진 사람과 함께 하는 임상 활동에서 유용하고도 일반적인 개입이다(Walser & Hayes, 1998).

한편 내담자의 반응이나 상황이 실제 변화 가능한지 치료자가 평가하는 것이 중요하다. 예를 들어, 어떤 여성은 과거 자신이 강간당한 사실을 변화시킬 수는 없다. 그러나 치료개입을 통해 그녀는 현재 순간 남성과의 성행위와 관련된 공포를 감소시키거나 조절하는 법을 배울 수 있다. 지금 방금 해고당한 한 남자가 그 사실을 변화시킬 수는 없겠지만, 그는 새로운 직업을 찾음으로써 실직당한 사실을 변화시킬 수 있으며, 행동 활성화(8장 참조)를 통해 실직에 관련된 우울감을 변화시킬 수도 있을 것이다. 그러나 자신의 다리를 잃은 남자의 예와 같은 경우에는 우선 자신의 현재 상황을 있는 그대로 수용하지 않으면 이 같은 변화를 만들어 갈 가능성은 없을 것이다.

효과성 대 비효과성

다른 일반적인 원칙은 정서, 생각, 상황 또는 과거 사건에 대한 반응의 효과성(effectiveness) 또는 비효과성을 고려하는 것이다. 효과적인 반응은 내담자를 자신의 목표 성취에 다가서도록 하거나 가치를 부여한 방식으로 행동하도록 한다. 비효과적인 반응은 내담자를 자신의 목표나 가치를 두는 행동에서 멀어지게 만든다. 아래에 제시되는 경험적 회피의 예에서와 같이 경험이나 생활 사건에 대한 내담자의 변화 지향적 반응이 비효과적일 때, 치료자는 내담자가 이러한 경험이나 사건을 수용하게끔 도와주는 것을 고려할 수 있다.

이 책의 2장에서 논의된 것처럼, 치료자가 내담자에게 평가해야 할 한 가지 핵심 영역은 스트레스를 유발시키고 삶의 질을 감소시키며 목표 달성을 차단하는 경험적 회피 행동(Hayes et al., 1996)에 대한 관여 정도다. 임상적인 많은 문제 행동은 아마도 원하지 않거나 참을 수 없는 생각, 정서,

신체 감각 또는 혐오적 자극이나 상황으로부터의 회피나 도피에 의해 부적으로 강화된 것일 수 있다. 모든 사람은 어느 정도 경험적 회피 행동을 보이며, 회피나 도피 행동이 어떤 상황에서는 효과적이다. 아버지가 돌아가신 여자의 경우, 일시적으로 주의를 분산시키고 아버지에 대한 생각을 밀쳐내는 것(도피 전략의 예)은 아마도 그녀가 직장에서 힘든 하루를 보내는데 도움이 될지도 모른다. 그러나 그러한 생각으로부터의 만성적인 회피나 도피는 아버지의 죽음을 받아들이는 데 도움이 되지 않을 것이다. 실제 많은 내담자가 고의적인 자해(Chapman, Gratz, & Brown, 2006), 자살 행동(Baumeister, 1990), 약물과 알코올 남용(Witkiewitz, Marlatt, & Walker, 2005), 광장공포증적 회피(Craske & Barlow, 2001)와 같은 여러 종류의 비효과적인 경험적 회피 행동을 보인다. 이러한 경우, 경험적 회피는 비효과적이며, 이 문제를 위한 일종의 해독제는 치료자가 내담자에게 아버지의 죽음에 관한 생각과 정서를 수용하게 만드는 것이 포함될 수 있을 것이다.

만약 내담자가 비효과적 양식의 경험적 회피를 보인다면 수용 지향적인 전략이 가장 효과적인 선택일 수 있다. 수용은 회피와 도피의 정반대이며, 그렇기 때문에 경험적 회피의 부적응적 행동 방식에 적용되는 해독제가 될 수 있다.

수용 지향적인 개입과 변화 지향적인 개입 간의 균형 맞추기

치료자에게 중요한 다른 고려 사항은 특정 내담자와 관련하여 수용 또는 변화 지향적인 개입 간의 상대적 균형을 맞추는 것이다. 어떤 내담자는 주로 행동의 변화와 문제 해결(어느 정도의 수긍 및 공감과 함께)로 구성된 치료에서 성공적인 반면, 다른 내담자는 수용과 변화의 균형을 좀 더 요구한다. Linehan(1993a)은 경계선 성격장애 내담자를 치료할 때 수용과 변화 간의 긴장(tension) 또는 **변증법**(dialectic)에 대해 논의하였다. 때로 행동 변화에만 초점을 두는 접근은 어떤 내담자에게는 수긍적이지 않으며 잘 맞지 않을 것이다. 비슷하게 오로지 수용에 근거한 접근은 내담자의 심각한 문제에 적합하지 못하며 내담자를 수긍하지 못하는(invalidating) 결과를 낳을 수 있다. 예를 들어, 심각하게 자살을 시도하는 경계선 성격장애 내담자는 은유적으로 뛰어내릴 준비를 한 채 절벽의 가장자리에 서 있는 것이다. 만약 치료자가 변화에 근거한 방법만을 가지고 움직인다면, 그것은 마치 내담자를 절벽 끝에서 강제로 잡아당기는 것과 같으며 이는 위험한 줄다리기로 끝날 수 있다. 수용에 근거한 방법만을 사용하는 치료자라면 내담자에게 "절벽 끝에 서 있는 당신이 얼마나 고통스러운지 나는 압니다. 당신이 고통을 받아들이기 위해 우리는 함께 작업할 필요가 있으며, 수용하게 되면 뛰어내리고 싶지 않을 겁니다."와 같이 말할 것이다. DBT에서 치료자의 목표는 수용과 변화에 근거한 방법 중에서 가장 최적의 균형과 통합을 찾는 것이다. 자살과 관련된 여러 심각한 문제를 지닌 내담자를 치료할 때, 치료자는 변화와 함께 수용을 사용하는 것이 상당히 효과적일 수 있다(예: "당신이 얼마나 고통스러운지 이해합니다. 하지만 당신이 절벽 끝에서 나오지 않는 이상 방법을 찾을 길이 없습니다. 손을 내밀어 주세요. 그러면 우리는 이 고통에서 벗어나기 위해 함께 작업할 수 있을 것입니다.").

수용과 마음챙김 개입에서 변화의 기제

수용과 마음챙김에 근거한 방법이 어떻게 작용하는지에 대한 명확한 답이 현재는 없지만, 최근 이러한 접근에 대한 여러 이론과 연구의 발달에서 잠재적인 변화의 기제가 어느 정도 제안되었다. 이 책에서 논의된 모든 개입에서와 마찬가지로, '왜 이러한 개입들을 사용하는가?'라는 질문의 답변을 구성하는 이러한 변화의 기제를 명심하는 것이 중요하다.

수용과 마음챙김 개입 모두에 관련된 변화의 기제

마음챙김은 대개 수용 개입의 일부분으로 간주된다. 그러므로 우리는 수용과 마음챙김 모두에서 유사한 변화의 기제를 먼저 다루고자 한다. 이러한 잠재적 기제에는 (1) 혐오적 상황과 자극에 대한 내담자의 반응 레퍼토리(전체 목록)를 증가시키기와 (2) 고전적 및 조작적 소거가 포함된다.

혐오적 경험 및 상황에 대한 내담자 반응 레퍼토리의 증가

마음챙김과 수용 모두 내담자가 특정 경험을 회피하거나 도피하려는 시도와 관련된 노력을 중단시키는 치료적 개입을 포함한다. 이것이 이루어진다면, 내담자에게는 이러한 경험에 대하여 좀 더 적응적이고 대안적인 반응을 배울 수 있는 기회의 문이 열리는 것이다. 예를 들어, 외출하였을 때 경험되는 불안을 수용하고 알아차리도록(즉, 마음챙김을) 격려받은 광장공포증 내담자는 불안에 대한 다양한 행동 반응 레퍼토리를 개발할 수 있을 것이다. 즉, 처음에는 내담자가 잘 외출하지 않거나 밖에서의 활동에 조금만 참여하는 식으로 제한되고 협소한 행동 범위로 불안에 반응하겠지만, 내담자는 불안이 있는 상태에서도 가능한 여러 다른 유형의 행동들을 배울 수 있을 것이다. 그러한 행동에는 마트에 가기나 영화관에 가기, 또는 집 밖에서 다른 취미 활동을 경험하기 등이 포함될 수 있다. 만약 내담자가 이러한 활동들을 정적 또는 부적 강화와 연관시킨다면, 내담자의 수용은 그의 행동이 자연적으로 일어나는 환경적 수반성에 의해 조절되도록 해 줄 것이다. 수용과 마음챙김에 근거한 방법들은 내담자의 회피를 방지하고 내담자가 이전에 회피하던 경험을 다루고 허용하며 참여하고 수용하도록 격려함으로써, 내담자에게 유연성과 이러한 경험에 대한 행동 반응의 범위를 증가시키는 기회를 제공하게 될 것이다(Hayes, Strosahl et al., 1999).

노출 및 반응 방지, 역조건 형성, 소거

경우에 따라 수용과 마음챙김은 노출 및 반응 방지와 상당히 유사하다. 내담자는 회피나 도피 행동에 관여하기를 멈추는 동안 발생하는 혐오적 상황 및 생각, 정서 반응을 허용하고 그에 대해 마음챙김으로 집중하게 된다(노출). 9장에서 논의한 것처럼, 노출은 예전에 회피된 상황, 자극 또는 내적 경험(예: 정서나 사고)에 대한 혐오적 반응의 고전적 소거나 습관화를 촉진시키는 것이다. 유사하게 수용은 실제로 습관화를 이끌며, 결국에는 조건 자극(CS)과 무조건 자극(UCS) 간의 연결을 약화시켜 조건 자극이 정서적 반응을 일으킬 가능성을 낮춘다. 반응 방지는 개인이 회피나 도피를 통해 부적으로 강화되는 것을 방지함으로써 문제성 회피와 도피 행동을 소거시키는 데 도움이 된다(Witkiewitz et al., 2005). 그 외 수용과 노출(9장에서 논의된)은 내담자가 예전의 원하지 않던 상황이나 생각, 또는 감정에 대해 보다 적응적인 대안적 반응을 배우도록 만든다.

마음챙김 개입과 관련된 변화의 기제

여기에서 우리는 마음챙김 개입에 좀 더 특징적인 변화의 기제들을 다룰 것이다. 이러한 기제들은 (1) 폭넓은 자극 속성과의 접촉 증가, (2) 정적 및 부적 강화, (3) 신경생리적 변화를 포함한다.

폭넓은 자극 속성과의 접촉 증가

마음챙김은 특히 현재 순간의 경험에 대한 주의와 참여를 포함한다(Linehan, 1993a). 수용은 좀 더 일반적으로 기꺼이 받아들이고 승인하며 과거(예: 아동기 성학대의 과거)와 현재(예: 예전 학대자와 비슷한 남성에 대한 정서적 반응)의 경험을 포함하여 특정 경험이 일어나는 것을 허용하는 반면, 마음챙김은 이 순간의 경험에 특히 초점을 둔다. 마음챙김은 현재 순간의 경험에 대해 판단하지 않고, 주의를 기울이며, 관찰하고, 참여하는 행동을 포함한다. 이와 같이 마음챙김은 현재 상황의 다면적인 모든 자극 속성들이 드러나도록 마치 계란을 깨듯 현재 순간을 깨뜨려 여는 것일 수 있다.

노출치료(9장)에서 논의된 바와 같이, 원치 않은 정서 반응을 일으키는 사건을 회피한 사람은 실제 원하지 않은 정서 반응을 '지속하게' 된다. 본질적으로 회피는 개인이 이러한 자극에 대한 혐오적 반응을 약화시키고 덜 혐오적인 반응을 학습하는 것을 막음으로써 혐오적 자극을 지속되게 한다. 예를 들어, 비평받을 것이라는 두려움에 모임에서 대화를 회피한 사람은 (1) 비평받을 때의 반응으로 불안과 좌절을 덜 경험하는 반응이나, (2) 비평을 건설적으로 사용하기 위한 호기심, 개방성, 기꺼이 하려는 마음과 비평의 유익한 측면을 절대 주목하지 못할 것이다. 개인의 비평에 대한 회피는 비평을 구성하는 자극의 기능들에, 심지어 유익한 측면에 노출되는 것을 막는다.

마음챙김은 회피에 정반대이며, 특정 경험 및 사건, 사람, 장소, 물건 등과 관련된 다양한 자극 기능(stimulus functions)에 적극적으로 주의를 기울이고 관찰하는 것을 포함한다. 예를 들어, 내담자는 털이 있는 큰 거미를 피하기보다 관찰하고 주목하는 것을 배운다면 예전에 알지 못했던 거미의 모습에 대해 알아차리는 기회를 얻을 수 있다. 거미는 크고 털이 있을 뿐만 아니라 꽤 우아하며, 민첩하고, 점프 및 거미집을 짜는 기술이 있으며, 때로는 화려한 색상에 매력적이기도 하다. 거미의 다양한 자극 기능들은 내담자가 마음챙김으로 거미를 관찰할 때에만 나타나기 시작할 것이다. 오랫동안 거미에 대한 공포가 있었던 저자 중 한 명은 최근 거미가 얼마나 우아하고 흥미로운지 주목하기 시작했다. 유사하게 Jacobson과 Christensen (1996b)은 이 아이디어를 부부에게 적용했으며, 마음챙김 지향적인 수용개입은 파트너 행동의 단점보다 다양한 다른 자극 기능과의 접촉을 증가시켰다(예: 남편이 어떤 쇼를 볼지 정하기 전에 리모컨으로 25개 채널을 돌려 보는 '사려깊고 세심한 사람이다.').

정적 및 부적 강화

내담자가 현재의 '불안한' 정서 상태를 '이완된' 상태로 바꾼다면 좀 더 나아질 것임을 함축하는 이완개입의 개념은 어떤 면에서는 마음챙김 수련과 정반대의 개념이다. 마음챙김의 수련은 흔히 평온감 또는 이완감의 증진을 이끌지만, 경우에 따라 마음챙김과 관련된 다른 경험이 더 큰 가치가 있을 수 있다. 예를 들어, Witkiewitz 등(2005)은 개인의 '상위 인지적 자각(metacognitive awareness)' (예: 펼쳐지는 생각 또는 감정의 과정을 관찰하기)과 이완 상태가 도피나 회피 또는 약물 사용과 같은 문제 행동과 관련된 충동의 행동화(acting out)를 배제한 채 현재 순간에 마음챙김적 주의를 기울이는 행동을 정적 또는 부적으로 강화할 수 있다고 제안했다. 이러한 방식으로 마음챙김은 적응 행동(예: 마음 챙김적 집중, 충동 행동화의 억제)을 강화 또는 유지시키며, 문제 행동(예: 회피, 도피, 약물 사용 또는 다른 부적응적 경험 회피 행동)은 소거시키는 조건을 마련할 수 있다.

마음챙김에서 생리적 기제의 변화

최근 몇몇 연구에서 신경생리적 요소에 대한 마음챙김의 효과가 검증되었다. 간략한 고찰은 Witkiewitz 등(2005)의 연구를 보길 바란다. 여러 연구에서 마음챙김 지향 수련이 신경전달물질 수준과 두뇌 활동(Infante, Torres-Abisbal, & Pinel, 2001; Kjaer, Bertelsen, & Piccini, 2002), 특히 도파민 체계(Kjaer et al., 2002)에 영향을 준다는 것을 입증하였다. 게다가 다른 연구자들은 명상이 주의와 연관된 신경계 구조의 활성화와 관련이 있다는 것을 발견했다(Lazar, Bush, & Gollub, 2000). 이러한 발견들은 신경학적 기능의 변화는 마음챙김 지향 수련의 일부 효과를 매개할 수 있음을 시사한다.

수용 개입을 적용하기

수용 지향적인 개입에는 여러 유형이 있다. 치료자에게 중요한 과제는 개별 내담자의 특성과 회기 시행의 맥락에 따라 가장 효과적인 수용기반 전략을 가장 효율적인 방식으로 적용하는 것이다. 여기서 우리는 두 가지 넓은 범주의 수용 지향적인 개입을 소개하는데, (1) 내담자가 활용하는 수용 전략, (2) 치료자가 내담자에게 수용을 전달하는 전략이다. 우리는 아래에서 각각의 범주에 대해 설명할 것이다.

내담자가 활용하는 수용 전략

여러 수용 전략은 내담자가 자신의 경험을 수용하는 방식을 찾도록 도와주는 것을 포함한다. 여러 방식이 있겠지만, 우리는 최신 CBT에서 널리 사용되는 몇몇의 혁신적인 방법을 제시하고자 한다. 그러한 방법들은 (1) 통제하려는 과도한 노력을 내려놓기, (2) 언어와 인지의 탈융합, (3) 기꺼이 하려는 마음, (4) 근본적 수용, (5) 상호관계에서의 수용 등이다.

통제하려는 과도한 노력을 내려놓기

수용 개입에서 가장 우선적이며 보통의 경우 첫 단계가 되는 것은 내담자가 원하지 않거나 받아들이지 않으려는 경험에 대해 변화시키거나 수정하려는 과도한 노력(struggle)을 멈추는 일일 것이다. 내담자가 어떤 일을 바꾸거나 없애기 위해 애쓰면서 동시에 이를 받아들이기란 어려운 일이다. 도피와 회피의 행위는 수용과는 정반대가 된다. 이러한 인식하에 하나의 수용 전략은 내담자에게 특정 생각이나 정서, 사건을 통제하거나 회피 또는 도피하려는 것을 단지 중단하도록 격려하는 것이다. 물론 이것은 내담자에게 납득시키기 매우 어려운 개념일 수 있다. 예를 들어, '데브라'는 치료자조차도 수용하기가 힘든 끔찍한 아동기 외상의 과거가 있다. 데브라는 외상과 관련된 모든 회상 단서(reminder), 암시, 연상, 생각, 감정 및 그 외 요소들을 회피하기 위해 과도하게 노력했다. 회피 행위는 심각하게 그녀의 생활을 축소시켰다. 예를 들어, 야간 외출을 포기하였으며(외상적 사건은 대부분 밤에 일어남), 침실에서 잠을 자지 못했고(대신 거실의 바닥에서 잤음), 될 수 있으면 거의 모든 남자를 회피했다(그녀는 남자들과 함께 일을 했지만 그들과 이야기하는 것을 피했음). 데브라가 불완전한 생활에 상당히 불만족스러워 하는 것은 놀라운 일이 아니었지만, 그녀는 사소한 변화조차도 매우 두려워했다. 이 내담자에게 수용의 개념은 소름끼치는 일이었다.

데브라는 자신의 반응과 과거사를 수용하는 것에 대해 기꺼이 고려하기에 앞서 수용이 어떻게 도움이 되는지에 대해 좀 더 이해하기를 원했다. 그녀의 치료자는 수용하며 과도한 노력을 내려놓는 것이 궁극적으로 그녀의 고통을 감소시킬 것이라고 설명했다. Hayes, Strosahl 등(1999)은 경험을 통해 이러한 방식의 논리적 근거를 전달하는 일련의 전략을 개발하고 '**창조적인 절망감**(creative hopelessness)'으로 명명하였다. 이 전략은 내담자가 원하지 않았던 경험에 대해 도피하거나 회피하려 했던 자신의 노력이 실제로는 고통을 가중시켰다는 결론에 이르도록 내담자를 돕는다. 기본적으로 이 방법은 내담자에게 정서적 고통에 대처하기 위해 무엇을 했는지, 그리고 이러한 전략들이 어떻게 작동되어 왔는지 묻는 것을 포함한다. 거의 대부분 단기적으로는 회피와 도피가 잘 작동하지만, 장기적으로는 부정적 영향이 많이 나타나게 된다. 내담자는 회피와 도피의 결점을 인식하게 될 때 흔히 수용의 개념을 기꺼이 받아들인다. 이와 더불어 내담자에게 원하지 않은 경험을 회피 또는 도피하려는 과도한 노력을 내려놓으면 자유로운 느낌(해방감)이 더 커질 수 있다고 치료자가 지적하는 것도 유용한 방안이 될 것이다. 데브라의 사례에서 치료자는 그녀가 외상에 대한 생각을 억압하거나 회피하고자 하는 과도한 노력을 단지 그만두도록 하면서 치료를 시작하였다. 이 개입은 데브라가 어떠한 변화의 노력 없이 생각이 오고 가는 것을 내버려 두는 것을 포함했다. 궁극적으로 치료자는 그녀에게 발생할 수 있는 다양한 상황(예: 남성과 대화하기)과 연관된 두려움과 불안을 허용하도록 했으며 또한 경험의 변화에 주목하도록 요구하였다. 치료가 진행될수록 데브라는 불안과 두려움에도 불구하고, 점진적으로 예전에 회피했던 상황을 다룰 수 있게 되었다.

언어와 인지의 탈융합

수용전념치료(ACT; Hayes, Strosahl et al., 1999)의 기본적인 이론은 언어와 인지가 근본적으로 경험적 회피를 촉진 및 유지시킴으로써 내담자 스스로가 고통을 증가시키는 방식으로 행동하게끔 함정에 빠진다는 관점이다. 이러한 틀에서 내담자는 환경적 수반성과의 접촉을 제한하는 규칙 지배 행동에 사로잡히는 경향이 있다. 예를 들어, 사회적으로 불안한 내담자는 자신이 대중 앞에서 말하는 동안 직접적으로 비난을 받아 본 적이 없음에도 불구하고 언어적 규칙에 대한 반응으로써 대중 앞에서 말하기를 회피할지도 모른다(예: "만약 내가 다른 사람들 앞에서 말을 한다면 그들이 나를 비난할 것이다."). ACT에서 행동에 대한 언어와 인지의 지배를 감소시키고 수용을 촉진하기 위해 사용되는 하나의 전략은 언어와 인지의 지배를 벗어나는 것이다. 다음은 인지적 탈융합(defusing) 개입 방안의 구체적인 두 가지 예다.

- 괴로운 단어나 구절을 반복하기: 이 전략은 치료자가 내담자로 하여금 단어의 의미가 사라지고 오로지 단어의 청각 자극만이 남을 때까지 괴로운 단어나 구절을 계속 빠르게 반복하도록 하는 것이다. 이 개념은 내담자가 말하는 단어는 실제 사건 자체가 아니며 사건과 연결되는 단

순한 임의적 언어 자극이라는 것이다(예: 단어 '망치'는 그 자체가 '망치'가 아니라 특정 도구와 연합되어 있는 단어인 것이다). 예를 들어, 한 내담자가 자신을 '가치 없다'고 평가하면 '무가치' 또는 '나는 가치 없다'는 말이 그에게서 의미가 없어질 때까지 반복하게 하는 것이다.

- **수용을 증진시키기 위한 역설의 사용**: 또 다른 전략으로 "내가 당신에게 하라고 한 것을 하지 말라!"와 같은 언어의 역설을 강조하는 문장을 만드는 것이다. 이 경우 규칙을 따르는 것은 규칙을 어기는 것이고, 규칙을 어기는 것은 규칙을 따르는 것이다. 궁극적으로 이 전략의 목표는 내담자와 그의 직접적인 경험 사이에 존재하는 언어의 장벽에 균열을 만들어 내려는 목적을 갖는다.

기꺼이 하려는 마음과 억지로 우기는 마음

기꺼이 하려는 마음(willingness)은 ACT와 DBT에서 모두 사용하는 것으로 내담자가 스스로를 수용하도록 만드는 또 다른 방안이다. ACT에서 기꺼이 하려는 마음은 내담자가 고통스러운 생각이나 감정, 신체 감각 및 다른 경험들을 기꺼이 경험하게 만드는 것이다(Hayes, Strosahl et al., 1999). DBT에서도 유사하게, 기꺼이 하려는 마음은 얼마나 어렵거나 불쾌한지에 상관없이 내담자가 상황을 있는 그대로 수용하고 상황에 반응하여 효과적으로 행동하는 것을 말한다(Linehan, 1993b). DBT에서 반대되는 개념인 강퍅함 또는 억지로 우기는 마음(willfulness)은 내담자가 진실에 저항하고 실제 진실이 아닌 것에 대해 진실인 것처럼 행동하거나 문제의 진실 또는 사실에 반하여 불평하는 것이다.

'알베르토'는 슈퍼마켓 계산대에서 4~5분 이상을 기다리면 매번 화를 냈던 내담자다. 그는 점원의 모든 행동을 주의 깊게 보았다. 예를 들어, 동전을 너무 오래 세는 것이나 손님과 이야기하는 것에 대해 골똘히 째려 보면서 점원을 비난했다. 그가 계산원이나 다른 손님들을 헐뜯기 시작하면 마음속의 불만감을 심한 격노로 폭발시키는 데에는 오랜 시간이 걸리지 않았다. 알베르토는 슈퍼마켓에서 억지로 우기는 마음이었던 것이며, 줄서기를 전혀 수용하지 않으면서 상황에 대처하기 위한 효과적인 전략의 사용도 거절하였다. 반대로 기꺼이 하려는 마음은 자신이 슈퍼마켓에서 줄을 서는 것을 수용하며, 다른 줄에 서기, 잡지를 보면서 주의를 돌리기, 줄이 더 빨리 줄어들도록 어떤 방법을 찾기 또는 다른 유용한 전략을 채택하기 등 자신을 차분히 하기 위한 무언가를 하는 것이다.

치료자가 기꺼이 하려는 마음의 개념을 치료에 엮어넣는 데는 여러 방법이 있다. 예를 들면, 치료자는 내담자에게 기꺼이 하려는 마음의 일반적 개념에 대해 설명할 수 있고, 특정 경험에 대한 기꺼이 하려는 마음의 정도를 평가하도록 하고 내담자가 기꺼이 하려는 마음을 증가시키도록 격려할 수 있다. 다음은 악성의 만성 요통과 고군분투하고 있는 내담자에게 치료자가 기꺼이 하려는 마음을 사용하는 예다.

치료자: 통증과 고통 사이에는 중요한 차이가 있어요. 통증(pain)은 사건이나 신체적 통증 또는 불편감에 대한 괴로운 정서적 반응입니다. 고통(suffering)은 누군가가 회피, 도피, 무시, 망각 또는 고통을 거부하고자 시도할 때 일어나는 것입니다. 고통은 실제로 더 큰 통증을 가지고 옵니다. 때때로 고통의 해독제는 기꺼이 하려는 마음입니다. 기꺼이 하려는 마음은 고통이 생기는 것을 허용하고, 어떤 방식으로든 당신 인생에서 효과적인 행동을 하게 합니다. 현재 요통을 1~10점 척도[1=전혀 원하지 않는다, 10=정말 완전히 원한다]에서 얼마나 기꺼이 경험하고 있습니까?

내담자: 글쎄요, 많이 자발적인 것 같지는 않아요. 나는 이 고통을 싫어해요. 그건 절대로 멈추질 않아요. 10점 중에 3점인 것 같아요.

치료자: 좋아요. 이렇게 한번 해 보는 게 어때요? 당신 스스로에게 말하는

> 겁니다. "나는 기꺼이 이 고통을 경험한다. 이건 내 인생의 일부분이야. 나는 그것을 좋아하지 않지만, 기꺼이 그것을 받아들이고 여전히 내 인생을 살아 봐야지."

그 외 기꺼이 하려는 마음의 증진 전략은 다음과 같다.

- 내담자에게 자신이 그 통증을 경험하고 수용하는 것을 허용한다면 어떨 것 같은지 상상하도록 질문하기. 만약 기꺼이 통증을 경험하고자 한다면, 그녀는 무엇을 해야 하는가?
- 내담자에게 통증을 대상화하고(예: 통증을 한 벌의 열쇠 같은 대상으로 상상하기), 집을 나설 때 통증을 지니고 가는 것을 상상해 보도록 질문하기
- 내담자에게 "이 통증을 기꺼이 가질 것이며, 그러면서도 인생에서 가치를 두는 무엇을 하겠습니까?"라고 질문하기. ACT에서 치료자는 뒷부분의 두 가지 전략을 흔히 사용한다(Hayes, Strosahl et al., 1999).

근본적 수용

또 다른 수용 전략은 **근본적 수용**(radical acceptance)이라고 불린다. DBT(Linehan, 1993a)에서 사용된 바와 같이, 근본적 수용은 본질적으로 내담자가 변화에 대해 투쟁하거나 억지로 우기면서 저항함 없이 순간의 경험을 완벽하게 수용하도록 만드는 것이다. 여기 치료자가 근본적 수용을 수행하기 위한 몇 가지 방법이 있다. 이러한 방법 중 몇 가지는 Linehan의 개정된 DBT 기술훈련 매뉴얼에 제시되고 있다.

- 내담자에게 계속해서 평상적인 목소리로 수용되지 않는 경험을 그저 말하도록 하기
- 내담자에게 수용되지 않는 경험에 대해 저항, 억제 또는 회피 없이 마

음속에 들어가도록 생각을 허용하게 하기
- 내담자에게 수용하기 원하지 않는 경험의 모든 세부 사항을 기록하도록 하기

기혼 여성인 '레베카'는 자신이 여성에게 성적 매력을 느낀다는 사실을 수용하는 데 큰 어려움이 있었다. 그녀는 여성에 대한 성욕에도 불구하고 그녀의 남편을 사랑했으며 그를 떠날 마음이 없었다. 그녀는 여성에 대한 성적인 욕구에 대해 상당한 수치심을 느꼈으며 그에 대해 분투했지만 아무런 효과가 없었다. 그녀는 여성에 대한 성적인 생각을 회피하면할수록 더 많은 성적인 생각을 하게 되었고, 여성에게 성적 매력을 느끼는 것을 억제할수록 더욱더 수치심과 괴로움을 느꼈다. 그녀의 치료자는 그녀 스스로에게 (그녀가 혼자 있을 때) "나는 여성에게 성적으로 끌린다. 내가 원하는 것은 아닐 수 있지만 어쨌든 나는 그렇다. 또한 내가 여성에게 성적으로 끌리는 것을 나는 인정한다."와 같이 말하는 것을 통해 근본적 수용을 연습하도록 지시하였다. 여성에 대한 성적인 생각이 레베카의 마음에 들어오려고 할 때마다 그녀의 과제는 그것을 억제하거나 없애려는 판단이나 시도 없이 그 생각들이 그저 오고 가는 것을 내버려 두는 것이었다. 게다가 치료자는 그녀가 여성에게 느낀 매력을 적어 보도록 격려했다. 시간이 경과하면서 여성에 대해 매력을 느끼는 것이 더 적어지고 그녀를 덜 괴롭혔다. 심지어 그녀는 남편에게 자신의 어려움을 고백하였다. 남편은 다행히도 지지적이고 수용적인 태도로 반응했다.

상호관계에서의 수용

Jacobson과 Christensen(1996b)은 통합적인 행동적 부부치료(IBCT)라 불리는 부부를 위한 수용 지향적 치료를 개발하였다. 의사소통의 변화와 행동 기술의 증진을 강조한 전통적인 행동적 부부치료와는 대조적으로(예:

TBCT; Jacobson & Margolin, 1979), IBCT는 우선적으로 부부가 서로를 수용하도록 돕는 다양한 방법을 포함한다. 다음은 IBCT에서 사용되는 여러 수용 지향적인 개입이다.

- 공감적 결합(empathetic joining)은 치료자가 내담자에게 파트너와 감정을 공유하거나 행동의 변화를 요구할 때 감정 경험의 더 부드러운 면을 표현하도록 요청하는 것이다. 예를 들어, 남편이 주말마다 골프를 치러 가는 것(그래서 그녀와 시간을 거의 보내지 않는 것) 때문에 상처받고 화가 난 여성은 상처를 더 확대해서 표현하고 분노 표현을 덜 강조할 수 있다. "매주 골프 때문에 나를 버려 두는 당신에게 정말 화가 나."라고 말하기보다 "나는 슬퍼. 매주 당신이 골프를 치러 갈 때마다 나는 정말 당신이 보고 싶어."라고 말할 수 있을 것이다. 이것은 만약 한 파트너가 보다 부드러운 감정을 표현한다면 상대편에게 공감과 수용을 생기게 할 것이라는 개념이다.
- 통합적 분리(unified detachment)는 IBCT의 또 다른 수용 전략이다. 이 전략은 내담자가 문제에 대해 어느 한쪽 파트너 또는 그의 상황 때문에 생긴 문제라는 시각보다는 서로가 협력적으로 해결해야 할 관계 문제의 하나로서 접근하도록 만드는 것이다. 기본적으로 파트너들은 문제의 원인을 외부에서 찾고 함께 공략하는 전략을 쓰게 된다. 예를 들어, 한 파트너가 다른 파트너에게 "우리 관계에 문제가 있고, 그것은 우리가 진짜 원하는 것을 서로에게 말하는 걸 어렵게 하고 있어. 우리가 행복해질 수 있게 이 문제를 해결할 방법을 찾아보자."라고 말할 수 있다. 이것은 어느 일방의 파트너에게 문제가 있다는 접근("만약 당신이 그 빌어먹을 수긍해 주지 않기를 하지 않았다면, 나의 느낌에 대해 더 많이 함께 할 수 있었을 거야.")과는 완전히 대조적이다.
- 원하지 않은 행동을 일부러 함으로써 감내력(tolerance) 기르기 방안도

IBCT 전략 중 하나이며, 원치 않은 파트너의 행동을 감내할 수 있도록 치료자가 도와줌으로써 수용을 촉진하는 것이다. 이를 하기 위한 한 가지 방안은 치료자가 파트너들에게 원치 않은 행동을 계획적으로 하게끔 시켜보는 것인데, 이때는 원치 않은 행동은 나타나지만 동반되는 어떠한 부정적 결과도 없게 되는 상황이 된다. 파트너들은 그것이 문제 행동의 '실제(real)' 상황이라기보다는 '게임(game)'이라는 것을 알고, 자신의 전형적인 비수용적 반응들을 중단할 수 있다. 이러한 개입 형태는 문제 행동에 대한 비강화 노출과 상당히 비슷하다. 궁극적으로 파트너의 혐오적 반응은 시간 경과에 따라 습관화될 수 있고, 파트너의 바람직하지 않은 행동에 대하여 반응하기보다는 다른 효과적인 대안을 배울 수 있다. 예를 들면, 동성의 커플인 '빌'과 '테드'는 10년 동안 함께 해 온 파트너다. 빌은 술과 관련된 가족 문제가 있었으며(아버지가 술을 자주 마셨고 신체적으로 학대를 하였다), 그 결과 그는 술을 마시지 않았고 그렇기 때문에 테드가 술을 마시는 것을 참기가 어려웠다. 그러나 테드는 음주 문제가 없는 가족에서 자랐고, 포도주는 그의 삶에서 큰 즐거움이었다. 그는 보통 일주일에 한두 번 정도 포도주 한두 잔을 마셨다. 빌이 술 마시는 것을 그만두게 하려는 시도를 하면 할수록, 테드는 더 좌절감을 느꼈고 빌에 의해서 통제당한다고 느꼈다. 치료자는 테드가 의도적으로 다음 2주 동안 자주 포도주를 마시게 하는 계획에 두 파트너가 동의하도록 만들었다. 빌이 할 일은 테드가 술을 마셨을 때 그저 자기의 반응에 주목하는 것이었다.

- **자기 돌봄(self-care)을 증가시켜 감내력 기르기**는 파트너가 관계 이외에서도 자신의 욕구를 충족시키는 방안을 알 수 있도록 치료자가 개입하는 것이다. 파트너들이 서로에게 완전한 관계적 성취를 추구한다면, 서로의 변덕과 단점을 수용해 주는 것은 특히 어려울 수 있다. 인생에서 스트레스 사건에 대해서 이야기할 친구가 없는 남자는 배우자가

일하는 데 너무 많은 시간을 보내거나 때로 정서적으로 함께 해 줄 수 없을 경우 상당한 스트레스를 받게될 것이다. 그러나 그가 사회적 범위를 넓히고 친구나 가족으로부터도 정서적 친밀감을 찾는다면, 그는 아내가 100% 자신을 위해서 있어 주지 않을 때에도 보다 수용적일 것이다.

치료자가 활용하는 수용 전략: 내담자에게 수용을 전달하기

행동치료에서 수용을 사용하는 또 다른 방식은 치료자가 내담자에게 수용을 전달하는 것이다. 치료자는 다양한 방식으로 내담자에게 수용을 전달할 수 있지만, 아마도 가장 우선적이고 공통적으로 사용되는 전략은 타당화하기(validation)일 것이다.

CBT에서 타당화하기

타당화하기는 기본적으로 내담자의 경험이 옳고 믿을 만하며 진실된 것이라고 확인(confirming)해 주는 것으로(Linehan, 1993a), 거의 대부분의 행동적 그리고 비행동적 치료에서 일정 부분 사용되는 것이다. 타당화하기는 치료자가 수용을 전달하는 유용한 방법일 뿐만 아니라 내담자에게는 자기 수용의 모델링이 될 수 있다. Linehan(1993a)은 치료자가 내담자를 수긍해 주거나 수용하는 여러 방법을 조작적으로 정의하였다.

- **관심 표현하기**는 언어적(예: 내담자가 말했던 것에 대해 반응해 주기, 내담자에 대한 중요한 정보를 기억하고 전달해 주기) 및 비언어적(예: 기울이기, 고개 끄덕이기, 미소) 방식으로 내담자에게 관심이 있다는 것을 표현함으로써 수긍해 주는 것을 포함한다.
- **정확한 반영**은 내담자의 행동, 정서, 사고 또는 다른 경험들을 정확하

게 반영함으로써 인정해 주는 것을 포함한다(기본적인 반영적 경청). 예를 들면, 치료자는 "그래서 당신은 상사와의 갈등 이후에 일자리를 잃게 될 수도 있다는 것을 두려워했다는 거군요, 그런 건가요?"라고 물을 수 있다.

- 말하지 않은 것을 말하기(또는 '마음 읽기')는 내담자가 분명히 말하지 않은 사고, 정서, 경험을 분명하게 말해 줌으로써 수긍해 주는 것을 포함한다. 예를 들면, 파트너와의 논쟁 이후에 보통 수치심을 느끼는 내담자는 이에 대하여 아무것도 말하지 못한다. 이러한 내담자를 위해 치료자는 "파트너와 다투고 난 후에 수치심이 느껴졌는지 궁금합니다."라고 말할 수 있다.
- 학습의 역사, 질병 또는 병리의 관점을 타당화하기는 내담자의 반응이 그의 과거, 의학적 문제, 성격(예: 매우 정서적인 내담자), 심리적 문제들(예: 우울)의 조건에서 보면 그럴 수 있다고 이야기함으로써 수긍해 주는 것을 포함한다. 예를 들면, "걷는 게 그렇게 힘들었으니 당신이 왜 집에 머무르면서 아무것도 하고 싶지 않았는지 이해할 것 같습니다."라고 말할 수 있다(예: 만성 요통을 가진 내담자의 경우).
- 현재 상황이나 규범적인 반응에 대해 타당화하기는 내담자의 반응은 정상적이며, 이해 가능하고, 지혜롭거나, 현재 상황에서 정확하게 예상되는 것과 같다고 의사 전달하는 것이다. 예를 들면, "당신도 알겠지만, 누군가가 내 차를 긁고 나서 아무 말도 없이 도망가면 나도 역시 화가 날 거예요."라고 말할 수 있다.

타당화하기는 핵심적인 치료 기술이다. 치료자가 수용 및 수긍 없이 치료적 관계를 확립하고, 내담자에게 효과적인 행동개입을 시행하는 것은 매우 어려운 일일 것이다. 수용 또는 타당화하기를 제공하지 않는 치료자를 보게 되는 내담자는 마치 스포크 박사(원판 〈스타 트랙〉)나 미스터 데

이터(〈스타 트랙〉 최신판) 같이 감정을 완전히 배제하고 오로지 합리적 판단만을 추구하는 인물에게 정서적 어려움에 대해 상담받는 것과 비슷하다고 느낄 것이다. 반면 타당화하기가 특별히 요구되며 도움이 되는 상황은 다음과 같다.

- 치료 시작 시점에서 라포 또는 강력한 치료적 관계를 형성하기 위한 방법으로 또한 내담자가 이해받고 보호받는다고 느끼도록 만들기 위한 방법으로,
- 내담자가 극단적인 감정 상태나 신체적인 고통을 호소할 때,
- 내담자가 진전을 보이지 않거나 또는 변화 지향적 개입으로 인하여 고통받을 때,
- 적어도 지금은 내담자를 단지 들어주고 이해하는 것이 필요할 때,
- 내담자가 자기 스스로를 심하게 수긍하지 않을 때, 치료자가 수긍해주는 것이 내담자의 자기 수긍의 모델이 될 수 있는 경우,
- 치료자가 무엇을 해야 될지 모를 때, 타당화하기는 일반적으로 '안전한' 개입 방안이다. 치료자가 반드시 주의해야 할 것은 내담자의 반응의 타당한 면을 찾는 것이며, 타당하지 않은 반응에 대해서는 수긍하는 것을 피해야만 한다.

타당화하기에서 기억해야 할 중요한 점은 치료자는 내담자에게 수긍하면서도 변화하도록 격려할 수 있다는 것이다(Linehan, 1993a). 타당화하기는 변화를 배제하지는 않으며, 사실 치료자는 내담자가 변화하도록 도와주기 전에 내담자의 반응을 수긍해 줄 수 있다. 예를 들어, 부모로부터 버림받은 과거를 가지고 있는 내담자는 누군가가 100% 이용 가능하지 않을 때마다 정서적으로 또는 물리적으로 자신이 버림받았다는 식으로 인식할 수 있다. 그녀의 반응은 과거를 보면 이해할 수 있으며, 이에 치료자는 이러한

반응들을 수긍해 주는 것을 선택할 수 있다(예: "다른 사람들한테 버림받은 당신의 과거를 보니 내가 당신을 버렸다고 생각하는 이유를 알겠네요."). 하지만 동시에 모든 사람이 그녀를 버릴 수 있다라고 내담자가 계속 생각한다면 효과적이지 못하다. 따라서 치료자는 내담자가 이러한 반응들을 변화시키도록 해야 할 것이다. 심각한 성적인 외상을 경험한 내담자는 주위에 남자가 있는 것을 두려워할 수 있다. 치료자는 이러한 두려움이 어디에서 나온 것인지 이해할 수 있고 내담자의 두려움을 수긍해 줄 수 있지만, 동시에 내담자의 두려움이 정당하지 않을 경우에는 감소시키도록 도와줄 수 있다. 치료자는 내담자의 성적 충동에 대한 고통과 심지어 아동을 성폭행하여 감옥에 있는 누군가의 스트레스를 수긍할 수 있지만, 동시에 내담자가 어떻게 아동 성범죄를 끊고 어떻게 성충동을 감소시키거나 다룰 수 있겠는지를 배울 수 있도록 도와줄 수 있다.

마음챙김 전략을 적용하기

현대의 행동치료와 인지행동치료에서 치료자는 다양한 여러 형태의 마음챙김 지향적인 전략을 사용한다. 이 장에서 우리는 여러 치료적 접근에서 마음챙김 전략들을 사용하는 방법을 간단히 살펴본 후, 사실상 모든 유형의 마음챙김 지향적인 치료에서 사용되는 관찰하기 전략에 대해 상세하게 설명하였다.

마음챙김 개입의 예

마음챙김 및 다양한 형태의 마음챙김 지향적 개입을 포함하는 몇 가지 치료적 접근법들이 있다. 이러한 치료법들에서 내담자와 치료자를 위한 마음챙김 전략들은 매우 많다. 다음은 몇몇의 현대적 접근에서 마음챙김을 어떻게 사용하는지에 대한 예이다.

- MBSR(Kabat-Zinn, 1990)에서 치료자는 흔히 내담자가 만성적 고통 또는 스트레스를 극복하도록 돕기 위한 전략으로 마음챙김을 사용한다. 이러한 개입은 대부분 내담자가 현재의 신체 감각들을 관찰하고 그에 주목하는 것을 포함한다.
- ACT(Hayes, Strosahl et al., 1999)에서 마음챙김은 내담자로 하여금 자신과 자신의 경험 간의 분리를 한발 떨어져 관찰하고 주목하도록 돕는다.
- DBT(Linehan, 1993a)에서 치료자는 내담자가 한 번에는 하나에만 집중하고(한 가지에 대한 마음챙김) 기술적이고도 효과적으로 행동하며(효과성) 비판단적인 자세를 유지하도록 격려하면서, 그가 현재 순간의 경험에 대해 관찰하고 기술하며 참여할 수 있도록 해야 한다. 그 외 치료자는 치료 회기 동안에 또한 공동치료자와 상호작용을 하는 동안에도 마음챙김 상태여야만 한다고 강력히 권고받는다.
- MBCT(Teasdale et al., 2000)에서 치료자는 예전에 우울했던 내담자의 재발을 방지하기 위해 그들의 현재 경험을 관찰하고, 반추와 우울 유발적 사고를 떼어 내기 위해 마음챙김을 사용한다.
- 마음챙김에 근거한 재발 방지(Witkiewitz et al., 2005)에서 치료자는 내담자가 약물에 대한 충동을 관찰하고 충동이 오고 가는 것을 허락하여 약물 사용의 충동에 저항하도록 돕는 데 마음챙김을 사용한다.

현재의 경험을 관찰하기

바라보기 또는 관찰(observing)은 치료자가 마음챙김 개입이 포함된 모든 치료에서 사용하는 마음챙김 기술이다. 관찰은 가장 단순한 마음챙김 개입이기는 하나 가장 쉬운 것은 아니다. 이는 현재의 경험에 주목하는 것인데, 그 대상은 시각 및 소리, 냄새, 맛 또는 촉각적 감각, 생각 등이 가장 일반적이다. 대다수의 치료에서 관찰은 내담자가 뒤로 물러나서 현재 순간의 경험을 면밀히 지켜보게 한다. 그 외 내담자는 일반적으로 옳거나 그르거나 또는 좋거나 나쁘다는 식으로 관찰된 경험에 대해 판단하기를 피하며, 관찰한 경험에 대한 기준을 부과하는 것도 피하도록 격려된다(예: 이 경험은 '일어나지 말아야 한다' 또는 '일어나서는 안 된다' 고 말하지 않기).

또 다른 중요한 점은 비록 많은 관찰 연습이 내담자를 이완시켜 줄 수 있다 하더라도 관찰(보다 광범위하게는 마음챙김)의 목적이 이완은 아니라는 점이다. 치료자는 내담자의 현재 긴장이나 불안 또는 단순히 이완되지 않은 신체적 또는 정서적 상태를 신속하게 좀 더 편안하고 차분한 상태로 변화시키려는 목적으로 이완 훈련을 시행한다. 이에 비해 관찰은 내담자가 현재 경험을 변화시키는 것에는 관여하지 않으며, 그저 주목하도록 만든다. 많은 내담자(그리고 치료자)는 관찰 연습이 자신에게 마음의 평온함을 가져다줌을 알게 되었다고 말한다. 이완은 관찰의 매우 큰 부가적 혜택이지만 관찰의 '목적' 에서 보면 아무런 의미가 없다.

관찰은 개인이 축구경기의 공평한 관중이 되는 것과 상당히 비슷하다. 관찰은 개인이 팬이나 선수가 되는 것보다 호기심 많은 중립적인 관중이 되는 것이다. 관찰자의 일은 경기가 진행되고 있는 방식을 변화시키거나 뛰어든다든지, 자신의 주의를 분산시키거나 다른 것에 주의를 기울이면서 경기관람을 회피한다든지, 완전히 경기장을 떠남으로써 경기에서 벗어나는 것 등이 아니다. 관찰은 그저 판단 없이 현재 순간의 경험을 주목하고 바라보는 것이다. 이와 같이 관찰(보다 광범위하게는 마음챙김)은 지금 이 순간 있는 그대로 경험과 생각, 정서, 생활전반 및 우주(universe)를 수용하는 행위이다.

여러 많은 유형의 개입이 관찰을 포함하고 있다. 일반적으로 이러한 개입들은 치료자가 내담자에게 회기 내에서 또는 내담자의 일상생활에서 관찰을 연습하도록 만든다. 다음은 공통적으로 사용되는 여러 관찰 연습이다.

- **사고 관찰**(observing thinking)은 무슨 생각이 떠오르고 사라지는지 있는 그대로 자신의 생각을 자세히 보는 것이다. 오로지 직접적인 생각 경험에만 주목한다든지, 생각을 스쳐 지나가는 대상(예: 행진하는 사람들이 들고 있는 현수막에 쓰여진 것으로서, 시냇물을 따라 떠내려가는 잎사귀 위에 쓰여진 것으로서, 하늘 높이 지나가고 있는 구름 위에 쓰여진 것으로서, 공장의 움직이는 컨베이어 벨트 위에 있는 것으로서)이라고 상상한다든지, 또는 떠오르는 생각을 종류별로 분류한다든지(예: 판단, 기술, 평가, 회상) 하는 등의 방법을 통해 생각을 관찰할 수 있다.
- **호흡 관찰**(observing breathing)은 숨을 쉴 때 각각의 감각들(예: 공기가 코로 들어오고 입으로 나가는 것과 같은 느낌, 배나 가슴이 팽창하고 수축하는 느낌)에 주목하거나, 호흡 경험의 전체적 양상(entire gestalt)에 주목하도록 하는 것이다.
- **신체감각 관찰**(observing physical sensation)은 MBSR의 주요한 전략 중 하나다. 치료자는 내담자에게 '보디 스캔(body scan)' 기법을 가르친다. '보디 스캔'은 신체의 한 부분에서 시작하여 점차적으로 주의를 다른 신체 부분에 차례대로 옮기는 것이다. 예를 들어, 한 내담자가 자신의 발에서 모든 감각을 알아차리기 시작했다면 이후에는 종아리, 허벅지, 엉덩이 등으로 주의를 이동시키면서 한 번에 한 신체 부분에만 주의를 기울이게 하는 것이다(Kabat-Zinn, 1990). 신체감각 관찰은 정서적 경험과 관련된 감각관찰을 포함하는데 불안과 연합되어서는 가슴의 답답함과 빠르고 심한 심장박동, 땀이 나거나 축축해진 손바닥 등이 해당될 것이고, 분노와 연합되어서는 근육의 경직이나 얼굴

붉어짐 등이 해당될 것이다.

- **충동 관찰**(observing urge)은 내담자가 자신에게 생기고 없어지는 특정한 것에 대한 충동을 단순히 주목하게끔 치료자가 도와주게 하는 것이다. 앞에서 언급했듯이, Alan Marlatt(Marlatt & Gordon, 1985)은 내담자의 알코올과 약물 사용의 재발 방지를 돕기 위한 방법으로 '**충동 서핑**(urge surfing)'으로 불리는 전략을 개발하였다. 충동 서핑은 바다의 파도가 점차 높아졌다가 부서지며 모래 사장을 쓸고는 나가듯이 충동이 오고 가는 것(예: 파도처럼)을 그저 바라보는 것이다.
- **시각, 청각, 후각, 미각 및 촉각 관찰**은 특정 방식(예: 오로지 소리나 시각적인 경험만으로)의 감각만을 관찰하거나 현재 순간의 모든 감각에 주의를 기울이는 식으로 다양한 경험에 대해 단순히 주목하는 것이다. 대부분의 치료자는 내담자에게 특정 감각 방식을 취하도록 하며, 그러한 감각 방식 내에서 일어나는 모든 감각에만 주의를 기울이도록 한다.

치료자를 위한 마음챙김에 근거한 전략

마음챙김은 치료자와 내담자 모두에게 적용될 수 있다. 만약 치료자가 현재 순간에 무엇이 일어나는지 주의를 기울이지 않는다면 치료 회기 내에서 효과적으로 기능하기는 어려울 것이다. 효과적인 치료는 내담자가 무엇을 말하는지, 어떻게 그것을 이야기하는지, 내담자의 언어적 및 비언어적 정서 단서, 치료자와 내담자 간 상호작용의 흐름, 그리고 내담자의 행동에 대한 치료자 반응의 영향(또는 그 반대로) 등에 대해서 치료자가 면밀한 주의를 기울일 것을 요구한다. 이와 같이 치료를 시행하는 것은 현재 순간에 무엇이 일어나는지 주의를 기울이는 기술을 요구한다. 우리는 초보 치료자가 흔히 마음챙김의 현저한 결핍을 나타내고, 자신의 생각이나 감정, 자신이 했던 말에 대해서 또한 다음 행동의 계획 등에 대해서 많은 시간을 허비하면서, 내담자에게 거의 주의를 기울이지 않는다는 것을 발견하였다. 이러한 경우 치료자가 사용하는 개입들은 내담자가 말하거나 행동하는 것에 대한 반응에 의해 선택된 것이 아니기 때문에 흔히 목표에서 벗어나게 된다. 실제로 몇몇 치료 접근(예: MBCT; Segal et al., 2002)에서는 치료자가 마음챙김을 정기적으로 수련해야 한다고 요구한다. 다른 연구자(Linehan, 1993a)에 의해 논의되었듯이, 우리는 행동개입과 마음챙김 전략을 사용하는 치료자라면 내담자 및 수련생 그리고 학생들과의 모든 상호작용 상황에서 마음챙김 기술의 도입을 고려해 보라고 제안한다.

요 약

- 수용은 원하지 않은 경험이 변화되도록 과도하게 노력하는 것을 그만두고, 기꺼이 열린 마음으로 그러한 경험이 일어나는 것을 허용하는 것이다.
- 마음챙김은 현재 순간의 경험에 주의를 기울이는 것이다.
- 수용 또는 마음챙김 지향적인 개입의 시행여부를 결정할 때 내담자의 경험이나 과도한 노력이 정당한지 또는 정당하지 않은지, 변화 가능한지 또는 변화 불가능한지, 그리고 내담자가 자신의 괴로운 생각과 정서에 반응하는 방식이 효과적인지 또는 효과적이지 않은지를 고려해야 한다.
- 치료 작업에서 수용과 변화 지향적인 방법의 상대적인 균형을 고려하여 개별 내담자를 위한 최적의 균형을 찾아야만 치료의 효과성이 증대된다.
- 수용 지향적인 행동들은 다양한 경험의 도피와 회피 또는 통제에 대한 과도한 노력을 단순히 내려놓는 것을 주로 포함한다.

- 치료자가 수용 개입을 지향한다는 것은 내담자의 경험을 다양한 방식으로 수긍하는 것을 흔히 포함한다.
- 가장 흔하게 사용되는 마음챙김 개입의 하나는 현재 순간의 직접적인 경험만을 판단 없이 단순히 관찰하는 것을 포함한다.

CHAPTER 11

종결과정 및 사후관리

Behavioral Interventions in Cognitive Behavior Therapy

> 성공적인 심리치료는…… 목표를 향한 과정임은 분명하지만, 그로부터 가지를 뻗은 모든 목표에 반드시 도달해야만 하는 것은 아니다(Weiner, 1975, p. 264).

> 치료는 어려움을 다루는 것이다. 인생의 완성을 다루는 것이 아니다(Hayes, Strosahl, & Wilson, 1999, p. 258).

위의 인용문처럼 치료란 내담자가 도움이 되지 못하는 행동 양식에서 벗어나 자유롭게 되도록 만드는 것이며, 개인의 목표(goal)와 가치(value)에 부합되는 행동을 할 수 있도록 돕는 것이다. 이런 관점을 고려할 때, 치료의 결말은 끝이 아니라 더욱 만족스럽고 보람된 삶을 만들어 갈 가능성의 경로를 향해 제대로 내딛는 진일보 또는 도약이 될 수 있다.

이 장에서는 치료 종결과 관련된 여러 관심사를 다루게 된다. 적절한 치료 종결의 시점 및 과정, 사후관리 계획, 내담자의 재발 가능성 감소 방안, 치료 성과의 일반화 촉진 방안, 개인적 목표 및 가치와 일관되는 방향으로의 지속적 변화를 위해 내담자가 전념하게 하는 방안 등이 제시된다.

치료의 종결 시점 결정

Weiner(1975)는 치료자의 이론적 지향, 치료의 심도 및 강도와 더불어 내담자가 가진 문제의 심각성과 복잡성 등이 치료기간에 영향을 미친다고 하였다. 인지행동치료는 흔히 시간 제한적이라고 가정되지만, 치료기간은 내담자 문제 영역의 심각성 및 광범위성 등 여러 요인에 의해 몇 회기부터 1~2년의 범위에 이를 수 있다. 인지행동치료를 평가한 여러 조사연구에서는 치료기간이 정해져 있는 편이었지만, 임상 현장에서 치료자는 종결과 관련하여 특정 시점에서의 종료가 조기 종결은 아닌지, 금기 사항(contraindication)에 저촉되는 것은 아닌지, 재발의 위험성을 초래할 가능성은 없는지 등의 여러 요인을 고려해야만 한다(Barnett & Sanzone, 1997).

효과적으로 종결을 이끌려면 치료자와 내담자는 적절한 중단점에 도달한 것인지, 치료의 급성 개입 단계를 넘어 처치 성과를 공고화하고 유지하며 가능한 한 확장시키기 위해 어떤 절차를 사용할 것인지 등에 대해 협력적으로 판단해야만 한다(Weiner, 1975). 치료 개시에 앞서 치료 계획 단계(이 책의 4장 참조)에서 치료자는 내담자에게 예상 치료기간을 공지해야 하며, 치료과정에서 이러한 관심사를 다시 점검할 수 있도록 개방적 자세를 취해야 한다. 이런 방식이라면 치료의 중단과 관련된 여하한 오해라도 줄일 수 있을 것이다.

치료의 종결 시점을 결정하는 데 명확하고 특별한 기준은 없다. 하지만 개별 내담자에 따라 다르겠지만 흔히 고려될 만한 몇 가지 사항이 있다. 이상적으로 종결 시점에서 내담자는 치료 목표 달성과 관련하여 일정한 진전을 보이며, 미래에 생길 수 있는 도전적 상황에서도 이득을 얻을 수 있는 기술을 이미 습득하고 실행할 수 있게 된다(Weiner, 1975). 치료기간 동안 획득한 기술은 내담자가 원해 온 이상적인 모습이나 개인적 목표 및 가치들과 좀 더 조화를 이루는 행동 양식을 발전시키는 데 도움이 될 것이다.

때로 예상치 못하게 치료 반응이 없거나 상황이 악화된다면, 치료자는 치료의 변경이나 종료를 깊이 따져 보아야 한다. 미국심리학회(APA)의 '심리학자의 윤리와 행동 강령(이하 윤리강령이라 함)' (2002)에 의하면, "내담자 또는 환자가 치료 서비스가 유익하지 않거나 그 서비스를 계속 받는 것이 해로울 것 같아 더 이상 서비스를 받지 않겠다는 입장이 분명하다면, 심리학자는 치료를 종결해야만 한다" (p. 1073).

또 다른 경우, 치료는 적정 수준 및 자연스러운 결말에 도달하기도 전에 종결될 수도 있다. 예를 들어, 내담자가 관련된 언급도 없이 갑자기 그리고 예상치 못하게 치료 종료를 요구하는 경우가 있다. 때로 내담자 주도의 종결은 전직이나 이사와 같은 일상적 사건에 대한 반응일 수 있다. 하지만 다른 경우 감춰진 이유 때문에 내담자는 치료 종결을 요구할 수도 있다. 치료의 종결이 예상치 못하게 발생되었을 때, 치료자는 내담자와 함께 그러한 요구에 숨어 있는 이유뿐만 아니라 관련된 인과관계적인 맥락을 탐색해 볼 수 있을 것이다. 이를 탐색하기 위한 질문의 예는 다음과 같다.

- 최근 당신이 생각했던 것이 치료를 그만두는 것이었습니까?
- 지금 이런 생각을 하는 데 영향을 미칠 만한 일이 있었습니까?
- 당신이 치료를 종결하는 것을 처음으로 생각했던 때가 언제인지 기억납니까?
- 당신이 내린 이러한 결정과 관련될 만한 일이 치료 시간에 일어난 적이 있습니까?
- 저는 지금까지의 치료가 당신에게 모두 도움이 되지는 않았을 거라고 생각합니다. 동의하시나요?
- 제 생각에는 어느 정도 치료가 당신에게 도움이 되기 시작한 것 같은데, 어떠신가요?
- 지금 치료를 끝내는 데 어떤 장단점이 있을 것 같은가요?
- 지금 치료를 끝내는 것이 계속해서 치료를 받는 것보다 당신에게 더 도움이 될 것 같나요?
- 우리가 치료를 계속해서 이제껏 다뤄 왔던 몇 가지 문제를 해결하는 데 도움이 될 것 같다면, 잃게 되는 것도 있을까요?

내담자의 치료 종료 결정이 왠지 충동적이거나 무엇인가 불분명한 현재 상황에 대한 반응인 것으로 보인다면, 치료자는 내담자에게 2~3주 정도의 휴식 후 적어도 한 번 정도 만나 보자는 제안을 하는 것이 유용한 때가 많다. 치료를 잠시 쉬는 동안 내담자는 종료 결정을 하도록 한 급박한 상황에서 벗어날 수도 있고, 치료 종료 여부의 장단점을 따져보는 여유를 가질 수도 있을 것이다. 만일 다시 만나게 된다면, 치료자는 내담자에게 치료를 그만두려 했던 이유를 좀 더 탐색하거나 여전한 문제 영역은 무엇인지 상기시켜 볼 수 있다. 만약 치료 중단과 관련된 잠재적 피해가 이득보다 클 것으로 믿는다면, 치료자는 내담자에게 이를 분명한 표현으로 전달해야만 한다. 또한 치료자는 치료를 잠시 쉬는 동안 내담자의 안녕이 걱정된다면 이를 평가하기 위해 전화 통화를 고려해 볼 수도 있다.

치료자는 내담자의 성급한 조기 종결 결정에 대해 재검토하도록 격려하는 겸손한 노력을 할 수 있겠지만, 치료 유지를 반복하여 부추기거나 요청하는 것은 생산적이지 못한 경우가 대부분이다. 조기 종결이 불가피한 경우라면 치료자는 가능한 한 품격을 갖춰 치료를 마치도록 해야 한다. 내담자가 치료 종결을 분명히 결정하였고 치료자도 이에 대해 같이 심사숙고했다면, 내담자에게 종결 결정과 관련된 격려와 지지를 표현하는 것이 유용할 것이다. 치료자는 또한 내담자가 원한다면 나중에 다시 치료를 받으러 올 수 있다고 제안할 수 있으며, 다른 정신건강 기관의 전문가에게 의뢰할 수도 있다. 치료자는 또한 내담자가 추가적 치료나 도움을 원하는지 추후 평가를 위한 전화 연락을 할 수도 있다(Barnett & Sanzone, 1997).

반면 치료자 때문에 치료를 조기 종결하거나 내담자를 다른 치료자에게 의뢰해야 하는 경우도 있다. 이런 상황은 치료자의 이직이나 수련과정에서의 역할 교대, 질병, 임신 등의 다양한 이유와 관련된다. 미국심리학회(APA)의 윤리강령(2002)은 "심리학자는 내담자/환자의 복지에 최고의 주안점을 두어야 하며", 조기 종결을 해야 하는 경우 "내담자/환자를 돌보는 데 책임성 있게 정연하고도 적절한 해결책을 제시하는 합당한 노력을 해야 한다." (p. 1073)고 규정하고 있다. Penn(1990)은 이러한 여러 상황을 처리하는 몇 가지 지침에 대해 논의한 적이 있다.

치료 종결과정

치료 종결은 한 사건이라기보다는 다단계 과정이라고 할 수 있다. 이 절에서는 종결이 내담자에게 생산적인 전환이 될 가능성을 높이기 위해 치료자가 종결의 각 단계를 어떻게 다룰 수 있겠는지에 대해 기술할 것이다.

종결 즈음에 생길 수 있는 문제를 예상하기

어떤 내담자에게는 치료의 종결이 중요한 관계의 종료를 나타내는 것이 될 수 있다(Strupp & Binder, 1984). 대인관계의 와해에 지나치게 민감하고 반응적인 내담자에게 치료 종결은 어려운 전환일 수 있다. 다른 경우 치료 관계의 종료는 이전에 경험했던 분리 및 상실과 기능적 유사성을 가질 수 있으며, 불안 및 공포, 절망감, 슬픔을 두드러지게 만드는 일이 될 수 있다. 내담자는 상실의 경험을 지연시키거나 이에 대처하기 위한 노력으로써 다양한 회피 행동(예: 새로운 문제의 빌달, 치료 표적이었던 행동의 재발)을 나타낼지도 모른다(Strupp & Binder, 1984).

가능하면 언제나 치료자는 종결과 관련된 내담자의 거부 반응이 생기기 이전에, 어쩌면 치료의 잠재적인 장애물을 고려하는 사례 개념화 단계(3, 4장 참조) 같은 이른 시기부터 이를 미리 예측하기 위해 노력해야만 한다. 치료자와 내담자는 치료과정 전반에 걸쳐 주기적으로, 아울러 치료 횟수의 점진적 감축 및 치료 종결과정, 궁극적인 치료 완결을 화제로 논의할 수 있다. 이에 대한 토론은 비공식적 문제 해결과정을 채택할 수 있으며 그 내용으로는 미래에 있을 법한 문제 및 그에 관한 유망한 해결책을 확인하는 것 등이 포함될 수 있다. 치료자와의 이별(separation) 및 치료의 상실(loss)과 관련된 의미를 검토해 보는 것도 도움이 될 수 있다.

이러한 탐색은 내담자의 초기 생애 경험에서 형성되어 치료의 맥락에까지 일반화된 특정 규칙(예를 들어 상실과 연관된)의 존재를 밝혀 줄 수 있다. 만약 그러한 규칙이 분명히 존재하고 상황과의 관계에서 부정확하거나 또는 왜곡된 것으로 드러난다면, 치료자는 실제 선행 사건과 행동(A–B) 간의 관계 또는 행동과 결과(B–C) 간의 관계가 부정확한 것임을 지적할 수 있다(6장 참조). 양육자로부터 거절당한 경험을 가지고 있는 '맨디'의 예를 보자. 그녀가 힘들었을 때 가족들은 그녀를 무시하거나 내쫓았고, 나이가 들어서는 완전히 그녀와 연락을 끊었다(그녀에게 전화하지 말라고 하였다). 치료가 끝나갈 때 그녀는 이렇게 생각했다. "치료가 끝난다는 건 치료자가 나를 더 이상 돌보지 않겠다는 의미에요. 치료자를 보지 못한다면 나는 혼자 남겨지는 거예요." 이 사례에서 치료자는 맨디와 이 문제에 대해 논의하고 종결에 대한 생각과 규칙을 표적 삼아 6장에서 강조했던 전략들을 적용할 수 있다.

내담자에게 종결과정을 안내하기

치료 시작 시에 치료자가 내담자에게 치료에서 기대할 수 있는 것을 안내하는 것이 중요한 것처럼, 내담자에게 종결에 대한 분명한 기대를 제공하는 것이 유용할 것이다. 다음에 나오는 내용들이 포함될 수 있다.

- 치료자와 내담자가 종결 이후에도 치료적 성과 유지를 확실하게 하기 위해 어떻게 함께 작업할 수 있겠는지
- 치료 회기를 전격적으로 종료할 것인지 혹은 점진적 감축과정으로 할 것인지

- 종결 후 '보강 회기'의 이용 가능성(이 장의 뒷부분에서 논의함)
- 치료자가 응급 상황에 대한 조치를 제공해 온 주 담당자였다면, 종결 이후 내담자는 응급 상황에서 어떻게 서비스를 이용할 수 있겠는지
- 치료자와의 관계는 종결 이후에 어떻게 변하게 될 수 있는지

내담자에게 종결에 대한 분명한 정보를 제공하는 것은 내담자의 오해를 없애고 걱정을 더는 데 도움이 될 수 있다. '샌디'의 예에서 치료가 종결에 가까워졌을 때(그녀는 10회를 남겨 두고 있었다) 치료자는 종결 후에 어떤 일이 일어날 것인가에 대해 그녀의 생각을 물어보았다. 샌디는 "글쎄요. 좀 걱정이 되긴 하지만 내가 자살 시도를 했을 땐 언제나 당신에게 전화할 수 있잖아요, 그렇죠?"라고 대답했다. 치료자는 이를 샌디와 치료 종결에 대해 좀 더 논의할 수 있는 기회로 여겼고, 종결 후에는 위기 상황에서 샌디에게 도움을 줄 수 없다는 것을 분명히 해야 한다는 것을 깨달았다. 치료자와 샌디는 일단 치료가 끝났을 때는 관계가 어떻게 변할 것인지에 대해 이야기했다.

> 사실 당신이 이 이야기를 꺼내 줘서 다행이라고 생각해요. 우리가 치료 상황에서 서로를 더 이상 볼 수 없게 되었을 때, 여러 면에서 많은 것이 변할 것이고 어떤 변화가 있을 것인지 당신이 아시는 게 중요합니다. 예를 들어, 저는 더 이상 당신의 치료자가 아니게 됩니다. 당신이 자살 시도를 했거나 그런 위험에 처한 상황에서 저에게 전화를 하거나 도움을 요청할 수 없습니다. 당신이 다른 데로 의뢰가 필요하다든지, 치료의 재개에 대해서 얘기하고 싶다든지, 다른 누군가에게 도움을 구하는 방법을 알기가 어렵다면 기꺼이 당신을 도울 수는 있겠습니다. 종결을 위한 계획에 대해 논의하다 보면 치료가 끝난 후에도 당신이 잘할 수 있다는 확신을 가질 수 있을 것입니다….

치료 횟수의 점진적 감축

대부분의 경우 치료자와 내담자는 전격적으로 치료를 끝내기보다는 치료 횟수를 점차 줄여 갈 것이다. 급성 개입 국면에서 치료 횟수의 점진적 감축(tapering) 논의는 시행 몇 주 전에 하는 것이 이상적이며(J. S. Beck, 1995), 아마도 적극적인 치료 시행 이전에도 할 수 있다. 치료 횟수의 감축은 치료 회기 간의 간격을 늘리거나(예: 매주 진행하는 것을 격주로 바꾼다), '보강(booster)' 또는 추후(follow-up) 회기를 계획하기, 또는 이러한 전략들을 적당히 조합하는 것이 될 것이다. 보강 회기는 단축된 진행 시간(예: 30분 정도) 동안 직접 만나거나 통화를 이용한 방식 등이 될 수 있다.

J. S. Beck(1995)은 내담자와 치료자가 일종의 실험으로서 회기 감축과정 단계를 고려할 것을 제안했다. 감축과정 단계 동안 검토해야 할 질문은 다음과 같다. "치료를 끝내는 것이 나에게 유용한가?" "어려운 상황이 발생했을 때 내가 잘 대처할 수 있는가?" "치료를 그만두어도 내가 잘 견딜 수 있을까?" 감축과정 동안 치료적 성과를 유지하는 것은 내담자가 스스로를 위해 이러한 여러 질문에 대답할 수 있도록 만들 것이다. 내담자가 치료적 성과를 상실하거나 중대한 재발을 보이는 상황이라면, 치료자는 회기 감축과정을 중단하고 정규적인 치료 회기를 재도입해야 한다. 회기 감축과정이 내담자의 행동을 더욱 악화시키는 것이 분명하다면, 내담자가 치료를 종결할 준비가 되어 있는지 또는 치료자가 내담자의 유해한(harmful) 행동에 수반하여 더욱 빈번한 치료를 제공함으로써 뜻밖에도 내담자의 그런 행동을 강화하는 것은 아닌지를 고려해 봐야 할 것이다.

치료자는 치료가 끝난 후 즉시 그리고 일정한 간격(예: 종결 이후 1, 3, 6, 12개월)으로 표적 행동 방식에 대한 평가를 실시해야 한다. 이 평가의 주된 목적은 치료적 성과가 계속 유지되고 있는지, 표적 행동 방식이 재발되어 추가 회기나 보강 회기의 필요성이 제기되는지를 탐지하는 것이다.

치료 경험을 공고화하기

치료가 점점 끝나 갈 즈음이면, 치료자는 내담자에게 자신의 치료 시간에 대해 숙고해 보도록 하는 것이 유용한 경우가 많다. 치료자는 치료에서 무엇을 배웠고 얻었는지 또한 미래에 생길 수 있는 도전에 적용할 만한 것은 무엇인지에 대한 특별한 고려 사항을 내담자에게 제공할 수 있다.

치료의 성과를 평가하기

치료의 활성기를 매듭짓기 전에 치료자와 내담자는 함께 작업했던 성과에 대해 숙고해 보는 것이 유용한 경우가 많다. 치료자와 내담자는 내담자의 문제 목록(이 책의 3장 참조) 중 진전이 있었던 것은 무엇이며, 추가적인 향후 관심과 작업이 필요한 영역은 무엇인지 고려할 수 있다(Ledley, Marx, & Heimberg, 2005). 또한 내담자와 함께 치료자는 내담자의 자기 점검(self-monitoring)을 통하여 수집된 자료의 그래프(예: 표적 행동의 빈도) 및 반복 시행된 질문지의 점수들을 검토해야 한다. 치료자와 내담자는 이전에 정했던 내담자의 장기적 및 단기적 치료 목표와 그의 성취 여부에 대해 논의하게 될 것이다. 논의는 내담자가 자신의 가치와 좀 더 부합되는 삶을 살게 되었는지에 초점을 두게 될 것이다.

어떤 경우 치료를 통해 우울 및 주기적인 정서적 혼란 또는 고통, 비현실적 공포 등의 문제와 관련된 경험이 감소 또는 제거되지 못하는 때가 있다. 비록 내담자가 여전히 문제와 분투하고 있다 하더라도, 치료는 어쨌든 내담자가 자신의 중요한 가치와 일관되는 방식으로 행동하도록 돕는 것이었다. 이런 경우 치료에서 내담자가 수행했던 작업이 본질적으로 도움이 되는 것임을 강조하는 것이 중요하다.

내담자는 치료의 성과에 대해 흔히 치료 때문이었다고 귀인하며, 그러한 행동의 변화를 낳게 했던 자신의 역할을 무시하곤 한다. 중요한 치료 이득을 거둔 문제 영역을 검토할 때, 내담자가 긍정적 변화를 촉진시키기 위해 무엇을 했는지를 강조하는 것이 치료자에게 도움이 되는 경우가 흔하다. 이는 내담자가 자기효능감과 숙달감을 발달시키고, 치료 이득을 달성 및 유지할 수 있다는 자신의 능력에 대한 불안을 감소시키는 데 도움이 될 것이다. 치료에서의 성취와 관련된 사실적 정보 및 다른 방식으로 행동하는 것의 효과에 대해 검토함으로써, 치료자는 내담자가 무엇을 할 수 있을 것인지 그리고 그러한 행동이 산출할 결과와 관련하여 새로운 규칙을 발전시킬 수 있도록 도울 수 있는 것이다.

치료자는 일단 치료 완결 이후 다시 나빠지는 것과 관련된 내담자의 걱정을 평가하고, 인정하며, 수긍해야 할 수도 있다. 치료적으로 또한 전략적으로 사용될 때, 이러한 걱정의 수긍은 문제 행동이 다시 나타날 수 있다는 인정을 포함할 수도 있다. 이러한 논의의 틀은 이 장의 후반부에서 설명되는 재발 방지 모형에 근거한다. 특정 문제 영역에서 치료 이득이 상대적으로 만족스럽지 않다면, 치료가 종결된 이후에도 이를 내담자가 지속적으로 작업해야 하는 미래의 목표로 개념화할 수 있다.

치료에서 배운 것을 숙고하기

내담자가 치료 동안 배운 것을 숙고해 보며 어려운 도전에 대처하거나 반응하는 데 유용함을 알게 된 특정 기술에 대해 논평해 보는 것이 도움이 되는 경우가 많다. 또한 행동 평가와 개입을 수행한 내담자는 그들의 행동에 대한 기능적 이해를 하여 문제 행동의 공통적 선행 사건이나 그들의 행위가 상황과 환경에 미치는 일상적 영향 등에 대한 지식을 보유할 가능성이 높다. 더불어 많은 내담자는 부적응적 회피와 도피 행동이 일시적이거나 즉각적인 고통의 경감을 줄 수는 있지만, 대개 추가적인 문제(예: 개인의 목표 또는 가치 있는 활동의 장애물, 지연된 혐오적 결과)를 야기한다는 것을 이해할 수 있다.

내담자와 치료자는 치료를 통해 배운 중요한 사항의 목록을 함께 만들어 보는 것이 유용할 수 있다. 예를 들어, 그런 목록에는 특정 행동과 그 행동의 긍정적 또는 부정적 결과 간의 관계와 연관된 기억회상 단서(reminder)가 포함될 수 있다. 이전에 우울증으로 어려움을 겪어 어떤 활동과 대인관계를 회피했던 내담자는 이렇게 써 볼 수 있다. "회피는 단기적으로는 더 좋을 수 있지만, 장기적으로는 가장 나쁜 나의 적이다." 다른 사람들에게 공격적인 대인관계 행동을 했던 결과에 대해서 배운 내담자는 이렇게 써 볼 수 있다. "내가 소리 지르고 강제로 시키면 사람들은 내가 원하는 것을 하겠지만, 인간관계는 상처를 입는다. 나의 새로운 자기주장 기술을 사용하는 것이 훨씬 더 좋을 것이다."

미래에 생길 수 있는 문제를 처리하기

치료자에게 유용한 또 다른 종결 전략은 종결 후 발생할 수 있는 어려움에 대해 선제적으로 해결한다든지 예견하여 문제를 처리(troubleshooting)하는 것이다. 앞에서 우리는 내담자들이 치료의 활성 국면 동안에 그들의 행동 방식에 관하여 몇 가지 중요한 사실을 배운다는 것을 언급했다. 그런 자각을 얻은 내담자를 위해 치료자는 도전이 될 만하거나 발생 확률이 높은 미래의 상황 각본을 제기해 보는 것이 유용하다. 치료자는 먼저 그 상황에 반응하는 내담자의 전형적인 방식을 설명해 보도록 하고, 그러한 반응의 결과가 갖게 될 장단점에 대한 의견을 물어볼 수 있다. 또한 내담자가 치료에서 배운 것을 숙고해 보고 혐오적 결과에서 벗어나면서도 상대적으로 효과적인 상황을 조성하려면 무엇을 다르게 해야만 하겠는지 질문할 수 있다. 내담자가 잠재적으로 효과적인 대안들을 설명할 수 있다면, 치료자는 이렇게 새로운 방식으로 행동하는 것을 어렵게 만드는 장애물이 될 만한 것들을 질문해야 한다. 장애가 될 만한 것들을 확인했다면, 치료자는 내담자에게 그것을 어떻게 다룰 것인가에 대해 물어야 한다. 이런 전략의 몇 가지 예는 다음과 같다.

- "당신은 우울감을 줄이고 활동 수준과 사회적 접촉을 증가시키는 면에서 많은 진전을 보였습니다. 우리가 함께 작업하는 것을 끝낸 뒤, 어느 날 아침에 일어났을 때 너무 무기력하고 슬퍼서 아무것도 할 수 없다면 당신은 어떻게 할 것입니까?"
- "당신은 정말로 상당한 변화를 만들었습니다. 높은 곳을 더 이상 피하지 않고 심지어 높은 곳에 있을 때도 최소한의 두려움만을 느끼게 됐습니다. 비록 높은 곳을 두려워하는 모든 상황을 극복하지는 못했을 수도 있지만요. 만약 당신이 6층에 있는 레스토랑에 앉았다가 무서움을 매우 느끼게 된다면 당신은 어떻게 할 수 있겠습니까?"
- "4개월 동안 중단하지 않았고, 마치 불이 난 것 같은 굉장한 스트레스 상황에서 정말 잘 대처해 왔습니다. 하지만 치료자로서 저는 누군가와의 결별이 당신에게 수치심이나 자해의 생각을 일으키는 큰 유발 자극이 된다는 것을 알게 되었습니다. 치료가 끝난 후 여자친구와 헤어진다면 당신은 어떻게 대처할 수 있겠습니까?"

치료 이득 달성에 대한 내담자의 전념을 평가하기

Hayes, Strosahl 등(1999)은 치료 종결이 가까워 오면 치료자는 치료과정의 지침이 되어 온 가치의 방향으로 계속 나아가려는 내담자의 참여, 헌신 또는 전념(commitment)에 대해 평가해야 한다고 권고했다. 예를 들어, 치료자는 내담자에게 1에서 10까지의 척도를 제시하고 내담자가 계획했던 활동을 위하여 얼마나 전념했는가를 평정하도록 할 수 있다(Hayes, Strosahl et al., 1999, p. 258). 내담자가 어느 정도로 전념했다고 한다면, 치료자는 내담자의 특정 행위나 행동 방식이 전념과 일관적인지를 확인함으로써 실제 행위가 가치의 방향에 따른 것인지 확인하는 시간을 가져야 할 것이다. 장기적 목표 및 목적에 일관된 방식으로 행동하는 것은 과거의 영향을 감소시키고 동시에 내담자가 궁극적으로 자신의 목표 및 목적을 실현할 수 있는 가능성을 증가시킨다.

재발 방지, 치료 지속 및 유지

치료 표적 문제가 높은 비율로 재발(relapse) 또는 재출현(recurrence)하는 것은 흔한 일이다(Marlatt & Donovan, 2005; Mueller et al., 1999; Simons, Rohde, Kennard, & Robins, 2005; Wilson, 1992). 이런 이유로 현대의 여러 치료 접근법은 일단 성공적으로 감소 또는 제거된 문제 행동의 재발 가능성을 낮추려는 치료 구성 요소를 포함하고 있다. 이러한 목적으로 포함된 치료 구성 요소는 (1) 처치 프로그램 속에 포함된 재발 방지 개입 전략, (2) 급성 개입 이후 재발 방지를 위한 치료 지속 단계(continuation phase), (3) 치료의 표적 문제 행동 및 문제 영역의 재출현 가능성 감소에 초점을 두는 유지 단계(maintenance phase), (4) 이러한 접근들의 조합 등이다.

재발 방지

재발 방지는 급성 치료(acute therapy) 완료 후 잇따르는 재발 가능성의 감소를 최우선 목적으로 하는 다양한 개입 전략에 근거한 치료 접근이다. 이는 내담자에게 특히 취약할 수 있는 미래의 상황을 예상하고 그에 대한 대처를 치료자가 조력함으로써 광범위하게 이루어질 수 있다. 취약 요인을 경감 또는 제거하고 치료기간 중 학습된 기술의 이전 및 전수를 통해 향후 도전적 상황에 그의 적용이 가능하다면, 급성 개입 단계 동안 깨닫게 된 치료 이득은 더욱 오래 갈 것이다(Simons et al., 2005). 재발 방지 절차는 원래는 물질남용 문제를 위한 치료 패키지의 일부로 개발되었지만, 다양한 임상적 관심 영역에도 광범위하게 도입되어 왔다(Brunswig, Sbraga, & Harris, 2003).

재발 방지의 핵심적 구성 요소는 내담자 스스로가 실수와 재발을 구별하고 그에 대한 예방 및 반응 계획을 수립할 수 있도록 논의하는 것이다(Marlatt & Witkiewitz, 2005). 이러한 계획 수립은 치료의 급성 개입 단계를 넘어 지속 및 유지 단계까지 치료를 확장시키게 될 것이다.

실수와 재발의 구별

실수(lapse)는 소거의 표적이 되어 이전에 중지된 행동이나 행동 방식이 종종 재출현하는 것이며, 반면 재발(relapse)은 문제성 행동 방식이 치료 이전의 수준으로 완전히 돌아가서 유지되는 것이다(Marlatt & Witkiewitz, 2005). 어떤 행동의 빈도나 강도에서 상당한 수준의 변화를 보인 내담자가 급성 개입 단계를 마친 후 실수하는 것은 일반적인 일이다. 내담자는 이러한 실수를 "나는 이전으로 돌아가 버렸다." "내가 뭘 해도 아무것도 나아지지 않을 것이다."라는 징후로 여기며 의기소침해질 수 있다. 죄책감 및 수치심, 절망감이 실수에 동반될 수 있고, 그 결과 일종의 실수는 결국 완전한 재발(full-blown relapse) 상황이 될 수도 있다.

Marlatt과 Witkiewitz(2005)는 실수가 일어났을 때 그것을 어떻게 귀인(attribution)하느냐에 따라 내담자가 완전히 재발하는 상황이 될 것인지의 여부에 영향을 미친다고 했다. 예를 들어, 한 번의 실수(예: 이전에 알코올을 남용했던 사람이 금주를 하다가 과음을 한 경우)를 내적이고 전반적이며 통제할 수 없는 요인(예: 질병, 성격적 결함)으로 해석하는 경우, 이를 외적이고 불안정하며 통제할 수 있는 요인(예: 어떤 특정 상황에서 단발성 반응으로 생김, 과도기적인 학습 경험)으로 해석하는 사람에 비해 재발이 더 잘될 것이다. 전자의 사람들은 실수를 필연적인 결과로 여기고 절망감(예: "나는 알코올 중독자일 수밖에 없어.")을 느끼는 반면, 후자의 사람들은 실수가 있을 수 있으니 미래의 비슷한 상황을 예측하고 그런 상황이 다시 일어난다면 어떻게 대처할 것인지 대비책을 개발하려고 할 것이다.

이런 주제로 내담자와 작업을 할 때, 치료자는 실수가 자연스러운 행동 변화의 과정으로 예측 및 간주되어야 한다는 메시지를 전달해야 한다. 실수가 일어났을 때 일정 수준으로 이를 수용할 수 있도록 연습하며, 실수를 새로운 학습과 대처 반응을 적용할 수 있는 기회로 여기는 관점을 갖도록 격려해야 한다. 치료자는 이런 관점을 설명하기 위해 은유법을 사용할 수 있다.

> 치료 및 인생에서 새로운 것을 배우는 것은 여행길을 떠나는 것과 비슷합니다. 치료에서 당신은 아주 먼 길을 운전해 왔습니다. 당신은 마약을 끊었고 직업을 얻었으며 사랑하는 여인이 생겼습니다. 당신은 '지옥'으로부터 멀리 벗어났고 지금은 당신이 원하는 곳에 가까이 와 있습니다. 당신이 마음만 먹으면 이 길에서 벗어나는 것은 언제나 가능합니다. 당신은 '마약 이쪽'이라는 표지를 보게 될 수도 있습니다. 당신이 지금의 이 길에서 벗어나 마약을 복용했다고 예를 들어 봅시다. 그런 경우는 실수이지 재발은 아닙니다. 당신이 벌써 치료에서 많은 것을 얻었기 때문에 그것은 실수일 뿐입니다. 당신은 미끄러지고 잘못된 길로 빠질 수도 있는 것입니다. 언제든 당신이 있었던 길로 돌아올 수 있습니다. 단지 마약을 끊고 새로운 길 안내도를 찾아내면 되는 것입니다. 이런 일이 생긴다면 배울 수 있는 기회라고 생각하세요. 올바른 길에서 벗어나게 된다면, 그것은 다시 원래의 자리로 돌아오는 방법을 배우는 기회가 될 것입니다. 우리 모두는 때때로 길에서 벗어날 수 있습니다. 재발이라는 것은 완전히 방향을 바꾸어 '지옥'으로 다시 돌아가기로 결심하는 것과 비슷

한 것입니다.

고위험 상황의 예상

재발 방지 개입은 문제 행동과 연합된 개인 이력상의 특정 유발 자극(예: 음주 압력이 있는 대인관계 상황, 문제 행동이 자주 발생했던 특정 장소, 부정적 감정, 수면 부족 따위의 생리적 상태) 및 관련된 생활 방식(예: 스트레스가 심한 생활 사건의 높은 비율, 즐거운 활동 참여의 낮은 비율)처럼 재발 가능성과 연관된 **고위험 상황** 및 심리사회적 요인에 대한 식별을 요구한다. 우울 기분의 재출현과 연관된 심리사회적 및 생활 방식 요인은 예를 들면, 가족환경에서 감정 표현의 강도가 높으며, 잦은 가족 갈등과 불화, 불쾌하고 심각한 일상의 스트레스 사건, 인지 요인으로서 귀인 양식과 역기능적 태도 등이다(Lewinsohn & Gotlib, 1995; Simons et al., 2005).

완전한 재발을 일으키는 행동의 연쇄에서 **절제위반 효과**(abstinence violation effect; Curry, Marlatt, & Gordon, 1987)는 대개 재발의 시작 즈음에 발생한다. 절제위반은 무슨 일이 어떻게 되어야만 한다는 자기 부과적 규칙 또는 기준을 위반하는 것이다. 일단 제거된 문제성 및 유해성 행동에 적용되는 경우, 이러한 규칙이나 기준은 표적 행동이 차후 어떠한 경우에도 다시 나타나면 안 된다는 금기를 포함하는 것일 수 있다. 절제위반 효과는 사소한 실수가 완전한 재발이 될 수 있는 상황을 조성하기도 한다. 폭식증으로 고생하는 내담자의 경우 다음과 같이 생각할 수 있다. "초콜릿 케이크 한 조각을 먹다니, 난 실패한 거야. 난 케이크를 전부 다 먹어 버릴지도 몰라. 그런 건 더 이상 중요하지 않게 되었잖아. 난 다시 폭식하는 사람이 되어 버리게 될거야!" 우울로 고통받는 사람은 하루 종일 침대에 누워 이렇게 생각할지도 모른다. "행동 활성화 목록을 망쳐 버렸으니, 이번 주 남은 기간 동안 침대에서 보내게 될 거야!" 어떤 사람은 재출현을 심각한 절제위반이나 치료 이전 단계의 기능 수준으로 회귀하는 것이라고 간주한다.

결과적으로 전체적인 자기 조절(self-regulation)의 상실(재발)이 때때로 경미한 자기 규제의 상실(실수)에 대한 반응으로서 일어난다. 치료자는 재발 방지에서 실수를 예상하고 행동 변화과정의 당연한 일부분으로 이를 재구성해 줘야 하며 또한 재발 방지 계획을 검증해 보는 기회로 삼을 수 있도록 해야 한다.

새로운 행동 방식의 개발

고위험 상황을 식별하는 것과 더불어, 치료자는 그런 일이 발생하게 될 상황에서 사용 가능한 내담자의 대처 능력과 자원을 평가해야만 한다. 지적했듯이, 치료자는 추가적인 기술 훈련(예: 음주 거절 기술, 스트레스 관리 기법, 음주 충동에 반응하지 않으면서 그것을 주목하고 관찰하는 것과 같은 비활동적 대처 전략[마음챙김 및 수용 등]), 인지적 개입(예: 증진된 자기효능감을 목표로 삼기, 물질 사용에 연합된 긍정적 결과 기대를 줄이기) 그리고 심리교육을 통해 내담자가 고위험 상황에서 다른 식으로 반응할 수 있고 미래에 발생할 수 있는 재발 가능성을 줄일 수 있도록 조력할 수 있다(Marlatt & Witkiewitz, 2005).

행동 유지 방식의 확립

내담자가 고위험 상황에 대한 대처 반응을 식별하고 예상하며 실행하게끔 학습하였다면, 치료자는 내담자가 생활양식의 균형을 달성하도록 하는 재발 방지 단계를 강조하게 된다(Marlatt & Gordon, 1985). 예를 들어, 외부적 요구 및 '의무 사항'의 비율이 즐거운 활동이나 '소망 사항'을 능가하게 되면 생활양식의 불균형이 초래된다. 불균형은 흔히 실수나 재발에 대한 확립조작의 스트레스와 연합되는 경향이 있다. 반대로 균형은 전형적으로 낮은 수준의 스트레스와 연합되어 치료 이득의 유지와 차후 재발 가능성을 낮추는 데 결정적으로 중요하다(Marlatt & Witkiewitz, 2005). 균형 달성은 내담자가 고위험 상황의 회피뿐만 아니라 가치 있고 즐거운 활동 및 사회적 연결망 증진에 관여하려는 조화로운 노력을 또한 포함하게 될 것이다.

치료자는 내담자와 함께 협력하여 **재발 방지 안내도**(relapse road map)를 만들어 볼 수 있다(Marlatt & Witkiewitz, 2005). 이런 경우 내담자와 치료자는 고위험 상황에서 다양한 반응 방식과 연합된 가능한 결과를 고려해 보고, 미래에 발생할 수 있는 어려운 상황에서 내담자가 순항해 갈 수 있게끔 도와줄 수 있도록 안내도를 만들게 된다. 그러한 안내도는 내담자가 특정 행동 경로를 채택하면 어떠한 결과를 향하여 가게 되는지를 보여 줄 수 있다. 예를 들어, 내담자가 파트너와의 이별로 상처받고 마약 공급자의 집 앞으로 가는 입구를 향하고 있음을 알아차릴 수 있다면, 재발 방지 안내도는 내담자가 어떻게 마약 복용의 구렁텅이로 빠져들게 되는 입구를 찾게 되는가를 보여 줄 수 있는 것이다.

특히 웰빙을 촉진하고 인생의 목적에 일관적인 **규칙적 일상 활동**(regular routine)은 규제와 조절의 기능을 제공할 수 있으며, 결과적으로 재발의 가능성을 줄인다. 일상 활동을 유지하는 것은 흔히 기분의 장해나 문제성 행동 방식의 재출현에 반하는 보호 요인이 된다(예: Jacobson, Martell, & Dimidjian, 2001). 비슷하게 일상 활동의 결과가 즐겁고 보상이 되거나 (부적이기보다) 정적 강화에 의해 유지되는 유익한 결과를 낳는다면, 그것은 또한 사람들이 행동을 오래도록 유지하도록 만드는 영향력으로서 작용하게 될 것이다.

일상 활동을 발전 및 지속시키기 위한 전략의 하나로 **사회적 리듬의 자기 점검**(social rhythm metric self-monitoring)이 있다(Monk, Kupfer, Frank, & Ritenour, 1991). 자기 점검 접근 방안은 일정한 습관을 유지시키는 데 흔히 사용되는데, 만일 일상 활동이 와해된다면 예전의 유해한 행동 방식으로 회귀하려는 취약성이 증가되는 결과가 야기되기 때문이다. 이 방법으로 점검할 수 있는 영역은 식습관 및 수면 습관, 운동, 기분 양상, 사회 활동 참여 등이 있다. 점검의 목표는 (1) 문제 행동(예: 수면 부족, 과수면, 변덕스러운 수면 습관, 식사 거르기, 인스턴트 식품을 달고 사는 식의 유해한 식습관)이 나타나는 경우를 만드는 특정 확립조작을 감소시키기, (2) 사회적 활동에 대한 참여를 증가시키기, (3) 일상 활동의 준수 또는 위반이란 관점에서 자기의 기분과 행동의 변동을 연결 지어 보기 등을 포함한다. 이런 영역에 대한 자기 점검을 할 수 있는 내담자는 규칙적인 일상 활동이 와해되었을 경우 그것이 야기한 영향을 평가하는 데 있어 유리한 위치를 점하게 된다. 비슷하게 이러한 영역에 대한 일일 점검(daily monitoring)은 규칙적인 일상 활동이 안정적인 기분과 행동 양상에 기여한다는 것을 확인하게 해 줄 것이다. 매일 이뤄지는 사회적 리듬의 자기 점검은 좋은 방향이든 나쁜 방향이든 변화의 징후가 되는 상황 진전을 조명해 볼 가능성을 증가시키며, 그럼으로써 상황이 더욱 악화되기 전에 일상 활동을 재확립할 수 있는 기회를 만들어 줄 수 있다.

영구적 행동 변화에 관한 양가감정의 처리

치료자는 내담자가 영구적 행동 변화과정에서 가질 수 있는 양가감정에 대해 내담자와 논의함으로써 지속적인 변화 동기를 촉진시킬 수 있다(Marlatt & Witkiewitz, 2005). 여기에는 그런 행동을 지속하는 것의 장단점을 따져 보기 또는 유해성 행동을 지속하는 것이 내담자의 가치나 삶의 목표에 부합되는 것인지의 여부를 따져 보기 등의 논의가 포함될 수 있다. 이 과정은 특히 실수 시기 동안에 문제 행동과 연합된 피해를 줄이기 위한 적극적 대책으로서 채택된다.

치료 지속 단계

여기서 설명하고자 하는 **지속**(continuation) 단계는 재발 방지라는 명백한 목표를 이루고자 급성적 치료개입 단계를 확장하는 것을 말한다. 치료 지속 단계의 목표와 구조에 대해서는 우울장애 청소년을 위한 치료 연구(TADS; Rohde, Feeny, & Robins, 2005; Simons et al., 2005)에서 좋은 예시를 볼 수 있다. TADS(Treatment for Adolescents with Depression Study)에서 3단계로 구성된 치료 접근으로 첫 번째 단계는 12주의 급성적 CBT 치료다. 두 번째 및 세 번째 단계는 각각 지속과 유지에 초점을 둔다. 6주의 지속 단계는 내담자 일상활동 기술의 공고화 및 일반화, 통합을 주목표로 하며, 내담자의 욕구와 경과에 따라 맞춤형으로 시행된다. 이 6주 동안 내담자에게 시행될 회기는 한두 번이거나 여러 번일 수도 있는데, 시행 횟수는 급성적 단계에서의 성과 반응에 따라 결정되었으며, 부분적인 성과 반응을 보인 경우에만 추가 치료 회기가 시행되었다(이 연구에서 급성 개입 단계에서 성과 반응을 보이지 않았던 무반응자는 다른 대안적 치료로 의뢰되었다; Simons et al., 2005).

지속 단계 동안 치료 작업의 내용은 실수와 재발의 구별 및 발생 가능한 도전적 상황의 예상, 그러한 상황에서 적절한 기술 및 대처 전략의 식별 및 사용 등이다. 이 단계에서 추가적 목표는 치료자가 내담자에게 기술을 전수하고 내담자가 자기 자신의 치료자가 되도록 하는 것이었다.

내담자가 자기 자신의 치료자가 되도록 가르치기

CBT 치료에서 핵심 구성 요소는 기술형성(skill building) 훈련이다. 전형적으로 치료자는 내담자에게 문제 영역에 적절한 반응을 할 수 있도록 관련된 기술을 가르친다. 또한 종종 치료자는 보다 일반적으로 문제에 반응하는 기술도 가르치게 된다. CBT의 종결이 가까워질수록 치료자는 기술

적용의 일반화 및 차후 발생 가능 상황에서 그의 활용을 격려할 것이다. 이렇게 하면서 치료자는 내담자에게 스스로의 치료자가 되는 것을 가르친다(J. S. Beck, 1995; Ledley et al., 2005).

치료자는 적극적인 치료 단계가 일단락된 후, 기술 사용을 촉진시킬 수 있는 다른 여러 전략을 사용할 수도 있다. 여기에는 있을 법한 미래의 각본 상황에서의 역할 연기(Ledley et al., 2005) 및 입장 취하기 연습(perspective taking exercise) 등이 있는데, 이를 통해 내담자는 치료자가 특정 도전적 상황에 대한 반응 방안으로 무엇을 제안할 것 같은지 설명하도록 요구받는다.

기술 사용의 일반화

지속 단계의 또 다른 특성은 기술 사용의 **일반화**(generalization)를 증진시키는 것이다. Pavlov의 학습 원리나 조작적 조건형성에 기초한 행동적 개입이 효과가 있는 경우 과거 학습을 제거하기 보다는 새로운 학습을 증진시키는 것으로 보인다는 주장이 있다(Bouton, 2000). 치료과정에서 획득한 새로운 학습은 치료의 초점과 가장 유사한 상황 또는 맥락인 경우에 이전되기 쉬울 것이다. 반면 명확하게 표적으로 삼지 않았던 맥락인 경우 새로운 학습이 이전될 가능성은 상대적으로 낮을 것이다(Bouton, 2000). 실수와 재발은 새로운 학습이 맥락 의존적이면서, 일정 기간 지속된 유해한 행동이 치료에서 명확하게 표적화되지 못했던 여러 맥락에서 발생되고 강화된다면 특히 빈번하게 나타날 것이다.

학습 내용의 이전을 강화하는 한 가지 방법은 치료자가 내담자에게 실수나 재발의 위험이 있을 것 같은 새로운 상황에서 명심해야 할 치료 전략과 관련된 기억회상 단서(reminder)를 제공하는 것이다. 치료에서 배운 기술과 전략의 재인출을 촉진시켜 주는 기억회상 단서는 대처 카드의 사용이나 일정한 시간 간격에 의거한 치료자와의 통화 시도, 치료의 전체 과정에서 배운 기술을 요약한 자료의 활용 등이 될 것이다(Bouton, 2000). 일례로,

대처 카드는 고위험 상황 및 유발 자극의 자세한 내용(예: 특정 환경, 감정, 생각, 충동), 내담자가 사용할 수 있는 대처 반응 등을 기록하여 만든 것이다(J. S. Beck, 1995). 내담자는 이런 카드를 지갑에 가지고 다니면서 고위험 상황이 예상되거나 나타날 때마다 꺼내어 볼 수 있다. 또한 이러한 카드는 치료의 기억회상 단서 역할을 할 것이며, 또한 이는 치료에서 분명하게 다루지 않았던 상황에도 유용하게 사용될 것이다.

이후 이 단계의 목표는 문제 행동과 연합되어 있는 징후를 예측하고 어느 정도 노출을 허용해 보는 것이다(예: 폭식 행동으로 인해 치료를 받은 사람이 자신의 식단에 간혹 디저트를 슬쩍 포함시켜 보는 것, 우울 삽화를 극복한 좋은 진전을 보인 사람이 슬픈 영화를 보는 것). 이는 재발 단서에 대한 통제된 노출(또는 실수)이 될 수 있다. 예를 들어, 흡연의 경우 소량 흡연과 과다 흡연 간의 연결을 약화시키거나 제거하는 것에서 재발 방지 전략을 찾을 수 있다(Bouton, 2000). 다른 방법으로 치료자는 내담자가 실수나 재발이 발생할 만한 고위험 상황이 나타나는 특정 맥락을 피하도록 격려할 수 있다. 단서 제거(cue elimination)로 알려진 이 접근은 유해한 행동에 관여함으로써 보상의 가용성을 신호해 주는 단서를 제거하는 것이다. 단서 제거의 목표는 가능한 한 많은 단서를 제거하는 것이다. 만성화된 심각한 물질남용 문제를 가진 내담자를 위한 극단적인 환경단서 제거 전략은 다른 도시나 지역으로 실제 이사를 함으로써 약물 복용 및 중독과 관련된 다양한 단서를 제거하는 시도를 포함할 수 있다(Cunningham, 1998).

치료 유지 단계

유지 단계에서는 치료에서 표적이었던 문제 영역 또는 행동의 재출현을 감소시키는 데 주로 관심을 둔다. 예를 들어, TADS(Rohde et al., 2005; Simons et al., 2005)에서 유지 단계(즉, 세 번째 단계)는 재발 방지라는 전체적인 초점에 따라 18주 동안 일정 간격(즉, 6주 간격)으로 시행되는 3회기로 구성되어 있다. 이 단계에서 치료자는 내담자에게 새로운 기술을 가르치지 않으며 이미 내담자가 배운 기술을 사용하고 일반화하는 것만을 강조한다.

유지 단계는 보강 회기라는 개념과 비슷하다. 전통적인 CBT에서 치료자는 어려움이 생겼을 때 대처 기술의 사용을 촉진시키고 그럼으로써 내담자가 이전에 배운 내용을 다지고 통합하는 기회를 제공하기 위해 보강 회기를 이용한다. 보강 회기는 흔히 애로사항 처리(trouble shooting)에 초점을 둔다. 이 회기의 목표는 내담자가 치료에서 배웠던 것을 숙고해 보고 이전에 사용해 본 것이 현재 상황에도 적용 가능한지 평가해 보도록 도전하게 만드는 것이다. 이런 점에서 보강 회기는 추가적인 위험의 가능성을 감소시키고 제거하기 위한 예방적인 대책들로 구성된다.

치료 재개를 암시하는 징후를 식별하기

종결을 준비하는 동안, 치료자와 내담자는 치료를 재개하는 것이 유익할 것임을 나타내는 징후를 명확히 해 두어야만 한다. 특정 문제가 다시 발생한다면 치료자와 내담자는 이를 어떻게 다룰 것인지 계획을 세우는 것이 유용할 것이다. 이러한 계획에는 내담자가 재발된 문제를 완화시키기 위해 상대적으로 짧은 치료 재개에 대한 문의를 하는 것이 포함될 수 있다. 또한 여타의 정신건강 시설을 알아보거나, 1차 진료기관의 의사와 이야기를 해 보거나, 내담자의 도움 요구에 부합되는 다른 연계 활동을 제공하는 기관을 찾아보기 등이 포함된다.

도움이 필요한 징후들은 치료기간 동안 내담자가 언급했던 문제 영역이나 그의 특성에 따라 다양해질 수 있다. 하지만 어떤 내담자들은 자해 충동, 자살사고, 다른 사람에게 해를 입히려는 생각이나 충동, 기본적인 일상 활동에서 자기 관리가 어려움 등의 상황이 발생하여 치료를 다시 받거나 즉각적인 도움이 필요한 징후를 보이게 된다. 또 다른 내담자들은 치료에서 표적으로 삼았던 문제 영역이 좀 더 특징적으로 나타나는 징후를 보이기도 한다. 예를 들어, 알코올 문제로 치료받은 사람들이 폭음을 재개하고 지속한다면 치료 재개를 고려해 봐야만 한다. 폭식증으로 치료받은 내담자들이 폭식 삽화를 계속 나타내는 것은 치료를 다시 받아야 하는 징후가 될 것이다. 비슷하게 양극성 장애로 약물치료와 함께 CBT 치료를 받은 내담자는 갑작스러운 수면 패턴 및 기분의 변화를 보이고 조증 삽화가 재발한 것 같은 활동 수준의 변화를 보일 경우 가능한 한 빨리 연락을 취해야만 한다. 이러한 징후들이 분명할 때 치료자는 보강 회기를 계획해야만 할 것이며, 특히 내담자 스스로가 발생한 문제들에 효과적으로 반응하고 있지 못하다고 믿는다면 더욱 그러할 것이다.

요 약

치료에서 급성적 단계를 끝내기에 앞서 다음의 지침을 수행하는 것이 치료자에게 유익할 것이다.

- 치료의 기간과 과정에 대해 내담자와 동의를 이루어 왔는지 검토하면서, 치료에서 어느 정도의 진전이 있었으며 종결의 시점이 잘 제안되었는지 고려하라.
- 치료를 종결하기 적합한 시점에 도달했다고 생각하는지, 아니면 완전히 종결하기 전에 치료를 점점 줄여 나가야 하는 시점이라고 생각하는지에 대한 내담자의 인식에 대해 탐색하라.
- 치료의 점진적 감축과정 및 종결 시기에 일어날 수 있는 문제들을 예상하고 특히 그것을 감축 및 종결 과정 이전부터 주기적으로 논의하라.

- 치료 횟수의 감소 또는 치료 종결 시 발생 가능한 실수에 대해서 내담자가 걱정하고 있는 것을 다루라.
- 내담자가 조기 종결을 요구할 때, 내담자가 이야기하는 이유뿐만 아니라 그 요구를 둘러싼 맥락적 요소들의 기능에 대해서도 철저하게 검토하라.
- 치료의 목표를 구현해 가는 내담자의 경과를 고찰하고 행동 변화에 있어 내담자의 역할을 강조하라.
- 효과적인 반응을 보인 특정 기술을 포함해서 치료기간 동안 내담자가 학습한 것에 대해 토론할 수 있도록 격려하라.
- 행동 변화과정의 일부분으로서 실수를 예상하고 고위험 상황에서 실수가 일어났을 때 어떻게 반응해야 하는가에 대해 내담자와 함께 협력적으로 계획을 수립하라.
- 내담자와 함께 치료적 성과를 강화 및 유지시킬 수 있는 규칙적인 일상 활동 및 생활 양식의 균형, 환경을 개발할 수 있도록 작업하라.
- 문제 행동 방식의 재출현을 줄이는 수단으로서 치료의 급성적 단계 및 지속 단계를 종료 후 수개월에 걸쳐 주기적인 보강 회기의 사용을 고려하라.
- 치료자와 연락해야 한다거나 치료 재개 여부를 따져봐야 할 징후의 목록을 내담자와 함께 만들어라.

참고문헌

Achenbach, T. M. (1991). *Manual for the child Behavior Checklist: 4-18 and 1991 profile.* Burlington: University of Vermont.

Adams, A. N., Adams, M. A., & Miltenberger, R. G. (2003). Habit reversal. In W. O'Donohue, J. E. Fisher, & S. C. Hayes (Eds.), *Cognitive behavior therapy: Applying empirically supported techniques in your practice* (pp. 189-195). Hoboken, NJ: Wiley.

Addis, M. E., & Carpenter, K. M. (2000). The treatment rationale in cognitive behavioral therapy: Psychological mechanisms and clinical guidelines. *Cognitive and Behavioral Practice, 7,* 147-156.

Addis, M. E., & Martell, C. R. (2004). *Overcoming depression one step at a time: The new behavioral activation approach to getting your life back.* Oakland, CA: New Harbinger

Ader, R., & Cohen, N. (1985). CNS immune system interactions: Conditioning phenomena. *Behavioral and Brain Sciences, 8,* 379-426.

Alarcon, R. D., Foulks, E. F., & Vakkur, M. (1998). *Personality disorders and culture.* New York: Wiley.

Alessi, G. (1992). Models of proximate and ultimate causation. *American Psychologist, 47,* 1359-1370.

American Psychiatric Association. (1980). *Diagnostic and statistical manual of mental disorders* (3rd ed.). Washington, DC: Author.

American Psychiatric Association. (2000). *Diagnostic and statistical manual of mental disorders* (4td ed., text rev.). Washington, DC: Author.

American Psychological Association. (2002). Ethical principles of psychologists and code of conduct. *American Psychologist, 57,* 1060-1073.

Anderson, C. M., Hawkins, R. P., Freeman, K. A., & Scotti, J. R. (2000). Private events: Do they belong in a science of human behavior? *Behavior Analyst, 23,* 1-10.

Ayllon, T. (1963). Intensive treatment of psychotic behaviour by stimulus satiation and food reinforcement. *Behaviour Research and Therapy, 1,* 53-61.

Ayllon, T., & Michael, J. (1959). The psychiatric nurse as a behavioral engineer. *Journal of the Experimental Analysis of Behavior, 2,* 323-334.

Baer, R. A. (2003). Mindfulness training as a clinical intervention: A conceptual and empirical review. *Clinical Psychology: Science and Practice, 10,* 125-143.

Bandura, A. (1977). *Social learning theory.* Englewood Cliffs, NJ: Prentice-Hall.

Bandura, A. (1986). *Social foundation of thought and action: A social cognitive theory.* Englewood Cliffs, NJ: Prentice-Hall.

Barkley, R. A. (1997). Behavioral inhibition, sustained attention, and executive functions: Constructing a unifying theory of ADHD. *Psychological Bulletin, 121,* 65-94.

Barlow, D. H. (1988). *Anxiety and its disorders: The nature and treatment of anxiety and panic* (2nd ed.). New York: Guilford Press.

Barlow, D. H., Allen, L. B., & Choate, M. L. (2004). Toward a unified treatment for emotional disorders. *Behavior Therapy, 35,* 205-230.

Barlow, D. H., & Craske, M. G. (1994). *Mastery of your anxiety and panic-II.* San Antonio, TX: Graywind/Psychological Corporation.

Barlow, D. H., & Craske, M. G. (2000). *Mastery of your anxiety and panic: Client workbook for anxiety and panic (MAP-3).* San Antonio, TX: Graywind/Psychologyicl Corporation.

Barlow, D. H., Esler, J. L., & Vitali, A. E. (1998). Psychosocial treatments for panic disorders, phobias, and generalized anxiety disorder. In P. E. Nathan & J. M. Gorman (Eds.), *A guide to treatments that work* (pp. 288-318). New York:

Oxford University Press.

Barnes-Holmes, D., O'Hora, D., Roche, B., Hayes, S. C., Bissett, R. T., & Lyddy, F. (2001). Understanding and verbal regulation. In S. C. Hayes, D. Barnes-Holmes, & B. Roche (Eds.), *Relational frame theory: A post-Skinnerian account of human language and cognition* (pp. 103-117). New York: Kluwer Academic/Plenum Publishers.

Barnett, J. E., & Sanzone, M. (1997). Termination: Ethical and legal issues. *The Clinical Psychologist, 50*(1), 9-13.

Baron, R. A. (1970). Attraction toward the model and model's competence as determinants of adult imitative behavior. *Journal of Personality and Social Psychology, 14,* 345-351.

Baum, W. M. (1994). *Understanding behaviorism: Science, behavior, culture.* New York: HarperCollins.

Baumeister, R. F. (1990). Suicide as escape from self. *Psychological Review, 97,* 90-113.

Bechdolf, A., Knost, B., & Kuntermann, C. (2004). A randomized comparison of group cognitive-behavioral therapy and group psychoeducation in patients with schizophrenia. *Acta Psychiatrica Scandinavica, 110,* 21-28.

Beck, A. T. (1963). Thinking and depression: Idiosyncratic content and cognitive distortions. *Archives of General Psychiatry, 9,* 324-333.

Beck, A. T. (1976). *Cognitive therapy and the emotional disorders.* New York: International Universities Press.

Beck, A. T., Freeman, A., & Associates. (1990). *Cognitive therapy for personality disorders.* New York: Guilford Press.

Beck, A. T., Rush, A. J., Shaw, B. F., & Emery, G. (1979). *Cognitive therapy of depression.* New York: Guilford Press.

Beck, A. T., Steer, R. A., & Brown, G. K. (1996). *Beck Depression Inventory-II manual.* San Antonio, TX: Psychological Corporation.

Beck, J. S. (1995). *Cognitive therapy: Basics and beyond.* New York: Guilford Press.

Beck, J. S. (2005). *Cognitive therapy for challenging problems: What to do when the basics don't work.* New York: Guilford Press.

Becker, R. E., Heimberg, R. G., & Bellack, A. S. (1987). *Social skills training treatment for depression.* Elmsford, NY: Pergamon Press.

Bednar, R. L., & Peterson, S. R. (1995). *Self-esteem: Paradoxes and innovations in clinical theory and practice* (2nd ed.). Washington, DC: American Psychological Association.

Bellack, A. S., Mueser, K. T., Gingevich, S., & Agrista, J. (1997). *Social skills training for schizophrenia: A step-by-step guide.* New York: Guilford Press.

Bennett-Levy, J. (2003). Mechanisms of change in cognitive therapy: The case of automatic thought records and behavioural experiments. *Behavioural and Cognitive Psychotherapy, 31,* 261-277.

Bennett-Levy, J., Butler, G., Fennell, M., Hackmann, A., Mueller, M., & Westbrook, D. (Eds.). (2004). *Oxford guide to behavioral experiments in cognitive therapy.* Oxford, England: Oxford University Press.

Bennett-Levy, J., Westbrook, D., Fennell, M., Cooper, M., Rouf, K., & Hackmann, A. (2004). Behavioral experiments: Historical and cultural underpinnings. In J. Bennett-Levy, G. Butler, M. Fennell, A. Hackmann, M. Mueller, & D. Westbrook (Eds.), *Oxford guide to behavioural experiments in cognitive therapy* (pp. 1-20). Oxford, England: Oxford University Press.

Benton, M. K., & Schroeder, H. E. (1990). Social skills training with schizophrenics: A meta-analytic evaluation. *Journal of Consulting and Clinical Psychology, 58,* 741-747.

Biglan, A. (2003). Selection by consequences: One unifying principle for a transdisciplinary science of prevention. *Prevention Science, 4,* 213-232.

Biglan, A., & Hayes, S. C. (1996). Should the behavioral sciences become more pragmatic? The case for functional contextualism in research on human behavior. *Applied and Preventive Psychology, 5,* 47-57.

Bijou, S. W., & Baer, D. M. (1966). Operant methods in child behavior and development. In W. K. Honig (Ed.), *Operant behavior: Areas of research and application* (pp. 718-789). New York: Appleton-Century-Crofts.

Bishop, S. R. (2002). What do we really know about mindfulness-based stress reduction? *Psychosomatic Medicine, 64,* 71-83.

Borkovec, T. D. (1994). The nature, functions, and origins of worry. In G. Davey & F. Tallis (Eds.), *Worrying: Perspectives on theory, assessment, and treatment* (pp. 5-33). New York: Wiley.

Borkovec, T. D., Weerts, T. C., & Bernstein, D. A. (1977). Assessment of anxiety. In A. R. Ciminero, K. S. Calhoun, & H. E. Adams (Eds.), *Handbook of behavioral assessment* (pp. 367-428). New York: Wiley.

Bouton, M. E. (2000). A learning theory perspective on lapse, relapse, and the maintenance of behavior change. *Health Psychology, 19*(Suppl.), 57-63.

Bouton, M. E. (2004). Context and behavioral processes in extinction. *Learning & Memory, 11,* 485-494.

Bowers, A. H. (2003). Satiation therapy. In W. O'Donohue, J. E. Fisher, & S. C. Hayes (Eds.), *Cognitive behavior therapy: Applying empirically supported techniques in your practice* (pp. 349-353). Hoboken, NJ: Wiley.

Boyce, T. E., & Roman, H. R. (2003). Contingency management interventions. In W. O'Donohue, J. E. Fisher, & S. C. Hayes (Eds.), *Cognitive behavior therapy: Applying empirically supported techniques in your practice* (pp. 109-113). Hoboken, NJ: Wiley.

Brondolo, E., DiGiuseppe, R., & Tafrate, R. C. (1997). Exposure-based treatment for anger problems: Focus on the feeling. *Cognitive and Behavioral Practice, 4,* 75-98.

Brown, T. A., O'Leary, T. A., & Barlow, D. H. (2001). Generalized anxiety disorder. In D. H. Barlow (Ed.), *Clinical handbook of psychological disorders* (3rd ed., pp. 154-208). New York: Guilford Press.

Brummett, B. H., Babyak, M. A., Siegler, I. C., Vitaliano, P. P., Ballard, E. L., Gwyther, L. P., et al. (2006). Associations among perceptions of social support, negative affect, and quality of sleep in caregivers and noncaregivers. *Health Psychology, 25,* 220-225.

Brunswig, K. A., Sbraga, T. P., & Harris, C. D. (2003). Relapse prevention. In W. O'Donohue, J. E. Fisher, & S. C. Hayes (Eds.), *Cognitive behavior therapy: Applying empirically supported techniques in your practice* (pp. 321-329). Hoboken, NJ: Wiley.

Bryant, M. J., Simons, A. D., & Thase, M. E. (1999). Therapist skill and patient variables in homework compliance: Controlling an uncontrolled variable in cognitive therapy outcome research. *Cognitive Therapy and Research, 23,* 381-399.

Burke, B. L., Arkowitz, H., & Menchola, M. (2003). The efficacy of motivational interviewing: A meta-analysis of controlled clinical trials. *Journal of Consulting and Clinical Psychology, 71,* 843-861.

Burns, D. D. (1980). *Feeling good: The new mood therapy.* New York: Signet.

Burns, D. D., & Spangler, D. (2000). Does psychotherapy homework lead to changes in depression in cognitive behavioral therapy? Or does clinical improvement lead to homework compliance? *Journal of Consulting and Clinical Psychology, 68,* 46-46.

Butzlaff, R. L., & Hooley, J. M. (1998). Expressed emotion and psychiatric relapse: A meta-analysis. *Archives of General Psychiatry, 55,* 547-552.

Catania, A. C. (1984). *Learning* (2nd ed.). Englewood Cliffs, NJ: Prentice-Hall.

Catania, A. C. (1994). The natural and artificial selection of verbal behavior. In S. C. Hayes, L. J. Hayes, M. Sato, & K. Ono (Eds.), *Behavioral analysis of language and cognition: The fourth international institute on verbal relations* (pp. 31-49). Reno, NV: Context Press.

Chambless, D. L., Baker, M. J., Baucom, D. H., Beutler, L. E., Calhoun, K. S., Crits-Christoph, P., et al. (1998). Update on empirically validated treatments II. *The Clinical Psychologist, 51,* 3-18.

Chambless, D. L., Sanderson, W. C., Shoham, V., Bennett Johnson, S., Pope, K. S.,

Crits-Cristoph, P., et al. (1996). An update on empirically validated therapies. *The Clinical Psychologist, 49,* 5-18.

Chapman, A. L., Gratz, K. L., & Brown, M. (2006). Solving the puzzle of deliberate self-harm: The experiential avoidance model. *Behaviour Research and Therapy, 44,* 371-394.

Chiles, J. A., & Strosahl, K. D. (1995). *The suicidal patient: Principles of assessment, treatment, and case management.* Washington, DC: American Psychiatric Press.

Christensen, A., Atkins, D. C., & Berns, S. (2004). Traditional versus integrative behavioral couple therapy for significantly and chronically distressed married couples. *Journal of Consulting and Clinical Psychology, 72,* 176-191.

Ciminero, A. R., Calhoun, K. S., & Adams, H. E. (Eds.). (1977). *Handbook of behavioral assessment.* New York: Wiley.

Ciminero, A. R., Calhoun, K. S., & Adams, H. E. (Eds.). (1986). *Handbook of behavioral assessment* (2nd ed.). New York: Wiley.

Cohen, S., Mermelstein, R., Kamarck, T., & Hoberman, H. (1985). Measuring the functional components of social support. In I. G. Sarason & B. R. Sarason (Eds.), *Social support: Theory, research and application* (pp. 73-94). Newbury Park, CA: Sage.

Cohen, S., & Wills, T. A. (1985). Stress, social support, and the buffering hypothesis. *Psychological Bulletin, 98,* 310-357.

Conklin, C. A., & Tiffany, S. T. (2002). Applying extinction research and theory to cue-exposure addiction treatments. *Addiction, 97,* 155-167.

Conners, C. K. (1997). *Conners' Rating Scales-Revised: Technical manual.* New York: Multi-Health Systems.

Cooke, G. (1968). Evaluation of the efficacy of the components of reciprocal inhibition psychotherapy. *Journal of Abnormal Psychology, 73,* 464-467.

Coyne, J. C. (1976). Toward an interactional description of depression. *Psychiatry, 39,* 28-40.

Craske, M. G., & Barlow, D. H. (2001). Panic disorder and agoraphobia. In D. H.

Barlow (Ed.), *Clinical handbook of psychological disorders* (3rd ed., pp. 1-59). New York: Guilford Press.

Cuijpers, P., van Straten, A., & Warmerdam, L. (2007). Behavioral activation treatments of depression: A meta-analysis. *Clinical Psychology Review, 27,* 318-326.

Cunningham, C. L. (1998). Drug conditioning and drug-seeking behavior. In W. O'Donohue (Ed.), *Learning and behavior therapy* (pp. 518-544). Boston: Allyn & Bacon.

Curry, S., Marlatt, G. A., & Gordon, J. R. (1987). Abstinence violation effect: Validation of an attributional construct with smoking cessation. *Journal of Consulting and Clinical Psychology, 55,* 145-149.

David, D., & Szentagotai, A. (2006). Cognitions in cognitive-behavioral psychotherapies: Towards an integrative model. *Clinical Psychology Review, 26,* 284-298.

Davis, M., Eshelman, E. R., & McKay, M. (2000). *The relaxation and stress reduction workbook* (5th ed.). Oakland, CA: New Harbinger.

Davis, T. E., III, & Ollendick, T. H. (2005). Empirically supported treatments for specific phobia in children: Do efficacious treatments address the components of a phobic response? *Clinical Psychology: Research and Practice, 12,* 144-160.

Davison, G. C. (1968). Systematic-desensitization as a counter-conditioning process. *Journal of Abnormal Psychology, 73,* 91-99.

Derogatis, L. R. (1992). *Brief Symptom Inventory (BSI).* Minneapolis, MN: National Computer Systems.

Dimeff, L. A., Rizvi, S. L., Brown, M. Z., & Linehan, M. M. (2000). Dialectical behavior therapy for substance abuse: A pilot application to methamphetamine-dependent women with borderline personality disorder. *Cognitive and Behavioral Practice, 7,* 457-468.

Dimidjian, S., Hollon, S. D., Dobson, K. S., Schmaling, K. B., Kohlenberg, R. J., Addis, M. E., et al. (2006). Randomized trial of behavioral activation, cognitive therapy, and antidepressant medication in the acute treatment of adults with major depression. *Journal of Consulting and Clinical Psychology, 74,* 658-670.

Dobson, K. S. (Ed.). (2001). *Handbook of cognitive-behavioral therapies* (2nd ed.). New York: Guilford Press.

Dobson, K. S., & Dozois, D. J. A. (2001). Historical and philosophical bases of the cognitive behavioral therapies. In K. S. Dobson (Ed.), *Handbook of cognitive-behavioral therapies* (2nd ed., pp. 3-39). New York: Guilford Press.

Dobson, K. S., & Khatri, N. (2000). Cognitive therapy: Looking backward, looking forward. *Journal of Clinical Psychology, 56,* 907-923.

Dougher, M. J., & Hayes, S. C. (2000). clinical behavior analysis. In M. J. Dougher (Ed.), *Clinical behavior analysis* (pp. 11-25). Reno, NV: Context Press.

Dow, M. G. (1994). Social inadequacy and social skill. In L. W. Craighead, W. E. Craighead, A. E. Kazdin, & M. J. Mahoney (Eds.), *Cognitive and behavioral interventions: An empirical approach to mental health problems* (pp. 123-140). Boston: Allyn & Bacon.

D'Zurilla, T. J., & Nezu, A. M. (2001). Problem solving therapies. In K. S. Dobson (Ed.), *Handbook of cognitive-behavioral therapies* (2nd ed., pp. 211-245). New York: Guilford Press.

Earls, C. M., & Castonguay, L. G. (1989). The evaluation of olfactory aversion for a bisexual pedophile with a single-case multiple baseline design. *Behavior Therapy, 20,* 137-146.

Eells, T. D. (1997). Psychotherapy case formulation: History and current status. In T. D. Eells (Ed.), *Handbook of psychotherapy case formulation* (pp. 1-25). New York: Guilford Press.

Eifert, G. H., Schulte, D., Zvolensky, M. J., Lejuez, C. W., & Lau, A. W. (1997). Manualized behavior therapy: Merits and challenges. *Behavior Therapy, 28,* 499-509.

Ellis, A. (1957). Rational psychotherapy and individual psychology. *Journal of Individual Differences, 13,* 38-44.

Ellis, A. (1962). *Reason and emotion in psychotherapy.* New York: Lyle Stuart.

Endicott, J., & Spitzer, R. L. (1978). A diagnostic interview: The Schedule for Affective Disorders and Schizophrenia. *Archives of General Psychiatry, 35,* 837-844.

Etkin, A., Pittinger, C., Polan, J., & Kandel, E. R. (2005). Toward a neurobiology of psychotherapy: Basic science and clinical applications. *Journal of Neuropsychiatry and Clinical Neurosciences, 17,* 145-158.

Eysenck, H. J. (1959). Learning theory and behaviour therapy. *Journal of Mental Science, 105,* 61-75.

Eysenck, H. J. (Ed.). (1960). *Behavior therapy and the neuroses.* New York: Pergamon Press.

Eysenck, H. J. (1983). A biometrical-genetic analysis of impulsive and sensation seeking behavior. In M. Zuckerman (Ed.), *Biological bases of sensation seeking, impulsivity, and anxiety* (pp. 1-27). Hillsdale, NJ: Erlbaum.

Farmer, R. F. (2000). Issues in the assessment and conceptualization of personality disorders. *Clinical Psychology Review, 20,* 823-851.

Farmer, R. F. (2005). Temperament, reward and punishment sensitivity, and clinical disorders: Implications for behavioral case formulation and therapy. *International Journal of Behavioral Consultation and Therapy, 1,* 56-76.

Farmer, R. F., & Chapman, A. L. (2002). Evaluation of DSM-IV personality disorder criteria as assessed by the Structured Clinical Interview for DSM-IV Personality Disorders. *Comprehensive Psychiatry, 43,* 285-300.

Farmer, R. F., & Latner, J. L. (2007). Eating disorders. In P. Sturmey (Ed.), *Functional analysis in clinical treatment* (pp. 379-402). Boston: Academic Press.

Farmer, R. F., Nash, H. M., & Dance, D. (2004). Mood patterns and variations associated with personality disorder pathology. *Comprehensive Psychiatry, 45,* 289-303.

Farmer, R. F., & Nelson-Gray, R. O. (1995). Anxiety, impulsivity, and the anxious-fearful and erratic-dramatic personality disorders. *Journal of Research in*

Personality, 29, 189-207.

Farmer, R. F., & Nelson-Gray, R. O. (2005). *Personality-guided behavior therapy.* Washington, DC: American Psychological Association.

Farmer, R. F., & Rucklidge, J. J. (2006). An evaluation of the response modulation hypothesis in relation to attention-deficit/hyperactivity disorder. *Journal of Abnormal Child Psychology, 34,* 545-557.

Feigenbaum, W. (1988). Long-term efficacy of ungraded versus graded massed exposure in agoraphobics. In I. Hand & H. Wittchen (Eds.), *Panic and phobias: Treatments and variables affecting course and outcome* (pp. 149-158). Berlin, Germany: Springer-Verlag.

Fenigstein, A. (1996). Paranoia. In C. G. Costello (Ed.), *Personality characteristics of the personality disordered* (pp. 242-275). New York: Wiley.

Ferguson, K. E. (2003). Shaping. In W. O'Donohue, J. E. Fisher, & S. C. Hayes (Eds.), *Cognitive behavior therapy: Applying empirically supported techniques in your practice* (pp. 374-383). Hoboken, NJ: Wiley.

Ferster, C. B. (1973). A functional analysis of depression. *American Psychologist, 28,* 857-870.

Feske, U., & Chambless, D. L. (1995). Cognitive behavioral versus exposure only treatments for social phobia: A meta-analysis. *Behavior Therapy, 26,* 695-720.

Fiester, A. R., & Rudestam, K. E. (1975). A multivariate analysis of the early dropout process. *Journal of Consulting and Clinical Psychology, 43,* 528-535.

First, M. B., Gibbon, M., Spitzer, R. L., Williams, J. B. W., & Benjamin, L. S. (1997a). *User's guide for the Structured Clinical Interview for DSM-IV Axis II Personality Disorders (SCID-II).* Washington, DC: American Psychiatric Press.

First, M. B., Spitzer, R. L., Gibbon, M., & Williams, J. B. W. (1997b). *Structured Clinical Interview for DSM-IV Axis I Disorders (SCID-I), Clinician Version.* Arlington, VA: American Psychiatric Press.

Foa, E. B., Dancu, C., Hembree, E., Jaycox, L., Meadows, E. A., & Street, G. P. (1999). A comparison of exposure therapy, stress inoculation training, and their combination for reducing posttraumatic stress disorder in female assault victims. *Journal of Consulting and Clinical Psychology, 67,* 194-200.

Foa, E. B., Hembree, E. A., Cahill, S. P., Rauch, S. A. M., Riggs, D. S., Feeny, N. C., et al. (2005). Randomized trial of prolonged exposure for posttraumatic stress disorder with and without cognitive restructuring: Outcome at academic and community clinics. *Journal of Consulting and Clinical Psychology, 73,* 953-964.

Foa, E. B., Jameson, J. S., & Turner, R. M. (1980). Massed vs. spaced exposure sessions in the treatment of agoraphobia. *Behaviour Research and Therapy, 18,* 333-338.

Foa, E. B., & Jaycox, L. (1999). Cognitive-behavioral theory and treatment of posttraumatic stress disorder. In D. Spiegel (Ed.), *Efficacy and cost effectiveness of psychotherapy* (pp. 23-61). Washington, DC: American Psychiatric Press.

Foa, E. B., Keene, T. M., & Friedman, M. J. (Eds.). (2004). *Effective treatments for PTSD: Practice guidelines from the international society for traumatic stress studies.* New York: Guilford Press.

Foa, E. B., & Kozak, M. J. (1986). Emotional processing of fear: Exposure to corrective information. *Psychological Bulletin, 99,* 20-35.

Foa, E. B., Riggs, D. S., Dancu, C. V., & Rothbaum, B. O. (1993). Reliability and validity of a brief instrument for assessing post-traumatic stress disorder. *Journal of Traumatic Stress, 6,* 459-474.

Foa, E. B., & Rothbaum, B. O. (1998). *Treating the trauma of rape: Cognitive-behavior therapy for PTSD.* New York: Guilford Press.

Foa, E. B., Rothbaum, B. O., Riggs, D. S., & Murdock, T. B. (1991). Treatment of posttraumatic stress disorder in rape victims: A comparison between cognitive-behavioral procedures and counseling. *Journal of Consulting and Clinical Psychology, 59,* 715-725.

Follette, W. C., & Callaghan, G. M. (1995). Do as I do, not as I say: A behavior-analytic approach to supervision. *Professional Psychology: Research and Practice, 26,* 413-421.

Follette, W. C., & Hayes, S. C. (2000). Contemporary behavior therapy. In C. R. Snyder & R. E. Ingram (Eds.), *Handbook of psychological change: Psychotherapy process and practices for the 21st century* (pp. 381-408). New York: Wiley.

Follette, W. C., Naugle, A. E., Linnerooth, P. J. N. (2000). Functional alternatives to traditional assessment and diagnosis. In M. J. Dougher (Ed.), *Clinical behavior analysis* (pp. 99-125). Reno, NV: Context Press.

Forsyth, J. P., & Eifert, G. H. (1998). Phobic anxiety and panic: An integrative behavioral account of their origin and treatment. In J. J. Plaud & G. H. Eifert (Eds.), *From behavior theory to behavior therapy* (pp. 38-67). Boston: Allyn & Bacon.

Fowles, D. C. (2001). Biological variables in psychopathology: A psychobiological perspective. In P. B. Sutker & H. E. Adams (Eds.), *Comprehensive handbook of psychopathology* (3rd ed., pp. 85-104). New York: Kluwer Academic/Plenum Publishers.

Franklin, M. E., & Foa, E. B. (1998). Cognitive-behavioral treatments for obsessive-compulsive disorder. In P. E. Nathan & J. M. Gorman (Eds.), *A guide to treatments that work* (pp. 339-357). New York: Oxford University Press.

Fresco, D. M., Mennin, D. S., Heimberg, R. G., & Turk, C. L. (2003). Using the Penn State Worry Questionnaire to identify individuals with generalized anxiety disorder: A receiver operating characteristic analysis. *Journal of Behavior Therapy and Experimental Psychiatry, 34,* 283-291.

Freud, S. (1936). *The ego and mechanisms of defense.* New York: International Universities Press.

Friman, P. C., & Finney, J. W. (2003). Time-out (and time-in). In W. O'Donohue, J. E. Fisher, & S. C. Hayes (Eds.), *Cognitive behavior therapy: Applying empirically supported techniques in your practice* (pp. 429-435). Hoboken, NJ: Wiley.

Froyd, J. E., Lambert, M. J., & Froyd, J. D. (1996). A review of practices of psychotherapy outcome measurement. *Journal of Mental Health, 5,* 11-15.

Garner, D. M. (1997). Psychoeducational principles in treatment. In D. M. Garner & P. E. Garfinkel (Eds.), *Handbook of treatment for eating disorders* (2nd ed., pp. 145-177). New York: Guilford Press.

Ghezzi, P. M., Wilson, G. R., Tarbox, R. S. F., & MacAleese, K. R. (2003). Token economy. In W. O'Donohue, J. E. Fisher, & S. C. Hayes (Eds.), *Cognitive behavior therapy: Applying empirically supported techniques in your practice* (pp. 436-441). Hoboken, NJ: Wiley.

Goldfried, M. R., & Davison, G. C. (1976). *Clinical behavior therapy*. New York: Holt, Rinehart & Winston.

Goldfried, M. R., & Kent, R. N. (1972). Traditional versus behavioral assessment: A comparison of methodological and theoretical assumptions. *Psychological Bulletin, 77,* 409-420.

Goldfried, M. R., & Sprafkin, J. N. (1976). Behavioral personality assessment. In J. T. Spence, R. C. Carson, & J. W. Thibaut (Eds.), *Behavioral approaches to therapy* (pp. 295-321). Morristown, NJ: General Learning Press.

Goldiamond, I. (1974). Toward a constructional approach to social problems: Ethical and constitutional issues raised by applied behavioral analysis. *Behaviorism, 2,* 1-85.

Gortner, E., Gollan, J., Dobson, K. S., & Jacobson, N. S. (1997). Cognitive-behavioral treatment of depression: Relapse prevention. *Journal of Consulting and Clinical Psychology, 66,* 377-384.

Gottlieb, G. (1998). Normally occurring environmental and behavioral influences on gene activity: From central dogma to probabilistic epigenesis. *Psychological Review, 105,* 792-802.

Greenberger, D., & Padesky, C. A. (1995). *Mind over mood: Change how you feel by changing the way you think*. New York: Guilford Press.

Gross, J. J. (1998). The emerging field of emotion regulation: An integrative review. *Review of General Psychology, 2,* 271-299.

Grossman, P. L, Niemann, L., Schmidt, S., & Walach, H. (2004). Mindfulness-based stress reduction and health benefits: A meta-analysis. *Journal of Psychosomatic Research, 57,* 35-43.

Hanh, T. N. (1976). *The miracle of mindfulness: An introduction to the practice of meditation.* Boston: Beacon Press.

Hannan, S. E., & Tolin, D. F. (2005). Mindfulness- and acceptance-based behavior therapy for obsessive compulsive disorder. In S. M. Orsillo & L. Roemer (Eds.), *Acceptance and mindfulness-based approaches to anxieyt: Conceptualization and treatment* (pp. 271-299). New York: Springer.

Havermans, R. C., & Jansen, A. T. M. (2003). Increasing the efficacy of cue exposure treatment in preventing relapse of addictive behavior. *Addictive Behaviors, 28,* 989-994.

Hawkins, R. P. (1986). Selection of target behaviors. In R. O. Nelson & S. C. Hayes (Eds.), *Conceptual foundations of behavioral assessment* (pp. 331-385). New York: Guilford Press.

Hayes, S. C. (2004a). Acceptance and commitment therapy and the new behavior therapies. In S. C. Hayes, V. M. Follette, & M. M. Linehan (Eds.), *Mindfulness and acceptance: Expanding the cognitive-behavioral tradition* (pp. 1-29). New York: Guilford Press.

Hayes, S. C. (2004b). Acceptance and commitment therapy, relational frame theory, and the third wave of behavioral and cognitive therapies. *Behavior Therapy, 35,* 639-665.

Hayes, S. C., Barlow, D. H., & Nelson-Gray, R. O. (1999). *The scientist-practitioner: Research and accountability in the age of managed care* (2nd ed.). Boston: Allyn & Bacon.

Hayes, S. C., Barnes-Holmes, D., & Roche, B. (Eds.). (2001). *Relational frame theory: A post-Skinnerian account of human language and cognition.* New York: Kluwer Academic/Plenum Publishers.

Hayes, S. C., Brownstein, A. J., Zettle, R. D., Rosenfarb, I. S., & Korn, Z. (1986). Rule-governed behavior and sensitivity to changing consequences of responding. *Journal of the Experimental Analysis of Behavior, 45,* 237–256.

Hayes, S. C., Follette, V. M., Linehan, M. M. (Eds.). (2004). *Mindfulness and acceptance: Expanding the cognitive-behavioral tradition.* New York: Guilford Press.

Hayes, S. C., & Follette, W. C. (1992). Can functional analysis provide a substitute for syndromal classification? *Behavioral Assessment, 14,* 345–365.

Hayes, S. C., Hayes, L. J., Reese, H. W., & Sarbin, T. R. (Eds.). (1993). *Varieties of scientific contextualism.* Reno, NV: Context Press.

Hayes, S. C., Luoma, J. B., Bond, F. W., Masuda, A., & Lillis, J. (2005). Acceptance and commitment therapy: Model, processes, and outcomes. *Behavior Research and Therapy, 44,* 1–25.

Hayes, S. C., Nelson, R. O., & Jarrett, R. B. (1986). Evaluating the quality of behavioral assessment. In R. O. Nelson & S. C. Hayes (Eds.), *Conceptual foundations of behavioral assessment* (pp. 463–503). New York: Guilford Press.

Hayes, S. C., & Smith, S. (2005). *Get out of your mind and into your life: The new acceptance and commitment therapy.* Oakland, CA: New Harbinger.

Hayes, S. C., & Strosahl, K. D. (Eds.). (2004). *A practical guide to acceptance and commitment therapy.* New York: Springer Publishing Company.

Hayes, S. C., Strosahl, K. D., Bunting, K., Twohig, M., & Wilson, K. G. (2004). What is acceptance and commitment therapy? In S. C. Hayes & K. D. Strosahl (Eds.), *A practical guide to acceptance and commitment therapy* (pp. 3–29). New York: Springer Publishing Company.

Hayes, S. C., Strosahl, K. D., & Wilson, K. G. (1999). *Acceptance and commitment therapy: An experiential approach to behavior change.* New York: Guilford Press.

Hayes, S. C., Wilson, K. G., Gifford, E. V., Follette, V. M., & Strosahl, K. D. (1996). Experiential avoidance and behavioral disorders: A functional dimensional approach to diagnosis and treatment. *Journal of Consulting and Clinical Psychology, 64,* 1152–1168.

Haynes, S. N. (1986). The design of intervention programs. In R. O. Nelson & S. C. Hayes (Eds.), *Conceptual foundations of behavioral assessment* (pp. 386-429). New York: Guilford Press.

Haynes, S. N., Kaholokula, J. K., & Nelson, K. (1999). The idiographic application of nomothetic, empirically based treatments. *Clinical Psychology: Science and Practice, 6,* 456-461.

Haynes, S. N., & O'Brien, W. H. (1990). Functional analysis in behavior therapy. *Clinical Psychology Review, 10,* 649-668.

Heatherton, T. E., & Baumeister, R. F. (1991). Binge eating as escape from self-awareness. *Psychological Bulletin, 110,* 86-108.

Heim, C., & Nemeroff, C. B. (1999). The impact of early adverse experiences on brain systems involved in the pathophysiology of anxiety and affective disorders. *Biological Psychiatry, 46,* 1509-1522.

Heimberg, R. G., & Becker, R. E. (2002). *Cognitive-behavioral group therapy for social phobia: Basic mechanisms and clinical strategies.* New York: Guilford Press.

Heinssen, R. K., Levendusky, P. G., & Hunter, R. H. (1995). Client as colleague: Therapeutic contracting with the seriously mentally ill. *American Psychologist, 50,* 522-532.

Helzer, J. E., Robins, L. N., Taylor, J. R., Carey, K., Miller, R. H., Combs-Orme, T., et al. (1985). The extent of long-term moderate drinking among alcoholics discharged from medical and psychiatric treatment facilities. *New England Journal of Medicine, 312,* 1678-1682.

Hennin, A., Otto, M. W., & Reilly-Harrington, N. A. (2001). Introducing flexibility in manualized treatments: Application of recommended strategies to the cognitive-behavioral treatment of bipolar disorder. *Cognitive and Behavioral Practice, 8,* 317-328.

Herrnstein, R. J. (1961). Relative and absolute strength of response as a function of frequency of reinforcement. *Journal of the Experimental Analysis of Behavior,*

4, 267–272.

Higgins, S., Budney, A. J., & Sigmon, S. C. (2001). Cocaine dependence. In D. H. Barlow (Ed.), *Clinical handbook of psychological disorders* (3rd ed., pp. 434–469). New York: Guilford Press.

Higgins, S. T., Delaney, D. D., Budney, A. J., Bickel, W. K., Hughes, J. R., Foerg, F., et al. (1991). A behavioral approach to achieving initial cocaine abstinence. *American Journal of Psychiatry, 148,* 1218–1224.

Hollon, S. D., Shelton, R. C., & Loosen, P. T. (1991). Cognitive therapy and pharmacotherapy for depression. *Journal of Consulting and Clinical Psychology, 59,* 88–99.

Hopko, D. R., Lejuez, C. W., & Hopko, S. D. (2004). Behavioral activation as an intervention for coexistent depressive anxiety symptoms. *Clinical Case Studies, 3,* 37–48.

Hopko, D. R., Lejuez, C. W., LePage, J. P., Hopko, S. D., & McNeil, D. W. (2003). A brief behavioral activation treatment for depression: A randomized pilot trial within an inpatient psychiatric hospital. *Behavior Modification, 27,* 458–469.

Hopko, D. R., Lejuez, C. W., Ruggiero, K. J., & Eifert, G. H. (2003). Contemporary behavioral activation treatments for depression: Procedures, principles, and progress. *Clinical Psychology Review, 23,* 699–717.

Hopko, D. R., Sanchez, L., Hopko, S. D., Dvir, S., & Lejuez, C. W. (2003). Behavioral activation and the prevention of suicidal behaviors in patients with borderline personality disorder. *Journal of Personality Disorders, 17,* 460–478.

Horne, A. M., & Matson, J. L. (1977). A comparison of modeling, desensitization, flooding, study skills, and control groups for reducing test anxiety. *Behavior Therapy, 8,* 1–8.

Houmanfar, R., Maglieri, K. A., & Roman, H. R. (2003). Behavioral contracting. In W. O'Donohue, J. E. Fisher, & S. C. Hayes (Eds.), *Cognitive behavior therapy: Applying empirically supported techniques in your practice* (pp. 40–45). Hoboken, NJ: Wiley.

Hull, D. L., Langman, R. E., & Glenn, S. S. (2001). A general account of selection: Biology, immunology, and behavior. *Behavioral and Brain Sciences, 24,* 511-573.

Humphrey, G. M., & Zimpfer, D. G. (1996). *Counselling for grief and bereavement.* London: Sage.

Iguchi, M. Y., Belding, M. A., Morral, A. R., Lamb, R. J., & Husband, S. D. (1997). Reinforcing operants other than abstinence in drug abuse treatment: An effective alternative for reducing drug use. *Journal of Consulting and Clinical Psychology, 65,* 421-428.

Ilardi, S. S., & Craighead, W. E. (1994). The role of non-specific factors in cognitive-behavior therapy for depression. *Clinical Psychology: Science & Practice, 1,* 138-156.

Infante, J. R., Torres-Abisbal, M., & Pinel, P. (2001). Catecholamine levels in practitioners of the transcendental meditation technique. *Physiology & Behavior, 72,* 141-146.

Iwata, B. A., Pace, G. M., Dorsey, M. F., Zarcone, J. R., Vollmer, T. R., Smith, R. G., et al. (1994). The functions of self-injurious behavior: An experimental? epidemiological analysis. *Journal of Applied Behavior Analysis, 27,* 215-240.

Jacob, R. G., & Rapport, M. D. (1984). Panic disorder: Medical and psychological parameters, In S. M. Turner (Ed.), *Behavioral theories and treatment of anxiety* (pp. 187-237). New York: Plenum Press.

Jacobson, N. S., & Christensen, A. (1996a). *Acceptance and change in couple therapy: A therapist's guide to transforming relationships.* New York: Norton.

Jacobson, N. S., & Christensen, A. (1996b). *Integrative couple therapy.* New York: Norton.

Jacobson, N. S., Dobson, K. S., Truax, P. A., Addis, M. E., Koerner, K., Gollan, J. K., et al. (1996). A component analysis of cognitive-behavioral treatment for depression. *Journal of Consulting and Clinical Psychology, 64,* 295-304.

Jacobson, N. S., & Margolin, G. (1979). *Marital therapy: Strategies based on social learning and behavioral exchange principles.* New York: Brunner/Mazel.

Jacobson, N. S., Martell, C. R., & Dimidjian, S. (2001). Behavioral activation treatment for depression: Returning to contextual roots. *Clinical Psychology: Science & Practice, 8,* 255–270.

Jaycox, L. H., Foa, E. B., & Morral, A. R. (1998). Influence of emotional engagement and habituation on exposure therapy for PTSD. *Journal of Consulting and Clinical Psychology, 66,* 185–192.

Johansen, E. B., Aase, H., Meyer, A., & Sagvolden, T. (2002). Attention-deficit/hyperactivity disorder (ADHD) behaviour explained by dysfunctional reinforcement and extinction processes. *Behavioural Brain Research, 130,* 37–45.

Johnson, W. G., Schlundt, D. G., Barclay, D. R., Carr-Nangle, R. E., & Engler, L. B. (1995). A naturalistic functional analysis of binge eating. *Behavior Therapy, 26,* 101–118.

Johnston, P., Hudson, S. M., & Marshall, W. L. (1992). The effects of masturbatory reconditioning with nonfamilial child molesters. *Behaviour Research and Therapy, 30,* 559–561.

Jones, M. C. (1924a). The elimination of children's fears. *Journal of Experimental Psychology, 7,* 382–390.

Jones, M. C. (1924b). A laboratory study of fear: The case of Peter. *Pedagogical Seminary, 31,* 308–315.

Kabat-Zinn, J. (1990). *Full catastrophe living: Using the wisdom of your body and mind to face stress, pain, and illness.* New York: Dell.

Kabat-Zinn, J., Lipworth, L., Burney, R., & Sellers, W. (1986). Four-year follow-up of a meditation-based program for the self-regulation of chronic pain: Treatment outcomes and compliance. *Clinical Journal of Pain, 2,* 159–173.

Kabat-Zinn, J., Massion, A. O., Kristeller, J., Peterson, L. G., Fletcher, K., Pbert, L., et al. (1992). Effectiveness of a meditation-based stress reduction program in the treatment of anxiety disorders. *American Journal of Psychiatry, 149,* 936–943.

Kallman, W. M., Hersen, M., & O'Toole, D. H. (1975). The use of social reinforcement in a case of conversion reaction. *Behavior Therapy, 6,* 411-413.

Kaminer, Y., Burleson, J. A., & Goldberger, R. (2002). Cognitive-behavioral coping skills and psychoeducation therapies for adolescent substance abuse. *Journal of Nervous and Mental Disease, 190,* 737-745.

Kandel, E. R. (1998). A new intellectual framework for psychiatry. *American Journal of Psychiatry, 155,* 457-469.

Kanfer, F. H., & Busemeyer, J. R. (1982). The use of problem solving and decision making in behavior therapy. *Clinical Psychology Review, 2,* 239-266.

Kanfer, F. H., & Saslow, G. (1969). Behavioral diagnosis. In C. M. Franks (Ed.), *Behavior therapy: Appraisal and status* (pp. 417-444). New York: McGraw-Hill.

Kazantzis, N., Deane, F. P., & Ronan, K. R. (2000). Homework assignments in cognitive and behavioral therapy: A meta-analysis. *Clinical Psychology: Science & Practice, 7,* 189-202.

Kazdin, A. E. (1978). *History of behavior modification: Experimental foundations of contemporary research.* Baltimore: University Park Press.

Kazdin, A. E. (1984). *Behavior modification in applied settings* (3rd ed.). Homewood, IL: Dorsey Press.

Kazdin, A. E. (2001). *Behavior modification in applied settings* (6th ed.). Homewood, IL: Dorsey Press.

Kazdin, A, E., & Krouse, R. (1983). The impact of variations in treatment rationales on expectancies for therapeutic change. *Behavior Therapy, 14,* 73-99.

Kearney, A. J. (2006). A primer of covert sensitization. *Cognitive and Behavioral Practice, 13,* 167-175.

Kelly, G. (1955). *The psychology of personal constructs.* New York: Norton.

Kernberg, O. F., Selzer, M. A., Koenigsberg, H. W., Carr, A. C., & Appelbaum, A. H. (1989). *Psychodynamic psychotherapy of borderline patients.* New York: Basic Books.

Kessler, R., McGonagle, K., Zhao, S., Nelson, C., Hughes, M., Eshelman, S., et al. (1994). Lifetime and 12-month prevalence of DSM-III-R psychiatric disorders in the United States. *Archives of General Psychiatry, 51,* 8-19.

Kjaer, T. W., Bertelsen, C., & Piccini, P. (2002). Increased dopamine tone during meditation-induced change of consciousness. *Cognitive Brain Research, 13,* 255-259.

Koerner, K., & Linehan, M. M. (1997). Case formulation in dialectical behavior therapy for borderline personality disorder. In T. D. Eells (Ed.), *Handbook of psychotherapy case formulation* (pp. 340-367). New York: Guilford Press.

Kohlenberg, R. J., & Tsai, M. (1991). *Functional analytic psychotherapy: Creative intense and curative therapeutic relationships.* New York: Plenum Press.

Korotitsch, W. J., & Nelson-Gray, R. O. (1999). An overview of self-monitoring research in assessment and treatment. *Psychological Assessment, 11,* 415-425.

Kozma, A., & Stones, M. J. (1983). Predictors of happiness. *Journal of Gerontology, 38,* 626-628.

Krasner, L., & Ullmann, L. P. (1965). *Research in behavior modification-New developments and implications.* New York: Holt, Rinehart & Winston.

Laraway, S., Snycerski, S., Michael, J., & Poling, A. (2003). Motivating operations and terms to describe them: Some further refinements. *Journal of Applied Behavior Analysis, 36,* 407-414.

Latner, J. D., & Wilson, G. T. (2000). Cognitive-behavioral therapy and nutritional counseling in the treatment of bulimia nervosa and binge eating. *Eating Behaviors, 1,* 3-21.

Laws, D. R., Meyer, J., & Holman, M. L. (1978). Reduction of sadistic sexual arousal by olfactory aversion: A case study. *Behaviour Research and Therapy, 16,* 281-285.

Lazar, S. W., Bush, G., & Gollub, R. L. (2000). Functional brain mapping of the relaxation response and meditation. *Neuroreport, 11,* 1581-1585.

Lazarus, A. A. (1958). New methods of psychotherapy: A case study. *South African Medical Journal, 32,* 660-663.

Leahy, R. L. (2003). *Cognitive therapy techniques: A practitioner's guide.* New York:

Guilford Press.

Ledley, D. R., Marx, B. P., & Heimberg, R. G. (2005). *Making cognitive-behavioral therapy work: Clinical process for new practitioners.* New York: Guilford Press.

Lee, J., Lim, Y., Graham, S. J., Kim, G., Wiederhold, B. K., Wiederhold, M. D., et al. (2004). Nicotine craving and cue exposure therapy by using virtual environments. *Cyber Psychology & Behavior, 7,* 705-713.

Lejuez, C. W., Hopko, D. R., & Hopko, S. D. (2001). A brief behavioral activation treatment for depression: Treatment manual. *Behavior Modification, 25,* 255-286.

Lejuez, C. W., Hopko, D. R., & Hopko, S. D. (2002). *The brief behavioral activation treatment for depression (BATD): A comprehensive patient guide.* Boston: Pearson Custom Publishing.

Lewinsohn, P. M. (1974). A behavioral approach to depression. In R. M. Friedman & M. M. Katz (Eds.), *The psychology of depression: Contemporary theory and research* (pp. 157-185). New York: Wiley.

Lewinsohn, P. M., Antonuccio, D. O., Steinmetz-Breckenridge, J., & Teri, L. (1984). *The coping with depression course.* Eugene, OR: Castalia.

Lewinsohn, P. M., Biglan, A., & Zeiss, A. S. (1976). Behavioral treatment of depression. In P. O. Davidson (Ed.), *The behavioral management of anxiety, depression, and pain* (pp. 91-146). New York: Brunner/Mazel.

Lewinsohn, P. M., & Gotlib, I. H. (1995). Behavioral theory and treatment of depression. In E. E. Beckham & W. R. Leber (Eds.), *Handbook of depression* (2nd ed., pp. 352-375). New York: Guilford Press.

Lewinsohn, P. M., & Libet, J. (1972). Pleasant events, activity schedules, and depression. *Journal of Abnormal Psychology, 79,* 291-295.

Lindenboim, N., Chapman, A. L., & Linehan, M. M. (2006). Homework use in dialectical behavior therapy for borderline personality disorder. In N. Kazantzis & L. L'Abate (Eds.), *Handbook of homework assignments in psychotherapy: Research, practice, and prevention* (pp. 227-245). New York: Springer Publishing

Company.

Lindsley, O. R., Skinner, B. F., & Solomon, H. C. (1953). *Studies on behavior therapy: Status report 1.* Waltham, MA: Metropolitan State Hospital.

Linehan, M. M. (1993a). *Cognitive-behavioral treatment of borderline personality disorder.* New York: Guilford Press.

Linehan, M. M. (1993b). *Skills training manual for treating borderline personality disorder.* New York: Guilford Press.

Linehan, M. M. (in press). *Skills training manual for disordered emotion regulation.* New York: Guilford Press.

Linehan, M. M., Comtois, K. A., Murray, A. M., Brown, M. Z., Gallop, R. J., Heard, H. L., et al. (2006). Two-year randomized controlled trial and follow-up of dialectical behavior therapy vs. therapy by experts for suicidal behaviors and borderline personality disorder. *Archives of General Psychiatry, 63,* 757-766

Linehan, M. M., Dimeff, L. A., Reynolds, S. K., Comtois, K. A., Welch, S. S. Heagerty, P., et al. (2002). Dialectical behavior therapy versus comprehensive validation therapy plus 12-step for the treatment of opioid dependent women meeting criteria for borderline personality disorder. *Drug and Alcohol Dependence, 67,* 13-26.

Livesley, W. J. (2001). A framework for an integrated approach to treatment. In W. J. Livesley (Ed.), *Handbook of personality disorders: Theory, research, and treatment* (pp. 570-600). New York: Guilford Press.

Logue, A. W. (1998). Self-control. In W. O'Donohue (Ed.), *Learning and behavior therapy* (pp. 252-273). Boston: Allyn & Bacon.

Longmore, R. J., & Worrell, M. (2007). Do we need to challenge thoughts in cognitive behavior therapy? *Clinical Psychology Review, 27,* 173-187.

Loro, A. D., & Orleans, C. S. (1981). Binge-eating in obesity: Preliminary findings and guidelines for behavioral analysis and treatment. *Addictive Behaviors, 6,* 151-166.

Lovaas, O. I., Freitag, G., Gold, V. J., & Kassorla, I. C. (1965). Experimental studies in childhood schizophrenia. I. Analysis of self-destructive behavior. *Journal of Experimental Child Psychology, 2,* 67-84.

Lynch, T. R., Chapman, A. L., Rosenthal, M. Z., Kuo, J. K., & Linehan, M. M. (2006). Mechanisms of change in dialectical behavior therapy: Theoretical and empirical observations. *Journal of Clinical Psychology, 62,* 459-480.

Ma, S. H., & Teasdale, J. D. (2004). Mindfulness-based cognitive therapy for depression: Replication and exploration of differential relapse prevention effects. *Journal of Consulting and Clinical Psychology, 72,* 31-40.

MacPhillamy, D. J., & Lewinsohn, P. M. (1974). Depression as a function of levels of desired and obtained pleasure. *Journal of Abnormal Psychology, 83,* 651-657.

Magaro, P. A. (1980). *Cognition in schizophrenia and paranoia: The integration of cognitive processes.* Hillsdale, NJ: Erlbaum.

Mahoney, M. J. (1974). *Cognition and behavior modification.* Cambridge, MA: Ballinger.

Mahoney, M. J. (1991). *Human change processes: The scientific foundations of psychotherapy.* New York: Basic Books.

Malott, R. W. (1989). The achievement of evasive goals: Control by rules describing contingencies that are not direct acting. In S. C. Hayes (Ed.), *Rule-governed behavior: Cognition, contingencies, and instructional control* (pp. 269-322). New York: Plenum.

Malott, R. W., Malott, M. E., & Trojan, E. A. (2000). *Elementary principles of behavior* (4th ed.). Upper Saddle River, NJ: Prentice-Hall.

Markovitz, P. (2001). Pharmacotherapy. In W. J. Livesley (Ed.), *Handbook of personality disorders: Theory, research, and treatment* (pp. 475-493). New York: Guilford Press.

Marks, I., Lovell, K., Noshirvani, H., Livanou, M., & Thrasher, S. (1998). Treatment of post-traumatic stress disorder by exposure and/or cognitive restructuring: A controlled study. *Archives of General Psychiatry, 55,* 317-325.

Marlatt, G. A., & Donovan, D. M. (Eds.). (2005). *Relapse prevention: Maintenance strategies in the treatment of addictive behaviors* (2nd ed.). New York: Guilford Press.

Marlatt, G. A., & Gordon, J. R. (Eds.). (1985). *Relapse prevention: Maintenance strategies in the treatment of addictive behaviors.* New York: Guilford Press.

Marlatt, G. A., & Marques, J. K. (1977). Meditation, self-control, and alcohol use. In R. B. Stuart (Ed.), *Behavioral self-management: Strategies, techniques and outcomes* (pp. 117-153). New York: Brunner/Mazel.

Marlatt, G. A., Pagano, R., Rose, D., & Marques, J. (1984). Effect of meditation and relaxation training upon alcohol use in male social drinkers. In D. Shapiro & R. Walsh (Eds.), *The science of meditation: Theory, research, and experience* (pp. 105-120). New York: Aldine Publishing.

Marlatt, G. A., & Witkiewitz, K. (2005). Relapse prevention for alcohol and drug problems. In G. A. Marlatt & D. M. Donovan (Eds.), *Relapse prevention: Maintenance strategies in the treatment of addictive behaviors* (pp. 1-44). New York: Guilford Press.

Marshall, W. L. (1979). Satiation therapy: A procedure for reducing deviant sexual arousal. *Journal of Applied Behavior Analysis, 12,* 377-389.

Martell, C. R., & Addis, M. E., & Jacobson, N. S. (2001). *Depression in context: Strategies for guided action.* New York: Norton.

McCrady, B. S. (2001). Alcohol use disorders. In D. H. Barlow (Ed.), *Clinical handbook of psychological disorders* (3rd ed., pp. 376-433). New York: Guilford Press.

McCullagh, P. (1987). Model similarity effects on motor performance. *Journal of Sport Psychology, 9,* 249-260.

McKnight, D. L., Nelson, R. O., Hayes, S. C., & Jarrett, R. B. (1984). Importance of treating individually assessed response classes in the amelioration of depression. *Behavior Therapy, 15,* 315-335.

McLeod, J. D., Kessler, R. C., & Landis, K. R. (1992). Speed of recovery from major depressive episodes in a community sample of married men and women.

Journal of Abnormal Psychology, 101, 277-286.

McManus, F., & Waller, G. (1995). A functional analysis of binge eating. *Clinical Psychology Review, 15,* 845-863.

Meichenbaum, D. H. (1977). *Cognitive-behavior modification: An integrative approach.* New York: Plenum Press.

Meichenbaum, D. H. (1985). *Stress inoculation training.* New York: Pergamon Press.

Meichenbaum, D. H., & Goodman, J. (1971). Training impulsive children to talk to themselves: A means of developing self-control. *Journal of Abnormal Psychology, 77,* 115-126.

Merckelbach, H., Arntz, A., & deJong, P. (1991). Conditioning experiences in spider phobics. *Behaviour Research and Therapy, 29,* 333-335.

Merriam-Webster's New Collegiate Dictionary (9th ed.). (1985). Springfield, MA: Merriam-Webster.

Meyer, T. J., Miller, M. L., Metzger, R. L., & Borkovec, T. D. (1990). Development and validation of the Penn State Worry Questionnaire. *Behaviour Research and Therapy, 28,* 487-495.

Michael, J. (1982). Distinguishing between the discriminative and motivation functions of stimuli. *Journal of the Experimental Analysis of Behavior, 37,* 149-158.

Michael, J. (2000). Implications and refinements of the establishing operation concept. *Journal of Applied Behavior Analysis, 33,* 401-410.

Miklowitz, D. J. (2001). Bipolar disorder. In D. H. Barlow (Ed.), *Clinical handbook of psychological disorders* (3rd ed., pp. 523-561). New York: Guilford Press.

Miller, W. R., & Rollnick, S. (1991). *Motivational interviewing: Preparing people to change addictive behavior.* New York: Guilford Press.

Miller, W. R., Zweben, A., DiClemente, C. C., & Rychtarik, R. G. (1995). *Motivational enhancement therapy manual: A clinical research guide for therapists treating individuals with alcohol abuse and dependence.* Rockville, MD: U.S. Department of Health and Human Services.

Miltenberger, R. G. (2004). *Behavior modification: Principles and procedures* (3rd ed.). Belmont, CA: Wadsworth/Thomson.

Miltenberger, R. G. (2005). The role of automatic negative reinforcement in clinical problems. *International Journal of Behavioral Consultation and Therapy, 1,* 1-11.

Mischel, W., & Grusec, J. (1966). Determinants of the rehearsal transmission of the neutral and aversive behaviors. *Journal of Personality and Social Psychology, 3,* 197-205.

Mitchell, J. E., Mussell, M. P., Peterson, C. B., Crow, S., Wonderlich, S. A., Crosby, R. D., et al. (1999). The hedonics of binge eating in women with bulimia nervosa and binge eating disorder. *International Journal of Eating Disorders, 26,* 165-170.

Mitchell, W. S., & Stoffelmayr, B. E. (1973). Application of the Premack principle to the behavioral control of extremely inactive schizophrenics. *Journal of Applied Behavior Analysis, 6,* 419-423.

Monk, T. H., Kupfer, D. J., Frank, E., & Ritenour, A. M. (1991). The social rhythm metric (SRM): Measuring daily social rhythms over 12 weeks. *Psychiatry Research, 36,* 196-207.

Monti, P. M., Abrams, D. B., Binkoff, J. A., Zwick, W. R., Liepman, M. R., Nirenberg, T. D., et al. (1990). Communication skills training, communication skills training with family and cognitive behavioral mood management training for alcoholics. *Journal of Studies on Alcohol, 51,* 263-270.

Morganstern, K. P., & Tevlin, H. E. (1981). Behavioral interviewing. In M. Hersen & A. S. Bellack (Eds.), *Behavioral assessment: A practical handbook* (2nd ed., pp. 71-100). New York: Pergamon Press.

Morin, S. F., & Rothblum, E. D. (1991). Removing the stigma: Fifteen years of progress. *American Psychologist, 46,* 947-949.

Morrison, J. (1995). *The first interview: Revised for DSM-IV.* New York: Guilford Press.

Mowrer, O. H. (1947). On the dual nature of learning: A re-interpretation of "conditioning" and "problem-solving". *Harvard Educational Review, 17,* 102-148.

Mowrer, O. H. (1960). *Learning theory and behavior.* New York: Wiley.

Mowrer, O. H., & Mowrer, W. M. (1938). Enuresis-a method for its study and treatment. *American Journal of Orthopsychiatry, 8,* 436-439.

Mueller, T. I., Leon, A. C., Keller, M. B., Soloman, D. A., Endicott, J., Coryell, W., et al. (1999). Recurrence after recovery from major depressive disorder during 15 years of observational follow-up. *American Journal of Psychiatry, 156,* 1000-1006.

Mueser, K. T., Levine, S., & Bellack, A. S. (1990). Social skills training for acute psychiatric inpatients. *Hospital & Community Psychiatry, 41,* 1249-1251.

Muraven, M., Tice, D. M., & Baumeister, R. F. (1998). Self-control as a limited resource: Regulatory depletion patterns. *Journal of Personality and Social Psychology, 74,* 774-789.

Naugle, A. E., & Follette, W. C. (1998). A functional analysis of trauma symptoms. In V. M. Follette, J. I. Ruzek, & F. R. Abueg (Eds.), *Cognitive-behavioral therapies for trauma* (pp. 48-73). New York: Guilford Press.

Naugle, A. E., & O'Donohue, W. (1998). The future of behavior therapy: Some applied implications of contemporary learning research. In W. O'Donohue (Ed.), *Learning and behavior therapy* (pp. 545-557). Boston: Allyn & Bacon.

Nelson, R. O. (1977). Assessment and therapeutic functions of self-monitoring. In M. Hersen, R. Eisler, & P. Miller (Eds.), *Progress in behavior modification: Vol. 5* (pp. 236-308). New York: Academic Press.

Nelson, R. O., & Barlow, D. H. (1981). Behavioral assessment: Basic strategies and initial procedures. In D. H. Barlow (Ed.), *Behavioral assessment of adult disorders* (pp. 13-43). New York: Guilford Press.

Nelson, R. O., & Hayes, S. C. (Eds.). (1986a). *Conceptual foundations of behavioral assessment.* New York: Guilford Press.

Nelson, R. O., & Hayes, S. C. (1986b). Nature of behavioral assessment. In R. O. Nelson & S. C. Hayes (Eds.), *Conceptual foundations of behavioral assessment* (pp. 3-41). New York: Guilford Press.

Nelson, R. O., Hayes, S. C., Jarrett, R. B., Sigmon, S. T., & McKnight, D. L. (1987). Effectiveness of matched, mismatched, and package treatments for depression. *Psychological Reports, 61,* 816-818.

Nelson-Gray, R. O., & Farmer, R. F. (1999). Behavioral assessment of personality disorders. *Behaviour Research and Therapy, 37,* 347-368.

Nelson-Gray, R. O., & Paulson, J. F. (2003). Behavioral assessment and the DSM system. In M. Hersen (Series Ed.), S. N. Haynes, & E. M. Heiby (Vol. Eds.), *Comprehensive handbook of psychological assessment: Vol. 3. Behavioral assessment* (pp. 470-486). New York: Wiley.

Nezu, A. M. (1989). A problem solving formulation of depression: A literature review and proposal for a pluralistic model. *Clinical Psychology Review, 7,* 121-144.

Nezu, A. M., & Perri, M. G. (1989). Social problem solving therapy for unipolar depression. An initial dismantling investigation. *Journal of Consulting and Clinical Psychology, 57,* 408-413.

Nisbett, R. E., & Wilson, T. D. (1977). Telling more than we can know: Verbal reports on mental processes. *Psychological Review, 84,* 231-259.

Novaco, R. W. (1975). *Anger control: The development and evaluation of an experimental treatment.* Lexington, MA: Heath.

Novaco, R. W. (1995). Clinical problems of anger and its assessment and regulation through a stress coping skills approach: Clinical techniques and applications. In W. T. O'Donohue & L. Krasner (Eds.), *Handbook of psychological skills training: Clinical techniques and applications* (pp. 320-338). Needham Heights, MA: Allyn & Bacon.

O'Donohue, W. (1998). Conditioning and third-generation behavior therapy. In W. O'Donohue (Ed.), *Learning and behavior therapy* (pp. 1-14). Boston: Allyn & Bacon.

O'Donohue, W. T., & Krasner, L. (1995). *Handbook of psychological skills training: Clinical techniques and applications.* Boston: Allyn & Bacon.

O'Leary, K. D., & Wilson, G. T. (1987). *Behavior therapy: Application and outcome* (2nd ed.). Englewood Cliffs, NJ: Prentice-Hall.

Otto, M. W., Reilly-Harrington, N. A., Kogan, J. N., & Winett, C. A. (2003). Treatment contracting in cognitive-behavior therapy. *Cognitive and Behavioral Practice, 10,* 199-203.

Overholser, J. C. (2003). Cognitive-behavioral treatment of depression: A three-stage model to guide treatment planning. *Cognitive and Behavioral Practice, 10,* 231-239.

Paradise, L. V., Conway, B. S., & Zweig, J. (1986). Effects of expert and referent influence, physical attractiveness, and gender on perceptions of counselor attributes. *Journal of Counseling Psychology, 33,* 16-22.

Patterson, C. M., & Newman, J. P. (1993). Reflectivity and learning from aversive events: Towards a psychological mechanism for the syndromes of disinhibition. *Psychological Review, 100,* 716-736.

Pavlov, I. P. (1927). *Conditioned reflexes* (G. V. Anrep, Trans.). London: Oxford University Press.

Penn, L. S. (1990). When the therapist must leave: Forced termination of psychodynamic therapy. *Professional Psychology: Research and Practice, 21,* 379-384.

Persons, J. B. (1989). *Cognitive therapy in practice: A case formulation approach.* New York: Norton.

Persons, J. B., Roberts, N. A., Zalecki, C. A., & Breechwald, W. A. G. (2006). Naturalistic outcome of case formulation-driven cognitive-behavior therapy for anxious depressed outpatients. *Behaviour Research and Therapy, 44,* 1041-1051.

Persons, J. B., & Tompkins, M. A. (1997). Cognitive-behavioral case formulation. In T. D. Eells (Ed.), *Handbook of psychotherapy case formulation* (pp. 314-339). New York: Guilford Press.

Peterson, D. R. (1968). *The clinical study of social behavior.* Englewood Cliffs, NJ: Prentice-Hall.

Petry, N. M., Petrakis, I., Trevisan, L., Wiredu, G., Boutros, N. N., Martin, B., et al. (2001). Contingency management interventions: From research to practice. *American Journal of Psychiatry, 158,* 694-702.

Phillips, L., & Zigler, E. (1961). Social competence: The action thought parameter and vicariousness in normal and pathological behaviors. *Journal of Abnormal and Social Psychology, 63,* 137-146.

Pike, K. M. (1998). Long-term course of anorexia nervosa: Response, relapse, remission, and recovery. *Clinical Psychology Review, 18,* 447-475.

Poling, A., & Gaynor, S. T. (2003). Stimulus control. In W. O'Donohue, J. E. Fisher, & S. C. Hayes (Eds.), *Cognitive behavior therapy: Applying empirically supported techniques in your practice* (pp. 396-401). Hoboken, NJ: Wiley.

Pratt, S., & Mueser, K. T. (2002). Social skills training for schizophrenia. In S. G. Hoffman & M. C. Tompson (Eds.), *Treating chronic and severe mental disorders* (pp. 18-52). New York: Guilford Press.

Premack, D. (1959). Toward empirical behavioral laws: I. Positive reinforcement. *Psychological Review, 66,* 219-233.

Rachlin, H. (1976). *Introduction to modern behaviorism* (2nd ed.). San Francisco: Freeman.

Rakos, R. F. (1991). *Assertive behavior: Theory, research, and training.* Florence, KY: Taylor & Francis/Routledge.

Rehm, L. (1979). A comparison of self-control and assertion skills treatments of depression. *Behavior Therapy, 10,* 429-442.

Resick, P. A., & Calhoun, K. S. (2001). Posttraumatic stress disorder. In D. H. Barlow (Ed.), *Clinical handbook of psychological disorders: A step-by-step treatment manual* (3rd ed., pp. 60-113). New York: Guilford Press.

Resick, P. A., & Schnicke, M. K. (1993). *Cognitive processing therapy for rape victims: A treatment manual.* Newbury Park, CA: Sage.

Rhee, S. H., Feigon, S. A., Bar, J. L., Hadeishi, Y., & Waldman, I. D. (2001). Behavior genetic approaches to the study of psychopathology. In P. B. Sutker & H. E. Adams (Eds.), *Comprehensive handbook of psychopathology* (3rd ed., pp. 53-84). New York: Kluwer Academic/Plenum Publishers.

Robins, C. J., & Chapman, A. L. (2004). Dialectical behavior therapy: Current status, recent developments, and future directions. *Journal of Personality Disorders, 18,* 73-79.

Robins, C. J., Schmidt, H., III., & Linehan, M. M. (2004). Dialectical behavior therapy: Synthesizing radical acceptance with skillful means. In S. C. Hayes, V. M. Follette, & M. M. Linehan (Eds.), *Mindfulness and acceptance: Expanding the cognitive-behavioral tradition* (pp. 30-44). New York: Guilford Press.

Robins, L. N., Helzer, J. E., Croughan, J., & Ratcliffe, K. S. (1981). National Institute of Mental Health Diagnostic Interview Schedule: Its history, characteristics, and validity. *Archives of General Psychiatry, 38,* 381-389.

Rogers, C. R. (1995). *Client-centered therapy: Its current practice, implications, and theory.* Philadelphia: Trans-Atlantic Publications.

Rohde, P., Feeny, N. C., & Robins, M. (2005). Characteristics and components of the TADS CBT approach. *Cognitive and Behavioral Practice, 12,* 186-197.

Rohsenow, D. J., Monti, P. M., Rubonis, A. V., Gulliver, S. B., Colby, S. M., Binkoff, J. A., et al. (2001). Cue exposure with coping skills training and communication skills training for alcohol dependence: 6- and 12-month outcomes. *Addiction, 96,* 1161-1174.

Rouf, K., Fennell, M., Westbrook, D., Cooper, M., & Bennett-Levy, J. (2004). Devisiong effective behavioural experiments. In J. Bennett-Levy, G. Butler, M. Fennell, A. Hackmann, M. Mueller, & D. Westbrook (Eds.), *Oxford guide to behavioural experiments in cognitive therapy* (pp. 21-58). Oxford, England: Oxford University Press.

Sacco, W. P., & Beck, A. T. (1995). Cognitive theory and therapy. In E. E. Beckham & W. R. Leber (Eds.), *Handbook of depression* (2nd ed., pp. 329-351). New

York: Guilford Press.

Salter, A. (1949). *Conditioned reflex therapy.* New York: Creative Age Press.

Schlinger, H. D. (1993). Separating discriminative and function-altering effects of verbal stimuli. *Behavior Analyst, 16,* 9-23.

Schunk, D. H., & Hanson, A. R. (1985). Peer models: Influence on children's self-efficacy and achievement. *Journal of Educational Psychology, 77,* 313-322.

Segal, Z. V., Williams, J. M. G., & Teasdale, J. D. (2002). *Mindfulness-based cognitive therapy for depression: A new approach to preventing relapse.* New York: Guilford Press.

Shipley, R. H., & Boudewyns, P. A. (1980). Flooding and implosive therapy: Are they harmful? *Behavior Therapy, 11,* 503-508.

Sitharthan, T., Sitharthan, G., Hough, M. J., & Kavanagh, D. J. (1997). Cue exposure in moderation drinking: A comparison with cognitive-behavior therapy. *Journal of Consulting and Clinical Psychology, 65,* 878-882.

Simons, A. D., Rohde, P., Kennard, B. D., & Robins, M. (2005). Relapse and recurrence prevention in the Treatment of Adolescents With Depression Study. *Cognitive and Behavioral Practice, 12,* 240-251.

Skinner, B. F. (1938). *The behavior of organisms: An experimental analysis.* New York: Appleton-Century-Crofts.

Skinner, B. F. (1969). *Contingencies of reinforcement: A theoretical analysis.* New York: Appleton-Century-Crofts.

Skinner, B. F. (1971). *Beyond freedom and dignity.* New York: Knopf.

Skinner, B. F. (1981, July 31). Selection by consequences. *Science, 213,* 501-504.

Skinner, B. F. (1989). *Recent issues in the analysis of behavior.* Colunbus, OH: Merrill.

Sobell, L. C., & Sobell, M. B. (2003). Using motivational interviewing techniques to talk with clients about their alcohol use. *Cognitive and Behavioral Practice, 10,* 214-221.

Spanier, G. B. (1976). Measuring dyadic adjustment: New scales for assessing quality of marriage and similar dyads. *Journal of Marriage and Family Therapy, 38,* 15-28.

Spiegler, M. D. (1983). *Contemporary behavioral therapy.* Palo Alto, CA: Mayfield Publishing.

Spiegler, M. D., & Guevremont, D. C. (2003). *Contemporary behavior therapy* (4th ed.). Belmont, CA: Wadsworth/Thomson Learning.

Spielberger, C. D., Gorsuch, R. L., Lushene, R., Vagg, P. R., & Jacobs, G. A. (1983). *Manual for the State-Trait Anxiety Inventory (Form Y).* Palo Alto, CA: Consulting Psychologists Press.

Steketee, G. S. (1993). *Treatment of obsessive-compulsive disorder.* New York: Guilford Press.

Street, L. L., & Barlow, D. H. (1994). Anxiety disorders. In L. W. Craighead, W. E. Craighead, A. E. Kazdin, & M. J. Mahoney (Eds.), *Cognitive and behavioral interventions: An empirical approach to mental health problems* (pp. 71-87). Boston: Allyn & Bacon.

Strupp, H. H., & Binder, J. L. (1984). *Psychotherapy in a new key: A guide to time limited dynamic therapy.* New York: Basic Books.

Sturmey, P. (1996). *Functional analysis in clinical psychology.* New York: Wiley.

Sundberg, N. D., Taplin, J. R., & Tyler, L. E. (1983). *Introduction to clinical psychology: Perspectives, issues, and contributions to human service.* Englewood Cliffs, NJ: Prentice-Hall.

Sundberg, N. D., Winebarger, A. A., & Taplin, J. R. (2002). *Clinical psychology: Evolving theory, practice, and research* (4th ed.). Upper Saddle River, NJ: Prentice-Hall.

Tabakoff, B., & Hoffman, P. L. (1988). A neurobiological theory of alcoholism. In C. D. Chaudron & D. A. Wilkinson (Eds.), *Theories on alcoholism* (pp. 29-72). Toronto, Ontario, Canada: Addition Research Foundation.

Tarrier, N., & Calam, R. (2002). New developments in cognitive-behavioural case formulation. Epidemiological, systemic, and social context: An integrative approach. *Behavioural and Cognitive Psychotherapy, 30,* 311-328.

Teasdale, J. D., Segal, Z. V., Williams, J. M. G., Ridgeway, V. A., Soulsby, J. M., & Lau, M. A. (2000). Prevention of relapse/recurrence in major depression by mindfulness-based cognitive therapy. *Journal of Consulting and Clinical Psychology, 68,* 615-623.

Thase, M., Simmons, A,. McGeary, J., Cahalane, J., Hughes, C., Harden, T., et al. (1992). Relapse after cognitive behavioral therapy of depression: Potential implications for longer courses of treatment. *American Journal of Psychiatry, 149,* 1046-1052.

Thorndike, E. L. (1898). Animal intelligence. *Psychological Review Monograph Supplement, 2*(4, Whole No. 8).

Tice, D. M., Bratslavsky, E., & Baumeister, R. F. (2001). Emotional distress regulation takes precedence over impulse control: If you feel bad, do it! *Journal of Personality and Social Psychology, 80,* 53-67.

Todd, J. T., & Morris, E. K. (1983). Misconception and miseducation: Presentations of racial behaviorism in psychology textbooks. *Behavior Analyst, 6,* 153-160.

Toro, J., Cervcra, M., Feliu, M. H., Garriga, N., Jou, M., Martinez, E., et al. (2003). Cue exposure in the treatment of resistant bulimia nervosa. *International Journal of Eating Disorders, 34,* 227-234.

Turkat, I. D. (1986). The behavioral interview. In A. R. Ciminero, K. S. Calhoun, & H. E. Adams (Eds.), *Handbook of behavioral assessment* (2nd ed., pp. 109-149). New York: Wiley.

Twohig, M. P., Masuda, A., Varra, A. A., & Hayes, S. C. (2005). Acceptance and commitment therapy as a treatment for anxiety disorders. In S. M. Orsillo & L. Roemer (Eds.), *Acceptance and mindfulness-based approaches to anxiety: Conceptualization and treatment* (pp. 101-129). New York: Springer Publishing Company.

Ullmann, L. P., & Krasner, L. (Eds.). (1965). *Case studies in behavior modification.* New York: Holt, Rinehart & Winston.

Upper, D., & Cautela, J. R. (Eds.). (1979). *Covert conditioning.* New York: Pergamon Press.

Van Brunt, D. L. (2000). Modular cognitive-behavioral therapy: Dismantling validated treatment programs into self-standing treatment plan objectives. *Cognitive and Behavioral Practice, 7,* 156-165.

van den Hout, M., Arntz, A., & Hoekstra, R. (1994). Exposure reduced agoraphobia but not panic, and cognitive therapy reduced panic but not agoraphobia. *Behaviour Research and Therapy, 32,* 447-451.

Vitousek, K., Watson, S., & Wilson, G. T. (1998). Enhancing motivation for change in treatment-resistant eating disorders. *Clinical Psychology Review, 18,* 391-420.

Vohs, K. D., & Baumeister, R. F. (2004). Understanding self-regulation: An introduction. In R. F. Baumeister & K. D. Vohs (Eds.), *Handbook of self-regulation: Research, theory, and applications* (pp. 1-9). New York: Guilford Press.

Vollmer, T. R., & Wright, C. S. (2003). Noncontingent reinforcement as a treatment for problem behavior. In W. O'Donohue, J. E. Fisher, & S. C. Hayes (Eds.), *Cognitive behavior therapy: Applying empirically supported techniques in your practice* (pp. 266-272). Hoboken, NJ: Wiley.

Wallace, M. D., & Robles, A. C. (2003). Differential reinforcement of other behavior and differential reinforcement of alternative behavior. In W. O'Donohue, J. E. Fisher, & S. C. Hayes (Eds.), *Cognitive behavior therapy: Applying empirically supported techniques in your practice* (pp. 136-143). Hoboken, NJ: Wiley.

Walser, R. D., & Hayes, S. C. (1998). Acceptance and trauma survivors: Applied issues and problems. In V. M. Follette, J. I. Ruzek, & F. R. Abueg (Eds.), *Cognitive-behavioral therapies for trauma* (pp. 256-277). New York: Guilford Press.

Weiner, I. B. (1975). *Principles of psychotherapy.* New York: Wiley.

Wilson, G. T., & Davison, G. C. (1971). Process of fear reduction in systematic desensitization: Animal studies. *Psychological Bulletin, 76,* 1-14.

Wilson, P. H. (Ed.). (1992). *Principles and practice of relapse prevention.* New York: Guilford Press.

Witkiewitz, K., Marlatt, G. A., & Walker, D. (2005). Mindfulness-based relapse prevention for alcohol and substance use disorders. *Journal of Cognitive Psychotherapy, 19,* 211-228.

Wolpe, J. (1958). *Psychotherapy by reciprocal inhibition.* Stanford, CA: Stanford University Press.

Wolpe, J., & Lazarus, A. A. (1966). *Behavior therapy techniques.* New York: Pergamon Press.

Wolpe, J., & Turkat, I. D. (1985). Behavioral formulation of clinical cases. In I. D. Turkat (Ed.), *Behavioral case formulation* (pp. 5-36). New York: Pregamon Press.

Wolt, A. L., & Toman, S. N. (2005). *Gestalt therapy: History, theory, and practice.* Thousand Oaks, CA: Sage.

Wulfert, E., Greenway, D. E., & Dougher, M. J. (1996). A logical functional analysis of reinforcement-based disorders: Alcoholism and pedophilia. *Journal of Consulting and Clinical Psychology, 64,* 1140-1151.

Young, J. E. (1994). *Cognitive therapy for personality disorders: A schema-focused approach* (Rev. ed.). Sarasota, FL: Professional Resource Press.

Young, J. E., Weinberger, A. D., & Beck, A. T. (2001). Cognitive therapy for depression. In D. H. Barlow (Ed.), *Clinical handbook of psychological disorders* (3rd ed., pp. 264-308). New York: Guilford Press.

Zanarini, M. C., Williams, A. A., Lewis, R. E., Reich, R. B., Vera, S. C., Marin, M. F., et al. (1997). Reported pathological childhood experiences associated with the development of borderline personality disorder. *American Journal of Psychiatry, 154,* 1101-1106.

Zettle, R. D., & Hayes, S. C. (1982). Rule-governed behavior: A potential theoretical framework for cognitive-behavioral therapy. In P. C. Kendall (Ed.), *Advances in cognitive-behavioral research and therapy* (pp. 73-118). New York: Academic

Press.

Zimbardo, P. G., & Gerrig, R. J. (1996). *Psychology and life* (14th ed.). New York: HarperCollins.

Zimmerman, B. J., & Koussa, R. (1979). Social influences on children's toy preferences: Effects of model rewardingness and affect. *Contemporary Educational Psychology, 4*, 55-66.

찾아보기

인 명

내 용

저자 소개

Richard F. Farmer 박사는 현재 오리건 연구센터의 연구원이다. 노스캐롤라이나의 듀크 대학 병원에서 임상 인턴십을 했고, 노스캐롤라이나 대학에서 임상심리학 박사학위를 받은 후 아이다호 주립대학에서 부교수로 재직했다. 또한 뉴질랜드의 캔터베리 대학 심리학과에서 전임강사로 일했다. Farmer 박사의 주 연구영역은 행동치료, 행동과 성격의 평가, 우울장애, 성격장애, 충동성, 섭식장애 그리고 경험적 회피 등이다.

Alexander L. Chapman 박사는 현재 캐나다 브리티시컬럼비아의 사이먼 프레이저 대학 심리학과 조교수다. Chapman 박사는 노스캐롤라이나의 듀크 대학 병원에서 임상 인턴십을 한 후 2003년에 아이다호 대학에서 임상심리학으로 박사학위를 받았다. 시애틀의 워싱턴 대학에서 Marsha Linehan 지도 아래 박사후 펠로우십을 했다. 그의 주 연구영역은 경계선 성격장애, 변증법적 행동치료, 정서 조절, 자해 그리고 충동성이며, 이 주제들에 대한 수많은 논문과 저술이 있다. Chapman 박사는 캐나다 브리티시컬럼비아주 밴쿠버에 있는 변증법적 행동치료센터의 공동설립자다.

하은혜
연세대학교 심리학과 학사, 석사, 박사
세브란스병원 정신과 임상심리전문가 수련
한국심리학회 임상심리전문가
한국인지행동치료학회 인지행동치료전문가
University of California, Berkeley 방문교수
현 숙명여자대학교 아동복지학부 교수

박중규
연세대학교 심리학과 학사, 석사, 박사
서울대학교병원 신경정신과 임상심리연수원 수료
한국심리학회 임상심리전문가
보건복지부 정신보건임상심리사 1급
한국인지행동치료학회 인지행동치료전문가
한국재활심리학회 재활심리전문가
한국명상치유학회 명상치유전문가
현 대구대학교 재활심리학과 부교수

송현주
연세대학교 심리학과 학사, 석사, 박사
서울아산병원 정신과 임상심리 레지던트과정 수료
Yale University 의과대학 정신과 박사후 과정
Yale University 의과대학 정신과 방문교수
한국심리학회 임상심리전문가
보건복지부 정신보건임상심리사 1급
현 서울여자대학교 특수치료 전문대학원 교수

인지행동치료에서의 행동개입

Behavioral Interventions in Cognitive Behavior Therapy

2013년 4월 10일 1판 1쇄 발행
2019년 3월 15일 1판 2쇄 발행

지은이 • Richard F. Farmer · Alexander L. Chapman
옮긴이 • 하은혜 · 박중규 · 송현주
펴낸이 • 김진환
펴낸곳 • (주) 학지사
04031 서울특별시 마포구 양화로 15길 20 마인드월드빌딩
대표전화 • 02-330-5114 팩스 • 02-324-2345
등록번호 • 제313-2006-000265호

홈페이지 • http://www.hakjisa.co.kr
페이스북 • https://www.facebook.com/hakjisa

ISBN 978-89-997-0112-2 93180
정가 20,000원

역자와의 협약으로 인지는 생략합니다.
파본은 구입처에서 교환해 드립니다.